Krebsgeschwür Konzern

AF090849

Harald Frey

Krebsgeschwür Konzern

Mit Beiträgen von Hans Peter Aubauer, Christine Bauer-Jelinek,
Elfriede Bonet, Hermann Knoflacher und Markus Knoflacher

PETER LANG
Frankfurt am Main · Berlin · Bern · Bruxelles · New York · Oxford · Wien

Bibliografische Information der Deutschen Nationalbibliothek
Die Deutsche Nationalbibliothek verzeichnet diese Publikation
in der Deutschen Nationalbibliografie; detaillierte bibliografische
Daten sind im Internet über http://dnb.d-nb.de abrufbar.

Umschlaggestaltung:
© Olaf Glöckler, Atelier Platen, Friedberg

Mit finanzieller Unterstützung
der Kulturabteilung der Stadt Wien

ISBN 978-3-631-61319-1
© Peter Lang GmbH
Internationaler Verlag der Wissenschaften
Frankfurt am Main 2011
Alle Rechte vorbehalten.

Das Werk einschließlich aller seiner Teile ist urheberrechtlich geschützt. Jede Verwertung außerhalb der engen Grenzen des Urheberrechtsgesetzes ist ohne Zustimmung des Verlages unzulässig und strafbar. Das gilt insbesondere für Vervielfältigungen, Übersetzungen, Mikroverfilmungen und die Einspeicherung und Verarbeitung in elektronischen Systemen.

www.peterlang.de

Vorwort

Wir haben Krieg und zwar an allen Fronten.
Zum Beispiel Wirtschaftskrieg: Konzerne gegen Plebs.
Weil wir uns viel zu lang im Wirtschaftswachstum sonnten,
Die Sonne sank – geblieben ist uns nur der Krebs.
(aus: H. P. Heinzl „Lieder", Text: P. Orthofer: *Wir haben Krieg*)

Das vorliegende Buch „Krebsgeschwür Konzern" basiert im Wesentlichen auf meiner Dissertation „Analytisch-empirische Vergleichsuntersuchung der Wachstumsparameter von transnationalen Konzernstrukturen und Tumoren in lebenden Organismen unter besonderer Berücksichtigung des Verkehrssystems". Ergänzt wurde es durch Beiträge von fünf namhaften Vertretern des **Club of Vienna**[1], die zur wissenschaftlichen Arbeit Stellung nehmen und die Wechselwirkungen zu ihren Fachdisziplinen aufzeigen.

Der Vergleich von Wachstum und Verhalten von Konzernen mit jenem bösartiger Tumore, die wir als „Krebs" bezeichnen, war dabei nicht von Beginn an eindeutig festgelegt. So könnte man beispielsweise ebenso von parasitärem Verhalten der Konzerne sprechen, wenn man die Prozesse der Ausbeutung von Mensch und Natur durch Konzerne analytisch betrachtet.

Markus Knoflacher geht in seinem Beitrag „Unvergleichbares vergleichen" besonders auf diese Unterschiede zu anderen Analogiepaaren aus der Biologie ein, um zu untermauern, warum die Tumor-Wirt-Metapher zutrifft.

Ziel der Arbeit war auch, die Wachstumsprozesse und die ihnen zu Grunde liegenden Parameter empirisch fassbar zu machen und in einem Modell darzustellen. Das Wachstum der Konzerne weist (in jedem Fall streckenweise und in Unterscheidung der wesentlichen Indikatoren) exponentielles Wachstum auf.

---

[1] Der Club of Vienna ist eine internationale Vereinigung anerkannter Persönlichkeiten, die sich mit brisanten öffentlichen Fragen befassen und aufgrund ihrer beruflichen Laufbahn und ihres Wirkens über besondere Kompetenzen hinsichtlich Wissenschaft, Kultur, Ökonomie, Ökologie und Politik verfügen. Aus der Arbeit des Club of Vienna sollen verlässliche, weitblickende Expertisen und schließlich Vorschläge für die Lösung gesellschaftlicher Probleme hervorgehen. Mit seinen bislang 22 Mitgliedern ist der Club of Vienna parteipolitisch ungebunden und ausschließlich den Beschlüssen seiner Organe verantwortlich.

Dieser Wachstumsverlauf, ein inhärenter Wachstumsdrang bzw. –zwang, ist auch bei bösartigen Tumoren zu finden. Ihr Wachstum wird lediglich durch den Organismus begrenzt und führt nach vollständiger Aufzehrung der Energie durch den Krebs zum Tod.

Das Wachstum der Konzerne wird ebenfalls teuer bezahlt. Nicht unbedingt und unmittelbar (kurzfristig) von jenen Menschen, die diese Produkte konsumieren. Die Menschen in Westeuropa und den USA erfahren wenig über die unmenschlichen Arbeitsbedingungen jener Menschen, die ihre „günstigen" Waren herstellen, über die Vertreibung der Bauern von ihrem eigenen Land und die Enteignungen, damit Konzerne dort ihre Fabriken bauen können, oder über die Verbrechen an der Natur und ihre sukzessive Zerstörung. Die drastisch gestiegene Selbstmordrate indischer Bauern, die in Abhängigkeit von Agro-Konzernen nicht mehr überleben konnten, zeigt einen der vielen traurigen Höhepunkte dieser neuen Form von Sklaverei und Kolonialismus; eine Entwicklung, die der Krebs – durch Metastasierung in andere Organe und Bereiche des Körpers ohne Rücksicht auf Verluste – in gleicher Art und Weise betreibt.

Die Vereinten Nationen beziffern die Umweltschäden, die allein die 3.000 größten Unternehmen der Welt durch den Missbrauch natürlicher Ressourcen, durch Verschmutzung von Luft oder Gewässern sowie das Aussterben von Arten verantworten, auf 1,7 Billionen Euro.[1] Diese Summe stellt vermutlich eine untere Grenze dar (nicht zuletzt, weil man den Wert einer ausgestorbenen Art niemals monetär bewerten kann). Im vorliegenden Buch werden den 100 gewinnstärksten US-Konzernen des Jahres 2008 externalisierte Kosten (jene Kosten, die der Gesellschaft angelastet werden) von rund 23 Billionen US-Dollar zugewiesen.

Der Wachstumszwang bestimmt mittlerweile unser gesamtes Leben: Jede Maßnahme scheint gerechtfertigt, um ein permanentes Wirtschaftswachstum aufrecht zu erhalten; selbst die Pensions-, Bildungs- und Gesundheitssysteme haben sich die Konzerne einverleibt. (diverse Pensionsfonds haben ihr Kapital in vielversprechenden Aktien von Erdölkonzernen, wie z. B. BP angelegt). Von diesen Ausbeutungsprozessen profitiert nur ein sehr kleiner Teil der Bevölkerung.. Die Tendenz weist in eine Zukunft zwischen zwei Extremen: „Obdachlosigkeit oder Überfluss". Dabei spielen Zinssystem, privatisierte Banken (Konzerne) und technologische Entwicklungen – vor allem im Verkehrs-, das heißt Informationssystem – eine wesentliche Rolle; sie bilden eine Voraussetzung für die Entfaltung des kanzerogenen Potenzials dieser Strukturen.

Hermann Knoflacher beschreibt in seinem Beitrag „Jeder Krebs hat Anlagen und Auslöser" die Mechanismen, die geschaffen wurden, um den Konzernen die-

---

[1] Süddeutsche Zeitung, 12.7.2010

ses tumorartige Wachstum zu ermöglichen und auch welche Barrieren dafür aus dem Weg geräumt werden mussten. Da Konzerne schon längst in die politischen Institutionen metastasiert sind, hat sich das Bild vom Staat mit demokratischen Regelmechanismen längst gewandelt. Eine Politik von Konzernen für Konzerne prägt die politischen Entscheidungen und Machtstrukturen von heute.

Christine Bauer-Jelinek macht in ihrem Beitrag „Kapitalgesellschaften sind keine Lebewesen" deutlich, dass Konzerne vom Menschen erschaffen und von ihnen mit Rechten und Machtbefugnissen ausgestattet worden sind. Ihrer Meinung nach beruht diese Entwicklung nicht auf Naturgesetzen oder kann als Krankheit und damit als ein ständig vorhandenes Phänomen des Lebens selbst bezeichnet werden. Somit stellt sich in weiterer Folge die Frage, welche Mechanismen in Gang gesetzt werden müssen, um wieder Wirtschaftsstrukturen mit verantwortungsbewussten Unternehmern statt mit Managern, die Millionengagen einstreichen, zu schaffen.

Grundlage jeder Therapie muss das Prinzip einer gerechten Ressourcenverteilung sein, wie es **Hans-Peter Aubauer** in seinem Beitrag „Rahmenbedingungen, um die Naturressourcen gerecht zu verteilen" erklärt. Sein Prinzip der kostengerechten Preise würde, konsequent angewendet, die Größe der Konzernstrukturen wieder auf ein erträgliches Maß schrumpfen lassen.

Elfriede Bonet erweitert in ihrem Beitrag „Krebs und Konzernwachstum: Von Metaphern, Analogien und Erklärungen" den Kanon an Begriffen, die in der Arbeit zu kurz gekommen sind oder fehlen und die für sie wesentlich für die Erklärung der beschriebenen Phänomene sind. Im Mittelpunkt stehen dabei die Begriffe „Regulativ" und „Steuerung", die die Systemeigenschaften besser beschreiben würden.

Lösungsansätze, um das weltweit metastasierende Krebsgeschwür Konzern in seinem Wachstum zu begrenzen, ergeben sich aus der Analyse der das Wachstum stimulierenden Kräfte. Erst das passende Versorgungssystem ermöglicht dem Tumor im Organismus ein exponentielles Wachstum und ein Aufrechterhalten seiner entfernten Metastasen, die er permanent mit Energie und Nährstoffen versorgen muss. Auch die Konzerne benötigen ein passendes Verkehrssystem, ohne das eine weltweite Ausbeutung von Rohstoffen und Verteilung der Güter nicht möglich wäre. Widerstände wurden durch schnelle Transportsysteme und neue Technologien (Informationssysteme) massiv reduziert und die wesentlichen Kosten externalisiert. An diesem Punkt müssen auch die Lösungen ansetzen.

Es scheint paradox, erstaunlich und zugleich ermutigend: nicht irgendeine westliche, so genannte „zivilisierte" Gesellschaft kann als die glücklichste bezeichnet werden (nach dem *Brain und Cognitive Science Departement* am Massachusetts Institute of Technology), sondern die Pirahã-Indianer im brasilianischen Amazonasgebiet. Ein Volk von sesshaften Jägern und Sammlern, die jede komplizierte Technik ignorieren aber ein Vielfaches an Lebenszeit mit Lächeln und Lachen verbringen als beispielsweise die Nordamerikaner.

Wenn uns die Produkte der Konzerne und materieller Reichtum nicht glücklicher machen und unsere scheinbare Sicherheit und Unabhängigkeit von der Natur eine trügerische ist, weil sie kurzfristig ist und auf der Ausbeutung begrenzter natürlicher Ressourcen basiert, muss die Frage nach dem „Warum", die *causa finalis*, von jedem Einzelnen von uns neu gestellt und bewertet werden.

Hermann Knoflacher beschreibt in seinem Beitrag zum Projekt des **Club of Vienna** „Weltreligionen und Kapitalismus" (Knoflacher, 2006), wie Konzerne und deren Strukturen über die Rückkopplung zur *causa efficiens*, dem Geld, ein völlig neues Wertesystem geschaffen haben. In Folge zählt nur mehr das, was durch Geld ausgedrückt werden kann oder umgekehrt: alles soll in Geldeinheiten messbar gemacht werden. Zeit, Schönheit, Bildung, Glück, etc. müssen danach in die betriebswirtschaftlichen Strukturen passen. Dies sind optimale Bedingungen für das Krebsgeschwür Konzern, das sein permanentes Wachstum durch die Aufzehrung von Energie anderer – Geld, Zeit und soziale Bindungen – aufrechterhält. Eine Abkehr von den Konzernen und ihren Produkten bedeutet in jedem Fall eine Zuwendung zum Menschsein, zum Leben.

Mein herzlicher Dank gilt dem **Club of Vienna** und den Mitgliedern, die mit ihren Beiträgen diese Arbeit essenziell bereichern und auch weiterhin Anregungen für eine vertiefende und auch kritische Auseinandersetzung mit dem Thema liefern, sowie dem Kulturamt der Stadt Wien – namentlich Univ. Prof. Dr. H. C. Ehalt – für die finanzielle Unterstützung dieses Projektes.

Vor allem möchte ich mich bei Em.O.Univ.Prof. DI Dr.techn. Hermann Knoflacher bedanken, dessen Ideen und Unterstützung mir eine große Motivation waren und sind.

Harald Frey   Wien, im August 2010

Kurzfassung

In der Literatur finden sich mehrere Hinweise zu sprachlichen Metaphern, die das Wirtschaftssystem, die Finanzinstitutionen und die Konzerne hinsichtlich ihres Wachstumszwanges mit der Ausbreitung eines bösartigen Tumors vergleichen. Krebsmetaphern wurden bereits seit jeher für die Beschreibung des Nichteinhaltens von Grenzen und deren Überschreiten verwendet. Die metaphorische Logik kann dazu genutzt werden, Relationen zu beschreiben und damit helfen, Schwächen der traditionellen Wissenschaftssprachen zu überwinden.

Die zu überprüfende zentrale These der Arbeit soll zwischen dem Wachstum von Konzernen und Krebs, wie er in lebenden Organismen metastasiert, nicht nur eine analytische Isomorphie aufzeigen, sondern diese empirisch belegen. Grundlage dafür bildet die Erfahrung der evolutionären Erkenntnistheorie, dass grundlegende Gesetzmäßigkeiten bereits in tiefer liegenden Schichten der Evolution vorhanden sind.

Die einzige Verpflichtung der Konzerne besteht gegenüber ihren shareholdern im Streben nach maximalem Gewinn. Diesem permanenten Wachstumsdrang werden alle anderen Werte untergeordnet. Der Konzern bedient sich in diesem Ausbeutungsprozess nicht nur politischer und rechtlicher, sondern vor allem technischer Strukturen. Die transnationalen Konzerne sind bei ihrem Wachstum von den globalen Infrastrukturnetzwerken abhängig. Schnelle Verkehrsinfrastrukturen forcieren Konzentrationsprozesse und erhöhen den Radius der Erreichbarkeit sowohl für die Beschaffung von Rohstoffen als auch der Warenverteilung. Die Erhöhung der Transport- und Reisegeschwindigkeiten in den vergangenen Jahrzehnten hat zur Dominanz großer Konzernstrukturen über lokale Wirtschafts- und Ressourcenkreisläufe beigetragen. Kapital kann durch die weltweit elektronische Vernetzung ohne Reibungsverluste bewegt werden.

Zwingendes Wachstum als Charaktereigenschaft der Konzerne findet sich analog bei bösartigen Tumoren im menschlichen Organismus. Krebszellen lösen sich dabei aus dem Zellverband mit ihren Nachbarzellen heraus und verfolgen nur mehr unbegrenztes Wachstum als Ziel. Dafür benötigen sie sowohl Raum als auch Energie für ihre Versorgung. Krebszellen metastasieren deshalb und bauen ein eigenes Versorgungssystem auf (Tumorangiogenese).

Unter Anwendung der Dynamic Energy Budget Theory (DEB) von Kooijman (2000) haben van Leeuwen et.al. (2003) ein Tumormodell entwickelt, welches speziell die Interaktion von Tumor und Wirt betrachtet. Dabei zeigt sich, dass der Tumor, ähnlich wie die Konzerne, sein Wachstum durch (im Vergleich zum Wirt) verringerte Wachstums- und Erhaltungskosten forciert. Diese Externalisierungsprozesse verhelfen auch den Konzernstrukturen zu ihrem Wachstum.

Exemplarisch werden für Konzerne externalisierte Kosten dargestellt. Dabei kann davon ausgegangen werden, dass nur ein Teilbereich dieser Kosten bekannt ist. Für die anderen Indikatoren der externalisierten Konzernkosten wurden Abschätzungen getroffen.

Analog zum Tumormodell wurden diese Kosten den Kategorien von Wachstums- und Erhaltungskosten zugeordnet. Anschließend wurde das Tumormodell, das im Wesentlichen auf den Wachstumsgleichungen von Bertalanffy basiert, so modelliert, dass die Wachstumsverläufe des Gewinns, des Umsatzes und des Anlagevermögens der Konzerne abgebildet werden. Über die Abschätzungen zur Größenordnung der externalisierten Kosten werden die Parameter für Wachstums- und Erhaltungskosten entsprechend verändert und dargestellt, wie hoch der monetäre Anteil externalisierter Kosten am Gewinn bzw. Anlagevermögen ist.

Es zeigt sich, dass die jährlich erwirtschaften Gewinne der untersuchten Konzerne zwischen 68% bis über 110 % auf externalisierten Kosten beruhen. Eine Internalisierung dieser Kosten bedeutet durchschnittlich eine Stagnation des Anlagevermögens auf dem Niveau der 1970-1980er Jahre. Die 100 profitabelsten US-Konzerne haben 83% ihrer Wachstumskosten und 73% ihrer Erhaltungskosten nach der vorliegenden Abschätzung externalisiert. Unter Berücksichtigung der Wirksamkeit der Parameter ergibt sich, dass rund 130% ihrer jährlichen Gewinne externalisierte Kosten sind. Mit anderen Worten müssten diese Konzerne ihre jährlichen Gewinne und zusätzlich 30% an die Gemeinschaft abliefern. Eine Kosteninternalisierung bewirkt eine Begrenzung der Vermögenswerte auf dem Wert des Jahres 1969.

Lösungen orientieren sich an der naheliegenden Internalisierung von Kosten durch Abgaben, Steuern usw., dem Rückbau konzernrelevanter Verkehrsinfrastruktur, der Einführung der so genannten „Tobin-Steuer", der flächendeckenden Einführung lokaler Währungen und der Einführung neuer Indikatoren anstelle des BIP (z.B. Index of Sustainable Economic Welfare). Verstößt eine Kapitalgesellschaft gegen Regeln und Gesetze muss sie rechtlich ausgelöscht werden. Der Staat muss in der Lage sein, basierend auf nationalstaatlichen, demokratischen Prinzipien, Einfuhrverbote von Produkten, die Sozial- oder Umweltstandards widersprechen, zu verhängen.

Es wurde dargelegt, dass zwischen dem Wachstum der Konzerne und jenem bösartiger Tumore eine nicht nur qualitativ-analytische sonder auch empirisch belegbare Analogie existiert.

Die vorliegende Arbeit liefert einen Beitrag für die verstärkte Berücksichtigung externalisierter Kosten von Konzernen. Die Verknüpfung von Erkenntnissen verschiedener wissenschaftlicher Disziplinen (Technik, Wirtschaft, Biologie, Medizin) liefert dafür notwendige Werkzeuge. Das Verantwortungsbewusstsein der Techniker in diesem Prozess, ist von relevanter Bedeutung für zukünftige Entwicklungen. Wissen über die Wirkungsmechanismen dynamisch rückgekoppelter Systeme und die Verknüpfung wissenschaftlicher Disziplinen im Sinne eines Erkenntnisgewinns sind von Bedeutung.

Abstract

Several references on linguistic metaphors can be found in the literature, which compare the economic system, financial institutions and corporations with the proliferation of a malignant tumor, regarding their obligation to economic growth. Cancer metaphors are often used for the description of breaking and overshooting constraints. The metaphorical logic can help to describe relations and is therefore able to overcome the limitations of the traditional scientific languages.

The main thesis of this work should not only identify an analytical isomorphism between the growth of corporations and cancer (the way it metastasizes in living organisms), but also proof this empirically. Experience with evolutionary epistemology serves as a basis, which shows that substantial regularities already exist in subjacent layers of evolution.

Corporations are only committed to their shareholders and the pursuit of maximum profit. All other values become inferior related to this permanent urge to growth. In this exploitation process the corporations not only use political but primarily technical structures. The growth of transnational corporations largely depends on global infrastructure networks. Infrastructure for fast transport fosters economic concentration and increases the radius of accessibility for the procurement of raw materials as well as for goods distribution. The dominance of large corporation structures over local economic and resource-circulations was mainly caused by the increase of transport and travel speed in the past decades. Also funds can now be moved via the worldwide electronic cross linking without frictional losses.

Compelling growth as a characteristic of corporations is analogously found at malignant tumors in the human organism. Cancer cells detach from the united cell structure and follow boundless growth as their only target. In need of space as well as energy for their supply, metastasizing cancer cells build up their own supply system (tumorangiogenesis).

Implementing the Dynamic Energy Budget Theory (DEB) of Kooijman (2000), van Leeuwen et.al (2003) developed a tumor model which focuses especially on the tumor-host interaction.

It shows that the tumor promotes his growth – analog to corporations – by reducing growth- and maintenance costs (in comparison to the host). These externalization processes are mainly responsible for the growth of corporate structures.

Paradigms for externalized costs of corporations are described exemplarily. Thereby it can be assumed that only a sub-range of these costs is known. For the other indicators of externalized corporation costs estimations were made. Analogous to the tumor model these costs were assigned to the categories by growth- and maintenance-costs. The tumor model which is based essentially on the growth equations of Bertalanffy was modeled in order to reproduce the growth paths of profit, turnover and capital assets. Estimating the scale of externalized costs, the parameters for growth- and maintenance-costs were assessed accordingly.

It is shown that the annually earned profits of the examined corporations are based to about 68% to 110% on externalized costs. An internalization of these costs would imply a stagnation of capital assets at the level of the 1970s to 1980s on average. Evaluating the 100 most profitable US corporations shows, that 83% of their growth- and 73% of their maintenance-costs were externalized. Regarding the effectiveness of the parameters, 130% of the annual profits of the 100 most profitable US-corporations are based on externalized costs. In other words, these corporations would have to deliver their annual profits and, in addition, another 30% to the community.

Solutions should include the obvious internalization of costs by charges and taxation etc., the deconstruction and re-dimensioning of corporation relevant transport infrastructure, the implementation of the so-called "Tobin tax" as well as the comprehensive initiation of local currencies and of new indicators instead of the BIP (e.g. Index of Sustainable Economic Welfare). If a corporation infringes upon rules and laws it must be legally liquidated. A state must be able – based on democratic and national principles – to declare an embargo on the import of products which contradict social or environmental standards.

It is demonstrated that there exists not only a qualitative-analytic but also an empirically provable analogy between the growth of corporations and malignant tumors.

The present work delivers a contribution to the increased consideration of externalized costs of corporations. Linking the knowledge of different scientific disciplines (technology, economy, biology, medicine) prepares necessary tools. In this process the engineers' sense of responsibility is extremely important for future developments. Knowing and understanding the mechanisms of action of dynamic feedback systems as well as linking several disciplines for the gain of scientific knowledge is crucial.

Inhaltsverzeichnis

1 Einleitung 21

2 Methodologie 24
   2.1 Ziel 24

3 Metaphern in der Wissenschaft 26
   3.1 Exkurs Metapher 27
   3.2 Exkurs Analogie 29
   3.3 Zum Begriff der „Homologie" 30

4 Basismetaphern der Interaktion zwischen Anthroposphäre und
Natursphäre 32
   4.1 Die Gaia-Hypothese 32

5 Systeme 35
   5.1 Voraussetzungen 35

6 Analogietheoretische Ansätze zur Charakterisierung des bestehenden
Weltwirtschaftssystems 39
   6.1 Räuber-Beute-Modell 39
   6.2 Parasit-Wirt-Modell 46
   6.3 Tumor-Wirt-Analogie 54
      6.3.1 Merkmalskatalog für die Anwendung der Tumoranalogie 56

7 Geld 58
   7.1 Konzerne als Strukturgeber für das endlos wachsende Finanzkapital ... 59
   7.2 Geldwachstum 61
      7.2.1 Zins 63

8 Die Grenzen des Wachstums 69
   8.1 Exponentielles Wachstum 71
   8.2 Überprüfung der Modellergebnisse mit der tatsächlichen
      Entwicklung 73

9 Konzerne und ihre Entwicklung ... 77
9.1 Die Entstehung der Konzerne ... 78
   9.1.1 Einfluss neuer Verkehrssysteme ... 82
9.2 Prinzip der beschränkten Haftung ... 83
9.3 Entwicklung in den USA ... 85
9.4 Die Entstehung der juristischen Person ... 86
9.5 Entwicklung in Kontinentaleuropa ... 88
9.6 Entwicklung im 20. Jahrhundert ... 89
9.7 Die ökonomische Wirklichkeit ... 90
   9.7.1 Adam Smith – Die unsichtbare Hand ... 90
   9.7.2 Theorie der komparativen Kostenvorteile ... 91
9.8 Institutionen der Konzerne nach dem 2. Weltkrieg ... 93
   9.8.1 Bretton-Woods-Abkommen ... 94
   9.8.2 Internationaler Währungsfonds (IWF) ... 95
   9.8.3 General Agreement on Tariffs and Trade (GATT) ... 95
   9.8.4 Welthandelsorganisation WTO ... 96
   9.8.5 GATS ... 99
   9.8.6 Konsequenzen ... 100
   9.8.7 Wachstum der Konzerne ... 102
9.9 Aktuelle Definitionen von Konzernen, bzw. Aktiengesellschaften ... 104

10 Das asoziale Wesen der Konzerne ... 105
10.1 Unternehmenszwecke und –ziele – Die causa finalis ... 106
10.2 Corporate Social Responsability (CSR) ... 107
10.3 Die Charaktereigenschaften der großen Konzerne ... 108
10.4 Rechtssystem und Betriebswirtschaft ... 110

11 Einfluss der Konzerne auf die Politik ... 112
11.1 Konzerne in der europäischen Union und ihre Einflussnahme ... 112

12 Krebs als Freiheitsgrad der Evolution? ... 119
12.1 Historischer Rückblick ... 119
12.2 Externe Einflüsse auf Krebserkrankungen ... 120

13 Zellen ... 125
13.1 Zellverbindungen ... 126
13.2 Zellteilung (Mitose) und Zellproliferation ... 131
13.3 Veränderung, Zellschädigung und Zelltod ... 135

14 Tumor ... 138
14.1 Einteilung ... 138
14.2 Evolution von Tumoren ... 142
14.3 Maligne Progression ... 145
14.4 Metastasierung ... 148
14.5 Tumorangiogenese ... 150
14.6 Tumorwachstum, Angiogenese und Energieversorgung ... 155

15 Mathematische Modelle ... 162
15.1 Tumorwachstum ... 163
15.1.1 Exponentielles Wachstum ... 163
15.1.2 Begrenztes Wachstum ... 166

16 Dynamic Energy Budget Theory (DEB) ... 176
16.1 Grundlagen der DEB-Theorie ... 177
16.2 Erweiterung der DEB-Theorie auf Tumorwachstum ... 182

17 Modellsimulation und Analogieschlüsse – Konzern und Tumorwachstum ... 194
17.1 Analogie der Modellparameter ... 194
17.2 Übertragung der Modellparameter ... 198
17.2.1 Erhaltungskosten ... 198
17.2.2 Wachstumskosten ... 199
17.2.3 Lobbyismus ... 200
17.2.4 Gefräßigkeit ... 201
17.2.5 Zinssystem ... 202
17.2.6 Weitere Faktoren im Modell ... 203
17.3 Abschätzung der Wirksamkeit der Parameter ... 205
17.4 Einfluss auf den Wirt ... 210
17.5 Fallbeispiel 1 – Konzern „Nike" ... 213
17.6 Fallbeispiel 2 – Konzern „Wal-Mart" ... 219
17.7 Fallbeispiel 3 – Konzern „Coca-Cola" ... 229
17.8 Fallbeispiel 4 – die 100 „profitabelsten" US-Konzerne ... 236
17.9 Beispiele anderer Konzerne ... 241
17.10 Weitere Wirkungen ... 244
17.10.1 Zerstörung der Wirtssysteme ... 246

18 Die realen Wirkungen 250
18.1 Betriebsauflagen 251
18.2 Lohnkosten 252
18.3 Einsparungen von Arbeitsplätzen durch Maschinisierung,
   Automatisierung und Industrialisierung (Economy of Scale) 253
18.4 Gewerkschaftlicher Organisationsgrad 255
18.5 Kollaboration mit politischen Regimen 255
18.6 Ressourcenverbrauch 256
18.7 Steuern 257
   18.7.1 Österreich 259
   18.7.2 Deutschland 263
18.8 Finanzierung von Konzernen am Beispiel Deutsche Bank 267
18.9 Private Profite, öffentliche Kosten 268
18.10 Gerechtigkeit 270
18.11 Wachsende Disparitäten in der Bevölkerung 271
18.12 Prozesse der Ausbeutung 276

19 Konzerninvasion und Ausbreitung 279
19.1 Auswirkungen auf demokratische Prozesse 284

20 Information 288

21 Tumorwachstum und Verkehrssystem 289
21.1 TEN-Netze – Tumorangiogenese 290
21.2 Ausdehnung und Raumforderung von Konzernstrukturen 291
21.3 Economy of Scale im Verkehrswesen 292
21.4 Transportkosten 298

22 Krebsbehandlung 300
22.1 Lösungsansätze 300

23 Schlussfolgerungen 303

24 Zusammenfassung 305

25 Beiträge von Mitgliedern des Club of Vienna 309
   25.1 Markus Knoflacher: „Unvergleichbares vergleichen?" 311
   25.2 Hermann Knoflacher: „Jeder Krebs hat Anlagen und Auslöser" 316
   25.3 Christine Bauer-Jelinek: „Kapitalgesellschaften sind keine Lebewesen. Von den Machtverhältnissen zwischen Management, demokratisch gewählten Regierungen und dem Individuum." 327
   25.4 Hans P. Aubauer: „Rahmenbedingungen, um die Naturressourcen gerecht zu verteilen." 336
   25.5 Elfriede Maria Bonet: „Krebs und Konzernwachstum: Von Metaphern, Analogien und Erklärungen 350

26 Autoren 357

27 Literatur 359

1 Einleitung

Krebs bezeichnet in der Medizin einen bösartigen Tumor und ist im allgemeinen Sprachgebrauch ein Sammelbegriff für eine Vielzahl verwandter Krankheiten, bei denen Körperzellen unkontrolliert wachsen, sich teilen und gesundes Gewebe verdrängen und zerstören können (Tumorwachstum). Was hat diese Metapher jedoch mit dem Wirtschaftssystem der transnationalen Konzerne und deren Strukturen gemein? In dieser Form findet man spätestens seit des Mitte des 20. Jahrhunderts sprachliche Vergleiche mit dem Krebswachstum: Immer wieder werden nicht nur das Wirtschaftssystem und dessen Wachstum mit jener von Krebsgeschwüren verglichen, auch für dessen Strukturen und Rahmenbedingungen wird die Metapher des tumorartigen Wachstums verwendet.

Am deutlichsten wird dabei der Mediziner Rüdiger Dahlke, der die Ausbreitung der Konzerne mit jener von Krebszellen im menschlichen Körper vergleicht:

„So wie der Krebs den Körper, wollen auch Konzerne die Märkte dieser Welt erobern. Andere Konzerne dabei zu verdrängen und an die Wand zu drücken, ist ganz in ihrem Sinn und entspricht aufs Haar der Strategie wuchernder Krebszellen. Von der Muttergesellschaft ausgehend, die in diesem Bild der Mutterschwulst entspricht, erobern sie mit ihren Filialen das Umland. Beim Krebs spricht man in diesem Zusammenhang von filiae, den bösartigen Töchtern der Mutterschwulst. Bis in ferne Regionen des Körperlandes kann es zur Absiedelung von Metastasen kommen, die man in Analogie zu den Überseedependancen der Konzerne setzen könnte. Betrachtet man ein Ganzkörperszintigramm eines an Krebs erkrankten menschlichen Organismus, springt die bildliche Übereinstimmung mit einer Weltkarte, auf der die Ausbreitung eines Konzerns mit roten Punkten dargestellt ist, geradezu ins Auge."[1]

Der Autor Ken Wilber spricht in seinem Buch indirekt das Wirtschaftssystem an. „In gewisser Weise sind jedoch Rationalität und Industrie, sich selbst überlassen, zu Krebsgeschwüren im Gemeinwesen geworden, zu hemmungslos gewordenen bösartigen Gewächsen. Sie überschreiten ihre Grenzen, brechen aus ihren Funktionen aus und wachsen sich zu Herrschaftshierarchien verschiedenster Art

---

[1] Dahlke (2003)

aus."[1] Auch David Korten bedient sich der Metapher des Krebsgeschwüres, wenn es darum geht, das Wachstum der Konzerne und der Finanzmärkte im weltweiten Maßstab zu beschreiben: „Diese Kräfte haben einst nützliche Konzerne und Finanzinstitutionen zu Instrumenten der Markttyrannei transformiert, welche ihre Einflussbereiche wie ein Krebsgeschwür über den Planeten ausdehnt und dabei immer mehr Lebensraum kolonisiert, Existenzgrundlagen zerstört, Menschen verdrängt und demokratische Institutionen impotent in ihrem unersättlichen Drang nach Geld macht."[2]

Es zeigt sich also, dass die sprachliche Metapher des Krebsgeschwürs für das Wachstum der Konzerne bereits mehrfach in der Literatur zu finden ist. Das verwundert nicht, da die Krebsmetapher bereits in der Bibel „Anwendung findet". Dennoch soll gezeigt werden, dass hinter dieser sprachlichen Metapher eine Reihe biologischer Prozesse und Parameter stehen, die die Voraussetzung für das Tumorwachstum bilden.

Sowohl für das Konzernwachstum als auch das Tumorwachstum, soviel sei vorweggenommen, ist das Transportsystem entscheidend. Beim Tumor zur Versorgung mit Nährstoffen und der damit verbundenen Möglichkeit des Wachstums über die Gewebsgrenzen hinaus (Metastasierung), bei Konzernen zur Distribution der Güter, zur Erreichung der Ressourcen (Menschen, Rohstoffe, aber auch Informationen) und zum Kapitaltransport. Während sich die ersten beiden (ausgenommen Information) vor allem im mechanischen Transportsystem abspielen, wird der Kapitaltransport heute ausschließlich auf elektronischem Weg erledigt. Wie noch gezeigt werden wird, hat der Wegfall des Transportwiderstandes in diesem Bereich massive Auswirkungen auf die weltweite Verteilung des Kapitalbesitzes.

Auch mit der Betrachtung der Genese der Kapitalgesellschaften modernen Zuschnitts ab Mitte des 19. Jahrhunderts und der gesetzlichen Verpflichtung der Führungskräfte immer im „besten Interesse des Unternehmen" zu handeln, lassen sich psychopathologische Eigenschaften finden, die mit jenem Verhalten von Tumorzellen in unserem Körper übereinstimmen.

Mit der juristischen Gleichstellung von Kapitalgesellschaften mit Personengesellschaften, die unter anderem Ende des 19. Jahrhunderts auch durch den Obersten Gerichtshof in den USA erfolgte, sind heutige Konzerne vor dem Gesetz gleich gestellte „Rechtspersonen" mit dem Anspruch auf denselben Schutz von Eigentumsrechten wie ein einzelner Mensch. Unter den gesetzlichen Regelungen und Bestimmungen sowie deren Auflösung unter dem konzerninhärenten Blickpunkt der Gewinnmaximierung, ergeben sich asoziale und egoistische Ver-

---

[1] Wilber (2004), S.102
[2] Korten (1995), S.12

haltensmuster. Diese können weniger den einzelnen Entscheidungsträgern im System (den Managern) zugeschrieben werden, als dem System als Ganzen. Dieses wurde von Menschen gemacht, man ist also auch in der Lage dieses zu verändern und den Wünschen und Vorstellungen der Menschen anzupassen.

Die Lösung eines Problems muss sich an seinem Entstehungsweg orientieren.[1] Unter diesem Blickpunkt wird mit der Entstehung der Kapitalgesellschaften – im Zuge des Eisenbahnbaus in England und den USA – insbesondere das Verkehrssystem genauer betrachtet. Entstanden aus den ersten industriellen Verkehrssystemen sind transnationale Konzerne und deren Profitmaximierung bis dato eng mit diesen und deren Entwicklung verknüpft. Das Erreichen des derzeitigen Machtstatus (und der Machterhalt) der Konzerne im global-gesellschaftlichen Kontext und den damit verbundenen Strukturveränderungen auf allen Ebenen ist neben der Schaffung legislativer Zwänge vor allem auf das Wachstum der Geschwindigkeiten technischer Transportsysteme zurückzuführen.

Es soll gezeigt werden, warum die anfangs angeführte Krebsmetapher am zweckdienlichsten zur Erklärung bestimmter Entwicklungen im Wirtschaftssystem ist, und warum die eingangs angeführten Zitate auch einer empirischen Überprüfung Stand halten.

Wir haben es also, soviel wird feststehen, mit einer analytischen Isomorphie bzw. Analogie zu tun (die genau genommen einer Homologie entspricht), die auch, vergleicht man die fundamentalen Wachstumsgesetze und Randbedingungen, empirisch abgesichert ist.

Für die Schaffung empirischer Grundlagen dieser Theorie, die bis dato nur als sprachliche Metapher existiert (hat), sollen mathematische Modelle aus der Krebsforschung untersucht werden. Stimmt die Theorie der Analogie auf der empirischen Ebene, müssten sich Parameter in den biologischen und medizinischen Modellen finden lassen, die unter entsprechender Anpassung und Skalierung unter gleichen Gesetzen die ähnlichen Wachstumsprozesse bei Konzernen darstellen.

---

[1] Knoflacher in Woltron (2004), S.58

2 Methodologie

2.1 Ziel

Mittels Analyse mathematischer Modelle aus der Krebsforschung soll versucht werden, die wesentlichen Parameter zu erfassen und Analogien sichtbar zu machen. Dazu sollen Modellierungen, wie sie in der Biologie und Medizin verwendet werden, mit jenen ökonomischen Wachstumsprozessen und deren theoretischen wirtschaftwissenschaftlichen Grundlagen verglichen werden. Um Erkenntnisse über die Eigenschaften der zu untersuchenden Prozesse und deren Entwicklung zu gewinnen, ist das Verhalten von System-Größen in der Zeit, also das Wachstum, einer der wichtigsten Aspekte.

Nach Sichtung der verschiedenen in der Tumorforschung verwendeten mathematischen Modelle zur Simulation von Tumorwachstum wurde ein Modell gewählt, mit dem eine Nachbildung der Wachstumsprozesse bei Konzernen möglich erscheint.

Das Wachstum von Tumoren wird weitgehend mit logistischen Wachstumsfunktionen, der Gompertz-Funktion [1][2][3] und exponentiellen Wachstum beschrieb.[4] In der Onkologie differieren aber die Meinungen über ein allgemeines Modell des Tumorwachstums.[5] Dies resultiert aus der Verschiedenartigkeit der Eigenschaften der einzelnen Tumore und deren Symptome.

Aufgrund immer detaillierterer Forschungen kann davon ausgegangen werden, dass es für die verschiedensten Krebsarten unterschiedliche Wachstumsfunktionen gibt. Zumindest über entsprechende Zeiträume von Tumorwachstum und Existenz lassen sich partielle Inter- und Extrapolationen tätigen.

Am Beispiel Brustkrebs kann jedoch gezeigt werden, dass exponentielles Wachstum nicht über einen längeren Zeitraum aufrechterhalten werden kann, sich abschwächt und zeitweise in eine Gompertz-Funktion übergeht. Dies scheint klar, da bösartigen Tumoren ein prinzipiell uneingeschränkter Wachstumsdrang innewohnt, der lediglich vom Organismus des befallenen Lebewesens begrenzt

---

[1] Vgl. Winsor (1932)
[2] Vgl. Trost (2005)
[3] Vgl. Retsky (1990)
[4] Vgl. Friberg (1997)
[5] Vgl. Brú (2003)

ist. Bei theoretisch uneingeschränkter Nährstoffzufuhr drängt der maligne Tumor aber zu exponentiellem Wachstum.[1]

Tumorwachstum ist oft auch irregulär[2] und Vorhersagbarkeiten scheinen daher schwer. Darüber hinaus sind relevante Datensammlungen durch Versuche am menschlichen Organismus stark begrenzt. Werden beispielsweise die Daten für Brustkrebs genauer untersucht, ist die Evidenz für eine vollständige Anpassung an eine Gompertzsche Wachstumskurve sehr schwach.[3] Während Laird (1969) die Gompertz-Gleichung noch als „general biological characteristic of tumor growth" bezeichnet hat[4], kann diese Aussage heute so nicht mehr aufrechterhalten werden.

Dies zeigt, wie schwierig sich allgemeine Wachstumsprozesse von Tumoren durch mathematische Modelle abbilden und dabei generelle Gesetzmäßigkeiten ableiten lassen.

Auch wenn im ersten Teil der Arbeit von Metaphern und Analogien gesprochen wird, und diese entsprechend definiert werden, stecken hinter diesen sprachlichen Vergleichen analytische Kennzeichen einer tatsächlichen isomorphen Entwicklung. Mit Hilfe der Technik und schnellen Transportsystemen haben sich in der kapitalistischen Gesellschaft pathogene monetäre Mechanismen gebildet und verselbstständigt.

Eine entscheidende Rolle spielt dabei, wie bereits erwähnt, das Transportsystem, sowohl bei der Ausbreitung des Tumors im Organismus, als auch bei der Ausbreitung der Konzerne. Auf die verkehrsrelevanten Rahmenbedingungen zum geschaffenen Wachstum der Konzerne und gleichzeitiger Verdrängung kleinteiliger, beschäftigungsintensiver Wirtschaftsstrukturen soll im 2. Teil der Arbeit genauer eingegangen werden. Ähnlich wie der Konzern externalisiert der Tumor seine Wachstums- und Erhaltungskosten, was zur Auszehrung des Organismus führt. Ein Modell, das diese Parameter berücksichtigt, stellt einen Konnex zum Tumorwachstum über die Analyse von Wachstumsfunktionen hinaus dar.

---

[1] Leeuwen (2003), S.2254 f.
[2] Vgl. Steel (1977)
[3] Retsky (1997), S.198f.
[4] Laird (1969), S.15f.

3 Metaphern in der Wissenschaft

Die in der Einleitung zitierten Aussagen von R. Dahlke (bezogen auf Konzernstrukturen im Speziellen) aber auch von K. Wilber (auf den Begriff der „Industrie" im Allgemeinen) zeigen, dass hier sprachliche Metaphern verwendet wurden, um die komplexe Beziehung zwischen der Gesellschaft und einem speziellen Teil eines von ihr hervorgebrachten Wirtschaftssystems, vor allem im Bezug auf die Wachstumsvorgänge, zu beschreiben. Die Verknüpfung einer Analogie erfolgt in diesem Fall eindeutig über den Parameter des (unkontrollierten) Wachstums.

Da „die Wirtschaft" oder „der Konzern" nicht solitär betrachtet werden können, und wir es im Besonderen mit einer in verschiedenste Beziehungen eingebettete Entität zu tun haben [1], wird es zwangsweise notwendig sein, die Interaktionen zu betrachten und zu beschreiben. Auch der Krebs existiert nur in Zusammenhang mit einem lebenden Organismus und sein Wachstum steht im Zusammenhang mit seiner Versorgung mit Nährstoffen. Unter dieser Voraussetzung soll zu Beginn geklärt und differenziert untersucht werden, welche Schlüsselmetaphern im Allgemeinen diese zuvor beschriebene Interaktion zwischen transnationalen, börsennotierten Konzernstrukturen und den Auswirkungen, deren Wachstum auf Mensch und Umwelt haben, möglicherweise ähnlich gut beschreiben und modellieren könnten, wie die erwähnte Krebs-Metapher.

Wesentlich wird neben der Beschreibung der „Dinge" an sich, das Begreifen und Erklären der „Relation" zwischen diesen Dingen. Becker nennt dies im Vorwort zu Henrich (2002) eine „epistemisch folgenreiche Verschiebung", denn für die Behandlung von Relationen seien sowohl „die abendländischen Umgangssprachen als auch die traditionellen Wissenschaftssprachen wenig geeignet". [2]

Dennoch wird nach Klärung der Begrifflichkeiten von Metapher und Analogie gezeigt werden, dass prinzipiell noch andere Metaphern zur Beschreibung des Wachstums der Konzernstrukturen möglich sind und eine exakte Abgrenzung biologisch ähnlicher Analogien nicht zu 100% erfolgen kann.

Bevor im Weiteren auf die Metaphern eingegangen wird, sollen die sprachliche Bedeutung und Zusammenhänge geklärt werden:

---

[1] Riedl (1996), S.10
[2] Henrich (2002), S.7

3.1 Exkurs Metapher

Unter Metapher kann ein sprachlicher Ausdruck verstanden werden, bei dem ein Wort oder eine Wortgruppe aus seinem Bedeutungszusammenhang und dem entsprechenden Realitätsausschnitt auf einen anderen übertragen und dabei als Bild verwendet werden kann.

Metaphern ermöglichen somit so genannte „als-ob-Aussagen". Damit haben sie ihre „eigene Logik", die nicht mit der klassischen Aussagenlogik zusammenfällt. Diese metaphorische Logik kann, wie bereits erwähnt, somit genutzt werden, um Relationen zu beschreiben.[1]

Ein bekanntes Beispiel einer Metapher, deren Gehalt auch – dort wo möglich – empirischer Überprüfung Stand hält, ist die Gaia-These von James Lovelock. Dieser bezeichnet die Erde als „Superorganismus" und deutet eine Äquivalenz der Beziehungen zwischen den Teilen der metaphorischen Struktur und dem, was sie nachbilden an.[2]

Im Weiteren soll auch kurz auf die Gaia-These von Lovelock eingegangen werden. Dies passiert einerseits deshalb, weil Lovelock seine metaphorischen Theorien in einem mathematischen Modell auch beweisen konnte, und anderseits weil auch er sich in seiner sprachlichen Darstellung sich der Krebsmetapher bedient, diese allerdings auf die gesamte Anthroposphäre ausdehnt (was unter den derzeitigen Entwicklungen fast als mögliches analoges Szenario erscheint).

Die Umschreibung von Krebs mit furchteinflößenden Metaphern geht zurück bis in die griechische und römische Zeit, was auf das blutige Aussehen der Tumore, hervorgerufen durch die Gefäßneubildung, zurückzuführen ist. Umgekehrt wurden auch bereits zu dieser Zeit hinterhältige, korrupte, unterdrückende oder böse Verhaltensweisen als „Krebs" bezeichnet. Ovid verwendet in seinen „Metamorphosen" die Krebsmetapher zur Beschreibung von zügelloser Eifersucht, aber auch in der Bibel missbilligt der heilige Paulus die gottlosen Menschen als solche, „deren Worte vernichten, so wie ein Krebsgeschwür."[3]

Krebsmetaphern wurden also von jeher auch für die Beschreibung von Nichteinhalten von Grenzen und deren Überschreiten verwendet. Aristoteles definiert die Metapher als die Übertragung eines Wortes (das somit in uneigentlicher Bedeutung verwendet wird), und zwar entweder von der Gattung auf die Art oder

---

[1] Henrich (2002), S.8
[2] Ebenda S.8
[3] Greaves (2003), S.11

von der Art auf die Gattung[1] oder von einer Art auf eine andere oder nach den Regeln der Analogie.[2]

Einen differenzierten Vorschlag zur Unterscheidung verschiedener Arten von Metaphern gibt Khalil in Henrich (2002):[3]

Er unterscheidet:

- Superfizielle Metaphern, die eine oberflächliche Ähnlichkeit ausdrücken, die sich zwar auf vergleichbare Bewegungs- und Gestaltmerkmale bezieht, aber keinen Anspruch auf funktionelle Gleichheit einschließt.
- Heterologe oder analoge Metaphern bezeichnen nach Khalil eine auf vergleichbare analytische Funktionen gestützte Ähnlichkeit bei unterschiedlichem Kontext der Ereignisse.
- Homologe Metaphern gehen von der Ähnlichkeit eines Kontexts aus. Die analytischen Funktionen können, müssen aber nicht differieren.
- Bei unifikativen Metaphern können disperate Ereignisse von demselben Gesetz bestimmt werden. Können beispielsweise die Ähnlichkeiten zwischen dem Energieeinsatz bei der Herstellung wirtschaftlicher Güter durch Menschen und der produktiven Aktivität anderer Organismen auf dieselben Gesetze zurückgeführt werden, kann von eine unifikativen Metapher gesprochen werden.

Beim Vergleich der Entwicklung von Konzernstrukturen mit der Beziehung zwischen Tumoren und ihren Wirtssystemen handelt es sich augenscheinlich um eine heterologe oder analoge Metaphorik. Kann jedoch gezeigt werden, dass sich diese auch nach denselben (mathematischen) Gesetzmäßigkeiten verhält, sodass es sich um eine Analogie handelt, wird man darüber hinaus von einer unifikativen Metapher sprechen können.

Die in der Einleitung zitierten sprachlichen Analogien der Krebsmetapher zum Wachstum der Konzernstrukturen weisen selbstverständlich auch auf eine gewisse Betrachtungsweise der Dinge und ihrer Verhältnismäßigkeit hin. „Deshalb finden sich in der Wissenschaft ganze Metaphernnetze, mit denen versucht wird, die Welt zu erkennen und in ihr aktiv zu handeln. Auf jeden Fall liefern Metaphern sprachliche Modelle des Weltverständnisses und sie begründen auch ein besonderes Weltverhältnis. Metaphern treten überall dort gehäuft auf, wo sich die Forschung auf Relationen statt auf Dinge konzentriert."[4] Vor allem im Um-

---

[1] In diesem Zusammenhang wird auf die biologischen Begriffe „Art" und „Gattung" nicht im Detail eingegangen.
[2] Vgl. www.wikipedia.org („Metapher")
[3] Vgl. Henrich (2002), S.14
[4] Henrich (2002), S.8

gang mit der „Natur", worauf auch die Philosophin E. Bonet hinweist: „Als Erstes stellt sich heraus, dass „die Natur" ein Konstrukt ist, das nicht *per se* formuliert wurde, sondern jeweils in Zusammenhang mit und in Abhängigkeit davon, was jeweils unter „Kultur" zu verstehen war. Umgekehrt trifft das ebenso zu: Wir haben es also mit einer *Relation* zu tun." [1]

Henrich (2002) betont, dass wir durch den Rückgriff auf Metaphern (oder auch auf die Mathematik) versuchen, die Schwäche der abendländischen Umgangssprachen genauso wie der traditionellen Wissenschaftssprachen bei der Behandlung von Relationen zu überwinden. Gerade über die Sprache seien wir in der Lage, Beziehungen zu beschreiben und in den Vordergrund zu rücken. [2] Die Grammatik liefert laut Becker in Henrich (2002) ein abstraktes Modell zur Darstellung von Relationen. „Grammatische Beziehungen sind präverbal, sie symbolisieren in höchst abstrakter Form eine Analogie, darstellbar durch eine ihre adäquate Logik." [3]

3.2 Exkurs Analogie

Der Begriff der Analogie bezeichnet in der Rhetorik ein Stilmittel, in welchem ähnliche Strukturen oder Zusammenhänge in einen Zusammenhang gestellt werden. Dieses Stilmittel wird häufig dazu verwendet, sich schon bekannte Informationen aus einem vergleichbaren Sachzusammenhang, oder auch einen in einem vergleichbaren Zusammenhang bereits gefundenen Konsens, zur Veranschaulichung eines anderen Zusammenhanges oder zur Verstärkung eines Argumentes in einem anderen Zusammenhang zunutze zu machen.

Wenn aus dem schon bekannten Sachzusammenhang konkrete Schlussfolgerungen für den neuen, vergleichbaren Sachzusammenhang gezogen werden, spricht man auch von einem Analogieschluss. [4] Vereinfacht ausgedrückt wird bei einer Analogie ein Problem aus einem anderen Blickwinkel betrachtet und angegangen. Dabei wird das Problem so weit abstrahiert, dass genügend Analogien zu finden sind.

Da bereits der Begriff der Krebsmetapher vorweggenommen wurde, soll auch kurz auf den Analogiebegriff in der Biologie eingegangen werden. Als Analogie wird in der Biologie eine Ähnlichkeit in Form und Funktion von Organen oder in Verhaltensweisen unterschiedlicher Gruppen von Lebewesen bezeichnet (die Ausbildung gleichartiger Merkmale aufgrund eines gleichartigen Selektions-

---
1 Bonet in Riedl (1996), S. 118
2 Vgl. Henrich (2002), S.7
3 Ebenda, S.7
4 Vgl. www.wikipedia.org („Analogie")

drucks). Die analogen Strukturen oder Verhaltensweisen erfüllen in den einzelnen Organismen den gleichen Zweck, sie sind also bezüglich ihrer Funktion äquivalent, jedoch nicht auf gemeinsame Vorfahren zurückzuführen. [1] Bei analogen Genen bzw. Proteinen sind Basen- oder Aminosäureabfolgen zwar gleichartig lautende Abschnitte, die aber z.b. durch Mutationen aus verschiedenen oder an unterschiedlichen Orten liegenden Genen hervorgehen. (Man beachte hier den sprachlichen Zirkelschluss zu der durch Genmutationen hervorgerufenen Krebsentstehung.)

3.3 Zum Begriff der „Homologie"

Unter Homologie (griech. homologeo, übereinstimmen) versteht man die grundsätzlichen Übereinstimmungen von Organen, Organsystemen, Körperstrukturen, physiologischen Prozessen oder Verhaltensweisen aufgrund eines gemeinsamen evolutionären Ursprungs bei unterschiedlichen als systematischer Einheit erkannten Gruppen von Lebewesen. D. h., man spricht immer dann von Homologie, wenn zwei oder mehr Strukturen von einer gemeinsamen Struktur ableitbar sind. Homologie ist demnach ein morphologischer Begriff, der ein Phänomen beschreibt, dessen Deutung und Erklärung durch die Evolutionstheorie möglich geworden ist. Die Ähnlichkeiten von homologen Merkmalen gehen evolutionär auf ein und dieselbe Struktur bei einem gemeinsamem Vorfahren zurück, können sich aber auseinander entwickelt haben und müssen nicht (mehr) die gleichen Funktionen erfüllen, d. h., sie sind bezüglich ihrer Herkunft äquivalent. [2]

Knoflacher[3] beschreibt Homologie als gemeinsame Ursache hinter gleichen Erscheinungsformen in verschiedenen Teil-Systemen und erklärt mit dem Vergleich der Bienenbeobachtung von Karl v. Frisch die Ursachen für das Zeitempfinden (dem empirisch ermittelten Zeitbewertungsfaktor) von zurückgelegten Wegen von Menschen auf der Basis des Körperenergieverrechnungsmodus.

Bei der vorliegenden Arbeit könnte von einer Homologie ausgegangen werden, da das Wirtschaftssystem als äußere künstlich geschaffene anthropomorphe Struktur nichts anderes als ein Abbild des Inneren darstellt. Mit anderen Worten müssen die Gesetzmäßigkeiten, die in den äußeren Strukturen auftreten, bereits tiefer in der Evolution verankert sein. Arbeiten von Knoflacher auf Grundlage der Entropiegesetze zeigen, das diese Verhaltensweise bereits zwischen den Zellen vorhanden und damit grundlegend für den Aufbau des Lebens ist.[4] Krebs, als

---

[1] http://www.biologie.uni-hamburg.de/b-online/e43/43e.htm
[2] Vgl. www.wikipedia.org („Homologie")
[3] Knoflacher (2007), S.118
[4] Vgl. Knoflacher (2007) S.125

zerstörerische, quasi lebensfeindliche Kraft (auch als logische Konsequenz lebensnotwendiger Anpassungsmechanismen durch Mutation und Selektion), wirkt diesen Gesetzen, so wie die heutigen Konzernstrukturen und Rahmenbedingungen für diese Strukturen, entgegen. Beides lässt sich auf die Ebene der „Energie", der causa efficiens, zurückführen, und diese zieht durch die Evolutionsschichten (in unterschiedlichen Ausprägungsformen) hindurch. Für die Grundlage der Adaptierung biologischer Tumormodelle auf das Wirtschaftssystem können die Ähnlichkeiten auf den Analogiebegriff beschränkt werden. Auch werden damit unterschiedliche Interpretationen des Entropiebegriffes im Zusammenhang grundlegender mathematischer Wirkungsgesetze nach Knoflacher nicht im Detail berücksichtigt.

Während sich demnach homologe Strukturen auf einen gemeinsamen Bauplan zurückführen lassen, also als ursprungsgleich bezeichnet werden können, sind analoge Merkmale funktionsgleich.

4 Basismetaphern der Interaktion zwischen Anthroposphäre und Natursphäre

4.1 Die Gaia-Hypothese

Im Folgenden soll die Gaia-These von James Lovelock und ihre Beschreibung des globalen Erdsystems aus mehreren Gründen genauer betrachtet werden:

Genauso wie der Krebs (also mutierte Körperzellen) eingebettet und in Wechselwirkung mit dem ihn umgebenden menschlichen Organismus steht, (genauso wie transnationale Konzernstrukturen und das gesamte Wirtschaftssystem mit den Stoffkreisläufen dieses Planeten verbunden sind, und, wie später noch zu zeigen sein wird, auch wesentlich darauf Einfluss nehmen) sind Menschen, Pflanzen, Tierwelt und abiotische Umgebung als ein evolutionär entstandenes eng gekoppeltes System sowohl global, als auch auf verschiedenen räumlichen Prozessebenen zu betrachten. Die Parallelen der Metapher werden sichtlich eindeutig, weil das Wirtschaftssystem als Subsystem im Organismus dieses Planeten agiert, und von seinem „Zustand" wesentlich abhängig ist. Darüber hinaus sind die Akteure Menschen (auch im Mantel der Konzernstruktur der künstlichen juristischen Person), welche die Entwicklungen auf den unterschiedlichsten Ebenen zu verantworten haben. Wir kommen also auf allen Organismen-Ebenen auf den Level der Zelle, deren Eigenschaften im Weiteren noch betrachtet werden.

Diese sprachlich gebildeten Metaphern sind in weiterer Folge mathematisch zu überprüfen und gegebene Parallelen in den Gesetzmäßigkeiten sichtbar zu machen. Henrich (2002) betont, dass die mathematische Darstellung von Relationen eine Alternative zur Beschreibung von Relationen durch Metaphern darstellt. Deshalb werden in der Umwelt- und Nachhaltigkeitsforschung mathematische Strukturen als analoge Modelle für Interaktionszusammenhänge vielfältig genutzt.[1]

Am Beispiel der Gaia-These von James Lovelock soll gezeigt werden, wie metaphorische Thesen die Gewinnung realitätsgerechter und erklärungskräftiger Hypothesen fördern können. Man wird dabei erkennen, dass Relationen nie eindeutig nur durch eine Metapher beschrieben werden können, manche besser passen und andere weniger. Im Folgenden soll also überprüft werden, ob nicht auch

---

[1] Henrich (2002), S.8

neben der Tumor-Wirt-Analogie ähnliche Metaphern für die Beschreibung des Konzernwachstums möglich sind. Die Gesetzmäßigkeiten für das Wachstum resultieren konsequenterweise aus den Bedingungen und Parametern, die diese Interaktion charakterisieren (welche Funktionen der Zeit und des Wachstums sind – es ergeben sich also Differentialgleichungssysteme erster Ordnung). Somit ist die genauere Betrachtung der Gaia-These nicht nur zulässig, sondern hilfreich, weil beide Entitäten, Anthroposphäre und Natursphäre, auch für die Betrachtung der Tumor-Wirt-Analogie relevant werden.

Zur grundsätzlichen Charakterisierung der globalen Beziehung zwischen Anthroposphäre, in diesem Fall des von ihm entwickelten Wirtschaftsystems, und Natursphäre werden drei Metaphernpaare betrachtet, von denen jenes, das qualitativ die augenscheinlichsten Übereinstimmung aufweist, detaillierter betrachtet werden soll. Als Basis für diese drei Interaktionsanalogien kann die Gaia-These, welche von James Lovelock gemeinsam mit Lynn Margulis entwickelt wurde, gelten. Auch wenn diese häufig wegen ihres metaphorischen Gehalts kritisiert worden ist [1,2], so spricht sie doch dem Erdsystem den Status eines durch vielfältige Wechselbeziehungen regulierten Superorganismus zu.[3]

Die Gaia-Hypothese besagt, dass die Erde, insbesondere die Erdoberfläche einschließlich der gesamten Biosphäre als ein lebender Organismus betrachtet werden kann; in dem Sinn, dass die Biosphäre – die Gesamtheit aller Organismen – Bedingungen schafft und erhält, die nicht nur Leben, sondern auch eine Evolution komplexerer Organismen ermöglichen. Die Erdoberfläche bildet demnach ein dynamisches System, das die gesamte Biosphäre durch Rückkopplungsmechanismen stabilisiert.[4] Eine der Kernaussagen der Gaia-These ist die Aufhebung der Trennung von Biologie und Geologie.[5] „Die Erde wird als ein evolutorisch entstandenes, eng gekoppeltes System begriffen, dessen wesentliche Bestandteile die Pflanzen und Tierwelt einerseits und ihre abiotische Umgebung andererseits sind. Als Folgeerscheinung des gemeinsamen Evolutionsprozesses hat sich die Selbstregulierung wichtiger Merkmale ergeben, zum Beispiel des Klimas und der chemischen Zusammensetzung der Atmosphäre."[6]

„Im Gegensatz zu der traditionellen naturwissenschaftlichen Auffassung, die Entwicklung des Lebens auf der Erde habe sich in passiver Abhängigkeit von chemischen und geologischen Prozessen, von der Atmosphäre und den Ozeanen vollzogen, unterstellt die Gaia – Theorie, dass lebende Organismen aktiv an der

---

1 Vgl. Abram (1991)
2 Vgl. Kirchner (1991)
3 Henrich (2002), S.11
4 Vgl. http://de.wikipedia.org/wiki/Gaia-Hypothese
5 Vgl. Lovelock (1991), S.9ff.
6 Vgl. Henrich (2002), S.17

Gestaltung der physischen und chemischen Umwelt, von der sie abhängig sind, mitgewirkt haben und mitwirken."[1] Diese Kernaussage wird von Kirchner als Koevolutionsthese bezeichnet[2] und kann als mittlerweile weitgehend akzeptiert gelten.[3]

Für Kirchner (1991), als einem der Kritiker von Lovelocks Gaia-Prinzip, ist die Erde als selbstregulatorischer lebender Organismus jedoch nicht als eine empirisch überprüfbare Metapher einzustufen.[4]

---

[1] Vgl. Henrich (2002), S.18
[2] Kirchner (1991), S.38
[3] Henrich (2002), S.18
[4] Vgl. Kirchner (1991), S.40

5 Systeme

Der Begriff „System" stammt aus dem Griechischen: „systema", aus mehreren Teilen zusammengesetztes, gegliedertes Ganzes." Nach Brockhaus wird es als „Konkretes (Reales, Wirkliches) oder ideell als Ganzes, dessen Teile strukturell und funktional miteinander in Beziehung stehen; Prinzip oder Ordnung, nach der etwas aufgebaut oder organisiert wird" definiert.[1]

Komplexe Systeme kann man nur mit Hilfe von Indikatoren in ihren Verhaltensweisen erfassen. Indikatoren sind dabei Wegweiser zur Beschreibung des Systemverhaltens.[2]

5.1 Voraussetzungen

Aristoteles erkannte bereits im 3. Jahrhundert vor Christus, dass bei der Entwicklung komplexer Dinge vier Formen und Ursachen wahrnehmbar sind, die „causa efficiens", materialis, formalis und finalis. Umgelegt auf den Bau eines Hauses wären dies „Geld" oder „Arbeitskraft", Baumaterial, Bauplan und Zwecke. Keines davon ist entbehrlich.[3]

Jedes reale System muss folgenden vier Bedingungen entsprechen:

- causa materialis (Materialbedingung)
- causa formalis (Formalbedingung) sind innere Ursachen
- causa efficiens (Effizienz)
- causa finalis (Zweck), sind äußere Ursachen und reichen durch alle Schichten durch

Effizienz und Finalität stehen immer in Wechselbeziehung zueinander und ziehen miteinander verbunden gegenläufig durch alle Schichten durch. Dabei entspricht die Effizienz der Energie und nimmt in den einzelnen Evolutionsschich-

---

1 Knoflacher (2007), S.31
2 Knoflacher (2007), S.61
3 Vgl. Riedl (2004), S.62

ten unterschiedliche Formen an, im Atomkern sind es die großen Kräfte. Die schwachen Kräfte, die Elektronen um den Atomkern kreisen lassen, sorgen für die Elektronenbindungen der Moleküle, die noch schwächere Bindungen führen zu den Zellen usw., bis hinauf zu den verschiedenen Formen in den Organen als Fett, in den Organismen, in der Gesellschaft, im Geld der Finanzsysteme, im Wissen, in der Macht etc. Aus dieser Komplexität und den verschiedenen Formen der causa efficiens resultiert das Risiko, dass sich in den Oberschichten Vorstellungen über Effizienz entwickeln, die nicht mehr aus den Unterschichten begründet werden können. Es entstehen zwar technisch und ökonomisch realisierbare, aber evolutionär auf Dauer nicht lebensfähige Systeme. Dies findet sowohl individuell, wie gesellschaftlich und politisch statt.[1]

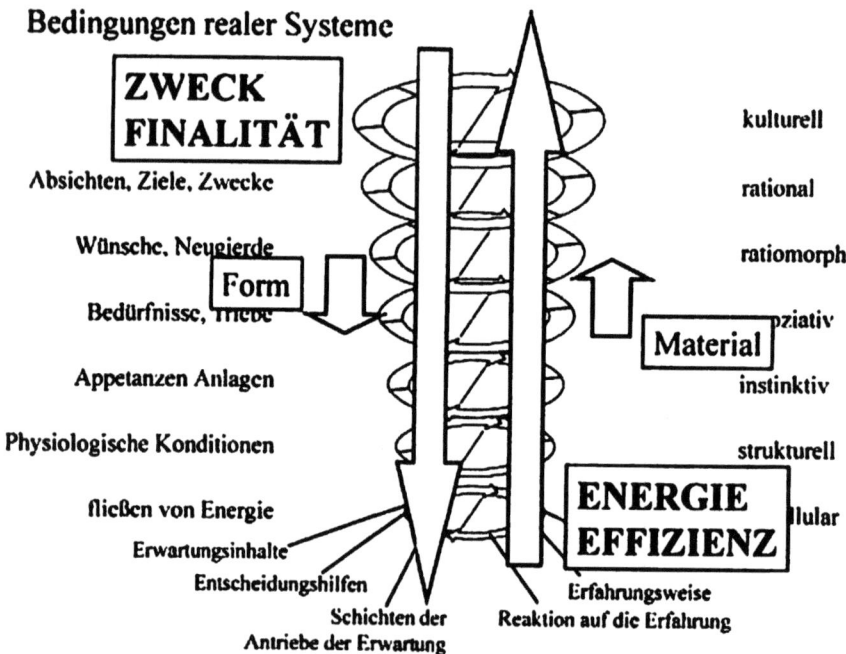

Abbildung 1: Darstellung der vier Kausalitäten im Schichtenbau der Evolution nach R. Riedl, modifiziert von Knoflacher.[2]

---

[1] Knoflacher (2007), S.42
[2] Knoflacher in Woltron et. al (2004), S.31

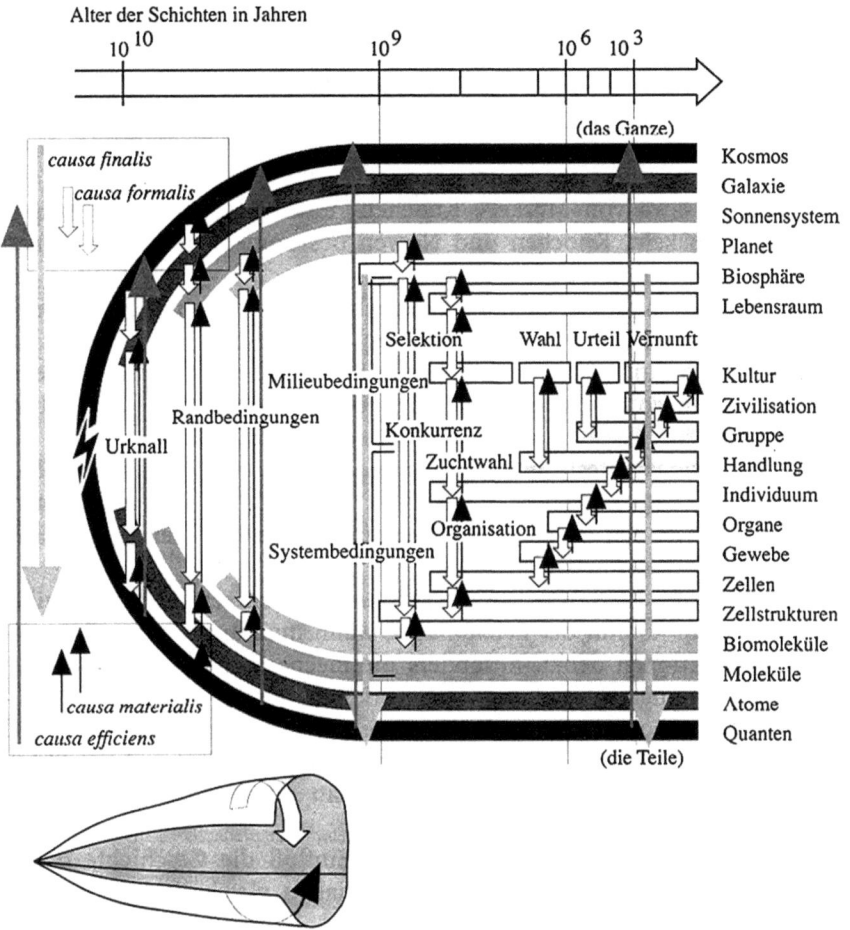

Abbildung 2: Schematische Form des Evolutionsprozesses von präzellularen Strukturen zu den menschlichen Kulturen. [1]

Dynamische Systeme

Die Evolution hat uns aber nicht mit den geistigen Möglichkeiten ausgestattet, die dynamischen Verhaltensweisen von komplexen Systemen, in denen wir uns heute befinden, richtig zu interpretieren. [2] Bei einfachen Systemzusammenhängen sind Ur-

---
[1] Riedl (2000), S.229
[2] Vgl. Kirkwood (1998)

sache und Wirkung nahe beieinander. Wenn man auf eine heiße Herdplatte greift, verbrennt man sich hier und jetzt. Die Ursache ist offensichtlich.[1] Bei komplexen dynamischen Zusammenhängen jedoch sind die Ursachen sowohl in Zeit als auch im Raum weit von den Wirkungen entfernt. Die wahren Ursachen liegen womöglich viele Jahre zurück und treten an einer ganz anderen Stelle im System wieder auf.[2]

---

[1] Ibesich (2005), S.98
[2] Vgl. Forrester (1995)

6 Analogietheoretische Ansätze zur Charakterisierung des bestehenden Weltwirtschaftssystems

Wie bereits erwähnt, existieren neben dem einseitig ausbeuterischen Tumor-Wirt-Verhältnis auch noch andere Beziehungen und Abhängigkeiten, wie beispielsweise Räuber-Beute-Beziehungen oder Parasit-Wirt-Beziehungen. Im Nachfolgenden sollen diese Wechselwirkungen im Detail beleuchtet werden, um herauszufinden, ob es sich beim räumlichen und kapitalmengenmäßigen Wachstumsprozess der Konzerne tatsächlich ausschließlich oder hauptsächlich um eine Tumor-Wirt-Beziehung handeln sollte. Dabei steht zuerst lediglich die Analogie zwischen existierenden Beziehungen lebender Organismen (Tumor-Wirt, Parasit-Wirt, Räuber-Beute) und einer möglichen, aus einem metaphorischen Hintergrund entstandene Übertragung der Metapher auf den Menschen (und die von ihm geschaffenen Strukturen) und seinen Lebensgrundlagen im Vordergrund. Dabei sei darauf hingewiesen, dass bei der Einschränkung auf die Tumor-Wirt-Analogie auch eine zu dieser Analogie entwickelte Theorie der homologischen Verbindung grundsätzlich besteht.

6.1 Räuber-Beute-Modell

Das Räuber-Beute Modell impliziert grundsätzlich gekoppelte Oszillationen der Bestände zweier solcher Interaktionen verbundener Arten und die Möglichkeit der periodischen Regeneration der Beutetierbestände.[1] Als Argumentationsgrundlage für dieses Modell kann konstatiert werden, dass die Menschen wie gedankenlose Prädatoren agieren, die das Aussterben ihrer Beute in Kauf nehmen.[2]

Einer der ersten Autoren, die als Wirtschaftstheoretiker die populationsökologische Predator-prey-Terminologie auf die Beziehung zwischen Natursphäre und Anthroposphäre angewendet haben, ist Goodwin (1978)[3]. Er hat dabei die Räuber-Beute-Dynamik auf das mehrere Stufen höher angesiedelte Verhältnis zwischen Weltbevölkerung und globaler Ressourcen übertragen. Und zeigt, dass bis

---
[1] Henrich (2002), S.10
[2] Ebenda, S.11
[3] Goodwin (1978), S.194f.

zur industriellen Revolution die Weltbevölkerung nur sehr langsam wuchs, und von den populationsökologisch typischen Räuber-Beute-Beziehungen geprägt war. Durch die qualitativen und quantitativen Veränderungen, die die industrielle Revolution samt Produktionsausweitung mit sich brachte, kam es zu einer Reduzierung der Sterberaten bei gleichbleibenden oder ansteigenden Geburtenraten. Diese Veränderungen haben die „vorherige dynamische Stabilität des Weltsystems in dynamische Instabilität verwandelt.[1]

Henrich (2002) weist in weiterer Folge darauf hin, dass ein Zusammenbruch in Form einer neomalthusianischen Katastrophe für die Räuber-Beute-Dynamik „nicht unbedingt typisch" sei: „Zu fragen bleibt daher, ob es treffend ist, in Entwicklungszusammenhängen dieser Art (der Mensch-Umwelt-Interaktion, Anm.) noch von Räuber-Beute-Beziehungen zu sprechen. Verneint werden müsste die Frage auf jeden Fall, wenn der Begriff des Prädators auf echte Räuber beschränkt würde, die ihre Beute unmittelbar nach dem Angriff töten"[2]

Entscheidend ist dabei das Bezugssystem bzw. die Analogieebene der Schlussfolgerung. So können Untersysteme des anthropologischen Wirksystems (als Teil der Gaia) sehr wohl mit diesen Analogien beschrieben werden.

Knoflacher (in Aubauer (2010)) hat dies mit der Anwendung des Räuber-Beute-Modells und den Lotka-Volterra-Gleichungen auf das Geldsystem in seiner heutigen Ausprägung getan.[3] Er betont dabei, dass das Räuber-Beute-Verhältnis in der Natur im Prinzip seit dem Beginn der Evolution offensichtlich erfolgreich sei, und man es durchaus dafür heranziehen kann, um zu prüfen, wie weit beispielsweise das (anthropogene) Verhältnis von Geld und Naturressourcen unter den heutigen Spielregeln Bestand haben kann oder nicht.

Zur Beschreibung der zeitlichen Veränderungen der beiden Populationen (unter idealen Bedingungen) wendet Knoflacher die so genannten Lotka-Volterra-Gleichungen an.

Dabei ergibt sich die zeitliche Veränderung der Räuberpopulation zu:

$$\frac{dx}{dt} = Z_x \cdot x \cdot y - A_x \cdot x$$

---

[1] Vgl. Henrich (2002), S.28
[2] Henrich (2002), S.28
[3] Knoflacher in Aubauer (2010), S.100

mit:

x: Zahl der Räuber
y: Zahl der Beutetiere
x · y: Kontakthäufigkeit der beiden Arten
Z_x: Geburtenrate der Räuber
Z_x · x · y: Zuwachs der Räuber
A_x: Sterberate der Räuber
A_x · x: Abnahme der Räuber

Für die zeitliche Veränderung der Beutepopulation ergibt sich:

$$\frac{dy}{dt} = Z_y \cdot y - A_y \cdot x \cdot y$$

Z_y: Geburtenrate der Beute
Z_y · y: Zuwachs der Beute
A_y: Sterberate der Beute
A_y · x · y: Abnahme der Beute

Die Variablen in diesen Gleichungen sind die Zahl der Räuber, die Zahl der Beutetiere, die Geburtenrate der Räuber und der Beute und die Chancen, dass diese beiden in Kontakt kommen. Je nach Verhältnis in welcher Phase sich das System zu Beginn befindet, verläuft die Entwicklung immer so, dass der Verlauf der Beutepopulation im Wesentlichen den Verlauf der Räuberpopulation determiniert. D. h., die Räuberpopulation folgt unter natürlichen Bedingungen zwangsläufig der Beutepopulation, da sie von dieser abhängig ist. Es gibt eine zeitliche Verzögerung der Entwicklung der Räuber gegenüber der Beute.[1]

Knoflacher weist darauf hin, dass unter normalen idealen Marktbedingungen auf dem Markt Waren und Produkte oder Dienstleistungen angeboten werden würden, die darauf warten Geld zu erbeuten. Geld wäre unter diesen Bedingungen die Beute und die „Räuber" wären die anbietenden Objekte, Waren oder Personen. „In der heutigen Vorstellung besitzt man das Geld, um Beute zu machen. In einem Geldsystem in dem man problemlos in der Lage ist, aus Geld zu Geld machen, und das einen inhärenten Wachstumsdrang besitzt, der zum Automatis-

---

[1] Knoflacher in Aubauer (2010), S.101

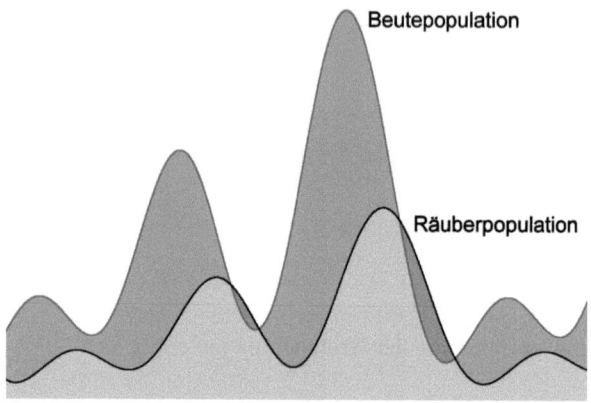

Abbildung 3: Entwicklung von Räuber- und Beutepopulationen unter Anwendung der Lotka-Volterra-Gleichungen. [1]

mus der Geldvermehrung drängt, wird das Geld zum Räuber und die Naturressourcen als Mittel zum Zweck der Geldvermehrung stellen die Beute dar."[2]

Somit können die Variablen in den Lotka-Volterra-Gleichungen nach Knoflacher wie folgt interpretiert werden:

- x seien die Kapitalgesellschaften, Banken, Fonds
- y seien die Ressourcen oder auch Menschen, also die Beute.
- dx/dt: Geldwachstum

„Die Geburtenrate Z_x wurde der demokratischen Kontrolle dadurch entzogen, dass nicht mehr Staatsbanken, sondern im Prinzip private Banken Geldschöpfung betreiben. Darüber hinaus hat jede Bank heute die Möglichkeit – weil sie nur eine Mindestreserve zwischen 2-10% an Bargeld halten muss – das eingelegte Geld entsprechend zu vervielfachen."[3] Dadurch kann die Geburtenrate des Kapitals geradezu explosionsartig ansteigen. Die Geldschöpfung Z_x wurde durch künstliche Systeme nahezu beliebig vergrößert.

Knoflacher beschreibt, dass die Kontakthäufigkeit (x*y) zwischen dem Räuber Geld und der jeweiligen Beute massiv durch technologische Forschung, aber auch durch Werbung zugunsten der Räuber manipuliert wird.

---

[1] http://de.wikipedia.org/wiki/Lotka-Volterra-Regeln
[2] Knoflacher in Aubauer (2010), S.102
[3] Ebenda

Die Sterberate der Räuber A_x wird durch

- Markenschutz weit über die Lebenszeit des Erfinders hinaus,
- die staatliche Absicherung von privaten Banken und
- auf globaler Ebene von Weltbank und dem internationalen Währungsfonds, sowie anderen von den Konzernen eingerichteten Institutionen für die Lebensfähigkeit des dominierenden Kapitals, von dem sie in Prinzip abhängig sind, rechtlich begrenzt.

Wird die Sterberate der Räuber auf null gesetzt, so Knoflacher, (Banken und Konzerne haben kein Ablaufdatum), führt dies nach Integration von dx/dt zwangsläufig zu deren exponentieller Vermehrung der Räuber.

Knoflacher konkretisiert die Auswirkungen der exponentiellen Zunahme der Räuber auf die begrenzten Ressourcen (Beute). „Sind die Naturressourcen konstant oder auch die Bevölkerung konstant und die Sterberate der Beute größer als null – was unter natürlichen Verhältnissen und erschöpfbaren Ressourcen immer der Fall ist – steigt die Zahl der Zugriffe der Räuber exponentiell an und führt zum Zusammenbruch der Ressourcen. Diese werden bis zur letzten Ressource verbraucht oder vernichtet bei ständig hohen und dann stabilisierten Zahlen der Räuber."[1]

Eine allgemeine Darstellung der Lotka-Volterra-Gleichungen unter den oben beschriebenen Annahmen (Sterberate der Räuber gleich null), zeigt das rasche Beutesterben.

Mit Geld ist man jedoch in der Lage die Beute beinahe beliebig zu substituieren. Unter den derzeit bestehenden „Spielregeln" des Kapitals müssen sämtliche Ressourcen der Welt vernichtet werden. Konzerne sind nach den derzeitigen Regeln geradezu „verpflichtet" ihren Aktionären (und sich selbst) zu Gewinnen zu verhelfen und haben aufgrund ihres räumlich unbegrenzten Radius die Möglichkeiten zum weltweiten Beutefang.

Man kann also in Folge die metaphorische These formulieren, die da lautet:

Die Konzerne und ihre Strukturen agieren wie Räuberpopulationen in der als Beute begriffenen Ressourcenumwelt (Natursphäre) einerseits, über den Faktor „Geld" aber auf weiteren Ebenen.

---

[1] Knoflacher in Aubauer (2010), S.104

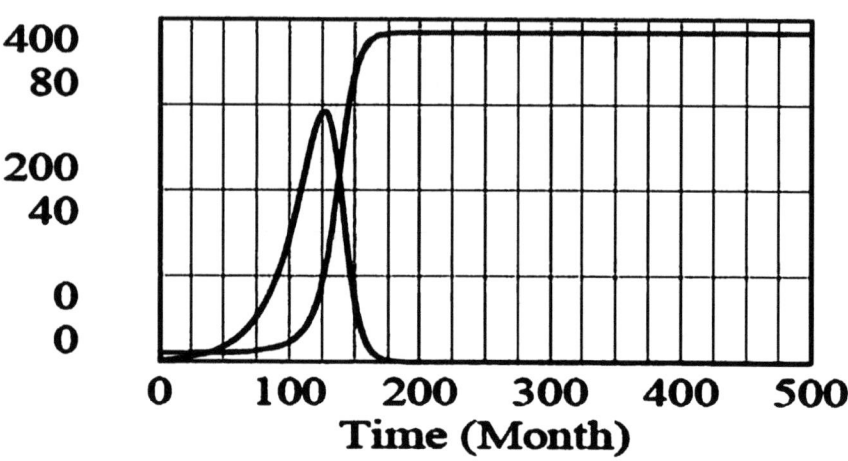

Abbildung 4: Simulation einer Räuber-Beute-Beziehung (mit Sterberate der Räuber gleich null) in VENSIM[1].

Die Menschen sind in der neuen Unübersichtlichkeit der (Konzern-)Warenwelt nicht mehr in der Lage herauszufinden, welche Folgen die Produktion und Verbrauch ihrer Konsumgüter hat. Sie werden somit (vielfach unwissentlich), allein durch den Erwerb von Produkten, zu Handlangern der Naturzerstörung. Weltweit über das künstliche Konstrukt der Konzerne. Weder Produktion noch Abfallbeseitigung finden sichtbar für den Konsumenten irgendwo auf der Welt statt. Die Medienwelt der Konzerne beeinflusst die Menschen und erzeugt Sehnsüchte nach Gegenständen, denen über die Werbung Eigenschaften zugesprochen werden, die das Wohlbefinden des Einzelnen steigern sollen. Hinter all dem steht die Ausbeutung natürlicher begrenzter Ressourcen mittels Geld (und den technischen Möglichkeiten zur verlustfreien Kapitalakkumulation, deren sich die Konzerne bedienen).

Die Quasi-Akzeptanz der Naturzerstörung als unumstößliche Naturgesetzlichkeit des Wachstums-Dogmas macht den Konsumenten von Konzerngütern zu

---

[1] http://www.vensim.com

Handlangern. (Sie können sich dessen aber vielfach nicht bewusst werden, weil sie die Folgen der Handlungen nicht unmittelbar rückgekoppelt spüren.)

Die Verlaufsdynamik manifestiert sich weltgeschichtlich kurzfristig nicht in gekoppelten Oszillationen mit periodischem Rückgang der menschlichen Prädatorenpopulation wegen reduzierter Beutemenge und nachfolgender zeitlich verschobener Erholung der Beutebestände der Ökosphäre: Durch Nutzbarmachung fossiler Ressourcen und die Anhebung des Energielevels durch Technik und Maschinisierung wird durch Ausbeutung ein meta-stabiles Energielevel erreicht, welches auf Dauer nicht aufrechterhalten werden kann. Je länger versucht wird dieses zwanghaft Aufrecht zu erhalten (durch jeweils gesteigerter Energiezufuhr), desto rapider ist der Kollaps. Ohne Rückkopplung und mittels Kostenexternalisierung können die Räuber weiterhin ihr Niveau halten, während die Beute reduziert wird. Zusammen mit der gesetzlich garantierten Unsterblichkeit der Konzerne als juristische Personen gibt es keine „Erholungsphasen" für die Beute bis zum endgültigen Kollaps.

Für die reine Mensch-Umwelt-Interaktion im globalen Maßstab werden diese Hypothesen der Räuber-Beute-Beziehung von Henrich (2002) als „unhaltbar" zurückgewiesen.[1] Die Begründungen können jedoch nicht nachvollzogen werden. „Zum einen sind Homo sapiens und menschliche Gemeinschaften keine externen Aggressoren, sondern im Zuge eines emergenten Phasenübergangs aus der Natursphäre heraus entstanden und bis heute in ihrer Überlebensfähigkeit von dieser abhängig." Diese Aussage stimmt. Doch die Schlussfolgerungen Henrichs sind falsch! Um sich der Abhängigkeit bewusst zu werden, bedarf es permanente Rückkoppelungen aus dem System. D. h., wir sind durch unsere Technik heute in der Lage, überall auf der Welt Ressourcen auszubeuten und Lebensräume zu zerstören ohne kurzfristig unmittelbar betroffen zu sein. Wir sind selbstverständlich keine externen Aggressoren, insofern als dass wir uns außerhalb der Natursphäre bewegen. Genauso wenig wie der Räuber in diesem Sinne als „extern" bezeichnet werden kann.

Der Analogieschluss von der metaphorischen These zu substantieller Hypothese ist für die zu untersuchenden Beschreibungen somit stets in Abhängigkeit der zu analysierenden Systemebene zu erklären.

Betrachtet man den Begriff des „Räubers" in der ökologischen Literatur genauer, erkennt man, dass dieser oft auch als Oberbegriff verwendet wird, der auch die Subkategorien der Weidegänger, Parasiten und Parasitoide einschießt.[2]

---

[1] Henrich (2002), S.30
[2] Henrich (2002), S.29

Schaefer und Tischler (1983)[1] sprechen im speziellen von antibiotischen Feind-Beute-Beziehungen und unterscheiden zwei Formen:[2]

- Räubertum (Episitismus): Räuber-Beute-Beziehung
- Schmarotzertum (Parasitismus): Parasit-Wirt-Beziehung

Im Weiteren wird auch die Parasit-Wirt-Beziehung genauer betrachtet. Interessant in diesem Zusammenhang ist, dass Konzerne gerne auch als „Schmarotzer" oder „Parasiten" bezeichnet werden. Vorweggenommen sei, dass dies unter anderem mit ihrer sinkenden Steuerlast bei steigenden Gewinnen und den hohen Gehältern von Managern begründet wird. Im weiteren Verlauf der Arbeit wird auf diese Gesichtspunkte noch genauer eingegangen werden. Der US-Amerikaner L.E. Mitchell hat in seinem Buch „Der parasitäre Konzern"[3] das Handeln der (US-) Konzerne ausschließlich am Aktienkurs und kurzfristigen Gewinnen auf Kosten der Allgemeinheit unter Heranziehung dieser Metapher beschrieben. Für ihn sind Konzerne perfekte Externalisierungsmaschinen.[4]

6.2 Parasit-Wirt-Modell

Lebt ein Organismus auf Kosten und zum Schaden eines anderen, ohne diesen direkt zu töten, wird nach Zander (1998) allgemein von Paratismus gesprochen. Das Parasit-Wirt Verhältnis wird von Rees (1998) – auf den zweiten Hauptsatz der Thermodynamik verweisend – auf die Beziehung zwischen Wirtschaftssystem und Ökosphäre angewendet.[5]

Er verweist darauf, dass „konventionelle" Ökonomen Wirtschaft und Umwelt als separate und zwei getrennte, von einander unabhängige Systeme betrachten. Dabei vertrauen sie in die Kapazitäten der Technologie, welche das Fehlen natürlicher Ressourcen substituieren und weiterhin uneingeschränktes Wachstum garantieren soll.[6]

Unter Betrachtung des zweiten Hauptsatzes der Thermodynamik und den ihm folgenden Gesetzen des Lebens[7] sind diese Vereinfachungen systemtheoretisch nicht haltbar. Henrich (2002) weist darauf hin, dass insbesondere moderne Inter-

---

[1] Schaefer (1983), S.47
[2] Vgl. Henrich (2002), S.29
[3] Vgl. Mitchell (2002)
[4] Mitchell (2002), S.81
[5] Rees (1998), S. 50
[6] Ebenda.
[7] Vgl. Schrödinger (1948)

pretationen des zweiten Hauptsatzes deutlich machen, dass alle autopoietischen Systeme, die Wirtschaft eingeschlossen, ihre innere Ordnung nur erhalten oder vermehren können, indem sie verfügbare Energie/Materie aus den sie umgebenden Wirtssystemen importieren und degradierte Energie/Materie wieder in diese Systeme zurückexportieren.

„Dieser Interpretation zufolge besetzt die Wirtschaft lediglich eine Ebene innerhalb einer Hierarchie ineinander geschachtelter Systeme, in der das Überleben jedes Subsystems von der Produktivität des unmittelbar über ihm befindlichen Systems abhängt. (...) Die Wirtschaft hat in der Tat parasitisches Verhalten gegenüber der Natur entwickelt – ihr Wachstum und ihre Vitalität werden zunehmend erkauft mit Beeinträchtigungen der Gesundheit der Ökosphäre."[1]

Akzeptiert man diese Charakterisierung laut Henrich (2002), leidet das Erdsystems an einer Parasitose, einer durch Parasitenbefall hervorgerufenen Krankheit. Lovelock[2] und Peacock[3] deuten hierbei jedoch nicht nur „die Wirtschaft", sondern die „Menschheit insgesamt mit all ihren destruktiven Aktivitäten" als parasitär.

Die Analogie der Parasit-Wirt-Beziehung soll in dieser Arbeit nicht vorrangig beschrieben werden. Auf Grund der zahlreichen Eigenschaften und dem verschiedenartigen Verhalten von Parasiten bilden diese einen Übergang zu den Tumoren.

Die Ökologie und die Biologie haben eine Reihe von Differenzierungen entwickelt, die es ermöglichen, die Eigenschaften und das Verhalten von Parasiten genauer zu beschreiben.[4]

- *Temporäre* Parasiten, zum Beispiel Blutsauger, suchen ihren Wirt nur vorübergehend und kurzfristig zur Nahrungsaufnahme auf, *stationäre* (beispielsweise Läuse) bleiben für längere Zeit (mehrere Stunden, Tage oder Wochen) auf dem Wirt.
- *Ektoparasiten* (Außenschmarotzer) leben außen am Wirt, *Endoparasiten* (Innenschmarotzer) in seinem Inneren.
- *Permanente* Parasiten behalten in allen aktiven Stadien- und Generationen den Kontakt zum Wirt, *periodische* leben nur in bestimmten Lebensabschnitten auf ihm.
- *Fakultative* Parasiten halten sich normalerweise im Freien auf und werden nur gelegentlich zu Schmarotzern, *obligate* weisen zwingend in ihrem Lebenszyklus mindestens eine parasitäre Phase auf.

---

[1] Henrich (2002), S.30
[2] Lovelock (1992), S.153
[3] Peacock (1995), S.18
[4] Vgl. Henrich (2002), S.31

- *Holoparasiten* (Vollschmarotzer) sind vollständig auf ihre Wirte angewiesen und können ohne sie nicht leben, *Hemiparasiten* (Halbschmarotzer) erhalten dagegen die benötigten Nährstoffe zum Teil auch auf andere Weise.[1]

Henrich (2002) präzisiert daraus fünf parasitärischen Eigenschaften der Anthroposphäre, die in selber Weise auf das Wirtschaftssystem als Subsystem übertragen werden können:[2]

1. Die Menschheit ist ein stationärer Parasit der Ökosphäre, da sie sich zwangsläufig ständig in dieser Sphäre aufhält.
2. Da die Menschen im Normalfall innerhalb der Erdatmosphäre agieren, müssen sie als Endoparasiten (Innenschmarotzer) angesehen werden.
3. Ein permanenter Parasit ist die Anthroposphäre insofern, als sie ständig den Kontakt mit der Natursphäre behalten muss im Sinne eines Abhängigkeitsverhältnisses.
4. Die Menschheit hat nicht die Möglichkeit, auf die Beziehung zu ihrem Wirt zu verzichten; deshalb handelt es sich um obligaten Parasitismus.
5. Weil schließlich sämtliche lebensnotwendigen Stoffe der Ökosphäre entnommen werden, agieren die Menschen als Holoparasiten (Vollschmarotzer).

Entscheidend für die Beschreibung „des Wirtschaftssystem" und seines parasitären Charakters ist die Unterscheidung, welche Strukturen und Rahmenbedingungen die unterschiedliche Ausprägung dieses Charakters bedingen. Dafür ist eine weitere Differenzierung der parasitären Ausprägungsmuster notwendig. Die ökologische Parasitologie kennt ebenfalls zwei relevante Spielarten autoaggressiver und autodestruktiver Beziehungen

- *Alloparasitismus*: Wirte werden von fremden Organismen(-gemeinschaften) befallen
- *Selbst-* oder *Autoparasitismus*: Seitensprosse oder Nebenwurzeln einer Blütenpflanze attackieren die Muttersprossachse oder andere Wurzeln

Henrich (2002) zitiert Weber (1993)[3] zur Beschreibung des Phänomens des Selbst- oder Autoparasitismus. Dieses soll verstärkt betrachtet werden, da es sich „bei der parasitischen Beziehung zwischen Anthroposphäre und Natursphäre aus der Gaia-Perspektive – d. h. vom Erdsystem her gesehen, aus dem heraus sich

---

[1] Schaefer (1983), S.194 f.
[2] Vgl. Henrich (2002), S.31
[3] Vgl. Weber (1993)

die Anthroposphäre entwickelt hat und innerhalb dessen sie nach wie vor lokalisiert ist – um einen offensichtlichen Fall von Autoparasitismus handelt: „Homo sapiens ist (...) für die globale Ökosphäre kein exogener Aggressor, sondern ein durch seine Evolutionsgeschichte untrennbar mit der „Muttersprossachse" verbundener „Seitenspross", der kein Wahrnehmungsvermögen dafür zu besitzen scheint, was für den Fortbestand der Wirtspflanze und damit für sein eigenes Überleben erforderlich ist."[1]

Beim Selbstparasitismus wiederum attackieren viele parasitische Blütenpflanzen alles, was sie zufällig erreichen, egal ob es sich dabei um lebendes oder totes Material oder ob es sich um die Wurzeln potentieller Wirtspflanzen oder Organe von benachbart wachsenden Pflanzen derselben Art handelt. Sogar die eigenen Organe können attackiert und penetriert werden. Der Begriff des Autoparasitismus wird in der Biologie auch noch für einen zweiten Sachverhalt verwendet wird, nämlich wenn ein Organismus durch seine Aktivitäten die Lebensbedingungen anderer Individuen derselben Art oder nahe verwandter Arten beeinträchtigt.[2] In diesem Fall wird auch von *Adelphoparasitismus* gesprochen. Adelpho- oder Autoparasitismus ist in der Menschheitsgeschichte immer wieder anzutreffen: Überall wo eine indigene Bevölkerung durch naturzerstörende Invasoren in ihren Lebensmöglichkeiten vorübergehend oder dauerhaft beschnitten wird, zeigt sich dieser, Geschwisterparasitismus, der sich sowohl gegen die betroffenen Menschen als auch das natürliche Wirtssystem richtet. Henrich (2002) weist darauf hin, dass für die Parasit- Wirt- Analogie spricht, dass sie nicht nur eine Brücke zum Verständnis des nicht-nachhaltigen Umgangs der menschlichen Gemeinschaften mit ihren natürlichen Entstehungs- und Existenzvoraussetzungen schlägt, sondern auch die adelphoparasitische Hierarchie innerhalb der Anthroposphäre ins Blickfeld rücken erlaubt.[3]

Zwischen Wirt und Parasit kann auch ein über mehrere Glieder zusammenhängendes Abhängigkeitsverhältnis existieren, da in natürlichen Ökosystemen nicht nur eingliedrige und zweigliedrige parasitische Beziehungen existieren (Wirt-Parasit und Wirt-Primärparasit-Sekundärparasit), sondern auch längere Parasitenketten.

Henrich betont, dass sich diese Differenzierung ohne weiteres auf die Anthroposphäre übertragen lässt. „Überall dort, wo national oder international eine klar identifizierbare Macht- und Zwangshierarchie geschaffen worden ist, kann von intraspezifischem Hyperparasitismus oder *Hyperadelphoparasitismus* gesprochen werden, bei dem die menschlichen „Geschwister" in einer gestuften Rei-

---
[1] Henrich (2002), S.33
[2] Ebenda.
[3] Henrich (2002), S.10

henfolge einander parasitieren. Wenn zum Beispiel in einem Regenwaldgebiet wie Amazonien die als „kluge" Primärparasiten agierenden indigenen Jäger und Sammler, Subsistenzbauern und Fischer durch Kleinbauern be- oder verdrängt werden, die im Zuge staatlicher Besiedelungsprojekte oder spontaner Migrationsströme in ihre Waldregionen gelangt sind, und wenn diese Kleinbauern dann nationalen oder transnationalen (Groß-)Unternehmen des Agrobusiness, der Holzindustrie oder anderer Wirtschaftszweige weichen müssen, dann hat sich dem Bezugsrahmen der ökologischen Parasitologie zufolge bereits eine wenigstens dreigliedrige adelphoparasitische Kette entwickelt."[1]

Akkumulationsdynamik und politisch-militärischer Zwang (capital and coercion) sind für Kentor (2000)[2] maßgeblich für das Ausbeutungsregime reicher Länder und stellen somit ein massives parasitärisches Verhalten dar. Es soll später noch gezeigt werden, dass die Zwänge dieses Systems Teil eines tumorähnlichen Verhaltens sind, und hierbei die Tumor-Wirt-Analogie entsprechender ist. Während die Parasit-Wirt Analogie nämlich vor allem auf die Auswirkungen dieser Ausbeutungsprozesse eingeht, soll die Tumor-Wirt-Analogie ergründen, welche Ursachen und Gesetzmäßigkeiten dahinter stehen.

Henrich (2002) zitiert Kentor (2000), dass eine hierarchische Dreiteilung der Welt existiert und diese in fundamentaler Weise die wirtschaftlichen Ausbeutungsverhältnisse widerspiegelt. Dabei sieht er ein Zentrum aus denjenigen Ländern die andere Länder im Stande sind auszubeuten, ohne selbst ausgebeutet zu werden. Daneben gibt es Länder der Semiperipherie, die sowohl ausbeuten als auch von anderen Ländern ausgebeutet werden. An der Peripherie sind jene Länder zu finden, „die keine ökonomischen oder militärischen Ressourcen besitzen um Widerstand gegen die Ausbeutung zu leisten."[3]

Diese zitierte Darstellung wirft Fragestellungen auf, die in weiterer Folge beantwortet werden sollen:

1. Wer beutet aus, wer wird ausgebeutet?
2. Was wird ausgebeutet?
3. Wie wird ausgebeutet?

Es soll gezeigt werden, dass längst nicht mehr einzelne Nationen als Vorreiter im Ausbeutungsprozess etabliert sind, sondern vielmehr transnationale Konzerne (wenn auch mit Duldung und sogar in Absprache mit nationalen Regierungen) zur Gewinnmaximierung ausbeuten. Dabei stellen ökonomische und militärische

---

[1] Henrich (2002), S.34
[2] Vgl. Kentor (2000)
[3] Henrich (2002), S.35

Ressourcen kein Hindernis dar, da das Kräftegleichgewicht entscheidend ist. Im Gegenteil werden militärische und politische Regime Mittel zum Zweck der Gewinnmaximierung. Bis heute wird Lateinamerika aufgrund seiner zahlreichen Rohstoffe und seiner unmittelbaren Nähe zu den USA massiv seiner Rohstoffe beraubt und gleichzeitig werden korrupte Regierungen unterstützt. Neben Noam Chomsky[1][2] und Naomi Klein[3], die die weltweiten militärischen und politischen Taktiken der USA nach dem 2.Weltkrieg, um Zugang zu Ressourcen zu erlangen, darstellen, hat auch E. Galeano die Geschichte der abhängigen Entwicklung Lateinamerikas dargestellt und „die Herausbildung und Existenz solcher Gewaltverhältnisse und mehrstufiger hyperadelphoparasitischer Hierarchien als ubiquitäres Phänomen bezeichnet".[4]

Für Henrich (2002) kann die Beziehung zwischen der globalen Ökosphäre und den menschlichen Gemeinschaften aus der Gaia-Perspektive als permanenter endogener Autoparasitismus charakterisiert werden.[5] Um Autoparasitismus handelt es sich für ihn dabei, weil:

- zum einen hier ein Basis- und Gesamtsystem, die terrestrische Ökosphäre, von einem aus ihm hervorgegangenen und in seiner Überlebensfähigkeit von ihm abhängigen Teilsystem, der Anthroposphäre, attackiert wird. *(Selbstparasitismus)*
- zum anderen lassen sich innerhalb der Anthroposphäre Subsysteme ausmachen, deren Aktionseinheiten als intraspezifische hyperparasitische Invasoren in bereits parasitierte Regionen eindringen und zugleich mit der intensiven Exploitation der dortigen Wirtsökosysteme auch die Entwicklungsmöglichkeiten der Parasiten niedrigerer Stufen der eigenen Spezies (Homo sapiens) beschneiden. *(Adelphoparasitismus)*

Versteht man die Interaktion zwischen Anthroposphäre und Natursphäre grundsätzlich als Parasit-Wirt-Beziehung, dann lassen sich nach Lovelock (1996) die Zukunftsaussichten dieser Beziehung mit dem Hinweis auf die vier prinzipiell möglichen Verlaufsformen parasitärer Infektionen verdeutlichen.[6]

- Die parasitären Organismen werden von der Immunabwehr des Wirts zerstört.

---

1 Vgl. Chomsky (2002)
2 Vgl. Chomsky (2007)
3 Vgl. Klein (2007)
4 Galeano zit. in Henrich (2002), S.35
5 Henrich (2002), S.36
6 Lovelock (1992), S.154

- Wirt und Parasit liefern sich einen langen Abnutzungskrieg, der zu einer chronischen Erkrankung führt.
- Die Parasiten zerstören den Wirt, gehen dann aber mit ihm zugrunde.
- Wirt und Parasit finden zu einer neuen, symbiotischen Form der Beziehung.

Diese neue, symbiotische Beziehungsform müsste durch Vernunft geprägt sein. Lovelock (1992) und Peacock (1995) beschreiben diesbezüglich vernunftgeleitetes Handeln als jenes, das von der Einsicht und dem Willen bestimmt ist, eine durch Symbiose geprägte Beziehung anzustreben, die allein eine beschleunigte Beschädigung oder vorzeitige Vernichtung beider Beziehungspartner verhindern könnte.[1,2]

Henrich (2002) leitet somit aus der metaphorischen These „Die Anthroposphäre attackiert und exploitiert als Parasit das Wirtssystem der globalen Natursphäre", welche er als „Parasitos-These" bezeichnet folgende, „mit der Analogievorstellung – aber nicht zwangsläufig mit der Realität – kompatible substantielle Hypothesen" ab. Als Teil der antropozentrischen Parasitenkette sind die Konzerne zu berücksichtigen.[3]

- Die Anthroposphäre greift als eigenständig-externes System die globale Ökosphäre an und entwickelt sich zu ihren Lasten.
- Das Gesamtsystem der Natursphäre wird von dem Teilsystem Anthroposphäre attackiert, das aus ihm, dem „Muttersystem", hervorgegangen ist und sich zu seinen Lasten entwickelt. (Selbstparasitismus-Hypothese)
- Die Exploitation der Natursphäre durch menschliche Primärparasiten kann durch die Invasion von Akteuren überlagert werden, die als Sekundärparasiten sowohl die jeweiligen Wirtsökosysteme als auch die von diesen lebenden Menschen schädigen. (Adelphoparasitismus-Hypothese)
- Die adelphoparasitische Kette in der Anthroposphäre kann mehrere Glieder umfassen und sich zu einer komplexen vertikalen Hierarchie entwickeln, die eine ähnliche Struktur wie die Nahrungs- oder Prädationspyramide in der Biosphäre zeigt. (Hyperparasitismus oder Hyperadelphoparasitismus-Hypothese)
- Die mittel- und langfristigen Trends der anthropogenen Naturdegradation unterstützen die Vermutung, dass unter den möglichen Verlaufsformen der Parasit-Wirt-Dynamik jener die höchste Wahrscheinlichkeit zuzusprechen ist, die

---

[1] Lovelock (1992), S.153
[2] Peacock (1995) S. 19f.
[3] Vgl. Henrich (2002), S.38

mit der Zerstörung des Wirtssystems Natursphäre auch die Anthroposphäre vorzeitig zugrunde gehen lässt. (Autodestruktions-Hypothese)

Im weiteren Verlauf der Arbeit wird gezeigt werden, dass zwar viele Verhaltensmuster der Konzerne in den Bereich des Parasitismus fallen und von diesem breiten Bereich auch sehr gut beschrieben werden können. Dennoch bietet die im Folgenden beleuchtete Tumor-Wirt-Beziehung eine Reihe von Eigenschaften die aufgrund der medizinischen Forschung bereits detailliert betrachtet wurden und die uns auf das Verkehrssystem als wesentliche Voraussetzung für das wuchernde Wachstum bringen wird. Der permanente (systeminhärente) Wachstumsdrang wird beim Krebs deutlich.

Ein wesentliches Merkmal widerspricht ebenfalls der Parasit-Wirt-Analogie. Zander (1998) weist darauf hin, dass der Parasit kleiner als seine Beute bzw. sein Wirt sein muss. Ein größerer Räuber wird seine kleinere Beute abtöten und mehr oder weniger vollkommen als Nahrung aufnehmen. (Er weist jedoch im Weiteren auch darauf hin, dass diese Pauschalisierung diskussionswürdig und in nicht wenigen Fällen fraglich ist.)[1]

Die Entwicklung der Technik (mittels der Verbindung von Naturwissenschaft und téchne[2]), vor allem aber der Technologie als Lehre von der Gewinnung, Bearbeitung, Herstellung, Produktion oder Distribution von Stoffen und Erzeugnissen oder allgemein Waren sowie Dienstleistungen mithilfe der verfügbaren Techniken haben diesen „vernünftigen" Parasitismus zerstört.[3] Die Technik und ihre Anwendungen haben unsere evolutionären Erfahrungs- und Wahrnehmungsgrenzen empfindlich überschritten. Die globalen Folgewirkungen auf allen Ebenen sind nicht mehr durch die Parasit-Wirt-Metapher ausreichend zu beschreiben.

Mit dem Überschreiten evolutionärer Grenzen durch die Anwendungen der Technik wurden die Möglichkeiten der Täuschung und Selbsttäuschung immer größer. Am Beginn der Jagd- und bis zur Ackerbaugesellschaft war der Tauschhandel noch an reale Waren gebunden, Energieeinheiten wurden real getauscht (ein Joule für ein Joule). Gleichzeitig konnten die physischen technischen Innovationen nicht nur mental, sondern auch kulturell und sozial bewältigt werden. Die Domestikation der Technik passierte auf der Ebene der Individuen oder der Kleingruppe durch Sanktionen. Ein unmittelbarer Rückkopplungsprozess hat die Technik so gezähmt, dass sie für die Gesellschaft keine schädlichen Entwicklun-

---

[1] Zander (1998), S.1
[2] der griechische Begriff hat zwischen den heutigen Kategorien „Kunst" und „Technik" nicht unterschieden (siehe Martin Heidegger: Die Frage nach der Technik), Martin Heidegger: Die Frage nach der Technik (1953, Vortrag), in: Vorträge und Aufsätze, Klett-Cotta, Stuttgart 1954 (10. Auflage 2004).
[3] Rammert (1999), S.3

gen darstellte. Dies änderte sich maßgeblich mit der Entwicklung der Industriegesellschaft und der Virtualisierung des Geldes im Finanzsystem.[1]

Auch Korten (1995) beschreibt das globale Finanzsystem in Anlehnung an die oben beschriebenen Analogien als einen parasitären Räuber. „Das globale Finanzsystem wurde zu einem parasitären Räuber der vom Fleisch seiner Wirtes, der produktiven Ökonomie, lebt."[2]

6.3 Tumor-Wirt-Analogie

Die Stellung der Großkonzerne als „Rechtspersonen" im juristischen System und deren Entstehung als Formung durch politische und juristische Strukturen, legt die Betrachtung nahe, wie die komplexen adaptiven Beziehungen zwischen Gesellschaft und Natur, über die Konzernstrukturen hinaus, gedacht werden können.

Henrich (2002) meint, dass für die Tumor-Wirt-Analogie das Faktum spricht, dass ein Tumor sich in ähnlicher Weise, wie die Anthroposphäre innerhalb der Biosphäre entstanden ist, im Inneren seines Wirtes und aus dessen normalen Zellen entwickelt.[3] Lovelock (1996) hat sich ebenfalls dieser Metaphorik bedient, um den destruktiven Umgang der menschlichen Gemeinschaft mit der Ökosphäre und dessen Perspektiven zu charakterisieren:

„Die Menschen auf der Erde verhalten sich wie krankheitsauslösende Mikroorganismen oder neoplastische Krebszellen. Durch unsere hohe Zahl und die damit verbundene Störung wirken wir spürbar hinderlich, wie eine Krankheit. Wie bei einer Krankheit des Menschen gibt es vier Möglichkeiten: Zerstörung des Krankheitserregers; chronische Infektion; Zerstörung des Wirts; Symbiose, also eine Beziehung zwischen Wirt und Eindringling zu beiderlei Nutzen. Wenn Mikroorganismen oder Tumorzellen vernunftbegabt wären, würden sie merken, dass die langfristige Zukunft im vierten Zustand liegt, in der Symbiose, einer Art bindendem Vertrag zwischen zwei Partnern."[4]

In der Tumor-Wirt-Analogie manifestiert sich die Idee von der Existenz einer mehr oder weniger engen Verbindung zwischen Medizin und Gesellschaftswissenschaft. Diese Idee reicht bis in die vorsokratische Zeit zurück. Im griechischen Denken haben sich die engen Verbindungen zwischen der Betrachtung des menschlichen Gesundheitszustands und der Untersuchung der politischen und sozialen Verhältnisse charakterisiert. Im Corpus hippocraticum nahmen vor al-

---

[1] Knoflacher in Aubauer (2010), S.183
[2] Korten (1995), S.193
[3] Henrich (2002), S.10
[4] Lovelock (1996), S.153 f.

lem das Kausalitätsdenken, das Modell des Widerstreits und des Konflikts verschiedener Kräfte und die Permanenz des Wandels einen wesentlichen Platz ein. Dies eröffnet die Möglichkeit nicht nur medizinisch-natürliche und gesellschaftlich-politische, sondern auch ökonomische Krankheitsphänomene und Gesundheitsbedingungen mit einem einheitlichen erkenntnistheoretischen Instrument zu untersuchen.

Die Entwicklungen der entscheidenden globalen Indikatoren in den vergangenen Jahrzehnten bieten darüber hinaus wenig Anlass den Prozess der Lernfähigkeit oder des Umdenkens wesentliche Bedeutung beizumessen. Die Tumor-Wirt-Analogie soll damit aber keine Auswegslosigkeit suggerieren, sondern soll zeigen, welche Voraussetzungen zu schaffen sind, damit die Menschheit in Symbiose mit ihrer Umwelt überleben kann.

Wie mathematisch dargestellt wird, kann auch der Tumor im menschlichen (oder tierischen) Organismus behandelt werden, und damit die Überlebensfähigkeit (im Sinne einer verlängerten Lebensdauer) gesteigert werden. Diese Therapien, welche ständig verbessert werden, müssen versuchen, den Tumor auf ein verträgliches Maß zu schrumpfen und ihm dabei seine Wachstumsmöglichkeiten zu nehmen, bzw. ihn zum Absterben zu bringen. Im Weiteren wird zu zeigen sein, dass die Energieversorgung der Tumors und seiner Metastasen und damit sein Wachstum, über ein von ihm angelegtes Versorgungsnetz erfolgt.

Warum Tumorwachstum?

Für maligne (bösartige) Tumore lassen sich drei zentrale Kriterien charakterisieren, die auch exakt das Wirtschaften globaler Konzerne beschreiben (eine detaillierte Beschreibung findet sich im Kapitel 14 „Tumor").

- **Infiltratives, invasives Wachstum**
  Gutartige Tumore zeigen, einer Kartoffel gleich, expansives, verdrängendes Wachstum, bösartige Tumore dringen dagegen in das umliegende Gewebe ein.
- **Destruierendes Wachstum**
  Das infiltrierte Gewebe wird mit Hilfe von Enzymen der Tumorzellen zerstört.
- **Metastasierung**
  Durch die Verschleppung von Tumorzellen im Organismus und das Anwachsen an einem dem Primärtumor fernen Ort, werden Metastasen ausgebildet, die sich in der Regel durch eine höhere Malignität und Wachstumskinetik als der Primärtumor auszeichnen.

Sind die Tumorzellen in der Lage vernünftig zu handeln? Kann diese Vernunft universelle Zusammenhänge in der Welt und ihre Bedeutung erkennen und danach handeln. Ist dies unter den derzeitigen Rahmenbedingungen und Machtstrukturen möglich?

Anders als Lovelock (1996), der die Anthropospähre in ihrer Gesamtheit als malignen Tumor und das Populationswachstum als Primärfaktor der bedrohlichen Entwicklung betrachtet, geht McMurtry (1999) spezifisch auf das Wirtschaftssystem und das von monetären Sequenzen determinierte Weltsystem ein.[1] In der deregulierten Finanzsphäre, seiner Meinung nach beginnend mit dem Jahr 1980 (und dem Zusammenbruch des ehemaligen politischen Ostblocks), sieht er den eigentlichen Tumor. Seiner These nach hat dieses erst in den letzten beiden Jahrzehnten des 20. Jahrhunderts im Zuge der neoliberalen Globalisierung ein offenkundig kanzeroides Potential entfaltet. Diese pathogenen monetären Mechanismen bedrohen sowohl die gesellschaftlichen Lebens- und Entfaltungsbedingungen als auch den Fortbestand der Biosphäre.[2]

„Diese die Lebenszusammenhänge angreifenden Geldsequenzen sind in typischer Weise, große Mischkonzerne als belebte Medien nutzend, in ihre sozialen und natürlichen Wirtssysteme eingefallen und haben durch eine auf Leverage-Effekte und Kredite gestützte Geldnachfrage eine dominante Stellung erlangt, ohne dass ein Goldstandard oder gesetzliche Reservehaltungsanforderungen ihre abgekoppelten und von Begrenzungen befreiten automultiplikativen Kreisläufe behindert hätten. Sie sind angetrieben und metastatisch ausgeweitet worden durch eine immer umfassendere Deregulierung, die das Wachstum der Geschwindigkeiten wie der Volumina der grenzüberschreitenden Transaktionen gefördert und zu neuen, proliferativen Medien und Formen der Selbstvermehrung geführt hat."[3]

6.3.1 Merkmalskatalog für die Anwendung der Tumoranalogie

McMurtry (1999) definiert einen Merkmalskatalog, der eine zentrale Grundlage der Analyse und Argumentation dieser vorliegenden Arbeit bildet. Dieser Katalog erfasst alle wesentlichen Expansionsmerkmale des globalen Marktsystems und deckt sich in seiner Entwicklungsdynamik mit jener von Konzernen (Infiltration, destruktives Wachstum und Metastasierung). Für die Karzinose des Erd-

---

[1] Vgl. Henrich (2002), S.51
[2] Vgl. Henrich (2002), S.49
[3] McMurtry zit. in Henrich (2002), S.49

systems, die ausgedehnte Besiedelung mit malignen Tumoren sei charakteristisch:[1]

(1) eine unkontrollierte und unregulierte Reproduktion und Vervielfachung eines Agens in einem Wirtsorganismus; dass
(2) keine Verbindung zu irgendeiner Lebensfunktion des Wirtssystems besitzt; dass
(3) sich in aggressiver und günstige Gelegenheiten ausnutzender Weise im Rahmen ungehinderter Wachstums- und Reproduktionsprozesse Nährstoffe und Ressourcen aus seinen sozialen und natürlichen Wirtssystemen aneignet; dass
(4) vom Immunsystem seiner Wirte nicht erfolgreich identifiziert wird und keine Reaktionen bei ihnen auslöst; dass
(5) die Fähigkeit besitzt, sein Wachstum und seine unkontrollierte Reproduktion an weitere, über das gesamte Wirtssystem verteilte Stellen zu transferieren und metastasisch auszuweiten; dass
(6) unter fortschreitender Beeinträchtigung benachbarte und entfernte Orte seiner Wirtssysteme infiltriert und in sie eindringt, bis es Schritt um Schritt die Organe der Lebenssysteme jener Orte blockiert, schädigt und/oder zerstört; und dass
(7) möglicherweise die Wirtssysteme, in die es eingedrungen ist, zerstört, wenn eine wirksame Erkennung und Reaktion des Immunsystems ausbleibt.

Wie noch gezeigt wird, bildet das Kapitalsystem eine der wesentlichen Bedingungen für das scheinbar unbegrenzte Wachstum der Konzernstrukturen in den vergangenen Jahrzehnten.

McMurtry geht in seiner Analyse direkt auf die destruktive Funktion der Geldwirtschaft, geprägt durch das Zinssystem, ein.

---

[1] McMurtry (1999) S.114

7 Geld

Geld (vom althochdeutschen Begriff „gelt" – Zahlung, Vergütung) ist ein Zwischentauschmittel, das sich von anderen Tauschmitteln dadurch unterscheidet, dass es nicht unmittelbar den Bedarf eines Tauschpartners befriedigt, sondern aufgrund allgemeiner Anerkennung zum weiteren Tausch eingesetzt werden kann.[1] Die Funktion des Geldes kann sowohl als Zahlungsmittel, als Wertaufbewahrung und als Wertmesser gesehen werden.[2] Knoflacher (in Aubauer et.al (2010)) weist darauf hin, dass Geld vor allem ein Hilfsmittel darstellt, um eine bestimmte Aufgabe zu lösen. D. h., Geld besitzt keinen intrinsischen Wert an sich und ist eine Erfindung des Menschen, also künstlich. Da es unbegrenzt tauschbar mit allen Ressourcen ist, so betont Knoflacher, unterscheidet es sich grundlegend von allen Naturressourcen, da es keine Naturressourcen gibt, die unbegrenzt mit anderen Naturressourcen tauschbar sind, da alle bestimmten Begrenzungen unterliegen.

Als Hilfsmittel kann Geld – in einem realen System – also niemals Selbstzweck, sondern lediglich Mittel zum Zweck sein. Geld ist somit der causa efficiens zuzuordnen und ist nichts anderes als Energie. In realen Systemen müsste die Anhäufung von Kapital unter der Gesetzmäßigkeit der Entropiezunahme über einen längeren Zeitraum nicht stattfinden können. Durch Schwund und dem Aufwand zur Erhaltung müssten bei der Aufbewahrung, aber auch teilweise beim Tausch Verluste auftreten.[3]

„Es gibt aber keine Naturressourcen, die unbegrenzt mit anderen Naturressourcen tauschbar sind, alle unterliegen bestimmten Begrenzungen, die sich aus ihren Eigenschaften ergeben, wozu noch je nach Material Tauschverluste entstehen. Hier taucht die Frage auf, warum in der Evolution diese unbegrenzte Tauschbarkeit nicht entstanden ist, abgesehen davon, dass Energieeinheiten in der Natur immer mit Energieeinheiten „ausgetauscht" werden. Wäre Geld wie eine Naturressource, müsste seine Währungseinheit, da es sich um die Effizienzursache handelt, daher jedem Joule in den Naturressourcen und in sonstigen Leistungen entsprechen."[4]

---

[1] Vgl. http://de.wikipedia.org/wiki/Geld
[2] Vgl. Knoflacher in Aubauer (2010), S.94
[3] Vgl. Knoflacher in Aubauer (2010), S.95
[4] Knoflacher in Aubauer (2010), S.94

Aufbauend auf den Banksystemen und der Abschaffung des Zinsverbotes, vor allem aber mit den technologischen Entwicklungen elektronischer Geldübermittlung ohne „Reibungsverlusten", wurde ein System von Finanzregeln etabliert, aus dem die Kapitalgesellschaften hervorgegangen sind. Knoflacher bezeichnet sie als künstliche Gebilde auf der Grundlage des Geldes, jenseits der Regeln unseres Universums. Gleichzeitig bestimmen diese Konzerne immer mehr die Spielregeln des Geldes.

Das Wachstum dieses (virtuellen) Geldvermögens („das Geld arbeitet") kann aber sehr reale Auswirkungen haben, wie die Entwicklungen auf den internationalen Finanzmärkten ausgehend von den USA im Jahr 2008 gezeigt haben.

Dem Begriff der Geldeinheit wird durch die so genannte „Kaufkraft" erst ein realwirtschaftliches Fundament geliefert. Erst wenn man in der Lage ist, zu wissen, was man mit dem Geld alles „anstellen" kann, wird deutlich, welchen „Wert" es bekommt. Knoflacher beschreibt diese Wertmessfunktion des Geldes als Vergleichsmaßstab für die Menge an Lohnarbeit, Waren und Dienstleistungen, die damit entlohnt, bezahlt bzw. erworben werden kann. Da das Geld aber auch als Mittel für den Einsatz von Naturressourcen verwendet wird, kann dieser durch das Geld hervorgerufene Wertmaßstab, wie Knoflacher betont, durchaus im Widerspruch zum Wertmaßstab der Natur, und damit zu grundlegenden physikalischen Natur- und Systemgesetzen stehen.[1]

7.1 Konzerne als Strukturgeber für das endlos wachsende Finanzkapital

Durch den Einsatz von Technik zur Strukturbildung für das Kapital und die Konzerne und der Nutzbarmachung enormer fossiler, nicht erneuerbarer Energiequellen wurde der Nährboden für den Neoliberalismus heutigen Ausmaßes geschaffen. Knoflacher beschreibt die Konzerne, die juristische Person, den Kunstmenschen, als passende Struktur für das künstliche Kapital, das die Grenzen der Menschen, der Gemeinde, der Region und der Staaten überschreiten will. „Mit diesem Überschreiten der menschlichen Maßstäbe und der menschlichen Begrenzungen mussten neue Freiheitsgrade geschaffen werden."[2] Das Kapital brauchte, so Knoflacher, Freiheitsgrade ohne Verpflichtungen. „Nach dem Gesetz von Ashby[3] reguliert von zwei Systemen, von denen eines einen größeren Freiheitsgrad hat, immer dieses das andere. Nachdem die Finanzmärkte sich größere Freiheitsgrade als alle anderen gesellschaftlichen, kulturellen und menschli-

---

[1] Knoflacher in Aubauer (2010), S.95
[2] Knoflacher in Aubauer (2010), S.189
[3] William Ross Ashby war ein britischer Psychiater und Pionier in der Kybernetik, dem Studium komplexer Systeme.

chen Institutionen geschaffen haben, werden sie zwangsläufig zu Regulatoren für diese. Finanzmärkte wurden daher zu Regulatoren für Gemeingüter, für alle natürlichen Ressourcen, für die Menschen und ihre demokratischen Einrichtungen und schließlich für die Natur. Unter diesen Bedingungen wird alles zur Ressource, zur Beute der Finanzmärkte."[1]

Table 1-3. Level and Rate of Growth of GDP: World and Major Regions, 0-1998 A.D.

	0	1000	1820	1998	0-1000	1000-1820	1820-1998
	(billion 1990 international dollars)				(annual average compound growthrate)		
Western Europe	11.1	10.2	163.7	6 961	-0.01	0.34	2.13
Western Offshoots	0.5	0.8	13.5	8 456	0.05	0.35	3.68
Japan	1.2	3.2	20.7	2 582	0.10	0.23	2.75
Total Group A	12.8	14.1	198.0	17 998	0.01	0.32	2.57
Latin America	2.2	4.6	14.1	2 942	0.07	0.14	3.05
Eastern Europe & former USSR	3.5	5.4	60.9	1 793	0.05	0.29	1.92
Asia (excluding Japan)	77.0	78.9	390.5	9 953	0.00	0.20	1.84
Africa	7.0	13.7	31.0	1 039	0.07	0.10	1.99
Total Group B	89.7	102.7	496.5	15 727	0.01	0.19	1.96
World	102.5	116.8	694.4	33 726	0.01	0.22	2.21

Source: Appendix B.
The World Economy: A Millennial Perspective by Angus Maddison (OECD, 2001), p.28

Abbildung 5: Die Zunahme der globalen Ungleichheit als Folge von Technik und Finanzwirtschaft.[2]

Knoflacher (in Aubauer (2010)) weist in Anlehnung an Gerhard Scherhorn[3] und Stephan Schulmeister[4] darauf hin, dass die Finanzmärkte keine Begrenzung nach oben kennen und keine Kontrolle von außen akzeptieren, und es zwangsläufig zu massiven Ungleichgewichten und Ungerechtigkeiten kommt. „Bis zum Ausbruch des Neoliberalismus waren die Menschen der Welt relativ gleich reich, gleich wohlhabend und gleich zufrieden. Dieses System systematischer Ungerechtigkeit und Ungleichheit hat in wenigen Jahrzehnten die Welt total verändert."[5] Das Verhältnis des Vermögens der obersten 20% zu den untersten 20% der Welt betrug im Jahr 1820 noch etwa 3, im Jahr 1970 noch 7 und liegt heute bei über 70.

„Indikatoren für diese Entwicklung sind etwa das Ende des Bretton Wood Abkommens 1973 und die Deregulierung der Finanzmärkte 1986. Auf einer

---

[1] Knoflacher in Aubauer (2010), S.189
[2] www.theworldeconomy.org
[3] Vgl. Scherhorn in Woltron (2004), S.84
[4] Schulmeister in Sliwka (2007), S.115 f.
[5] Knoflacher in Aubauer (2010), S.190

Zeitskala seit 1970 aufgetragen zeigt sich eine „nahezu funktionale Abhängigkeit einer positiven Rückkopplung im exponentiellen Wachstum in der Ungleichheit des Vermögens".[1]

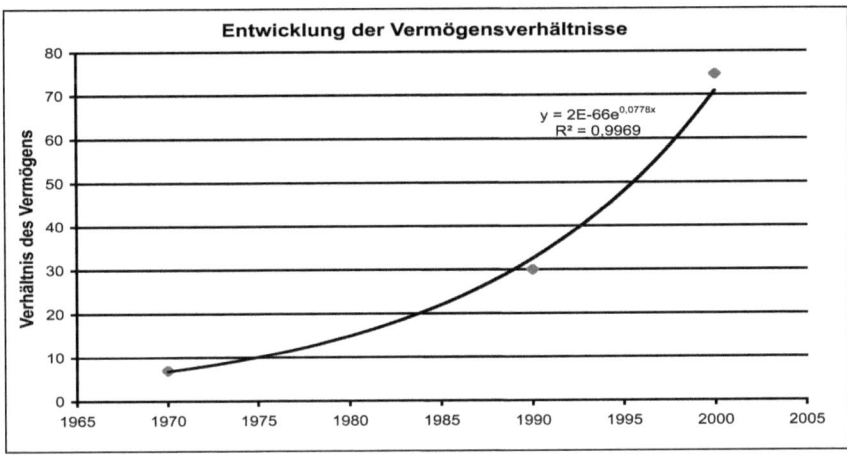

Abbildung 6: Entwicklung der Verhältnisse der Vermögen der obersten 20% zu den untersten 20 % der Welt.

7.2 Geldwachstum

McMurtry (1999) greift auf die veränderte Wirkung des Gelds im Handel und der Gesellschaft in Anlehnung auf Karl Marx zurück. Geld hatte am Beginn zur Erleichterung die Funktion eines Übersetzers. Somit war der Austauchprozess durch folgenden Formwechsel bestimmt:[2]

Ware - Geld - Ware.
W - G - W.

„Verwandelt" sich Geld nach Marx in Kapital, verändert es seine Form maßgebend:
Geld als Geld und Geld als Kapital unterscheiden sich zunächst nur durch ihre verschiedene Zirkulationsform.

---

[1] Knoflacher in Aubauer (2010), S.191
[2] Vgl. McMurtry (1999), S.117

Geld – Ware - Geld
G – W – G

Was jedoch die beiden Kreisläufe W - G - W und G - W - G von vornherein unterscheidet, ist die umgekehrte Reihenfolge derselben entgegen gesetzten Zirkulationsphasen. Die einfache Warenzirkulation beginnt mit dem Verkauf und endet mit dem Kauf, die Zirkulation des Geldes als Kapital beginnt mit dem Kauf und endet mit dem Verkauf. Dort bildet die Ware, hier das Geld den Ausgangspunkt und Schlusspunkt der Bewegung. In der ersten Form vermittelt das Geld, in der anderen umgekehrt die Ware den Gesamtverlauf.

Was Marx noch nicht wissen und sich erst mit den elektronischen Transportsystemen global verbreiten konnte, war der Prozess:

Geld – Geld – Geld
G – G – G

Mittels Buchgeld, Finanztransaktionen, Börsenspekulationsgeschäften u. dgl. wird permanent Geschäft mit der Erwartungshaltung, also unserer Zukunft getrieben, welche somit inflationär abgewertet wird. Dieser neu entstandene Prozess entspricht exponentiellen, unendlichem Wachstum, das sich mittels Buchgeld und dem System der privaten Banken längst von der Realität entfernt hat, es ist der realen Welt gegenüber „ver-rückt".

Betrachtet man den Anstieg spekulativer Transaktionen auf 1.880 Mrd. US-$ und vergleicht diesen mit den realen Werten, so ergibt sich ein „Verrücktheitsgrad" von zumindest 1:40.

Von Werlhof (2007) macht deutlich, dass durch die Ausbeutung der Ressourcen letztendlich der abstrakte Reichtum, wenn kein ausreichender mehr konkreter in Form von Bodenschätzen vorhanden ist, wieder verschwinden muss. Dabei wird jedoch nicht „die Unmöglichkeit, die Ware-Geld-Kapital-Maschinerie in Natur beziehungsweise konkreten Reichtum zurück zu verwandeln" berücksichtigt.[1] Auch Korten (1995) weist darauf hin, dass dieses Geld nicht mit einem realen Wert verbunden[2] und diese Art von Schaffung von Gewinn (Geld) entkoppelt von einer tatsächlichen Wertschöpfung ist.[3]

---

[1] Von Werlhof (2007), S.34
[2] Korten (1995), S.189
[3] Korten (1995), S.187

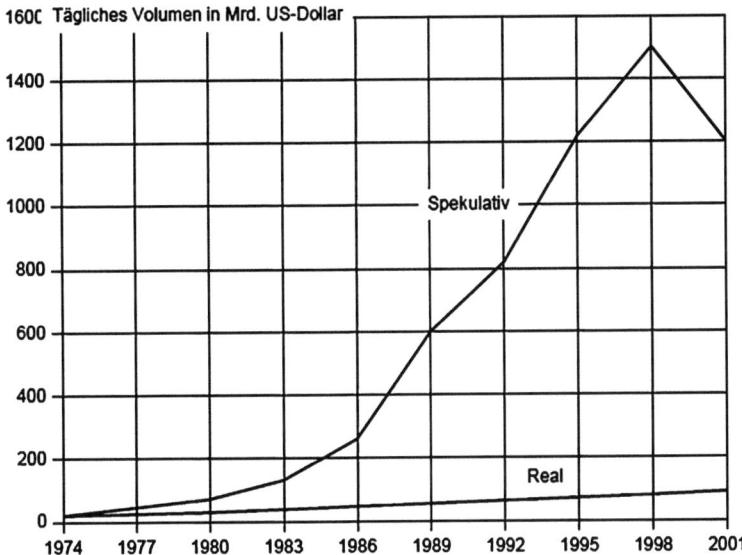

Abbildung 7: Devisentransaktionen pro Tag im Vergleich zu Devisentransaktionen, denen ein echter wirtschaftlicher Austausch zugrunde liegt.[1] *Im Jahr 2005 betrugen diese bereits 1.880 Mrd. US-$.*[2]

7.2.1 Zins

Unter „Zins" versteht man die Vergütung, die ein Darlehnsnehmer an den Darlehnsgeber für die zeitweilige Benutzung einer Wertsumme zahlt. Im mittelalterlichen scholastischen Denken wurde Zins noch als "Wucher" vor allem unter Berufung auf zinskritische Stellen in der Bibel aber auch auf Schriften des Aristoteles („Politik", „Nikomachische Ethik") sowie das römische Recht beschrieben. Aristoteles (384-322 v.Chr.) schien schon damals die Problematik erkannt zu haben: „Denn nur zur Erleichterung des Tausches kam es auf, der Zins (tokos) aber vermehrt es an sich selber." Ein Zinsverbot war die Folge.[3]

Da das Zinsverbot die Praxis des Zinsnehmens nicht wirklich unterbinden konnte, kam es zu einer schleichenden Erosion des kanonischen Zinsverbotes und dessen Auflösung bis zum Jahre 1917. Heute ist der Zins einer der Hauptgründe für verlangtes exponentielles Geld-Wachstum und Triebkraft für viele

---

[1] Aus Schneegans (2003) nach Leitaer (1999) und Deutscher Bundestag (2002)
[2] Vgl. Leitaer (2002)
[3] Frey (2005), S.28

weitere exponentielle Wachstumsprozesse. Schließlich muss Geld für allfällige Kredite zurückgezahlt und darüber hinaus auch noch Gewinn erzielt werden.

Mit dem Fall des Zinsverbotes verbunden war auch die Ökonomisierung der Zeit (die mechanische Uhr tauchte erst Ende des 13.Jahrhunderts auf).[1] Das durch das Zinssystem hervorgerufene exponentielle Wachstum entspricht damit de facto einer exponentiellen Abwertung der Zukunft.[2] Um diesem Verfall entgegenzuwirken wird seit dem 2.Weltkrieg versucht, mit Bedarfsweckungen, Verschuldung, Export usw. neue Wachstumsimpulse zu schaffen um das Wirtschaftswachstum aufrecht zu erhalten. Aufgrund der fortschreitenden Monetarisierung diverser Lebensbereiche (Bildung, Pensionen, Krankensystem, Sozialsystem) wird in den nächsten Schritten die aufgebaute soziale Sicherung in der Gesellschaft Schritt für Schritt reduziert, um das Wirtschaftswachstum aufrecht zu erhalten.

Im Verkehrswesen wurde dieses Wachstum durch die stetigen Kapazitätserweiterungen in den vergangenen 70 Jahren im übergeordneten Straßennetz erzeugt.[3] Da die Straßenverkehrsinfrastruktur bei weitem größer dimensioniert wurde als in Kapazitätsberechnungen angenommen, und somit ein Attraktor für weiteren Autoverkehr geschaffen wurde, mussten Prognosen ständig nach oben revidiert werden.[4] Noch heute wird nach Prognosen gebaut, die ähnlich wie beim Tumorwachstum – nach Gompertz-Funktionen berechnet werden.

---

[1] Le Goff (2008), S.53
[2] Zur Abdiskontierung der Zukunft vgl. Jürgen Probst: „Fehlentwicklungen einer Zinswirtschaft, Ein Ausflug durch das Ausgeblendete"; Selbstverlag, Hannover, Erste Auflage Mai 1998; www.inwo.de
[3] Vgl. Leutzbach (1989)
[4] Knoflacher (1997), S.32

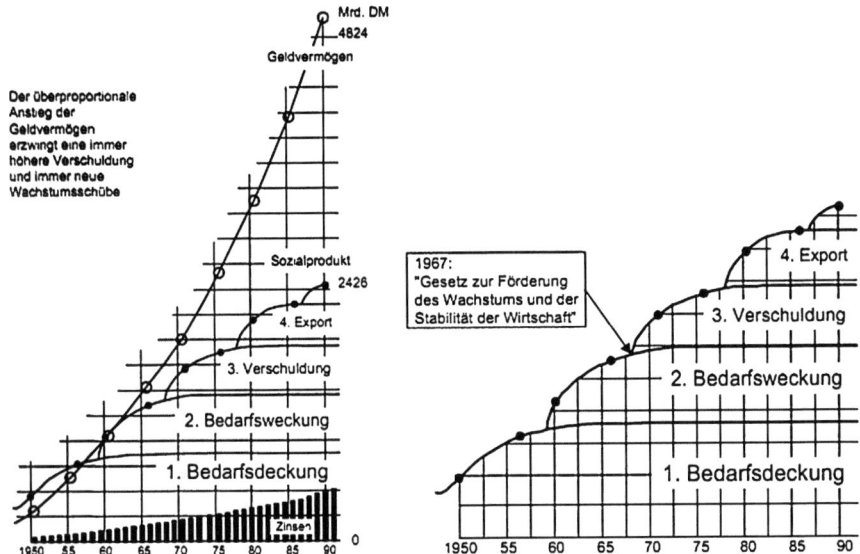

Abbildung 8: Geldvermögen in Deutschland und erzwungenes Wachstum (links). [1] *Schematische Darstellung der Wachstumsschübe des realen Bruttosozialproduktes in der Bundesrepublik Deutschland in den Jahren 1950 bis 1990* [2]; *dieselbe Entwicklung findet sich unter anderem bei der Entwicklung des Motorisierungsgrades im Verkehrssystem.* [3]

Betrachtet man die Entwicklung von Aktienindizes, wie beispielsweise des Dow Jones, wird das rapide Wachstum am Aktienmarkt seit dem Jahr 1900 sichtbar. Die Gewinne, die hier gemacht wurden (und werden), entstehen nicht aus dem Nichts. Sie bedeuten für andere (und sei es die Fülle und Vielfalt der Natur) Verluste. Wie später noch ausführlicher dargestellt wird, beruhen diese Konzerngewinne auf externalisierten Kosten.

---

[1] Creutz (1997), S.158
[2] Creutz (1997), S.154
[3] Vgl. Leutzbach (1989)

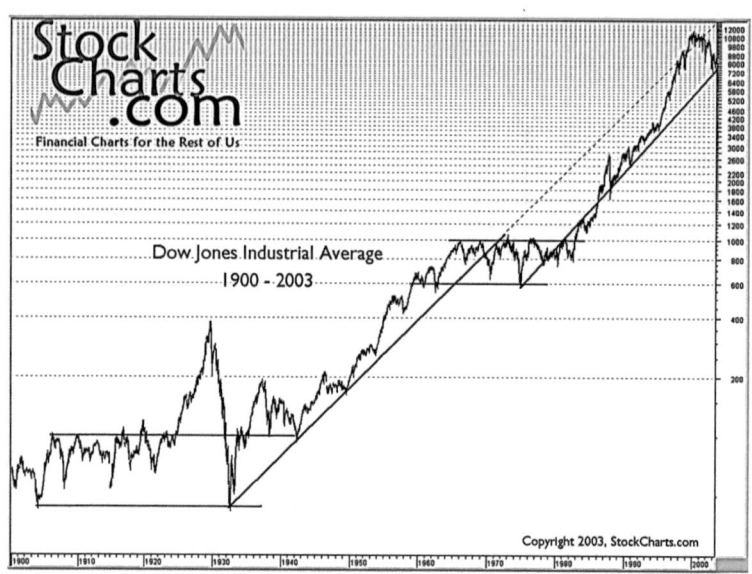

Abbildung 9: Entwicklung des Aktienindex Dow Jones zwischen den Jahren 1900-2003. Unabhängig von den so genannten Spekulationsblasen des Jahres 2008 erkennt man die rapide Entwicklung auf einer logarithmischen Skala. [1]

Über das Zinssystem und private Banken können reiche Bevölkerungsgruppen ihr monetäres Vermögen auf Kosten der weniger reichen und ärmeren Menschen vervielfachen. Die Untersuchungen von Creutz (1997) zeigen, dass 80% der Bevölkerung (am Beispiel Deutschlands) höhere Zinszahlungen leisten, als sie Zinserträge auf ihr Kapital erhalten. Diese Belastungen der „unteren" 80% stellen die Gewinne der obersten 10% dar. Deren Zinserträge sind mehr als doppelt so hoch wie die Zinsbelastungen. Dieser Umschichtungsmechanismus von Arm zu Reich erfolgt über das Zinssystem weltweit und verstärkt sich mit dem Abstrahierungsgrad des Geldes, d. h. mit der Distanz zu den realen Natur- und Systemgesetzen. Im Neusprech der heutigen Wirtschaftswissenschafter wird dies als „Fortschritt" oder „Entwicklung" bezeichnet.

Am Beispiel Chinas, wo der so genannte GINI-Koeffizient als Maß für die Ungleichheit zwischen den 1970er Jahren bis heute von 0,2 auf über 0,45 gestiegen ist, lässt sich diese Entwicklung ablesen. Die Verteilung des Weltvermögens zeigt eine noch drastischere Ungleichverteilung der Einkommen. 10% der Weltbevölkerung besitzen 85% des Weltvermögens.

---

[1] www.stockcharts.com

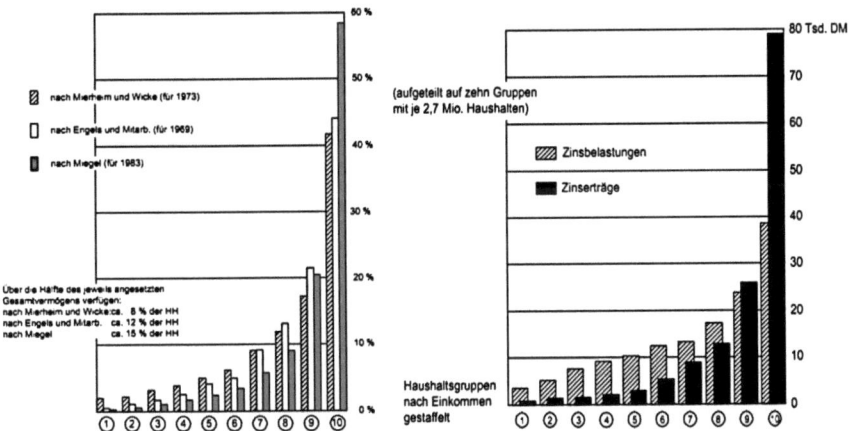

Abbildung 10: Prozentuale Verteilung der privaten Vermögen auf 10 Gruppen mit je 2,7 Mio. Haushalten (links) [1] *und Gegenüberstellung der Zinsbelastungen und Zinserträge der Haushalte (rechts).* [2]

Unter der Wirksamkeit realer Natur- und Systemgesetze wäre diese ungleiche Verteilung des Geldes nicht möglich. Knoflacher (in Aubauer (2010)) weist darauf hin, dass die Anhäufung von Naturressourcen zur Folge hätte, dass der Aufwand diese zu erhalten exponentiell ansteigen müsste, weil diese den allgemeinen Gesetzen des Verlustes und des Schwundes ausgesetzt und zumindest der Entropie unterworfen sind.[3] Für Knoflacher sind diese heute installierten Automatismen der Geldumschichtung zu den Reichen verfassungswidrig und da das Geldsystem eine Dienstleistung (der Regierung) sein sollte, wäre daher durch die Verfassung, unter dem Blickpunkt des gleichen Zugangs zu allen Dienstleistungen, einzugreifen.

Auch Henrich (2002) weist auf die Auswirkungen der Einschnitte in das soziale Sicherungssystem der Gesellschaft hin, um gleichzeitig das permanente Wirtschaftswachstum aufrecht zu erhalten.

„Die Dynamik dieser Geldbewegungen und ihr destruktives Potenzial sind entscheidend gefördert worden durch eine dezidierte Liberalisierungspolitik und mit ihr verbundenen Eingriffe in eine soziale Infrastruktur, die sich über Generationen hinweg in sozialen Auseinandersetzungen und Entwicklungsprozessen herausgebildet hatte."[4]

---

1 Creutz (1997), S.139
2 Creutz (1997), S.141
3 Knoflacher in Aubauer (2010), S.98
4 Henrich (2002), S.50

Somit werden durch die Verminderung oder Aufhebung der sozialen Absicherung Solidaritätsgrundsätze angegriffen, die in kultureller Tradition über Jahrtausende verankert waren und die Stabilität der Gesellschaft gewährleistet haben, und gleichzeitig durch Konkurrenzmechanismen auf den verschiedenen Ebenen des sozialen Lebens und Handelns ersetzt.[1]

Nach McMurtry (1999) ist es also das gesellschaftliche Immunsystem, welches als Überwachungs-, Erkennungs- und Abwehrorgan im Stande sein sollte, der Progression der Erkrankung durch das Erkennen der Symptome Einhalt zu gebieten – was es aber nicht tut.[2]

Im Unterschied zu Lovelock, der die Anthroposphäre in seiner Gesamtheit als malignen Tumor betrachtet und dabei das exponentielle Bevölkerungswachstum als wesentlichen Faktor betrachtet, geht nach McMurtry die eigentliche Gefahr von der deregulierten Finanzsphäre aus.

Hierbei haben beide nur teilweise Recht: Das seit der industriellen Revolution stattfindende Bevölkerungswachstum ist nicht Ursache, sondern lediglich Symptom einer Entwicklung, die ihren Anfang weit vor der Deregulierung der Finanzmärkte hatte. Entscheidend ist jedenfalls, wie bereits erwähnt, dass unendliches Wachstum nicht möglich ist, und durch seine Umgebung und äußeren Einflüsse begrenzt ist. Am Beispiel des begrenzten Wachstums von Organismen (wie im Kapitel 16 zur „Dynamic Energy Budget Theorie" noch gezeigt wird) wird ersichtlich, dass der notwendige Energieaufwand zum Transport von Nährstoffen ab einer gewissen Größe für den Gesamtorganismus ineffizient wird. Im weiteren Teil zur Theorie des dynamischen Energie Budgets nach Kooijman et al. (2000)[3] werden diese vorläufig qualitativ erfassten Begrenzungen auf den mehrzelligen Organismus übertragen und auch auf das Tumorwachstum und analog auf das Konzernwachstum angewendet und quantifiziert.

---

[1] Henrich (2002), S.51
[2] McMurtry (1999), S.114
[3] Vgl. Kooijman (2000)

8 Die Grenzen des Wachstums

Bereits im Jahr 1972 wurde auf die Grenzen des Wachstums besonders im Zusammenhang mit der Ausbeutung von natürlichen Ressourcen, in dem vom Club of Rome herausgegebenem Buch „The Limits of Growth" hingewiesen.[1] In einer neueren Auflage dieses Buches aus dem Jahr 1992[2] konnte durch Computersimulationen gezeigt werden, dass die Nutzung zahlreicher Ressourcen und die Akkumulation von Umweltgiften bereits die Grenzen des langfristig Zuträglichen überschritten haben, und dass, trotz verbesserter Technologien, höherem ökologischen Bewusstsein und strengerer Umweltgesetze.[3]

Folgende Schlussfolgerungen wurden im Jahr 1992 formuliert:[4]

1. Die Nutzung vieler natürlicher Ressourcen und die Freisetzung schlecht abbaubarer Schadstoffe haben bereits die Grenzen des physikalisch auf längerer Zeit Möglichen überschritten. Wenn der Einsatz dieser Materialien und die Energieflüsse nicht entscheidend gesenkt werden, kommt es in den nächsten Jahrzehnten zu einem nicht mehr kontrollierbaren Rückgang der Nahrungsmittelproduktion, der Energieverfügbarkeit und der Industrieproduktion.
2. Das ist aber vermeidbar, wenn zwei grundsätzliche Änderungen erfolgen: Die politischen Praktiken und Handlungsweisen, die den Anstieg des Verbrauchs und der Bevölkerungszahlen begünstigen, müssen umfassend revidiert werden; daneben sind die Wirkungsgrade des Energieeinsatzes und der Nutzeffekt materieller Ressourcen drastisch anzuheben.
3. Eine dauerhaft existenzfähige Gesellschaft ist technisch und wirtschaftlich noch immer möglich. Sie könnte lebenswertere Perspektiven haben als eine Gesellschaft, die ihre Probleme durch konstante Expansion zu lösen versucht. Der Übergang zu einer dauerhaft existenzfähigen Gesellschaft erfordert den sorgfältigen Ausgleich zwischen langfristigen und kurzfristigen Zielvorstellungen; der Nachdruck muss auf ausreichende Versorgung, gerechte Verteilung und Lebensqualität und weniger auf Produktionsausstoß gelegt werden.

---

1 Vgl. Meadows (1973)
2 Vgl. Meadows (2001)
3 Vgl. Frey (2005), S.30
4 Meadows (2001), S.13

Dazu ist mehr erforderlich als nur Produktivität und Technologie: gefragt sind Reife, partnerschaftliches Teilen und Weisheit.

Meadows und seine Kollegen haben in ihrer Modell-Simulation „World 3" verschiedene Veränderungen und Handlungen unter Berücksichtigung von wesentlichen physikalischen und biologischen Grenzen simuliert. Dabei werden Annahmen getroffen, die als wichtige Parameter in dieser Arbeit, unter Berücksichtigung der Tumor-Wirt-Beziehung, betrachtet werden. Unter dem Blickwinkel der Gaia-Hypothese von Lovelock werden die Assoziationen zum lebenden Organismus deutlich.

Die wichtigen Annahmen für eine Simulation der Entwicklung sind: [1]

1. Wachstum ist ein inhärenter Wesenszug des menschlichen Wertesystems. Wann immer es zum Wachstum der Bevölkerung und der Wirtschaft kommt, erfolgt es exponentiell.
2. Die Quellen und Senken für die zur Erhaltung der Bevölkerung und Wirtschaft notwendigen Materialien und Energiemengen sind physikalisch-materiell begrenzt. Auch die Senken, die Abfallmengen absorbieren, sind nur in Grenzen aufnahmefähig.
3. Die von Begrenzungen kündenden Signale erreichen die Menschen und die Wirtschaft verzögert und entstellt und führen zu ebenfalls verzögerten Reaktionen.
4. Das System ist nicht nur begrenzt, sondern unterliegt auch der Erosion, wenn es überlastet und übermäßig genutzt wird.

Meadows (2001) weist auch darauf hin, dass Grenzen kurzfristig verschoben bzw. ignoriert werden können. Zusammenbrüche nach dem Überschreiten der Grenzen fallen dann jedoch noch drastischer aus. Außerdem betont er, dass, wenn man eine Grenze beseitigt oder hinausschiebt, um das Wachstum weiter aufrecht zu erhalten, man auf eine andere Grenze stößt. Da das Wachstum in der komplexen, begrenzten Welt exponentiell verläuft, zeigt sich die nächste Grenze unerwartet rasch. Versucht man durch wirtschaftliche und technische Anpassung eine Grenze zu verschieben, so wird man später vor dem Problem stehen, mehrere Grenzen gleichzeitig zu erreichen, man gelangt an den Rand der Handlungsfähigkeit. [2]

---

[1] Meadows (2001), S.175
[2] Frey (2005), S.34

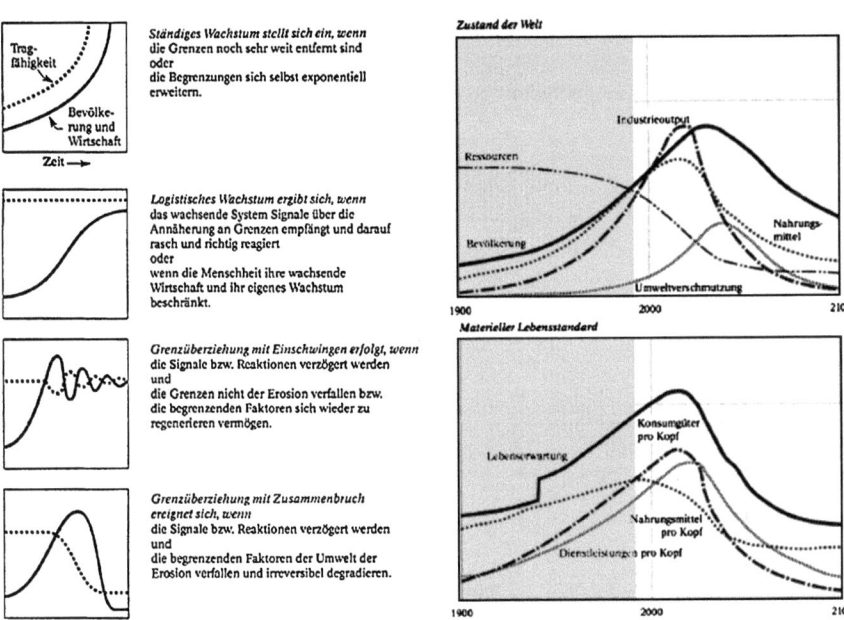

Abbildung 11: Die Verhaltensformen des Weltmodells und ihre strukturellen Ursachen und der Standardlauf von Grenzen des Wachstums.[1][2] *Exponentielles und logistisches Wachstum werden bei der Betrachtung der Konzerne mit der Tumoranalogie wesentlich.*

8.1 Exponentielles Wachstum

Der Wachstumsverlauf spielt eine wesentliche Rolle. In der Natur kommt exponentielles Wachstum, wenn nur kurzfristig, abschnittsweise vor, und wird alsbald aufgrund von natürlichen Grenzen in seine Schranken verwiesen. So gesehen existiert exponentielles Wachstum als Prozess in der Natur nicht. Deshalb, so stellt auch Meadows (2001) fest, sind die Menschen schwer in der Lage exponentielles Wachstum zu begreifen. Die meisten Menschen denken linear und stellen sich Wachstum als linearen Prozess vor.

---

[1] Meadows (2001), S.156
[2] Meadows (2001), S.166

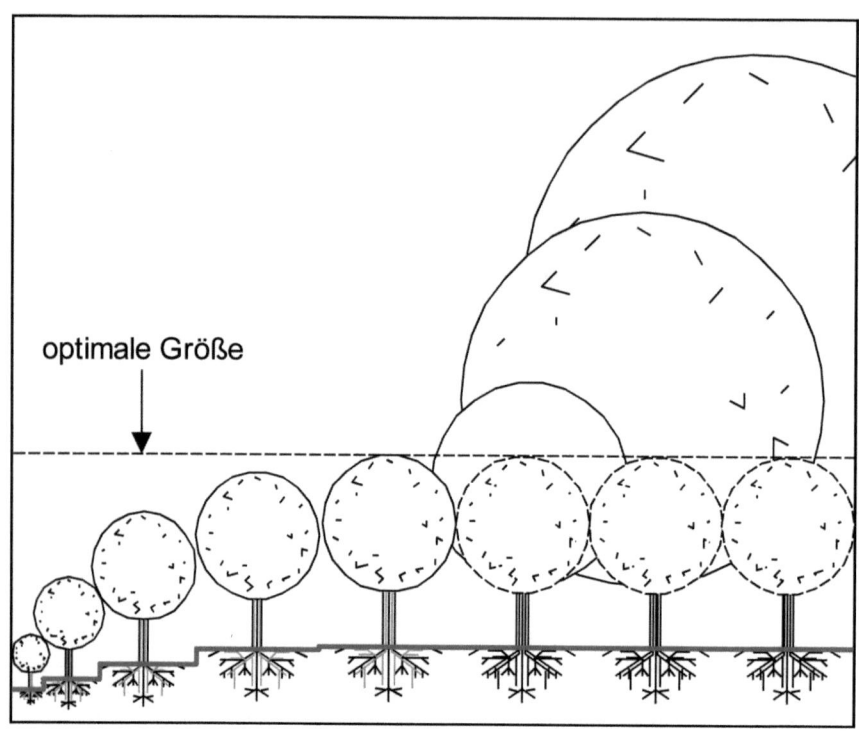

Abbildung 12: Natürliches Wachstum unterliegt Grenzen, die sich aus verschiedenen Optima unterschiedlicher Prozesse zusammensetzen. Bei Überwachstum eines Teiles stirbt der gesamte Organismus. [1]

Beispielsweise zeigt die weltweite Gesamtproduktion der Industrie eine eindeutig exponentielle Zunahme, die, basierend auf der Ausbeutung natürlicher, begrenzter Ressourcen, dauerhaft in dieser Form nicht aufrechtzuerhalten ist. Zwischen den Jahren 1970 bis 1990 betrug die Wachstumsrate der Industrieproduktion durchschnittlich 3,3% jährlich und die Produktion pro Kopf nahm um 1,5% jährlich zu.[2]

---

[1] Creutz (1997), S.150
[2] Meadows (2001), S.25

Index 1963 = 100

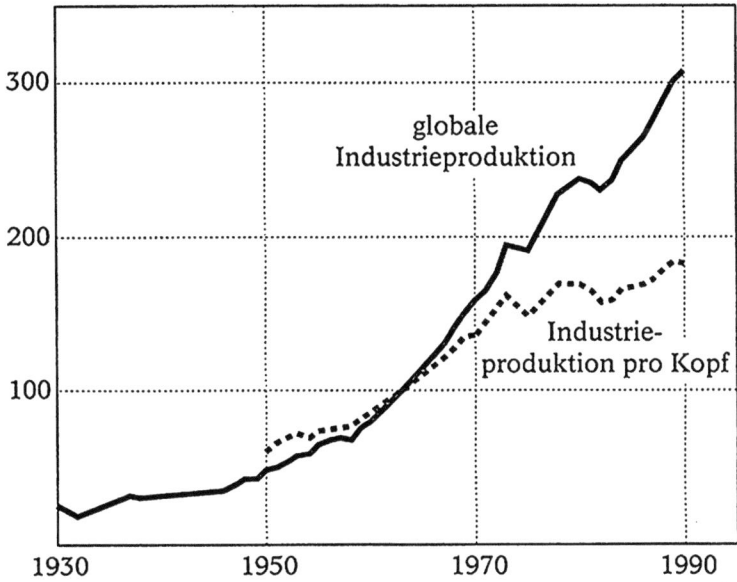

Abbildung 13: Entwicklung der globalen Industrieproduktion mit exponentieller Zunahme. [1]

8.2 Überprüfung der Modellergebnisse mit der tatsächlichen Entwicklung

Turner (2008) hat empirische Daten in der Zeit zwischen den Jahren 1970-2000 gesammelt und mit den Szenarien der Modelle von „Limits to Growth" (aus dem Jahr 1972) verglichen.[2] Dabei zeigt sich deutlich, dass die historischen Daten genau dem Standardszenario, das, wie oben dargestellt, zu einem Kollaps Mitte des 21. Jahrhundert führen soll, entsprechen. World3 war das erste weltweite Modell, welches Umwelt und Wirtschaft integrierte.[3]

In Anlehnung an Abbildung 13 stellt Turner die Entwicklung der globalen Industrieproduktion sowie der nicht erneuerbaren Ressourcen den Szenarien im World3 Modell von Meadows et al. (1992) gegenüber.

---

[1] Meadows (2001), S.25.
[2] Vgl. Turner (2008)
[3] Constanza (2007), S.522

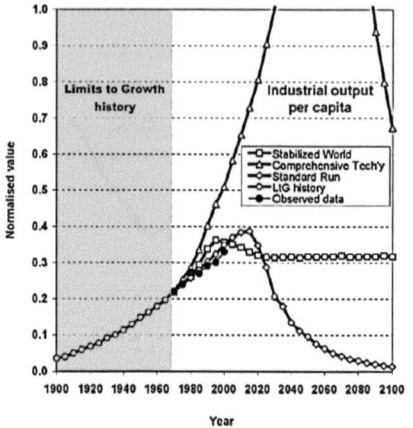
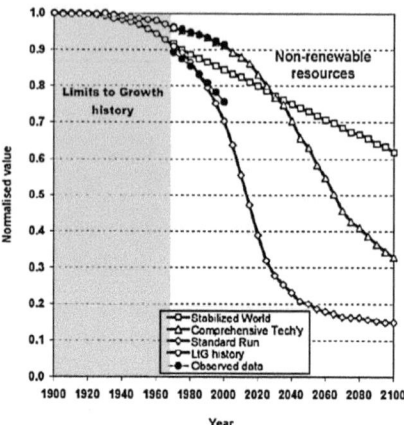

Abbildung 14: Ein Vergleich zwischen empirischen tatsächlichen Daten und den Szenarien im World3 Modell zeigen eine deutliche Übereinstimmung mit dem Standard Szenario. [1]

Ausgangspunkt dieser Entwicklung war die industrielle Revolution:

- Ausbeutung begrenzt vorhandener Energievorräte (Abbau von Kohle,...)
- Ab diesem Zeitpunkt unbegrenzter Zuwachs der Weltbevölkerung
- Unbeschränkte Verschwendung von Stoffen und Naturschädigung
- Veränderungen im Verkehrssystem (Eisenbahn, Automobil,...) durch Maschinen
- Wandel vom Tausch- zum Geldhandel und seinen Auswirkungen
- Steigerung des Bodenertrages mittels Ausbeutung erschöpflicher Naturgüter

Für Riedl (1996) hat diese, durch die Ausbeutung beschränkt vorhandener Bodenschätze möglich gewordene industrielle Technik und Lebensweise, die Relevanz ökologischer Gesetze für das menschliche Leben jedoch nur scheinbar vorübergehend außer Kraft setzen können, da sie auf Dauer ausschließlich von jener Fauna und Flora getragen werden kann, die sie gegenwärtig schädigt.[2] Die „evolutionäre Erkenntnistheorie" weist nach, dass die Fähigkeit, mit welcher unsere Sinne und unser Gehirn uns auf diese Welt vorbereitet sein lassen, um schon unreflektiert in dieser erfolgreich zu agieren, auf Anpassung zurückgeht. Sie be-

---

[1] Turner (2008), S.46
[2] Riedl (1996) S.135

rücksichtigt vor allem die Existenz von Ober- und Untersystemen.[1] Es gibt aber Grenzen dieser Adaptierung. Dies führt zu dem Verständnis der Verhaltensmängel des Menschen gegenüber gefährlichen Wachstumsprozessen.

Bis Mitte der 1970er Jahre war der ökologische Fußabdruck der Menschheit noch kleiner als die Tragfähigkeit der Erde. Dies hat sich seither grundlegend verändert. Heute ist der ökologische Fußabdruck um 30 % größer als die theoretisch mögliche Tragfähigkeit unserer Erde verursacht durch Raubbau an Ressourcen. Dies ist nur deshalb möglich, weil die Differenz zwischen der ökologischen Grenze und dem heutigen menschlichen System durch ungeheure Mengen an Energie kompensiert wird. In Europa stehen beispielsweise jedem Bewohner rund 44 so genannte Energiesklaven zur Seite (Pro-Kopf Primärenergieverbrauch 2003).[2]

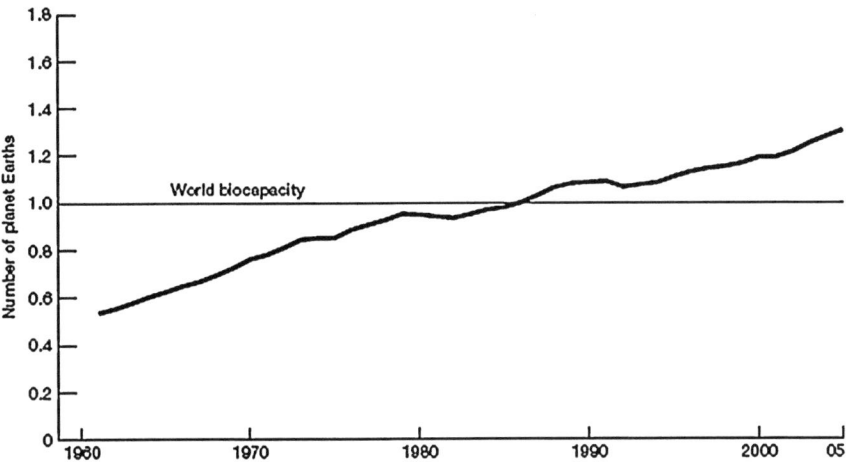

Abbildung 15: Entwicklung des ökologischen Fußabdrucks der Menschen und die Tragfähigkeit der Erde.[3]

Um den Kapitalismus und seine Auswirkungen und Ursachen besser verstehen zu können, wird im Folgenden auf die Konzerne und ihre Entwicklung eingegangen. Entstanden aus dem Drang zur Kapitalakkumulation (die erst durch das „künstliche" Geld möglich wurde) wurden Voraussetzungen geschaffen, die sich bis dato in einer Institution manifestiert haben, die sich in ihrer Entwicklung ver-

---

[1] Frey (2005), S.17
[2] Vgl. Dürr (2007)
[3] WWF (2008), S. 2

selbstständigt hat. Konzerne greifen heute (unter dem Deckmantel der Gewinnmaximierung) gezielt in gesellschaftspolitische Fragen ein, um ihre Vorherrschaft weiter zu festigen und auszubauen.

9 Konzerne und ihre Entwicklung

Die in der Arbeit angesprochenen „Konzerne" sind große Kapitalgesellschaften, d. h., börsenorientierte Großkonzerne, welche mit ihren einzigartigen Strukturen und spezifischen Programmen, die das Handeln der Mitarbeiter bestimmen und aufgrund ihrer Einflusspotenziale, eine Institution darstellen. Im ersten Teil soll auf die geschichtliche Entwicklung der Kapitalgesellschaften und in weiterer Folge auf die Genese der transnationalen Konzerne eingegangen werden. Dabei wird auch dargestellt, wie die Konzerne durch ihren Einfluss auf die politischen Strukturen nach dem 2. Weltkrieg ihre Macht weiter ausbauen konnten.

Bereits im Jahr 1946 wurde von Peter Drucker in *„Concept of the Corporation"* festgestellt, dass alle Kapitalgesellschaften über die gleiche institutionelle Struktur und Zielsetzung verfügen.[1] Der Konzern wurde institutionalisiert und war als Rechtssubjekt in seiner Existenz und Handlungsfähigkeit von Gesetzen abhängig.[2] Die größten Konzerne waren und sind in den USA beheimatet, haben jedoch ihren Einfluss, wie alle transnationalen Konzerne, weit über die nationalen Grenzen hinaus erweitert.

Für Bakan (2005) ist der Konzern eine **pathologische Institution**, da er „unerbitterlich" und „ausnahmslos die eigenen Interessen" verfolgt, ohne Rücksicht auf die oft schädlichen Auswirkungen für andere nehmen zu müssen. Da er im Besitz einer ungeheuren Macht ist, die er über Menschen und Gesellschaft ausübt, kann er als **gefährlich** eingestuft werden.[3] Diese Diagnose und Kategorisierung gilt es in weiterer Folge genauer zu betrachten. Die Fragen, die zu stellen sind, sind also:

- Wie konnten Konzerne das werden, was sie heute sind?
- Welche Eigenschaften sind pathologisch und welche Folgen ergeben sich daraus?
- Wie viel Macht haben sie über die Gesellschaft?
- In wie fern kann von „pathologisch" gesprochen werden, in wie weit von „gefährlich"?

---

[1] Bakan (2005), S.8
[2] Bakan (2005), S.7
[3] Bakan (2005), S.8

9.1 Die Entstehung der Konzerne

Im Laufe der letzten 300 Jahre (und im Besonderen innerhalb der vergangenen 150 Jahre) haben die Kapitalgesellschaften einen kometenhaften Aufstieg erlebt und sich zur weltweit dominierenden Wirtschaftsinstitution verwandelt.[1] Bakan (2005) beschreibt als das Geniale an der Kapitalgesellschaft als Unternehmensform und als Begründung für ihren bemerkenswerten Aufstieg im Verlauf der letzten drei Jahrhunderte ihre Fähigkeit, das Kapital und somit die wirtschaftliche Macht, einer unbegrenzten Anzahl von Menschen zu bündeln.[2] Dabei spielten schnelle Verkehrssysteme eine wesentliche Rolle.

Die Konzerne haben sich dabei seit Mitte des 19.Jahrhunderts verstärkt darum bemüht, ihre Rechte auszuweiten und weniger Verantwortung im gesellschaftlichen Sinne übernehmen zu müssen. Weltweit, ausgehend von England, haben sich die Konzerne vor allem in den vergangenen 150 Jahren bemüht, die staatlichen Gesetze und die Regierungen in ihrem Interesse zu beeinflussen. Gleichzeitig sind sie zu dominanten Institutionen herangewachsen, die viele nationalstaatliche Regierungen in Größe und Macht übertreffen (gemessen sowohl an wirtschaftlichem Output, aber auch an direkter Macht durch Einflussnahme auf weltpolitische Entscheidungen).[3]

Für Korten (1995) entwickelten Konzerne dabei im Zuge ihres Wachstumsprozesses (und dem damit einhergehenden Wachstum an Macht) ihre eigenen institutionellen Programme, welche auf ihre Natur und Struktur abgestimmt sind, sich im Ganzen jedoch der Kontrolle selbst jener entziehen, die sie erfunden haben und managen. Diese Programme seien, so Korten, auf Profitwachstum und Protektionsmaßnahmen vor Ungewissheiten des Marktes ausgerichtet.[4]

Dieser Markt war von Beginn an der Aktienmarkt der Shareholder, die sich durch ihre Beteiligung am Unternehmen Gewinn erhofften. Betrachtet man die Geschichte des Aktienwesens, führt diese bis in das Mittelalter zurück. Als Vorläufer der heutigen Gesellschaften können die Gewerkschaften des Bergbaus, die im 12. Jahrhundert im südlichen Frankreich entstandenen Mühlengenossenschaften, dann in Italien die schon im 11. Jahrhundert vorkommende, unserer heutigen Kommanditgesellschaft ähnliche Commenda, bezeichnet werden. Echte Kapitalvereinigungen waren auch die italienischen Montes, Banken, deren Anteile übertragbar waren, wobei der Erwerber nur eine beschränkte Haft übernahm. Unter dem Einfluss der damaligen Bestimmungen über Zins und Wucher traten diesel-

---

[1] Bakan (2005), S.11
[2] Bakan (2005), S.15
[3] Korten (1995), S.53
[4] Ebenda.

ben vielfach als Wohltätigkeitsanstalten auf.[1] Entscheidend bei all diesen Zusammenschlüssen zur Kapitalbildung war jedoch der hoheitliche Einfluss des Staates.

In der Steiermark beispielsweise wurden der Erzabbau und die Erzverarbeitung zu teuer, um sie aus einer Hand zu finanzieren. So wurden im Jahr 1415 in Leoben und bald im ganzen deutschen Sprachraum Genossenschaften gegründet, die sich durch Anteile, sogenannte Kuxe, finanzierten. Diese Kuxe wurden an Kaufleute, Adel und Klöster ausgegeben, gehandelt und stiegen und fielen in ihrem Wert, stellten also in diesem Sinne die ersten Aktien dar.

Die Anfänge des Kapitalismus sieht Scherhorn (2004) im Europa des Mittelalters. „Pate stand „das Fernhandel treibende Großbürgertum, ein vielfach verflochtener, relativ kleiner Personenkreis," der aus weit entlegenen Ländern Gewürze, Heringe, Seide herbeischaffte und damit große Summen verdiente, die häufig in Bergwerke, Gewerbe und Banken investiert wurden. So entstanden in der Renaissance die ersten großen Handelshäuser.[2]

Bereits damals zeigt sich die Nähe von Geld und Macht. Scherhorn weist darauf hin, dass diese großen Handelshäuser die Fürstenhöfe bis hin zum Kaiserhof finanzierten und sich dafür staatliche Monopole aushandelten, wie die Fugger. Das Transportsystem der technisch weiterentwickelten Schiffsfahrt spielte eine wesentliche Rolle. „Die importierten Produkte waren selten und knapp, der Wettbewerb war gering, das Verlustrisiko war groß und die vermögenden Schichten waren potente Käufer, kurz: Die Handelshäuser konnten teuer verkaufen." So stand, laut Scherhorn, schon am Anfang des Kapitalismus mit seiner Monopolpräferenz ein problematischer Aspekt.[3]

Scherhorn (2004) sieht den Beginn des kapitalistischen Wirtschaftssystems eng verbunden mit der Entwicklung einer kapitalistischen Landwirtschaft, die schon vor dem 16. Jahrhundert einsetzte und im Großgrundbesitz wurzelte:

„Die adligen Grundbesitzer beanspruchten den Boden und den Ertrag, aber mit dem Verkauf von Agrarprodukten konnten sie hohe Gewinne nicht durch hohe Preise erzielen, also drückten sie die Kosten, indem sie die von ihnen abhängigen Landarbeiter oder Pächter ausbeuteten. 200 Jahre später, im 18. Jahrhundert, wurde dieses Prinzip von der landwirtschaftlichen auf die technische Produktion übertragen, die inzwischen von großbürgerlichen Fabrikanten betrieben wurde. Ihnen gehörten die Produktionsanlagen und der Ertrag, aus dem sie den von ihnen abhängigen Arbeitern und Angestellten nur so viel abgaben, dass ein beträchtlicher Gewinn verblieb."[4]

---

[1] Meyers Konversationslexikon, S.267 (http://www.retrobibliothek.de)
[2] Scherhorn in Woltron (2004), S.79
[3] Ebenda.
[4] Scherhorn in Woltron (2004), S.80

Das Ausbeutungsprinzip natürlicher Ressourcen, wurde im großen Stil auf die Menschen und ihre Arbeitskraft übertragen. Gleichzeitig wurden aber auch rechtliche Rahmenbedingungen für die Existenz der Konzerne geschaffen. Zur Zeiten des Seehandels Englands mit seinen Kolonien im 16. Jahrhundert war die Überquerung des Seeweges unvermeidbar mit hohen Gefahren verbunden, und es konnte durchaus passieren, dass die gesamte Fracht durch schlechtes Wetter oder Piraten verloren ging, was den Ruin der Investoren und deren Familien bedeutet hätte. Die „Corporation", der Konzern, repräsentierte dabei eine wichtige institutionelle Innovation, um diese Barriere im internationalen Handel zu überwinden.[1]

Die so genannte „Corporation charter" repräsentierte eine Garantie der Krone, welche die Haftung des Investors auf seinen Teil der Investition beschränkte; ein Recht, dass nicht für einzelne Bürger galt. Als Gegenleistung für dieses spezielle Privileg der Risikoübernahme gingen die Profite an die Krone. Die Unternehmens-Charter wurde von der Krone vergeben und konnte jederzeit entzogen werden.

Eine der ersten als transnationale Aktiengesellschaft organisierte Unternehmung war die im Jahr 1602 gegründete niederländische Ostindien-Kompanie. Durch den überseeischen Handel kam es zur Gründung vieler privilegierter Aktiengesellschaften unter dem Titel von Handelskompanien:

- die „britisch-ostindische Kompagnie" von 1599;
- die „niederländisch-ostindische Kompangie" im Jahre 1602, für die erstmals Aktien gehandelt wurden und so gesehen als erster „multinationaler Konzern" bezeichnet werden kann.
- die französische „Compagnie des Indes occidentales" von 1628.

Diese Gesellschaften wurden von England dazu benutzt, ihre Kolonien weitgehend zu kontrollieren. Englands Regierung, welche zur Zeit des 17. und 18. Jahrhunderts vor allem aus reichen Landbesitzern, Handelskaufleuten und Industriellen bestand, versuchte ihre Monopolstellung in Bezug auf die Kolonien zu halten bzw. auszubauen. Beispielsweise wurde ein Gesetz verabschiedet, welches verlangte, dass alle Güter, die nach Europa importiert wurden, zuerst England passieren mussten. Der so genannte „Navigation Act" verlangte, dass alle Schiffe die Waren von bzw. zu den Kolonien transportierten, koloniale bzw. englische Schiffe waren. Den Kolonisten war es nicht erlaubt eigene Waren zu produzieren. Die Rohstoffe mussten nach England gebracht werden, und durften erst dort verarbeitet werden (um dann wieder an die Kolonien verschifft zu werden).

---

[1] Korten (1995), S.54

A. Smith sah in „The Wealth of Nations" die Gesellschaften genauso wie die Regierungen als Instrumente zur Unterdrückung kompetitiver Marktkräfte. Den Konzernen selbst sprach Smith jedoch keine positive Qualität zu.[1]

Bis in das 19. Jahrhundert hinein war die Gründung einer Aktiengesellschaft nur durch einen hoheitlichen Akt möglich. Das Oktroisystem ist ein Begriff aus dieser Geschichte der Aktiengesellschaft und zeigt die Abhängigkeit der Begründungsmethode von öffentlicher (hoheitsrechtlicher) Konzession. Die Konzessionierung erfolgte durch eine staatliche Urkunde („oktroi"). Damit erhielten die Kompanien öffentlich-rechtlichen Charakter.

Wie noch zu zeigen sein wird, war mit dem Einsetzen der industriellen Revolution und den immer größer werdenden Anforderungen an Kapitalmengen für Maschinen und Fabriken klar, dass das Kapital abseits der klassisch legalen Form von Besitz einen neuen legalen Status benötigte. Ein Drang der – bis zu einem gewissen Grad – aus dem Kapital selbst entstand.

Schnell wurde erkannt, dass durch den Verkauf von Aktien das Investitionskapital erhöht werden konnte und Ende des 17. Jahrhunderts gab es bereits mehrere körperschaftlich organisierte Kapitalgesellschaften mit jeweils ein paar hundert Mitgliedern. Korton (1995) betont, dass die Kapitalgesellschaften in der letzten Dekade des 17. Jahrhunderts wie Pilze aus dem Boden schossen, und sich die Gesamtinvestitionen in Kapitalgesellschaften verdoppelten, als diese Organisationsform ein beliebtes Mittel zur Finanzierung von Unternehmungen in den Kolonien wurde.[2]

Dabei waren bereits während des 17. und Anfang des 18. Jahrhunderts Wertpapiermakler in England auf der Suche nach „leichtgläubigen Anlegern", denen sie Anteile an Schwindelunternehmen verkaufen konnten. Nach Bakan (2005) gediehen solche Firmen, die ihren Aufschwung Spekulationen zu verdanken hatten, kurzfristig, bevor sie wie ein Kartenhaus einstürzten. Während es zwischen den Jahren 1690 und 1695 dreiundneunzig dieser öffentlich gehandelten „Kapitalgesellschaften" gab, war ihre Anzahl 1698 wieder auf 20 geschrumpft.[3]

Bereits im Jahr 1696 wurden bekannte sprachliche Metaphern, die heute auch den Tumorzellen zugeschrieben werden können, benutzt, um das Verhalten der Kapitalgesellschaften zu beschreiben. Englische Handelskommissare berichteten, dass diese Unternehmensform „völlig entartet" sei durch den Verkauf von Anteilen an unwissende Menschen, die durch das trügerisch aufgewertete und geschickt verbreitete Ansehen, was den gedeihlichen Zustand der Wertpapiere anbelangt, angezogen wurden.[4]

---

[1] Vgl. Korten (1995), S.56
[2] Ebenda.
[3] Bakan (2005), S.12
[4] Ebenda.

Erste Bedenken der Verantwortlichkeit dieser „Kunstwesen" wurden laut: „Da sie keine Seele besitzen, können sie weder Hochverrat begehen noch für vogelfrei erklärt, noch exkommuniziert werden" (Sir Eward Coke, 17. Jahrhundert). Bakan (2005) zitiert ebenfalls den Lordkanzler Lord Thurlow, dass „Aktiengesellschaften weder Körper, die man bestrafen, noch Seelen haben, die man verdammen könnte; daher tun sie, was ihnen gefällt."[1]

9.1.1 Einfluss neuer Verkehrssysteme

Mit der Erfindung der Dampfmaschine und ihrem Einsatz in Industrie und als Verkehrsmittel der Eisenbahn, erweiterte sich der Aktionsradius von Bergbau- und Textilunternehmen sowie anderen Industriezweigen. Die Kapitalgesellschaften vermehrten sich rapide, da die in größerem Stil operierenden Unternehmungen erheblich mehr Kapital erforderten, als Personengesellschaften aufbringen konnten." So stieg in Amerika beispielsweise die Anzahl der Kapitalgesellschaften zwischen den Jahren 1781 und 1790 um das Zehnfach von 33 auf 328.[2]

Das neue Transportsystem der Dampflokomotiven und der Eisenbahn erweiterte nicht nur den Aktionsradius der Unternehmen und erhöhte deren Absatzmarkt, es war auch darüber hinaus ein Treiber des Wachstums der Kapitalgesellschaften. Die Eisenbahn spielte eine entscheidende Rolle bei der Unterstützung für die Entwicklung eines überregionalen Marktes für die Wertpapiere von Unternehmen.[3]

Im Gegensatz zu den damals üblichen Personengesellschaften – bei der verhältnismäßig kleine Gruppen von Männern durch persönliche Loyalität und gegenseitiges Vertrauen miteinander verbunden, ihre Ressourcen zusammenlegten, um Firmen zu gründen, die sie sowohl leiteten als auch besaßen – waren bei einer Kapitalgesellschaft Firmenbesitz und Firmenleitung voneinander getrennt. Das Management war für die Geschäftsführung zuständig, während eine andere Gruppe, die Aktionäre, Eigentümer war. Viele meinten, dass bei einer solchen, für die damalige Zeit einzigartigen Konstruktion, Korruption und Skandale geradezu vorprogrammiert waren.

Selbst Adam Smith warnte im Jahr 1776 in „Der Wohlstand der Nationen", davor, dass man Führungskräften nicht „das Geld anderer Leute" anvertrauen

---

[1] Bakan (2005), S.33
[2] Bakan (2005), S.16
[3] Bakan (2005), S.18

sollte, weil „Nachlässigkeit und Verschwendung" unabwendbar seien, wenn Unternehmen sich zu Kapitalgesellschaften zusammenschlössen.[1]

Im Jahr 1720 wurde in England vom Parlament der sogenannte „Bubble Act" erlassen (als Anlassgesetzgebung für den berüchtigten Zusammenbruch der South Sea Company), der die Gründung von Unternehmen, die sich „erdreisten eine Körperschaft zu sein" und „übertragbare Wertpapiere ohne Rechtsbefugnis aufzulegen" als Verstoß gegen das Gesetz ahndete.[2]

Nachdem sich vorher zahlreiche nicht privilegierte Gesellschaften gebildet hatten, welche sich der solidarischen Haftung durch Ausgabe von Inhaberaktien zu entziehen suchten, wurden jetzt alle nicht von der Krone durch Freibriefe oder vom Parlament inkorporierten Gesellschaften unterdrückt und die Gründung neuer Vereine mit Ausschließung der Solidarhaft und Übertragbarkeit der Anteile verboten. Das Jahr 1824 brachte ein neues Gründungsfieber. Infolgedessen wurde 1825 die genannte Akte aufgehoben, und es trat das gemeine Recht für Aktiengesellschaften wieder in Kraft. Mit dem Aussetzen des „Bubble Act" nahm auch hier die Anzahl der Kapitalgesellschaften dramatisch zu.[3]

Das Eisenbahnwesen gab Veranlassung zum „Joint Stock Companies Registration and Regulation Act" (1844), welcher klar zwischen Kapitalgesellschaften und Gesellschaft bürgerlichen Rechts unterschied. Das Gesetz stellte für alle anderen als die durch königliche Freibriefe oder durch das Parlament inkorporierten Kapitalgesellschaften die Solidarhaft wieder her (joint stock companies without limited liability).

9.2 Prinzip der beschränkten Haftung

Durch die Konzern-Gesetze aus den Jahren 1856 und 1862 wurden diesen wieder Erleichterungen gewährt. Der Joint Stock Companies Act (1856) und der Companies Act (1862) gestattete allen Vereinen sich als „Joint stock companies" mit „limited liability" zu konstituieren. Lediglich 7 Personen mussten dafür ein Memorandum der Zusammenarbeit unterschreiben und registrieren. Die Staatsaufsicht war nur eine regressive, direkte Regierungseinmischung fand nur auf Antrag eines Teils der Aktionäre statt. War durch dieses Gesetz die Inhaberaktie noch verboten, so wurde sie im Jahr 1867 für Gesellschaften mit beschränkter Haftbarkeit unter der Bedingung der vollen Einzahlung des Aktienbetrags gestattet. Auch das Handelsamt konnte die Errichtung von Gesellschaften mit beschränkter Haftbar-

---

[1] Bakan (2005), S.12
[2] Bakan (2005), S.14
[3] Bakan (2005), S.16

keit und mit Ausschließung der Dividendenzahlung zu gemeinnützigen Zwecken erlauben. Im Jahr 1879 wurde allen Gesellschaften mit Solidarhaft gestattet, sich in solche mit beschränkter Haftbarkeit zu verwandeln.[1]

Eine Hürde für die Teilnahme an den Aktienmärkten von großen Teilen der Bevölkerung war die persönliche Haftung des Anteilseigners am Unternehmen, unabhängig von der Höhe seiner Investition. D. h., dieser haftete in unbegrenzter Höhe für die Schulden des Unternehmens mit all seinen Ersparnissen und seinem Besitz. Ging das Unternehmen in Konkurs waren die Anteilseigner dem Vollstreckungszugriff der Gläubiger unterworfen.[2] Deshalb setzten sich Mitte des neunzehnten Jahrhunderts Unternehmensführer und Politiker für eine Änderung des Gesetzes ein, um eine Haftung der Aktionäre auf die Höhe ihrer Einlagen zu beschränken.

Das Prinzip der „beschränkten Haftung" wurde dadurch gerechtfertigt, dass nun auch Investoren aus der Mittelschicht für den Aktienmarkt zu gewinnen wären und somit der Kreis der potentiellen Anleger erweitert werden konnte (und damit auch die Kapitalzufuhr ins Unternehmen), aber auch Klassenkämpfe durch die „Beteiligung der Arbeiter am kapitalistischen System" beendet werden sollten.

So zitiert Bakan (2005), dass die beschränkte Haftung auch denjenigen, die über bescheidene Mittel verfügen, die Möglichkeit bieten würde, wie ihre besser situierten Nachbarn, Anteile an Investitionsprojekten zu erwerben.[3]

Im Jahr 1856 wurde die Haftungsbeschränkung in der englischen und während der zweiten Hälfte des 19. Jahrhunderts in der amerikanischen Gesetzgebung verankert.[4] Somit wurde ein Wert, der die Welt des Handels seit Jahrhunderten geprägt hatte, nämlich die moralische Verantwortung des Einzelnen, untergraben. Der Unternehmer war nun nicht mehr verpflichtet, die Schulden, die er gemacht hatte, solange zu zahlen, solange er dazu in der Lage war. Ein System mit beschränkten Verlustmöglichkeiten, aber unbegrenzten Gewinnchancen wurde geschaffen, ein System, wie Bakan (2005) zitiert, dass jenes der „verwerflichen, unbedachten Spekulation fördert."[5]

1	Meyers Konversationslexikon, S.267 (www.retrobibliothek.de)
2	Bakan (2005), S.18
3	Bakan (2005), S.19
4	Bakan (2005), S.20
5	Ebenda.

9.3 Entwicklung in den USA

In den USA hatten die Konzerne verbriefte Rechte und standen anfangs unter der wachsamen Kontrolle von Bürgern und Regierung. Die Rechte der Konzerne wurden von den einzelnen Bundesstaaten festgesetzt und kontrolliert. Man versuchte die Macht der Konzerne so nah wie möglich an die Kontrollinstanz der Bürger zu binden. Zu Beginn wurden die Verträge für eine bestimmte Anzahl an Jahren vergeben und diese verlangten, dass der Konzern aufgelöst wurde, falls der Vertrag nicht erneuert wurde.

Entscheidend war, dass die Mitglieder des Unternehmens mit deren persönlichen Besitz für alle Verpflichtungen des Konzerns während ihrer Periode der Mitgliedschaft haftbar waren.

Dem Konzern war es nur erlaubt jene Geschäftsaktivitäten zu führen, welche speziell in seinem Vertrag festgeschrieben wurden.[1] Darüber hinaus enthielten die Verträge entsprechende Widerrufungsklauseln, so dass politische Entscheidungsträger das unumschränkte Recht hatten, Konzerne zu liquidieren, wenn sie nicht öffentlichem Interesse dienten oder andere, nicht vertraglich gesicherte Geschäfte eingingen. Um das Jahr 1800 gab es unter diesen Voraussetzungen in den USA rund 200 Unternehmensverträge zur Konzernbildung.[2]

Im 19. Jahrhundert kam es zu wesentlichen gerichtlichen Entscheidungen um die Ausweitung der Konzernrechte. Im Jahr 1819 versuchte sich der US-Bundesstaat New Hampshire aus einem Unternehmensvertrag zu entziehen, was vom U.S. Supreme Court verhindert wurde, weil der Vertrag keine Aufkündigungsklausel enthielt. Diese Entscheidung wurde als Attacke auf die Staatssouveränität gesehen, da keine Unterscheidung zwischen Konzern- und Bürgerrechten gezogen wurde. Dabei wurde von den Kritikern dieser Entscheidung des Obersten Gerichts argumentiert, dass die Konzerne eben nicht durch einen Geburtsakt (im menschlichen Sinne) entstanden sind, sondern durch das Wohlgefallen der Staatslegislative unter der Berücksichtigung öffentlichem Interesse zu dienen haben. Konzerne wurde daher als öffentliche, nicht als private Körperschaften betrachtet, und der Gesetzgeber muss damit das absolute Recht haben, die gemachten Verträge zu widerrufen.[3]

Der US-Bürgerkrieg (1861-1865) führte zu einer Ausdehnung der Konzernrechte. Angetrieben von den Profiten der Rüstungsindustrie und zahlreichen korrupten politischen Entscheidungen bei der Vergabe von Rechten durch „gekaufte Gesetzgebungen" wurden Eisenbahnunternehmen gegründet und mit Geld und

---
[1] Korten (1995), S.56
[2] Korten (1995), S.57
[3] Ebenda.

Boden subventioniert, um das Eisenbahnnetz massiv auszubauen.[1] Auch die amerikanische Politik erkannte teilweise die daraus entstehenden Probleme für das demokratische Vermögen der Republik. Der US-Präsident Ruthford B. Hayes stellte fest: „This is a government of the people, by the people and for the people no longer. It is a government of corporations, by corporations, and for corporations."[2]

Die Konzerne konnten nach und nach ausreichende Kontrolle über die entscheidenden Körperschaften der Gesetzgebung erlangen, um das Umschreiben der Gesetze nach ihren eigenen Vorstellungen zu bewirken. Vor allem die Gesetzgeber in New Jersey und Dellaware erweiterten die Vormachtstellung der Konzerne durch die „beschränkte Haftung" der Unternehmensbesitzer und Manager. Bald darauf bekamen Konzerne das Recht in jeder Art und Weise Geschäfte zu machen, die nicht ausdrücklich durch das Gesetz verboten waren.

Im Jahr 1886 entschied der Supreme Court (Santa Clara County vs. Southern Pacific Railroad), dass ein privater Konzern eine natürliche Person unter der US-Verfassung darstellt, obwohl die Verfassung Konzerne nicht erwähnt. Gleichzeitig bedeutete dies auch die automatische Ausdehnung jener Rechte von Individuen, wie das Recht auf freie Meinungsäußerung, auf jenes der Konzerne. Somit durften die Konzerne die vollen Rechte der Individuen beanspruchen, während sie gleichzeitig von den Verantwortlichkeiten und Pflichten des Bürgerrechts ausgenommen waren.[3]

Die Konzerne bekamen auch das Recht wie jeder Bürger, die Regierung in ihrem Interesse zu beeinflussen. Ihre Möglichkeiten der Einflussnahme waren bereits damals auf Grund ihrer finanziellen Ressourcen ungleich höher und entsprachen somit nicht der verfassungsrechtlichen Intension, dass alle Bürger mit ihrer Stimme bei politischen Debatten und wichtigen Fragen gleichberechtigt seien.[4]

9.4 Die Entstehung der juristischen Person

Durch die Entscheidung des House of Lords im Fall „Salomon v. Salomon & Co.Ltd." wurde aus der Aktiengesellschaft eine eigenständige Rechtsperson. Der Schuhmacher Salomon gründete eine „private company" und veräußerte an diese sein Unternehmen. Als Gegenleistung erhielt er Schuldverschreibungen der Gesellschaft. Als die Gesellschaft kurz nach diesem Geschäft insolvent wurde,

---
[1] Korten (1995), S.58
[2] http://en.wikiquote.org/wiki/Rutherford_B._Hayes
[3] Korten (1995), S.59
[4] Ebenda.

wollten die Gläubiger mangels ausreichenden Gesellschaftsvermögens auf das Privatvermögen des Gesellschafter Salomon zugreifen. Das House of Lords entschied, dass sich die Gläubiger nur an die Gesellschaft halten können, dass Salomon mit seinem Privatvermögen aber nicht hafte. [1]

Diese Entscheidung war signifikant für das weitere Rechtsverständnis, die Entstehung der *künstlichen Person „Konzern"* und in weiterer Folge für die enorme Kapitalakkumulation durch diese Einrichtung. Die Kapitalgesellschaft stellt demnach eine legale Person für Kapitalakkumulation dar, die vom Aktienrecht geschützt wird. Diese „Person" unterscheidet sich von jenen, die sie entstehen haben lassen. Während in England im Gesetz aus dem Jahr 1856 noch davon gesprochen wird, dass sich Personen zu einer Aktiengesellschaft formen, sieht jenes im Jahr 1862 Firmen von Personen geformt, nicht mehr aus ihnen! [2] Das frühere Gesetz identifizierte die Gesellschaft mit ihren Mitgliedern, das spätere identifiziert die Gesellschaft als etwas Separates und Externes. Die beschränkte Haftung hat somit den Konzern als legales unabhängiges Subjekt von den Shareholdern getrennt.

Die daraus judikative Schlussfolgerung darf als ein Kurzschluss mit weitreichenden Folgen bezeichnet werden: Da die Anteilseigner „praktisch aus den Aktiengesellschaften verschwunden" waren, musste das Gesetz „in Ermangelung von Besitzern aus Fleisch und Blut jemand anderen finden, der die Rechte und Pflichten übernahm, die Firmen für ihre Aktivitäten brauchten." [3] Diese „Person" war die Kapitalgesellschaft selbst. Während sich also bei Personengesellschaften das Auge des Gesetzes auf Einzelpersonen richtet, sieht es bei Kapitalgesellschaften nur „das Wesen aus der Gründungsurkunde", die Körperschaft, und kennt die Einzelperson nicht. [4] Somit hatten die Gerichte die Kapitalgesellschaften in eine „Person", mit eigener Identität, getrennt von ihren Eigentümern verwandelt. Diese „Person" konnte Vermögenswerte erwerben, Mitarbeiter einstellen, Steuern entrichten und vor Gericht gehen, um ihre Rechte geltend zu machen und ihre Geschäfte zu verteidigen. [5]

Damit verschwand auch sukzessive die Handhabe, Restriktionen gegen die Kapitalgesellschaften zu verhängen. [6] Dahinter stand die Überlegung, dass die Kapitalgesellschaften als natürliche Einheiten, analog zum menschlichen Wesen, frei geboren sein sollten. Die Entscheidung des Obersten Gerichtshofes in den USA aus dem Jahr 1886 schlussfolgerte, dass die Aktiengesellschaften durch

---

1 Heinz (2004), S.18
2 Vgl. Neocleous (2003)
3 Bakan (2005), S.23
4 Ebenda.
5 Bakan (2005), S.24
6 Ebenda.

das „Fourteenth Amendment", welches allen Bürgern eine angemessene Prozessordnung und den gleichen Schutz des Gesetzes versprach, geschützt seien. Nach Bakan (2005) waren dies Rechte, die ursprünglich zum Schutz der befreiten Sklaven in die Verfassung aufgenommen wurden.[1]

Seit Mitte des 19. Jahrhunderts bis heute hat sich der Konzern in seiner Grundauslegung nicht verändert. Er stellt eine vom Gesetz definierte „Rechtsperson" dar, die dazu berufen wurde, die eigenen Interessen zu befördern und sich dabei über moralische Bedenken hinweg zu setzen.[2]

Ausgehend von den USA in den 1890er Jahren wurden die Kapitalgesellschaften einem „revolutionären Wandel" unterworfen und unpopuläre Restriktionen im Körperschaftsrecht abgeschafft:[3]

- Die gesetzlichen Bestimmungen, nach denen Unternehmen bei der Gründung einen eng definierten Zweck ausweisen mussten, sich nur für begrenzte Zeitdauer niederlassen und nur an bestimmten Standorten tätig werden durften, wurden außer Kraft gesetzt.
- Die Kontrollen bei Unternehmenszusammenschlüssen und Übernahmen wurden merklich gelockert.
- Die Bestimmungen, dass ein Unternehmen keine Anteile an einem anderen Unternehmen besitzen durfte, wurden aufgehoben.

9.5 Entwicklung in Kontinentaleuropa

In Kontinentaleuropa gab es zwar auch früher Gesellschaften mit ähnlichen Einrichtungen wie die heutigen Aktiengesellschaften, doch waren die meisten Gesellschaften Staatsanstalten mit privaten Vermögenseinlagen. Auch in Europa machte der Eisenbahnbau den Erlass allgemeiner gesetzlicher Bestimmungen notwendig. Eine allgemeine Regelung trat durch das Handelsgesetzbuch in Kraft, welches, wie die früheren Gesetze, am Erfordernis staatlicher Genehmigung festhielt. Der Konzessionszwang, wie der Unterschied zwischen Aktien-Gesellschaften, welche Handelsgeschäfte treiben, und den übrigen (Zivil-) Aktiengesellschaften, die früher durch Landesgesetze geregelt wurden, wurde aufgehoben. Das neue Gesetz mit seinen die Konzession ersetzenden Normativbestimmungen erleichterte damit nicht allein die Gründung neuer Gesellschaften, sondern es bot auch Umgehungen und Missbräuchen großen Spielraum.[4]

---

[1] Bakan (2005), S.24.
[2] Bakan (2005), S.39
[3] Bakan (2005), S.21
[4] Vgl. Meyers Konversationslexikon

Mit der Einführung moderner Handelsrechtsgesetze wurde ein standardisiertes Recht für alle Aktiengesellschaften (AG) geschaffen. Die Gründung aber bedurfte weiterhin der staatlichen Genehmigung (Konzessionssystem). Im Gegensatz dazu erfolgt die Gründung der AG heute von Rechts wegen, sofern die gesetzlichen Voraussetzungen erfüllt sind, ohne dass es einer staatlichen Genehmigung bedarf (Normativsystem).[1]

9.6 Entwicklung im 20. Jahrhundert

Anfang des 20. Jahrhunderts befanden sich die Kapitalgesellschaften in der Regel im Besitz von mehreren tausend, manchmal mehreren hunderttausend geographisch weit verstreuten, anonymen Aktionären (in den großen Kapitalgesellschaften besaß somit die Mehrheit der kleinen Anteilseigner schon damals, wenn überhaupt, nur wenig Macht und Kontrolle). Bakan (2005) weist darauf hin, dass der daraus resultierende Macht- und Kontrollverlust sich als Vorteil für das Management erwies.[2] In allen großen Aktiengesellschaften mit zahlreichen und weit verstreuten Anteilseignern konnte sich die Führungsmannschaft buchstäblich selbst verwirklichen und durch die Macht der Begünstigung, die Gleichgültigkeit der Anteilseigner und andere Einflussfaktoren die Aktienmehrheit kontrollieren.[3]

Durch die Fusionswelle zwischen den Jahren 1950 bis 1970 entstanden große Mischkonzerne. Aufgrund mangelnder Synergieeffekte sowie auf Grund ihrer Unübersichtlichkeit bekamen die in der letzten Phase entstandenen Mischkonzerne jedoch bald Rentabilitätsprobleme. Mitte der 1980er Jahre begann daher eine Rückbesinnung zur eigenen „Kernkompetenz".[4] Seit Beginn der 1990er Jahre kommt es durch das Fallen nationaler Handelsgrenzen, der Liberalisierung der Finanzmärkte und der technologische Vernetzung weltweit zu einer weiteren Fusions- und Übernahmewelle. Weltweit betrachtet haben die Fusionen und Übernahmen in den letzten zehn Jahren um das Fünf- bis Sechsfache zugenommen.[5]

Die Folgen sind für Balanyá (2001) deutlich sichtbar, da die Fusionen, die über Nacht europäische und globale Mega-Konzerne schaffen, die überproportionale Handelsmacht weiter verstärken, welche die transnationalen Konzerne bereits haben. Damit einher geht auch die verstärkte Kontrolle der Wirtschaft über die politischen Entscheidungen.[6]

---

[1] Vgl. Meyers Konversationslexikon.
[2] Bakan (2005), S.22
[3] Bakan (2005), S.23
[4] Leitsmüller (2003), S.8
[5] Ebenda.
[6] Balanyá (2001), S.34

Für Knoflacher (in Aubauer (2010)) wurde der echte Markt umgangen und ein Expansionsprivileg für die Großen eingerichtet. „Es werden Wirtschaftsstrukturen geschaffen mit Haftungsbeschränkung, aber keiner Eingriffsbeschränkung. Die Unsterblichkeit wird erfunden, weil keine zeitliche Beschränkung der Lebensdauer dieser Kunstmenschen eingerichtet wird. Es werden juristische Personen mit Menschenrechten ausgestattet, ein Kunstmensch zur Kapitalmaximierung wurde eingerichtet. Es gibt einen Markenschutz für juristische Personen. Diese werden der nationalen Kontrolle entzogen".[1]

9.7 Die ökonomische Wirklichkeit

Zur Schaffung einer so genannten ökonomischen Wirklichkeit bedient sich die Ökonomie der Technik der Begriffsschöpfung und der Verknüpfungsinstrumente genauso, wie beispielsweise die Naturwissenschaften es tun.[2] Durch Festlegen von (Spiel-)Regeln, die entsprechend zu befolgen sind, wird nur eine spezielle Form der Wirklichkeit zugelassen, nämlich jene, die diesen Regeln entspricht und nur mit diesen erforscht und erklärt werden kann. Auch Voraussagen sind nur für diese vorurteilsspezifische Wirklichkeit, die sich am definierten Methodenkanon orientiert, möglich. Gerhard Fasching weist darauf hin, dass Wirklichkeiten bloß vorurteils-spezifische Illusionen sind,[3] die durch ein Regelfundament aus verschiedenen Anschauungselementen letztendlich konstruiert werden.[4]

Die wesentlichsten Mythen, die zur Stützung der ökonomischen Wirklichkeit notwendig sind, sind:

- Adam Smith's unsichtbare Hand
- komparative Kostenvorteile
- Economy of Scale

Im Weiteren werden die Theorien von A. Smith und D. Ricardo kurz betrachtet.

9.7.1 Adam Smith – Die unsichtbare Hand

Wesentlichen Einfluss auf den Wohlstand hat nach Adam Smith (1723-1790) die Arbeitsteilung. Diese ist für ihn die Spezialisierung der Wirtschaftssubjekte auf

---
[1] Knoflacher in Aubauer (2010), S.194
[2] Fasching (2005), S.73
[3] Vgl. Fasching (2003)
[4] Fasching (2005), S.75

das, was sie am besten können und worin sie mit der Zeit immer besser werden. Smith's Beispiel von der Stecknadelmanufaktur zeigt, dass ein Arbeiter alleine nicht ganz 20 Nadeln pro Tag herstellen kann, jeodoch zehn Arbeiter, die auf ein paar Handgriffe spezialisiert sind, täglich 48.000 Nadeln herstellen können.[1]

Nach Smith wird die gesellschaftliche Teilung der Arbeit von der Größe des belieferten Marktes beschränkt. Deshalb steht der Abbau von Handelshemmnissen sowie öffentliche Investitionen in eine funktionstüchtige Infrastruktur im Vordergrund.[2] Für den Ausgleich der Interessen, dass der Marktpreis gleich dem natürlichen Preis ist, sorgt bei Smith's Theorie die „unsichtbare Hand" des Marktes. Staatliche Eingriffe in dieses „System der natürlichen Freiheit", so Smith, stören und führen zu schlechteren Ergebnissen. Die „unsichtbare Hand des Marktes" solle die Verfolgung des Eigeninteresses in optimalen allgemeinen Nutzen umwandeln.[3]

9.7.2 Theorie der komparativen Kostenvorteile

Während England seine Wirtschaft mit Zollmauern schützte, veröffentlichte David Ricardo (1772 – 1823) im Jahr 1817 sein Hauptwerk über die Grundsätze der politischen Ökonomie und der Besteuerung und propagierte damit den freien Handel. Sein zentrales Argument war, dass sich der Warenaustausch zwischen zwei Ländern selbst dann lohnt, wenn ein Land alle Güter günstiger herstellen kann als das andere. Er begründete dies mit seinem Theorem der „komparativen Kostenvorteile".[4]

Er erklärte dies anhand des Handels von England und Portugal mit den Waren „Tuch" und „Wein". Das industrialisierte England bezieht Wein aus Portugal und exportiert seine Stoffe dorthin, obwohl Portugal beide Güter zu niedrigeren Stückkosten herstellen kann als England. Da die Portugiesen im Vergleich zu den Engländern in der Weinerzeugung deutlich produktiver sind als bei der Tuchherstellung, liegt der komparative Kostenvorteil von Portugal bei Wein. Daher lohnt es sich für Portugal, sich auf die Weinerzeugung zu konzentrieren und das Tuch im Handel mit England gegen Wein einzutauschen. Denn die Portugiesen brauchen weniger Arbeit, die für den Export benötigte Menge Wein zu erzeugen, als sie einsetzen müssten, wenn sie das Tuch für den Eigenbedarf selbst fertigten. England wiederum benötigt weniger Arbeitseinsatz, die für den Tausch benötigten Tücher zu erzeugen, als beim Anbau eigenen Weins. D. h., die Engländer ha-

---

1 Ibesich (2005), S.12
2 Riedl (1996), S.150
3 Vgl. Ibesich (2005), S.12
4 Ibesich (2005), S.13

ben einen komparativen Kostenvorteil bei Tüchern. Die so eingesparten Arbeitskräfte kann England dann profitabler in anderen Industriezweigen einsetzen. Wenn sich also jedes Land auf das Produkt konzentriert, das es im Vergleich zu anderen Ländern billiger produzieren kann, wächst in beiden Ländern der Wohlstand. Aber auch wenn es nur auf den Preis ankommt, hält er seine Theorie für zutreffend, wie er wiederum am Beispiel Englands und Portugals erklärt. Solange die Tücher in Portugal günstiger sind als in England, neigen englische Kaufleute sehr wahrscheinlich dazu, auch Tücher aus Portugal zu importieren. Durch den Export fließt mehr Geld nach Portugal. Das führt zu Inflation, was wiederum zu höheren Preisen führt. Gleichzeitig fallen aber in England wegen der abnehmenden Geldmenge die Preise. Diese Geldströme dauern so lange an, bis es wieder vorteilhaft ist, Stoffe von England nach Portugal zu exportieren. Mit einiger Verzögerung bestimmen also auch in diesem Fall die komparativen Kostenvorteile den Warenaustausch.[1]

Dabei sind mehrere Randbedingungen Voraussetzung zum Funktionieren seiner Theorie:[2]

- Kapital darf keine nationalen Grenzen von einem Hochlohn- zu einem Niedriglohnland überqueren,
- der Handel zwischen beteiligten Ländern muss ausgeglichen sein,
- jedes Land muss Vollbeschäftigung aufweisen.

Korten (1995) betont, dass speziell der weltweite Kapitaltransfer und die immer weitere Reduktion von Einschränkungen einer der essentiellsten Voraussetzungen Ricardos Theorie widersprechen.[3] Konzerne sind in der Lage ohne Einhaltung von Grenzen zu wachsen und dabei unbegrenzte Macht zu kumulieren. Sie stellen für Korten demnach eine Institution dar, die den Regeln des Marktes eindeutig widerspricht.[4]

Eine wichtige Bedingung für die Markttheorien von A. Smith und die Handelstheorien von D. Ricardo war, dass das Kapital lokal oder national gebunden war und dass die Besitzer direkt in das Management involviert sind.[5] Die Vision von A. Smith eines effizienten Marktes bezog sich lediglich auf kleine, vom Besitzer gemanagte Unternehmen, die in den Gemeinden ansässig waren, in welchen auch die Besitzer wohnten.[6]

---

[1] Ibesich (2005), S.13
[2] Korten (1995), S.78
[3] Ebenda.
[4] Korten (1995), S.100
[5] Korten (1995), S.77
[6] Korten (1995), S.78

Die somit entstandene direkte Verbundenheit und Betroffenheit des Unternehmers von seinen Entscheidungen auf die Gesellschaft waren implizit Voraussetzung. Die veränderten Rahmenbedingungen durch die technologischen Entwicklungen im Verkehrssektor 250 Jahre später konnten von Smith nicht vorausgesehen werden.

Der von Smiths Theorien gesehene Markt hat wenig mit der globalisierten Ökonomie von heute zu tun, der von riesigen transnationalen Konzernen dominiert wird – ohne lokalem oder nationalem Zugehörigkeitsgefühl und von Geschäftspersonen von Investmentinstitutionen und Holdinggesellschaften, entfernt von den wirklichen Besitzern, gemanagt wird.

9.8 Institutionen der Konzerne nach dem 2. Weltkrieg

Der Neoliberalismus als Wirtschaftspolitik in seiner heutigen Ausprägung nahm seine politischen Anfänge in Chile im Jahr 1973.[1][2] Die US-Regierung organisierte einen Putsch gegen den demokratisch eingesetzten Präsidenten und richtete eine Militärdiktatur ein, um das neoliberale Modell der Chicago Boys unter Milton Friedman in der Praxis durchzusetzen.

Dieses Modell orientierte sich am Wirtschaftsliberalismus und der Freihandelsidee des 18. und 19. Jahrhunderts. Im Mittelpunkt des alten und neuen Wirtschaftsliberalismus stehen:

- Eigennutz und Individualismus
- Ausgrenzung von ethischen Prinzipien aus dem Wirtschaftsgeschehen, beziehungsweise „Entbettung" der Wirtschaft aus der Gesellschaft
- Wirtschaftliche Rationalität als reines Kosten-Nutzen-Kalkül mit dem Ziel der Profitmaximierung
- Konkurrenz als wichtigste Triebkraft für Wachstum und Fortschritt
- Spezialisierung und Ersetzung des Prinzips der Selbstversorgung durch profitablen Außenhandel (komparative Kostenvorteile)
- Keine Kontrolle des Marktes durch die öffentliche Hand (Staat)[3]

Neu an diesem Modell ist, wie von Werlhof (2007) es beschreibt, dass dieses nicht nur für alle Beteiligten und Bereiche des Wirtschaftens, sondern für die gesamte Gesellschaft auf der gesamten Welt gelten soll, „wobei diese Art des Wirtschaftens auf das gesamte Leben und die gesamte Natur ausgedehnt wird."[4]

---

1 Werlhof (2007), S.22
2 Harvey (2007), S.15
3 Von Werlhof (2007), S.22
4 Ebenda.

9.8.1 Bretton-Woods-Abkommen

Ende Juni 1944 kamen auf Initiative der USA und Großbritanniens in Bretton Woods im US-Bundesstaat New Hampshire 730 Delegierte aus 44 Nationen zusammen, um über eine krisenfeste Weltwirtschaftsordnung zu verhandeln. Auf der UN-Konferenz von Bretton Woods wurde ein neues Welthandelssystem geschaffen, das aus drei Elementen bestehen sollte:

- dem Internationalen Währungsfonds (IWF, engl.: International Monetary Fund, IMF),
- der Weltbank (Internationale Bank für Wiederaufbau und Entwicklung, engl.: International Bank for Reconstruction and Development, IBRD),
- der Internationale Handelsorganisation (engl.: International Trade Organisation, ITO).

Man einigte sich grundsätzlich auf die Schaffung eines relativ liberalen, marktorientierten Weltwirtschaftssystems. Dabei sollte die Handelsliberalisierung zu internationaler Arbeitsteilung und stärkerer Integration zwischen den Ländern führen und durch die internationalen Institutionen abgesichert werden. Die internationalen Finanzmärkte wurden als Instrument definiert, dem die Aufgabe zukam, den Welthandel zu finanzieren und ihm stabile und berechenbare finanzielle Rahmenbedingungen zu gewährleisten. Kernstück des Abkommens von Bretton Woods war ein System fester Wechselkurse, das an eine Leitwährung, den USD, gebunden war. Der Wert des Dollars war in einem festen Verhältnis zum Gold definiert.[1]

Ein entscheidendes Element der Finanzordnung von Bretton Woods waren Kapitalverkehrskontrollen, also administrative oder marktförmige Beschränkungen der grenzüberschreitenden Finanzflüsse.[2] Die Umsetzungs- und Kontrollinstanz sollte der internationale Währungsfonds (IWF) bilden, dem die Weltbank zur Seite gestellt wurde.

Der relative Erfolg von Bretton Woods war aber zugleich eine entscheidende Ursache für den Zusammenbruch des Systems. Da Währungsparitäten längerfristig die ökonomische Leistungsfähigkeit von Volkswirtschaften untereinander zum Ausdruck bringen, war angesichts des wirtschaftlichen Aufstiegs der westeuropäischen und der japanischen Volkswirtschaften der feste Wechselkurs zum

---

[1] WEED (2001), S.9
[2] Vgl. WEED (2001), S.10

Dollar auf Dauer nicht haltbar. In dieser Situation kündigte die US-Regierung im Jahr 1971 einseitig die Gold-Konvertierbarkeit des Dollars und damit das Bretton Woods Abkommen auf. Die festen Wechselkurse wurden ab dem Jahr 1973 durch frei schwankende ersetzt. An die Stelle eines politisch gesteuerten Wechselkurssystems trat dessen Regulierung durch das freie Spiel der Marktkräfte, d.h. der privaten Finanzakteure.[1] Der Großteil der internationalen Finanztransaktionen wird jedoch weiterhin in Dollar abgewickelt.

9.8.2 Internationaler Währungsfonds (IWF)

Zunächst wurde der IWF eingerichtet, um das System fester Wechselkurse zu überwachen. Seit dem Zusammenbruch der festen Wechselkurse sollte er einen geordneten Ablauf internationaler Devisengeschäfte seiner 183 Mitgliedsstaaten gewährleisten. Weitere Ziele sind die Förderung des Wirtschaftswachstums und die Verhinderung von Arbeitslosigkeit. Gefährdete Länder stattet der IWF zur Sicherstellung der Währungsstabilität vorübergehend mit Finanzmitteln aus, bindet aber diese Mittelvergabe an strenge Kriterien, wie etwa die Senkung der öffentlichen Haushaltsausgaben.[2]

Korten (1995) bemerkt in diesem Zusammenhang, dass Weltbank und IWF einen mächtigen politischen Kundenkreis geschaffen haben, der auf Unternehmens-Liberalismus ausgerichtet ist. Sie schwächen die demokratische Verantwortlichkeit von südlichen Regierungen, bemächtigen sich der Funktionen von demokratisch gewählten Beamten und entfernen die meisten gesetzlichen und institutionellen Schranken, um die Rekolonisation der Wirtschaft südlicher Staaten durch transnationale Konzerne voranzutreiben.[3]

9.8.3 General Agreement on Tariffs and Trade (GATT)

Ein Teilabkommen der nie Realität gewordenen ITO, das Allgemeine Zoll- und Handelsabkommen GATT (General Agreement on Tariffs and Trade), kam zu langjähriger Wirksamkeit und führte schließlich auch zur Gründung der WTO. Das GATT selbst wurde bis zum Abschluss der Uruguay-Runde im Jahr 1995, d.h. bis zur Gründung der WTO, nicht ratifiziert und konnte daher nur „vorläufig" angewendet werden. Zudem war das GATT ein bloßer Vertrag (keine Organisation)

---

[1] WEED (2001), S.12
[2] Ibesich (2005), S.16
[3] Korten (1995), S.166

und sah selbst kein institutionelles Gefüge vor. Die Verwaltung und Koordination des GATT wurde von der 1948 ins Leben gerufenen Interimskommission für die ITO übernommen.[1] Multinationale Unternehmen hatten einen enormen Einfluss. Das Abkommen zu den handelsbezogenen geistigen Eigentumsrechten (TRIPS) beispielsweise entstand unter dem maßgeblichen Einfluss von 13 US-Unternehmen. „Die Industrie und die am Welthandel Beteiligten haben dabei gleichzeitig die Rolle des Patienten, des Diagnostikers und des behandelten Arztes gespielt."[2]

9.8.4 Welthandelsorganisation WTO

Gegründet wurde die WTO im April 1994 (in Kraft getreten ist sie am 1. Januar 1995). Ziel der WTO ist der Abbau von Handelshemmnissen und somit die Liberalisierung des internationalen Handels mit dem weiterführenden Ziel des internationalen Freihandels. Den Kern dieser Anstrengungen bilden die WTO-Verträge, die durch die wichtigsten Handelsnationen ausgearbeitet und unterzeichnet wurden. Die gegenwärtigen Verträge sind das Resultat der so genannten Uruguay-Runde, in der der GATT-Vertrag überarbeitet wurde. Wirtschaftspolitisch verfolgt die WTO eine liberale Außenhandelspolitik, die mit Deregulierung und Privatisierung einhergeht. Die WTO hat zurzeit 153 Mitglieder[3], unter anderem die USA, Japan, China und die Mitgliedstaaten der Europäischen Union.

Die Organisation beinhaltet drei Säulen:

- ein in volle Rechtskraft gehobenes GATT
- das Dienstleistungsabkommen (engl.: General Agreement on Trade in Services, GATS)
- das Abkommen über handelsbezogene geistige Eigentumsrechte (engl.: Trade Related Aspects of Intellectual Property Rights, TRIPS)

Formell ist die WTO eine zwischenstaatliche Organisation, die nach dem Einstimmigkeitsprinzip funktioniert. Jedes Land verfügt theoretisch über ein Vetorecht. Doch in der Realität haben bisher die Industrieländer die Handelsregeln bestimmt und nach ihren eigenen Interessen gestaltet.[4] Im Hintergrund agieren die internationalen Lobbyverbände der transnationalen Konzerne, welche den Inhalt der WTO-Abkommen im Wesentlichen vorgegeben haben. Die WTO ist die erste multilaterale Organisation, die ihre Mitglieder zur Einhaltung der Abkom-

---

[1] Ibesich (2005), S.19
[2] Vgl. Kletzer (2003), S.13f.
[3] http://www.wto.org/english/news_e/news08_e/acc_capverde_june08_e.htm, Zugriff am 22.1.2009
[4] Ibesich (2005), S.20

men zwingen kann. In einem so genannten Streitbeilegungsverfahren kann sie Sanktionen von Drittländern gegen Mitglieder gutheißen. So entwickelt sie mit ihren Entscheidungen die eigentliche Rechtssprechung für internationale Handelsstreitigkeiten.[1]

Einige wesentliche Kritikpunkte der WTO sollen im Weiteren hier zusammengefasst werden. Diese stellen die legislative Voraussetzung zum Analogieschluss zwischen Konzern- und Krebswachstum dar. Die Institutionalisierung der Handelsliberalisierung ohne gesellschaftlichen und umweltpolitischen Randbedingungen (Verantwortung) und die damit verbundene Entmachtung der Regierungen gegenüber den transnationalen Konzernen, ermöglicht den Staaten und den Konzernen, die sich auf ihrem nationalstaatlichen Terrain niedergelassen haben, die größeren Gewinne, wenn sie auf diese Verantwortungen (Rücksichtnahme) verzichten. Die Folgen dieses Verzichts (Destabilisierung, Kinderarbeit, Krankheit etc.) werden der Gesellschaft angelastet.

- Fehlende Verpflichtung zur Einhaltung der Menschenrechte: Die WTO lässt Menschenrechtsfragen weitgehend außer Acht.
- Keine Rücksichtnahme auf Umweltschutz: Die Einordnung von vielen Umweltschutzmaßnahmen (Beispiele: Reinhaltung der Luft, Tierschutz, Beschränkung der Gentechnik) als Handelshemmnisse reduziert die staatlichen Möglichkeiten aktiv Naturschutz zu betreiben.
- Zementierung der Vorherrschaft weniger reicher Länder: Finanzstarke Länder sind in flankierenden Organisationen wie IWF und Weltbank stärker vertreten und haben so die Möglichkeit, Ländern, die viele Schulden haben, bestimmte Programme zu diktieren. Die WTO verhindert nicht, dass reiche Länder gegen ihre Regeln verstoßen, da arme Länder oft nicht die Möglichkeit haben, Sanktionen (z.B. Zölle) zu verhängen. Die Delegationen der reichen Länder bestehen oft aus fünfzig und mehr gut ausgebildeten Mitgliedern, die für die gesamten Verhandlungen am Ort bleiben können, während arme Länder häufig nur ein bis zwei oder gar keine Delegierte entsenden können.
- Entmachtung der Regierungen gegenüber den großen transnationalen Konzernen: Das Gewicht, welches Weltkonzerne bei den Entscheidungsfindungsprozessen der WTO haben, ist sehr groß. Wirtschaftliche Lobby-Verbände, wie die ICC, besitzen offenen Zugang zur WTO und haben die Organisation entscheidend mitgeprägt.
- Fehlende Möglichkeiten für Entwicklungsländer eine stabile eigene Industrie aufzubauen: Die reichen Länder konnten während einer langen Phase bis zur Mitte des 20. Jahrhunderts über hohe Zölle auf Importe (in den USA vor

---

1 Ibesich (2005), S.20

1945 durchschnittlich nie unter 25 %, oft sogar 40 %) die eigene Industrie erfolgreich auf- und ausbauen. Den armen Ländern, deren Industrialisierung erst später begann, wird durch die WTO eine solche Phase nicht mehr zugestanden.

- Erlaubter Protektionismus durch Subventionen: Reiche Länder fördern den Export ihrer Waren über Subventionen und unterbieten so die einheimischen Waren in armen Ländern.
- Privatisierungen von Institutionen, die dem Gemeinwohl dienen; Unumkehrbarkeit einmal vorgenommener Privatisierungen: Durch den GATS-Bestandteil der WTO-Abkommen sollen Wasser, Strom, Bildungseinrichtungen und Krankenhäuser für private Investoren geöffnet werden.
- Intransparenz und fehlende Kontrolle der WTO.[1]

Korten (1995) weist darauf hin, dass in jedem Fall die WTO versuchte, Richtlinien von demokratisch gewählten Regierungen, die im Interesse ihrer Bürger verordnet wurden, zu stürzen. Für die WTO seien Demokratie und Menschenrechte Handelsschranken, die, um die Rechte von Konzernen zu verteidigen, beseitigt werden müssen.[2]

Laut Regeln der WTO können europäische Konzerne US-Gesetze, die ihnen im Weg stehen, anfechten. US-Konzerne nehmen europäische Rechte, die sie nicht mögen, unter Beschuss. Dann attackieren europäische und US-Konzerne gemeinsam japanische Gesetze und umgekehrt. Dieser Prozess geht dann so lange weiter, bis alle Gesetze, die die Menschen und ihre Umwelt schützen, entweder zurückgenommen oder durch schwächere Gesetze, die die Interessen der Konzerne nicht behindern, ersetzt worden sind.[3] Auch Balanyá (2001) kommt zu dem Schluss, dass das WTO-System die Konzentration wirtschaftlicher Macht in den Händen der transnationalen Konzerne beschleunigt.[4]

Betrachtet man die Zusammenfassung der Folgen der WTO von Chomsky (2002), dann wird deutlich, wie die WTO das einseitige Konzernwachstum auf Kosten des „Organismus" Erde unterstützt, vorantreibt und beschleunigt. Ähnlich wie der Tumor durch Unterdrückung von lebenswichtigen Prozessen im Organismus sein Wachstum vorantreibt, versucht die WTO alle möglichen demokratischen und nationalstaatlichen Prozesse im Sinne des Profit- und „Metastasenwachstums" der transnationalen Konzerne voranzutreiben:

---

1 http://de.wikipedia.org/wiki/WTO
2 Korten (1995), S.295
3 Nader (1996), S.93f.
4 Balanyá (2001), S.206 f.

1) Die WTO ist ein „neues Werkzeug" für die US-amerikanische Einmischung in die inneren Angelegenheiten anderer Staaten;
2) Die WTO hilft bei der Übernahme entscheidender Sektoren der Wirtschaft von anderen Staaten durch US-basierte Konzerne;
3) Die WTO bringt zusätzliche Gewinne für die Unternehmen und die Wohlhabenden;
4) Die WTO führt dazu, dass die Bevölkerung alle anfallenden Kosten übernimmt;
5) Die WTO ist eine neue und schlagkräftige Waffe gegen die Gefahr einer ernsthaften Demokratisierung.[1]

9.8.5 GATS

In den OECD-Ländern (Organisation for Economic Cooperation and Development) machen die Dienstleistungssektoren zwischen 60 und 70% des Bruttoinlandsprodukts (BIP) aus und beschäftigen 64% aller Arbeitnehmer (im Jahr 1999). Der Handel mit Dienstleistungen am gesamten Weltmarkt ist mit 20% vergleichsweise unterentwickelt.[2]

Die allgemeinen Bestimmungen des GATS, dem so genannten Dienstleistungsabkommen, umfassen folgende Verpflichtungen:[3]

- Meistbegünstigung: Alle Handelsvergünstigungen, die einem WTO-Mitglied zugestanden werden, müssen auch allen anderen gewährt werden (Diskriminierungsverbot zwischen Handelspartnern).
- Freier Marktzugang: Verbot der Aufrechterhaltung bzw. Einführung von mengenmäßigen Beschränkungen.
- Inländerbehandlung: Die günstigste Behandlung, die einem inländischen Dienstleistungsunternehmen gewährt wird, muss auch allen anderen Mitgliedstaaten eingeräumt werden (Diskriminierungsverbot zwischen in- und ausländischen Dienstleistern).

Es soll sichergestellt werden, dass nationale Regelungen oder Normen keine unnötigen Hemmnisse für den Handel mit Dienstleistungen darstellen und überprüft werden, ob die betreffende Maßnahme jene ist, die den Handel am wenigsten beeinträchtigt. Das Prinzip der fortschreitenden Liberalisierung sieht vor,

---

[1] Chmosky (2002), S.94
[2] Ibesich (2005), S.21
[3] Vgl. Ibesich (2005), S.22

dass alle Mitglieder schrittweise einen höheren Stand der Liberalisierung erreichen. Streitigkeiten zwischen Handelspartnern unterliegen dem WTO-Streitbeilegungsverfahren. Jeder Staat hat in detaillierten nationalen Verpflichtungslisten festzulegen, welche Liberalisierungsverpflichtungen er in den einzelnen Sektoren einzugehen bereit ist.[1]

Von Werlhof (2007) bezeichnet das GATS als den insgesamt radikalsten Denkansatz des „militanten Neoliberalismus"; er formuliert, was bisher nicht getan wurde, nämlich, dass es auf die Dauer überhaupt keine außerökonomischen Bereiche mehr geben solle.[2] Es sind Pläne einer durchgehenden Konzern-„Privatisierung" und -Kommerzialisierung aller Lebens- und Naturbereiche ohne Ausnahme und in möglichst kurzer Zeit und den Weg ihrer Umwandlung in „handelsbezogene", also kommerzielle „Dienstleistungen" beziehungsweise in Waren.[3] Auch „sensible" Bereiche, die bisher ausschließlich allen gehörten und von der öffentlichen Hand verwaltet wurden (z.B. Bildung, Gesundheit, Wasserversorgung etc.) sind nicht mehr tabu.

9.8.6 Konsequenzen

Der schrittweise Abbau von Handelsbeschränkungen und Zöllen seit den ersten Verhandlungsrunden im Jahr 1947 (Genf) führte zu einem massiven Anstieg der Exportbeziehungen im Handel. In Kombination mit den zur Verfügung stehenden Technologien und deren Anwendung bei den Produktionsprozessen sind ideale Voraussetzungen für die Anwendung der „Economy of Scale" geschaffen worden. Die Gewinnentwicklung transnationaler Konzerne baut auf diesen Voraussetzungen auf. Auch Bakan (2005) weist darauf hin: „Die Zölle waren seit 1948 mit der Ratifizierung des Allgemeinen Zoll- und Handelsabkommens GATT nach und nach gesenkt worden, so dass die Konzerne ihre neugewonne „Mobilität" nutzen konnten (…)."[4]

---

[1] Felber (2002), S.50f.
[2] Von Werlhof (2007), S.50
[3] Von Werlhof (2007), S.47
[4] Bakan (2005), S.31

Jahr	Ort/Name	Behandelte Gebiete	Ergebnisse	Teilnehmer
1947	Genf	Zölle	Zollsenkungen um 24 %	23
1949	Annecy	Zölle		13
1951	Torquay	Zölle	Probleme schwächerer Staaten berücksichtigt	38
1956	Genera	Zölle	Probleme schwächerer Staaten besser berücksichtigt	26
1960-1961	Genf:Dillon-Runde	Zölle	Zollsenkungen um 42 %	26
1964-1967	Genf:Kennedy-Runde	Zölle, Anti-Dumping	Zollsenkungen um 37 %	62
1973-1979	Genf:Tokio-Runde	Zölle, nichttarifäre Maßnahmen, Handelsabkommen	Zollsenkungen um 33 %. Abkommen für Getreide, Milchprodukte, Rindfleisch, plurilaterale Abkommen zur zivilen Luftfahrt u. zum öffentlichen Beschaffungswesen	102
1986-1993	Genf:Uruguay-Runde	Zölle, nichttarifäre Maßnahmen, Streitschlichtung, Textilien, Landwirtschaft usw.	Zollsenkungen um 38 %. Gründung der WTO 1995, GATS- und TRIPs-Abkommen, Welttextilabkommen (ATC), Zölle jetzt im Durchschnitt bei 4,6% des Einfuhrwerts, Plan zur Senkung auf 2,6%.	123
2001-...	Doha:Peking-Runde	Zölle, Dienstleistungen, Investitionen		145

Abbildung 16: GATT-Verhandlungen zum Abbau von Zöllen. [1]

Der Abbau von Barrieren und Schranken ist auch wesentliche Voraussetzung für das Tumorwachstum und die Metastasierung. Mit Hilfe der Tumorangiogenese, wie sie im späteren noch detaillierter beschrieben wird, werden die Rahmenbedingungen für die Infiltration in fremdes Gewebe geschaffen.

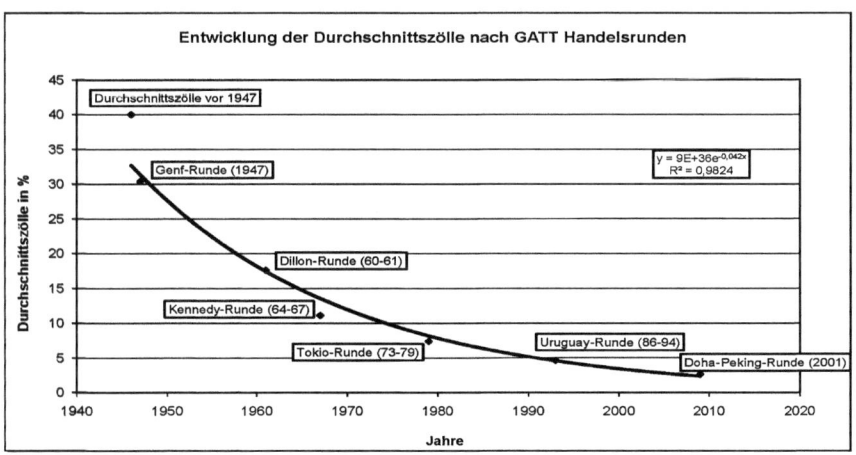

Abbildung 17: Entwicklung der Durchschnittszölle nach den GATT Handelsrunden ab dem Jahr 1947. [2]

---

[1] Vgl. Attac (2003)
[2] Vgl. Attac (2003)

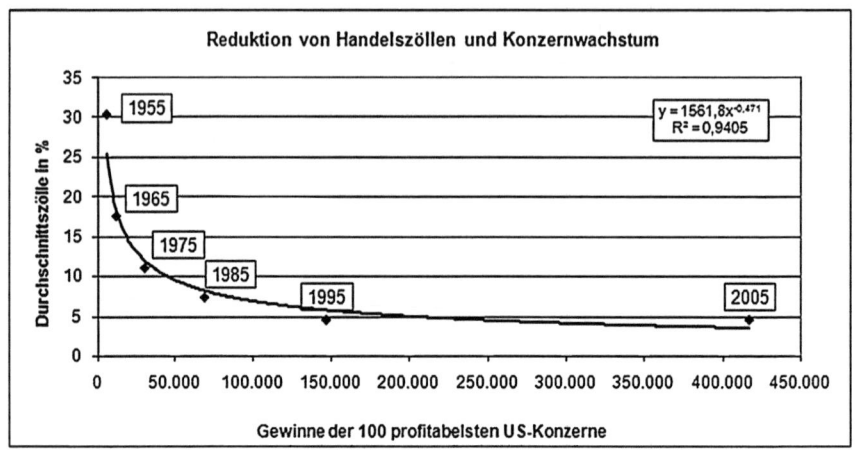

Abbildung 18: Reduktion der Durchschnittszölle und Konzernwachstum. [1]

Die großen Konzerne waren damit nicht länger am Gängelband ihrer heimatlichen Rechtsordnung und konnten nun den gesamten Erdball nach Standorten durchforsten, die es ihnen ermöglichten, Güter und Dienstleistungen zu erheblich niedrigeren Kosten zu erzeugen. Es stand ihnen frei, ihre Produktion in Länder zu verlagern, wo Arbeitskräfte billig und die Umweltschutzbestimmungen lasch waren, um ihre Erzeugnisse in den wohlhabenden Ländern zu verkaufen. [2]

9.8.7 Wachstum der Konzerne

Mit den veränderten Rahmenbedingungen wurden ideale Voraussetzungen für das Konzernwachstum geschaffen. Die Zahl der Mutterkonzerne weltweit ist seit den 1970er Jahren exponentiell gewachsen.

---

1   Auf Basis Attac (2003) und Fortune 500 (http://money.cnn.com)
2   Bakan (2005), S.31

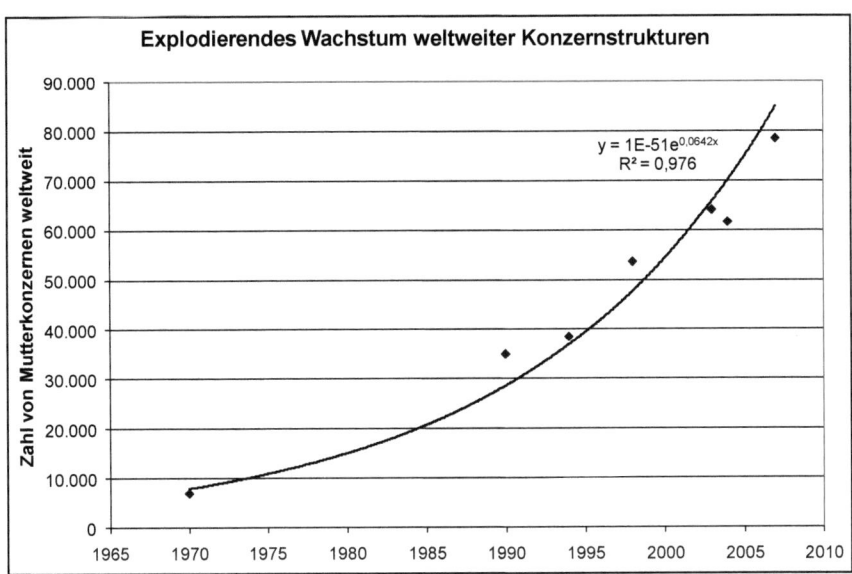

Abbildung 19: Zahl von Mutterkonzernen weltweit. [1]

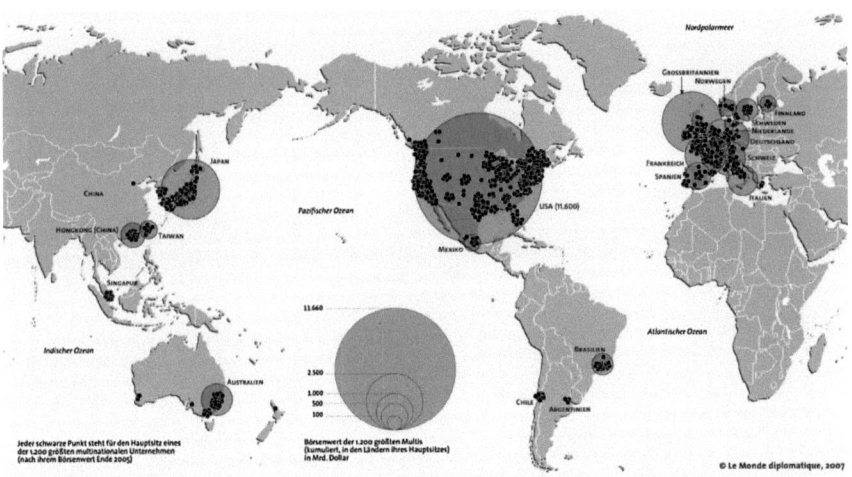

Abbildung 20: Die 1.200 größten multinationalen Konzerne (nach ihrem Börsenwert Ende 2005) und die weltweite Verteilung der Hauptsitze. [2]

---
[1] UNCTAD (1991-2007), World Investment Reports
[2] Le Monde Diplomatique (2006), S.64 f.

9.9 Aktuelle Definitionen von Konzernen, bzw. Aktiengesellschaften

Nach heute gängiger Definition wird bei einem Konzern ein wirtschaftlicher Verbund zwischen Unternehmen gebildet, die rechtlich jedoch selbstständig bleiben. Dabei sind die einzelnen Unternehmen über die Grenzen der Kooperation hinaus durch kapitalmäßige Verflechtungen miteinander verbunden.[1]

Eine aktuelle zweckmäßige Definition dessen, was unter Konzernen zu verstehen ist, gibt ebenfalls das Aktiengesetz im §15:

1. Sind rechtlich selbstständige Unternehmen zu wirtschaftlichen Zwecken unter einheitlicher Leitung zusammengefasst, so bilden sie einen Konzern; die einzelnen Unternehmen sind Konzernunternehmen.
2. Steht ein rechtlich selbstständiges Unternehmen auf Grund von Beteiligungen oder sonst unmittelbar oder mittelbar unter dem beherrschenden Einfluss eines anderen Unternehmens, so gelten das herrschende und das abhängige Unternehmen zusammen als Konzern und einzeln als Konzernunternehmen.[2]

Die Rechtsform der sich zusammenschließenden Unternehmen ist häufig jene einer Aktiengesellschaft oder GmbH.

---

[1] Vgl. Leitsmüller (2003), S.3
[2] Vgl. Leitsmüller (2003), S.6

10 Das asoziale Wesen der Konzerne

Zu Beginn des 20. Jahrhunderts bemerkten viele Amerikaner, dass die großen Kapitalgesellschaften immer mehr eine Bedrohung für ihrer sozialen Einrichtungen und Regierungen darstellten, und dass diese ab einer gewissen Größe nicht mehr in der Lage waren, sich für das persönliche Schicksal der Menschen zu interessieren und sich auch immun gegen moralische Wertvorstellungen zeigten, falls diese nicht zur Steigerung des Gewinns dienten – ganz im Gegensatz zu den ursprünglich gegründeten Konzernen, die im 16. Jahrhundert im Auftrag der britischen Krone unterwegs waren. Mit der Größe und Macht der Aktiengesellschaft wuchs auch die Notwendigkeit, die Ängste der Menschen vor diesem Wirtschaftskoloss zu beschwichtigen.[1] Bereits im Jahre 1908 startete der amerikanische Konzern A&T eine breit angelegte Werbekampagne, um sein Konzernimage zu verbessern und Sympathie und Akzeptanz zu gewinnen. Der Konzern versuchte also, sich mit menschlichen Werten auszustatten, um das Misstrauen der Öffentlichkeit zu zerstreuen, nachdem das Gesetz die Kapitalgesellschaft in eine „Person" verwandelt hatte, um das Verschwinden der Menschen aus Fleisch und Blut zu kompensieren.[2]

Bis in die 1970er Jahre gab es verschiedene Versuche, das Wesen der Kapitalgesellschaft und deren Handeln sozialer zu gestalten. Einerseits bildeten sich nach dem 2.Weltkrieg Gewerkschaften und es wurden soziale Programme verwirklicht, andererseits wurden beispielsweise mit der Verabschiedung des „New Deal" im Jahr 1934 durch Franklin D. Roosevelt in den USA die Machtbefugnisse und Freiheiten der großen Konzerne eingeschränkt. Das weitere Wachstum der Konzerne und ihrer Strukturen konnte aber nicht aufgehalten werden. Die Aktiengesellschaft war (und ist) die „vorherrschende Institution der modernen Welt", wie Adolf Berle sie in „The Modern Corporation and Private Property" beschreibt.[3] Damit wären die Kapitalgesellschaften und ihre Führungsmannschaften angesichts ihrer Macht über die Gesellschaft nunmehr verpflichtet, nicht nur den Aktionären, sondern, in gleichem Maß wie Regierungen, den Interessen der Gesellschaft generell zu dienen.[4]

---
1 Bakan (2005), S.24
2 Ebenda.
3 Vgl. Bakan (2005), S.28
4 Bakan (2005), S.28

Durch technologische Innovationen im Transportwesen und im Kommunikationssektor konnten die großen Kapitalgesellschaften ihre Positionen stärken und weiter expandieren.[1] Der schnelle und billige weltweite Gütertransport, rasche elektronische Kapitaltransfers mit Hilfe neuer Informationstechnologie, sowie globaler Medien verhalfen den Kapitalgesellschaften zum Aufstieg zu transnationalen Konzernen. Durch Schaffung internationaler Rechtsordnungen im Sinne der Konzerne, welche sich über nationale Rechte hinwegsetzen können, wird die Vorherrschaft der „Global Players" verstärkt und gefestigt.

Nach Bakan (2005) sind die Anzeichen der Dominanz der Konzerne:[2]

- Ökonomische Größe der Konzerne (größer als die Ökonomie kleiner Nationen)
- Aktionsradius
- Kontrolle über die Gesellschaft
- Einfluss auf die Regierungen

10.1 Unternehmenszwecke und –ziele – Die causa finalis

Jeder betriebliche Entscheidungsträger ist dazu gezwungen im Interesse des Unternehmens und seiner Besitzer (also der Aktionäre) zu handeln. Bakan (2005) betont, dass das Aktiengesetz geradezu jedes andere Motiv, egal, ob es gilt, Mitarbeiter zu unterstützen, die Umwelt zu verbessern oder an Kosteneinsparungen für den Verbraucher mitzuwirken, verbietet. Diese Ziele dürften nur verfolgt werden, wenn sie dem Zweck dienen, den Wohlstand der Aktionäre zu mehren.[3] Milton Friedman dehnt dies auf dem Begriff der „Moral" und seinen moralischen Wertvorstellungen aus: Er meint, es gebe nur eine „soziale Verantwortlichkeit" für das Management und zwar jene, so viel Geld wie möglich für die Anteilseigner zu verdienen. Führungskräfte, die gesellschafts- und umweltpolitischen Zielen den Vorrang vor dem Profit geben – die sich um moralisches Handeln bemühen –, verhielten sich in Wirklichkeit unmoralisch. Soziale Verantwortlichkeit der Unternehmen kann laut Friedman nur „akzeptiert" werden, wenn es als „Fassade", also als Mittel zur Maximierung des Aktionärsvermögens dient, und das Gesetz gibt ihm dabei Recht.[4]

Korton (1995) weist darauf hin, dass sich einzelne Manager gar nicht in der Lage sehen moralisch und im Sinne öffentlichen Interesses zu handeln. Sie mein-

---

[1] Bakan (2005), S.30
[2] Bakan (2005), S.183
[3] Bakan (2005), S.50
[4] Bakan (2005), S.51

ten, der Druck des globalen neoliberalen Wirtschaftssystems zwinge sie zu unethischem Handeln (d.h. das Recht der Shareholder nach möglichst hoher Gewinnausschüttung steht über allem).[1] Dem gegenüber steht das Argument, dass sie diesen Job vielfach frei gewählt haben – und diesen genauso gut wechseln könnten. Viel Auswahl bleibt ihnen jedoch nicht:

Für Bakan (2005) ist der, weltweit in Hunderten von Unternehmensgesetzen, enthaltene Unternehmensentwurf nahezu identisch. „Die Menschen, die Kapitalgesellschaften führen, haben eine Rechtsverpflichtung gegenüber den Anteilseignern, und diese Pflicht besteht darin, Geld für sie zu verdienen."[2] Und weiters: „Kommen sie dieser Pflicht nicht nach, können Leitungs- und Kontrollorgane des Unternehmens von den Anteilseignern verklagt werden. Das Gesetz schreibt den Kapitalgesellschaften die Verfolgung ihrer Eigeninteressen zwingend vor (und setzt unternehmerisches Eigeninteresse dem Eigeninteresse der Anteilseigner gleich)."[3]

10.2 Corporate Social Responsability (CSR)

Die Europäische Kommission definierte in ihrem Grünbuch den Begriff „Corporate Social Responsability" wie folgt:[4] „Das Konzept, das den Unternehmen als Grundlage dient, auf freiwilliger Basis soziale Belange und Umweltbelange in ihre Unternehmenstätigkeit und in die Wechselbeziehungen mit den Stakeholdern zu integrieren."

Die Definition der Europäischen Kommission nennt zwei zentrale Punkte für CSR. Dies seien soziale Belange und Umweltbelange. CSR bezeichnet demnach ein integriertes Unternehmenskonzept, das alle „sozialen, ökologischen und ökonomischen Beiträge eines Unternehmens zur freiwilligen Übernahme gesellschaftlicher Verantwortung, die über die Einhaltung gesetzlicher Bestimmungen hinausgehen"[5], beinhaltet.[6][7]

Betrachtet man CSR unter den bisher beschriebenen Gesetzmäßigkeiten der Gewinnmaximierung und des Geldes bzw. des Gewinns als „causa finalis",[8] wird deutlich, dass Unternehmen die CSR dazu benutzen, um soziale und um-

---

1 Korten (1995), S.12
2 Bakan (2005), S.50
3 Vgl. Hinkley (2002); siehe auch Bakan (2005), S.51
4 Vgl. EU (2001)
5 Meffert (2005), S.20f.
6 Vgl. Herchen (2007)
7 www.wikipedia.org
8 Vgl. Knoflacher in Woltron (2004), S.50

weltpolitische Ziele als eindeutige Strategien zur Förderung der Interessen des Unternehmens und seiner Aktionäre zu verfolgen. Unter den bestehenden Zwängen des Wirtschaftsystems können sie niemals legal als Selbstzweck verfolgt werden. Bakan (2005) schlussfolgert daraus, dass keine Führungsmannschaft in den börsenorientierten Unternehmen somit bereit ist oder gesetzlich befugt sei, soziale Verantwortung zu übernehmen, wenn diese das Gewinnwachstum schwächt.[1]

10.3 Die Charaktereigenschaften der großen Konzerne

Anhand einer Diagnose-Checkliste psychopathischer Merkmale vergleicht Bakan (2005) die Charaktereigenschaften großer Konzerne:[2]

- Konzerne handeln unverantwortlich: bei der Verfolgung ihrer Ziele ist jeder gefährdet, der ihnen in die Quere kommt.
  Als psychopathisches Wesen ist der Konzern unfähig, sein Denken und Handeln an moralischen Beweggründen auszurichten, um Schaden für andere zu vermeiden.[3]
- Konzerne weigern sich oft, die Verantwortung für ihr Verhalten zu übernehmen.
  Wenn sie bei einem Gesetzesverstoß erwischt werden, zahlen sie hohe Geldbußen und machen unbeirrt weiter, wenn, wie in vielen Fällen die Vertragsstrafen verschwindend klein zu ihren Gewinnen sind.[4]
- Konzerne manipulieren: über Werbung, Massenmedien, Verpackung...etc. die öffentliche Meinung.
- Konzerne besitzen asoziale Neigungen, einen Mangel an Mitgefühl (unfähig Schuldgefühle zu empfinden)
- Ausbeuterisches Verhalten: etwas für seinen eigenen Zweck oder Profit auszunutzen

Auch Mander (1996) fasst verkürzt in elf Punkten zusammen, worauf das Verhalten der Konzerne beruht:[5]

---

[1] Bakan (2005), S.50
[2] Bakan (2005), S.73f.
[3] Bakan (2005), S.77
[4] Bakan (2005), S.73
[5] Mander (1996), S.315f.

1. Zwingendem Profit
2. Zwingendem Wachstum
3. Konkurrenz und Aggressivität
4. Unmoralischem Handeln
5. Hierarchieschem Aufbau
6. Quantifizierung, Linearität und Segmentation
7. Entmenschlichung
8. Ausbeutung
9. Ungreifbarkeit und Beweglichkeit
10. Gegnerschaft zur Natur
11. Homogenisierung

Für Bakan (2005) besteht das einzige Ziel der Konzerne darin, sich der Öffentlichkeit auf eine Weise zu präsentieren, die anziehend wirkt, aber nicht kennzeichnend für ihre wahre Natur sein muss.[1] Er vergleicht das Wesen der Konzerne, ähnlich zum Egoismus der Krebszelle, mit menschlichen Psychopathen, die ihre egozentrische Persönlichkeit hinter einer Fassade verbergen. Diese Fassade der Unternehmen stellt für Bakan das Konzept der CSR dar. Für den Konzern als Institution der Kapitalvermehrung um jeden Preis gibt es keine moralischen, ethischen oder juristischen Grenzen. Alles und jeder darf ausgebeutet werden, um Reichtum für sich selbst und ihre Aktionäre zu schaffen.[2] Bakan (2005) orientiert sich an der Sichtweise von Chomsky, für den die Triebfeder hinter den Privatisierungen neben den Börsengewinnen, das Bestreben der Konzerne ist, ein ganz bestimmtes Menschenbild eines asozialen, aber konsumfixierten Wesens zu schaffen. Für ihn ist der Konzern moderner Prägung eineinhalb Jahrhunderte nach seiner Geburt eine Rechtsperson, künstlich geschaffen nach dem Ebenbild eines menschlichen Psychopathen, der nun bestrebt ist, Menschen aus Fleisch und Blut nach seinem Ebenbild zu formen.[3]

Diese, dem Konzern zugesprochenen (sogar rechtmäßig verpflichtenden) Eigenschaften, welche dem einzigen Ziel, dem Wachstum von Gewinnen und Aktienkursen dienen sollen, führen nicht selten in letzter Konsequenz zu dessen Zusammenbruch. Die vom Gesetz abgesegneten Strukturen legen dem Konzern keinerlei Beschränkungen bei der Verfolgung seiner eigennützigen Ziele auf und sie nötigen ihn sogar, sich rücksichtslos über alle negativen Begleiterscheinungen hinwegzusetzen, wenn seine Vorteile die Nachteile überwiegen."[4]

---

[1] Bakan (2005), S.73
[2] Bakan (2005), S.135
[3] Bakan (2005), S.163
[4] Bakan (2005), S.77

Dabei profitiert der Konzern vor allem von der Möglichkeit Kosten „externalisieren" zu können, d.h. Dritten und Unbeteiligten aufzulasten. Diese „Kollateralschäden", welche die Konzerne anderen, Mitarbeitern, Verbrauchern, Kommunen und Umwelt zufügen, werden oft weitgehend von der Gesellschaft akzeptiert und nicht weiter hinterfragt. So müssen die Verbraucher, über Steuersystem, Gebühren und Abgaben jene Kosten bezahlen, die die Konzerne externalisiert haben.

Die institutionelle Struktur der Kapitalgesellschaften zwingt also die Führungskräfte zu einem Verhalten, nur solche Entscheidungen zu treffen, die dem Unternehmen mehr Vor- als Nachteile einbringen, d.h. dem finanziellen Eigeninteresse dienen. Sie sind demnach nicht befugt, die negativen Auswirkungen auf andere Menschen zu berücksichtigen. Nach Bakan (2005) wächst somit die Profitabilität eines Unternehmens in der Regel mit seiner Fähigkeit anderen die Rechnung für seine Handlungen zahlen zu lassen.[1]

In Anlehnung an den verbrauchten Werbespruch der Industrie, dass es den Menschen nur dann „gut" gehe, wenn es der Wirtschaft „gut" gehe, sieht von Werlhof (2007) eine umgekehrte Wirtschaftsethik, die uneigennütziges Helfen und altruistischen Handeln verhöhnt. Sie weist darauf hin, dass sogar behauptet wird, das Gemeinwohl sei in allen seinen Aspekten realistischerweise nur vom ungebremsten Egoismus des Einzelnen sowie insbesondere vom Wohl der transnationalen Konzerne, die inzwischen das Wirtschaftsgeschehen bestimmen, abhängig. Entsprechend müsse „die Wirtschaft", worunter letztlich paradoxerweise nur die Konzerne verstanden werden, „frei" sein, und d. h. frei von jeder Verantwortung und frei von jeder Leistung für die Gesellschaft.[2]

10.4 Rechtsystem und Betriebswirtschaft

Die rechtliche Struktur, in die die Kapitalgesellschaften eingebettet sind, führt zu einer hohen Zahl an Rechtsverstößen bei minimalem Unrechtsbewusstsein der Verantwortlichen. So werden täglich Verstöße gegen Arbeitsrecht, Umweltauflagen oder Steuergesetze bei Konzernen registriert, meist mit erheblichen Auswirkungen für die Gesellschaft, aber lediglich mit geringen bis keinen Konsequenzen für die Verantwortlichen im Konzern.

Die Eigenheiten dieser Unternehmensform schützen in der Regel die Eigentümer und Leiter vor gesetzlicher Haftung, so dass die Kapitalgesellschaft als „Rechtsperson" das Hauptziel der Strafverfolgung bleibt. Die Aktionäre können

---

[1] Bakan (2005), S.88
[2] Von Werlhof (2007), S.24

für die kriminellen Handlungen ihres Unternehmens, dank der beschränkten Haftung, deren einziger Zweck in eben diesem Schutz besteht, nicht zur Rechenschaft gezogen werden.[1]

Als Konsequenz ergibt sich, dass nicht mehr Gesetze als Formulierung von gesellschaftlichen Rechten und Pflichten vorgeben, ob Unternehmen gesetzestreu handeln oder nicht, sondern nach betriebswirtschaftlichen Standpunkten als Kosten-Nutzen-Frage entschieden wird. Für Bakan (2005) ist somit die moralische Verpflichtung einer Kapitalgesellschaft nicht größer als die eines Gebäudes, eines Organisationsplans oder eines Vertrages.[2]

„Rechtswidrige Aktivitäten werden nicht durch die Androhung von Geldbußen verhindert, solange die Gewinne aus diesen Aktivitäten höher sind als die Geldbuße, multipliziert mit der Wahrscheinlichkeit überführt und verurteilt zu werden. In Anbetracht der durchschnittlichen Höhe der Geldbußen ist eine abschreckende Wirkung in den meisten Fällen unwahrscheinlich. Dass die Prävention nicht funktioniert, zeigt sich besonders deutlich, wenn man die Rückfallquoten betrachtet. Ein Unternehmen, das schon einmal überführt und zu einer Geldbuße verurteilt wurde, hat gelernt, seine Spuren besser zu verwischen."[3]

Somit handeln die Führungskräfte auch dann durchaus rational, wenn sie Gesetze brechen, solange sie kosteneffektive Entscheidungen im Sinne von Gewinn- und Aktienkurssteigerung treffen. Die weltweite Unterstützung von Konzernen mit totalitären und autoritären Regimen und die Kollaboration mit Paramilitärs vor allem seit Beginn des 20. Jahrhunderts (genau genommen seid deren Bestehen) liefern zahlreiche Beispiele für das eigennützige Verhalten der Konzerne, welches sich lediglich an der Gewinnmaximierung, also dem Geld als causa finalis, orientiert.

---

[1] Bakan (2005), S.97
[2] Bakan (2005), S.98
[3] Bakan (2005), S.99

11 Einfluss der Konzerne auf die Politik

11.1 Konzerne in der europäischen Union und ihre Einflussnahme

Für Balanyá (2001) sind transnationale Konzerne, ob sie einzeln auftreten oder innerhalb von Lobbygruppen im Entscheidungsprozess der Europäischen Union (EU), heute zu den bedeutendsten politischen Handlungsträgern geworden.[1] Auch die so genannten „Leistungen" der EU, wie die Schaffung des gemeinsamen Binnenmarktes, die Schaffung einer einheitlichen Währung und die Stärkung der EU-Institutionen sind vom European Roundtable of Industrialists (ERT) und anderen Lobbygruppen, die zusammen die größten transnationalen Konzerne in Europa vertreten, stark beschleunigt worden.[2]

Derzeit gibt es mehr als zweihundert weltweit operierende Konzerne mit Lobbydelegationen in Brüssel, darunter auch viele Firmen aus den USA und Japan. Sie werden flankiert von nicht weniger als 500 Lobbygruppen transnationaler Konzerne.[3] Auf Parlamentsebene sind schätzungsweise dreitausend Lobbyisten tätig, die meisten davon arbeiten für die Industrie. Im Durchschnitt kommen so fünf Lobbyisten auf jeden EU-Abgeordneten.[4]

Balanyá (2001) weist darauf hin, dass sich die Beziehungen zwischen der Europäischen Kommission und den Großkonzernen in den letzten 25 Jahren radikal verändert haben. Während der EU-Industriekommissar Altiero Spinelli im Jahr 1973 noch vorschlug, „die wirtschaftlichen und sozialen Probleme anzusprechen, die durch die Aktivitäten der transnationalen Konzerne ausgelöst wurden", anzusprechen, fing die EU-Kommission in den 1980er Jahren an, die Industrie für strategische Bündnisse zu umwerben. Seither fördert sie aktiv die Einbindung großer Firmen und gesamteuropäischer Industrievereinigungen in den politischen Apparat von Brüssel.[5]

Um die Einführung neuer oder strengerer Bestimmungen zu verhindern, Regulierungen zu vermeiden oder bestehende Verordnungen außer Kraft zu setzen, zu verwässern oder in ihrer Bandbreite einzuschränken, versuchen die Konzerne

---

[1] Balanyá (2001), S.23
[2] Ebenda.
[3] Balanyá (2001), S.24
[4] Balanyá (2001), S.27
[5] Balanyá (2001), S.24

durch Lobbying-Aktivitäten die Einflussnahme auf Parlamentarier und Regierungen und ihre Entscheidungen zu erhöhen. „Die Unternehmen begannen diese Bedrohung erstmals in den frühen 1970er Jahren ernst zu nehmen. Sie merkten, dass die ordnungspolitischen Barrieren, die im Verlauf des vergangenen Jahrzehnts aufgestellt worden waren – die sogenannten „neuen sozialen Rahmenbedingungen", bestehend aus Schutzmaßnahmen für Umwelt, Menschenrechte, Arbeitnehmer und Verbraucher – ihre Freiheiten und Macht erheblich beschnitten."

Überwiegend um auf die Bedrohung ihrer Unabhängigkeit in Gestalt einer staatlichen Regulierung zu reagieren, begannen sie ihre direkte Einflussnahme in die Politik mittels Interessenverbänden und Lobbying. Bakan (2005) bezeichnet dies als so genannten „Selbstverteidigungszweck".[1]

Seit den 1980er Jahren ist das ausdrückliche Ziel der EU und ihrer Industriepolitik die großen Konzerne zu „europäischen Weltmeistern" zu machen, damit sie sich mit der amerikanischen und japanischen Konkurrenz messen können. Neben großzügigen Forschungs- und Entwicklungssubventionen, von denen öffentliche Hochschulen und Universitäten lediglich träumen können, wurden diverse Formen der Wirtschaftsförderung gewährt und gleichzeitig neue Freihandelsgesetze beschlossen, um Handelsbarrieren abzubauen. Damit war aber auch keine aktive Schutzpolitik für die lokale Wirtschaft mehr möglich und transnationale Konzerne waren gegenüber Firmen, die für lokale Märkte produzierten, begünstigt. „Dazu kommt, dass der Prozess der Standardisierung von Produkten, die auf dem deregulierten europäischen Markt vertrieben werden konnten, während der späten achtziger und frühen neunziger Jahre des vorigen Jahrhunderts völlig von großen transnationalen Konzernen beherrscht war."[2]

Die Zentralisierung der Macht in Brüssel (auf Kosten der Demokratie der einzelnen Länder) hat Großkonzernen einen enormen Vorteil in der europäischen politischen Arena verschafft. Organisationen wie der ERT sind klar privilegiert, weil die Vorsitzenden ihrer mächtigen Mitgliedskonzerne leichten Zugang zu den Kommissaren und hochrangigen Regierungsbeamten erhalten. Eine der Forderungen von transnationalen Konzernen und ihren Lobbygruppen ist die internationale Wettbewerbsfähigkeit als Hauptpriorität für alle Entscheidungsträger festzuschreiben. Mit dem Druckmittel, in „wirtschaftsfreundlichere Regionen" abzuwandern, fordern sie weitere Deregulierungen und Steuererleichterungen.[3]

Auch die Entscheidungen von Regierungsgremien, die eigentlich mit der Aufsicht der Konzerne betraut sind, werden zunehmend von den Konzernen beeinflusst. Sie kontrollieren inzwischen Bereiche der Gesellschaft, die früher zum

---
[1] Bakan (2005), S.125
[2] Balanyá (2001), S.24
[3] Balanyá (2001), S.29

öffentlichen Sektor gehörten.[1] Auch für Balanyá (2001) ergibt sich als Schlussfolgerung, dass inzwischen die Konzerne die Gesellschaft mehr als die Regierungen selbst regieren.[2]

ERT- European Roundtable of Industrialists:

Der erste Business Roundtable entstand in den USA im Jahr 1972. Seine 200 Mitglieder waren hauptsächlich Mitglieder von Konzernen oder Banken. So waren 42 Köpfe der 50 größten US-Konzerne, sowie Entscheidungsträger von Banken, Versicherungen, Verkehrsgesellschaften und Versicherungen vertreten.[3] Der ERT spielt seit den späten achtziger und frühen neunziger Jahren des vorigen Jahrhunderts eine maßgebende Rolle in der europäischen Politik, die sich allmählich zu den Interessen der großen Konzerne verschoben hat und die wirtschaftliche Globalisierung in den Vordergrund rückte. Auch Korten (1995) betont, dass während es in den 1970er Jahren wenig Kontakt zwischen den transnationalen Konzernen und der Kommission gegeben hatte, es in den achtziger Jahren zu einem deutlichen Umschwung kam.[4]

Dem im Jahr 1983 gegründeten ERT gehören rund 45 Industriekapitäne von europäischen multinationalen Konzernen mit einem weltweit bedeutenden Produktions- und Technologiestandard an (u.a. Shell, Nokia, Nestlé, Renault, Fiat...etc.). Der ERT wurde in der ausdrücklichen Absicht gebildet, den Einigungsprozess zu beschleunigen und ihn nach den Interessen der europäischen Konzerne zu formen, d.h. Beseitigung nationaler Vetorechte und Handelsbeschränkungen. Der ERT hat wesentlichen Einfluss auf die Europäische Kommission und erfreut sich auch privilegierter Beziehungen zu den Mitgliedern des Europäischen Parlaments. Das Corporate Europe Observatory hat in einem Bericht aus dem Jahr 2000 festgestellt, dass der ERT erfolgreich die europäische Integration den Interessen transnationaler Firmen anpasse.[5]

Bereits im Jahr 1985 legte der ERT einen Vorschlag zum Abbau der Handelsschranken, zur Harmonisierung aller Regulierungen und zur Abschaffung aller fiskalischen Handelshemmnisse vor. Einige Monate nach diesen Forderungen veröffentlichte die EU-Kommission ein Weißbuch, welches sich weitgehend mit den Forderungen des ERT deckte.

---

[1] Bakan (2005), S.11
[2] Balanyá (2001), S.35
[3] Korten (1995), S.144
[4] Korten (1995), S.55
[5] http://www.cafebabel.com/de/article.asp?T=T&Id=1234

UNICE

Die Union der Industrie- und Arbeitgeberverbände heißt seit dem Januar 2007 offiziell „Businesseurope". Unter verschiedenen Namen bestand der Verband bereits seit dem Jahr 1949. Die Organisation besteht derzeit aus 60 Arbeitsgruppen. In diesen Gruppen sind insgesamt 1200 Experten mobilisierbar, die bei nahezu allen wesentlichen Veranstaltungen und Gipfel der Europäischen Union anwesend sind. Sie legen der EU gelegentlich detaillierte Gesetzesentwürfe vor, die häufig Berücksichtigung finden. Hin und wieder werden die Entwürfe sogar wörtlich in EU-Programme übertragen.[1] Balanyá (2001) betont, dass die UNICE entschieden die Einbeziehung einer Sozialcharta oder einer Sammlung von grundlegenden Sozialrechten in den Vertrag von Amsterdam bekämpft, aber auch den Vorschlag, dass die Union der Europäischen Konvention der Menschenrechte und grundsätzlichen Freiheiten zustimmen sollte.[2]

Amerikanische Handelskammer (AmCham)

Die United States Chamber of Commerce ist die Handelskammer der Vereinigten Staaten. Sie ist der weltgrößte Unternehmenszusammenschluss und repräsentiert

- über lokale Kammern und assoziierte Vereinigungen 3 Mio. Unternehmen (Direktmitglieder sind einige 10.000 Unternehmen)
- 2.800 bundesstaatliche und lokale Kammern
- 830 Geschäftsvereinigungen

Die Kammer hat in den Jahren von 1998 bis 2007 für politisches Lobbying in den USA 338 Mio. US-$ ausgegeben und ist damit der größte Einflussnehmer auf die US-Politik. Sie unterhält in Belgien eine Dependance, die US-amerikanische Geschäftsinteressen in der Europäischen Union vertritt.

Die Kammer tritt ein:[3]

- für die Reform des Sozialsystems (Privatisierung)
- für Bohrungen im Arctic National Wildlife Refuge
- für Offshore – Ölgewinnung
- für Kernenergie

---

[1] http://de.wikipedia.org/wiki/Unice
[2] Balanyá (2001), S.114
[3] http://de.wikipedia.org/United_States_Chamber_of_Commerce

- für steuer-, d. h. einkommensabhängige Gesundheitsvorsorge (Health savings account)
- für Freihandel
- gegen Steuererhöhungen für Unternehmen
- gegen Mindestlöhne
- gegen Internetneutralität

Balanyá (2001) weist darauf hin, dass obwohl die Identität der nationalen Großkonzerne zunehmend durch transatlantische Fusionen und durch die Globalisierung vernebelt wird, die Mitgliedschaft in der AmCham vorwiegend den europäischen Firmen mit US-amerikanischer Herkunft vorbehalten bleibt oder aber solchen, die letztlich von den USA aus kontrolliert werden.[1] Vor allem US-Konzerne, denen im Allgemeinen der politische Zugang zu den EU-Mitgliedstaaten fehlt, bot die zunehmende Macht der Europäischen Kommission in den 80er Jahren die Gelegenheit, politischen Einfluss zu gewinnen. Balanyá betont, dass ihre Bemühungen in erster Linie über AmCham kanalisiert wurden.[2]

Weitere Lobbygruppen:

Einige internationale Eliteforen und Denkfabriken haben in den letzten Jahrzehnten die Grundlagen für internationales Unternehmenslobbying geschaffen. Strukturen, wie die Bilderberg-Gruppe, die Trilaterale Kommission oder das Weltwirtschaftsforum, die von Industrievertretern dominiert werden, haben entscheidend dazu beigetragen, dass die ökonomische Globalisierung voranschreitet.[3] Vor allem das Weltwirtschaftsforum nimmt für sich in Anspruch, eine führende Rolle bei der Globalisierung und Finanzliberalisierung zu spielen und beansprucht die Uruguay-Runde des GATT lanciert zu haben, die in der Gründung der Welthandelsorganisation gipfelte.[4]

Ähnlich wie sich der ERT in den 1980er Jahren in Europa entwickelte, entstand bereits im Jahr 1972 in den USA der Business Roundtable, eine Runde von Topmanagern, die die Meinung vertraten, dass der Unternehmenssektor in einer pluralistischen Gesellschaft eine „aktive und tiefgreifende Rolle bei der Entwicklung der Grundstrukturen einer Rechts- und Wirtschaftsordnung spielen sollte." Ziel war es, die staatliche Einmischung in unternehmerische Angelegenheiten, die für viele „untragbar" war, abgebaut werde. Somit haben sich auch in den USA die Beziehungen zwischen Unternehmen und Regierung seit Anfang der

---

[1] Balanyá (2001), S.87
[2] Balanyá (2001), S.91
[3] Balanyá (2001), S.233
[4] Balanyá (2001), S.242

1970er Jahre nachhaltig gewandelt.[1] Mitentscheidend dafür war auch die vom Obersten Gerichtshof in den USA verfassungsmäßig erlaubten Wahlfinanzierungen durch Unternehmen. Für Bakan war dies eine Entscheidung, die den Konzernen Tür und Tor öffnete und ihnen die beinahe vollständige Übernahme des Wahlprozesses ermöglichte.

Für die Unternehmen waren die politischen Spenden, das Lobbying oder die PR-Kampagnen Versuche den demokratischen Prozess zu ihren Gunsten zu beeinflussen. Dabei ist „das Geld, das sie in den politischen Prozess stecken, eine Betriebsausgabe, eine Investition, um ein politisches Klima zu schaffen, das ihre Rentabilität fördert und somit ihr Überleben erleichtert. Weil sie das Geld der Aktionäre nach dem Gesetz nicht ohne eine vernünftige Aussicht auf Verzinsung ausgeben dürfen, stecken die Unternehmen Gelder in die Politik aus denselben Gründen, wie in andere Investitionen: um ihr eigenes finanzielles Interesse und das ihrer Aktionäre zu befördern."[2] Bakan (2005) weist darauf hin, dass die Verlagerung der Regulierung von der staatlichen auf die Marktebene die Konzerne immun gegen die Auswirkungen der Teilhabe von Bürgern am politischen Prozess macht. Somit überlassen sie ihre Kontrolle einer Institution, die jedem Dollar, und nicht jedem Menschen, eine Stimme zuerkennt.[3] Auch damit wird das Ungleichgewicht zwischen arm und reich noch weiter verstärkt.

Immer öfter wird heute von „der Wirtschaft" als Partner der Politik gesprochen, wobei mit „Wirtschaft" hier vorrangig große Kapitalgesellschaften gemeint sind. Dies zeigt, wie weit sich die Macht- (und Abhängigkeits-) -verhältnisse bereits verschoben haben, denn von Gleichrangigkeit kann und soll gar keine Rede sein. In einer funktionierenden Demokratie muss der Staat, d. h. seine vom Volk gewählten Vertreter, dazu befugt sein, zu entscheiden, was Unternehmen zu tun und zu lassen haben. Heute jedoch verzichtet der Staat nicht nur immer mehr auf seine Entscheidungsgewalt über die Konzerne, vielfach sind die Regierungen der Auffassung, dass sie kein Recht hätten, den Unternehmen Vorschriften zu machen. Bakan (2005) betont, dass nicht zuletzt mit dem Prozess der Privatisierungen die Regierungen vor dem Ansturm kapituliert haben und den Unternehmen die Kontrolle über Institutionen überlassen haben, die einst als „öffentlich" galten.[4] Während der letzten 150 Jahre hat die Kapitalgesellschaft somit Rechte angestrebt und erhalten, die meisten natürlichen Ressourcen der Welt und nahezu alle Bereiche menschlicher Anstrengungen auszubeuten.[5]

---

1   Bakan (2005), S.126
2   Bakan (2005), S.128
3   Bakan (2005), S.175
4   Bakan (2005), S.137
5   Bakan (2005), S.136

Während A. Berle und G. Means im Jahr 1932 (in The Modern Corporation and Private Property) noch davon ausgingen, dass, dem Beispiel der Eisenbahn folgend, ein Bereich des Wirtschaftslebens nach dem anderen unter das Zepter der Kapitalgesellschaften geraten ist [1] und sie auf der Grundlage ihrer bisherigen Entwicklung bemerkten, dass sie einer Zeit entgegen sahen, in der womöglich jede wirtschaftliche Tätigkeit im Rahmen dieser Unternehmensform stattfindet, wirkt die Aussage von Berle und Means heute geradezu noch optimistisch. Waren sie noch der Meinung, jede **wirtschaftliche** Tätigkeit würde zukünftig in jener der Unternehmensform stattfinden, so kann man heute beobachten, dass mehr und mehr wirtschaftsfernen Bereichen das Dogma der Betriebswirtschaftlichkeit übergestülpt wird. Heute findet nicht nur fast jede ökonomische Tätigkeit unter dem „Banner der Kapitalgesellschaft" statt, sondern die Herrschaft der Konzerne versucht jede Tätigkeit im Bereich des gesellschaftlichen Lebens zu ökonomisieren.

Dieser Zwang, alle Bereiche des Lebens zu ökonomisieren, also die Menschen in ein Abhängigkeitsverhältnis zu bringen, in dem man sie ihrer (Lebens-) Energie beraubt, führt uns in weiterer Folge zur Analogie mit einem bösartigen Tumor. Einige der Eigenschaften von bösartigen Tumoren (Krebs) wurden auch in Hinblick auf transnationale Konzernstrukturen bereits vorweggenommen.

Im Folgenden sollen die genauen Wirkungsmechanismen der Krebszellen und deren Zusammenschluss zum Tumor samt seinem metastasierenden Wachstum vom medizinischen Standpunkt erläutert werden. Es soll gezeigt werden, dass die beschrieben egoistischen Eigenschaften der Krebszelle zwangsläufig auf Zellebene zu exponentiellem Wachstum führen müssen. Das Verhalten der Krebszelle, welches sich an unendlichem Wachstum orientiert, wird nur durch die Grenzen des Organismus gestoppt. Das ändert jedoch nichts an ihrem prinzipiellen Wachstumsdrang auf Kosten aller anderen Funktionen des lebenden Organismus. Ein mit dieser Konsequenz vorangetriebenes Wachstum führt bekanntlicherweise zum Tod des Organismus.

---

[1] Vgl. Bakan (2005), S.28

12 Krebs als Freiheitsgrad der Evolution?

Greaves (2003) beschreibt Krebs als eine Ansammlung von Funktionsstörungen innerhalb von Zellen und Gewebe, denen die biologische Eigenschaft der lokalen Ausbreitung eines mutierten Zellklons gemein ist.[1] Krebs entsteht durch Chromosomenveränderungen einer einzelnen Zelle, er unterscheidet sich aber von den rund 5.000 anderen genetischen Krankheiten, welche durch Vererbung eines einzelnen Gens ausgelöst werden.[2]

12.1 Historischer Rückblick

Die alten Griechen waren die Ersten, die den Krebs als spezifische Krankheit beschrieben haben und ihm auch seinen Namen gaben: „carcinos" bzw. „carcinoma". Sie bezeichneten damit allerdings neben echtem Krebs und Geschwulsten auch andere Gewebewucherungen, wie Zysten und Entzündungen. Schon Hippokrates (460-370 v. Chr.) berichtete von verschiedenen Krebsarten in Form von Tumoren unter anderem in der Brust, dem Magen, der Haut.[3] Indische Ayurveda-Bücher (2000-2500 Jahre alt) berichten ebenfalls über die Identifizierung und Behandlung von Tumoren. Auch sie kennen bereits metastasierende Tumore.[4]

Der Pariser Chirurg Henri Francois Le Dran veröffentlichte im Jahr 1757 erstmalig ein Modell der Krebsentstehung. Er hatte erkannt, dass sich Krebs aus einem zunächst noch sehr kleinen Tumor entwickelt, sich immer mehr ausdehnt und schließlich Zellen über die Lymphbahnen in lokale Lymphknoten verstreut. Im Jahr 1829 beschrieb Récamier die Invasion von Brustkrebszellen in Venen und prägte den Begriff „Metastasen" für die weiter verstreuten Krebszellen. Am Beginn des 20.Jahrhunderts postulierte der deutsche Embryologe Theodor Boveri, Krebs entwickle sich aus einer einzigen Zelle, deren genetische Information zuvor verändert wurde und vermutete die genetische Information auf den Chromosomen der Zelle.[5]

---

[1] Vgl. Greaves (2003), S.3
[2] Vgl. Greaves (2003), S.4
[3] Greaves (2003), S.10
[4] Greaves (2003), S.11
[5] Greaves (2003), S.34

Greaves (2003) weist darauf hin, dass die biologische Natur von Krebs eine Grundeigenschaft aller mehrzelligen Lebewesen darstellt (worauf in weiterer Folge noch genauer eingegangen wird) und man deshalb mit einiger Gewissheit annehmen kann, dass sowohl gutartige als auch bösartige Gewebsveränderungen schon seit mehr als 500 Mio. Jahren auf dieser Welt existieren.[1]

12.2 Externe Einflüsse auf Krebserkrankungen

Mit Hilfe der Evolutionsbiologie wird es möglich, bestimmte Krankheiten als Konsequenz von veränderten Lebens- und Ernährungsgewohnheiten, die im Widerspruch zu unserer genetischen Ausstattung, Anatomie und Physiologie stehen, zu begreifen.[2]

So konnte beispielsweise unter der schwarzafrikanischen Bevölkerung mit zunehmender Übernahme europäischer Strukturen und folglich Lebensgewohnheiten eine auffällige Zunahme von Krebs und anderen „westlichen" – bis dahin unbekannten, bzw. wenig verbreiteten – Krankheiten beobachtet werden. Die Menschen hatten sich über einen langen Zeitraum an eine bestimmte Ernährung, körperliche Belastbarkeit und Aktivität angepasst und mussten rapide Veränderungen ihrer Umwelt und ihres sozialen Systems erfahren.

Greaves (2003) bezeichnet Krebs als „so etwas wie eine in unserer Evolution verankerte Strafklausel."[3] Der erste Punkt dabei betrifft die nie fehlerfreie Vervielfältigung und Reparatur der DNA, die den Weg für Genmutationen ermöglichen. Es gäbe, so Greaves, demnach keine Evolution, wenn der genetische Code nicht veränderbar wäre. Eine gewisse Fehlerhaftigkeit ist die Grundvoraussetzung für Evolution, aber auch die unmittelbare Ursache für Tumorerkrankungen durch die Mutation der Gene. Da die Gene nicht unantastbar auf den Chromosomen liegen, sondern ihrer Umgebung zwangsläufig ausgesetzt sind, kann es sowohl durch externe Einflüsse, als auch die endogene Chemie unseres Körpers zu DNA-Veränderungen kommen. Extern können ionisierende Strahlung, Chemikalien und infektiöse Substanzen in ausreichend hohen Dosen direkt oder indirekt zu DNA-Schäden und Mutationen führen.

Greaves (2003) weist darauf hin, dass Proliferations- und Migrationsvermögen bereits seit über einer Milliarde Jahre in der genetischen Ausstattung von Zellen enthalten sind. Sie sind unerlässlich für die Stressbewältigung sowie für die Zellvermehrung und Gewebeexpansion. Die entsprechenden, zugrundelie-

---

[1] Greaves (2003), S.12
[2] Greaves (2003), S.23
[3] Ebenda.

genden Gene bilden überhaupt erst die Voraussetzung zur Entstehung mehrzelliger Organismen und sind daher seit Beginn der Evolution bis heute hoch konserviert. Daher liegt in unserer genetischen physiologischen Konstitution immanent ein Mutations- und Krebsrisiko begründet.[1] Die für mehrzellige Organismen vorteilhafte und sogar notwendige Eigenheit, das außerordentliche Proliferationsvermögen der Zellen sowie der Fähigkeit durch Blut- und Lymphgefäße in andere Gewebe abzuwandern, stellen zwar im Grunde karzinogene Eigenschaften dar, sind aber essentiell für viele Prozesse. Zum Beispiel bei der Embryonalentwicklung, bei Entzündungs- und Wundheilung, Geweberegeneration und anderem.

Gleichzeitig sind jedoch auch durch natürlichen, evolutionären Selektionsdruck gegenläufige Mechanismen entstanden, welche Mutationen entgegenwirken und tumorigenes Zellverhalten verhindern können. Diese Mechanismen sind in erster Linie als Kontrollmechanismen entwickelt worden, ohne deren etwa die Embryonalentwicklung mit einem fein abgestimmten Verhältnis zwischen Zellwachstum und Zellruhe bzw. programmiertem Zelltod nicht ungestört ablaufen könnte. Auch das Funktionieren unserer Organe beruht auf der Vermehrungsfähigkeit der Zellen einerseits und der gleichzeitig sensiblen Kontrolle darüber andererseits.[2]

Greaves (2003) beschreibt die zufällige genetische Variation als die Voraussetzung zur natürlichen Selektion von Zellen mit dem größten Überlebens- und Reproduktionsvorteil und damit wesentlich für die Ausbreitung eines bestimmten Genotyps. Dieser Prozess stellt die Evolution in Zellen mit einem 2 Mrd. Jahre alten genetischen Gedächtnis des einzelligen Egoismus dar. Für Greaves sind unsere Zellen damit latente Parasiten, die sich gegebenenfalls zu echten entwickeln können.[3] Betrachtet man den zeitlichen Verlauf der Tumorentstehung und seines Wachstums, so zeigt sich deutlich, dass sich der Krebs üblicherweise über Jahre und Jahrzehnte evolviert und diversifiziert. Greaves betont, dass sich nach und nach Mutationen in verschiedenen Genen hinzufügen, die schließlich zusammengenommen zu verstärktem Zellwachstum führen. Am Ende des Prozesses entsteht eine Zelle, die alle Kontrollmechanismen durchbrochen hat und sich nun ungehindert als unsterblicher Zellklon vermehren kann und territoriale Dominanz erlangt.[4]

In Anlehnung an das bereits erwähnte Postulat von Theodor Boveri weist auch Greaves (2003) auf den wesentlichen Unterschied von Krebs zu allen anderen Krankheiten hin, da alle Zellen eines Tumors sowie dessen Metastasen übli-

---

[1] Greaves (2003), S.24
[2] Ebenda.
[3] Greaves (2003), S.27
[4] Ebenda.

cherweise aus einer einzigen Ursprungszelle entstehen. Man bezeichnet diese als Klone, die allerdings nicht notwendigerweise auch alle genetisch ident sein müssen, da sie sich in beschleunigtem Tempo genetisch verändern können.[1] Krebs besteht aus bis zu mehr als 10^{12} geklonten Zellen, die sich über den gesamten Körper verstreuen können. Diese Zellen besitzen ein derartiges Vermehrungspotenzial, dass sie außerhalb des menschlichen Körpers, der ihnen räumliche Grenzen setzt, unter geeigneten Bedingungen unendlich weiter wachsen können.[2]

Krebszellen können als Mutanten beschrieben werden, die über einen längeren Zeitraum Schritt für Schritt eine Vielzahl von Mutationen erworben haben. Sie machen sich dabei ein grundlegendes und uraltes biologisches Prinzip zunutze – die zwei Mrd. alte Fähigkeit der klonalen Replikation. Bei der Tumorentwicklung entstehen immer wieder neue Zelltypen mit neuen Eigenschaften, bis schließlich ein Punkt erreicht ist, an dem sie faktisch unsterblich geworden sind. Die Zellen erwerben Selektionsvorteile, indem Mutationen nach und nach bestimmte wachstumskontrollierende Funktionen außer Kraft setzen (beispielsweise Zelltod-Programme, auf die noch im Detail eingegangen wird). Greaves (2003) betont, dass die Krebszellen wachstumshemmende Signale ignorieren und sich weiter vermehren. Sie werden trotz eingebauter Zelltod-Programme unsterblich und breiten sich unter Missachtung von Grenzen und Regeln ungehemmt aus.[3] Greaves beschreibt das Verhalten der Krebszellen als blind, egoistisch und atavistisch veranlagt. Durch den Verlust der normalen Zellkommunikation wird das betroffene Gewebe durch fortschreitende Funktionsstörungen weiter geschwächt.[4] So gesehen beruhen Krebszellen auf nichts anderem als einen evolutionären Rückfall. Bereits im Jahr 1893 bzw. 1926 bemerkten Sir Herbert Snow bzw. Morley Robert, dass Krebs sich aus Zellen entwickelt, die sich ein amöbenähnliches, egoistisches Verhalten angeeignet hätten. Sie brechen aus dem normalen Zellverband aus, indem sie die Verbindung an die Nachbarzellen verlieren.

Für Greaves (2003) ist die Krebsentstehung eine Form der Evolution selbst. Die Prozesse der Krebsentwicklung seien mit der Entstehung neuer Arten vergleichbar (auch auf zellulärer und genetischer Ebene). Die Krebsentstehung, so Greaves, läuft nach allen Regeln der Darwinschen Evolutionstheorie ab, und zwar speziell nach den Regeln der Evolution sich asexuell fortpflanzender Arten. Die grundlegenden Spielregeln umfassen die fortschreitende genetische Diversifikation durch Mutation und die nachfolgende Selektion einzelner Zellen aufgrund von genetisch festgeschriebenem Überlebensvorteil und reproduktiver Fitness.[5]

---

1   Vgl. Greaves (2003), S.35
2   Ebenda.
3   Greaves (2003), S.39
4   Ebenda.
5   Greaves (2003), S.40

Somit lässt sich zusammenfassen: [1]

- Krebs entsteht, bzw. wird initiiert und vorangetrieben durch Genmutation.
- Für die weitere Entwicklung des Krebses ist die erste Mutation entscheidend, die zur Herausbildung der Krebsursprungszelle führt, auch wenn schon vorher globalere Störungen aufgetreten sein mögen, die Gewebsfunktionen beeinträchtigen und viele Zellen gleichzeitig betreffen.
- Krebsklone evolvieren kontinuierlich durch genetische Diversifikation und Selektion (dabei vermitteln physische und physiologische Parameter innerhalb des Körpers und innerhalb der einzelnen Krebszellen den entsprechenden Selektionsdruck).
- Wird die Krebserkrankung diagnostiziert und therapiert, wirkt ein weiterer Selektionsdruck durch die verwendeten Therapeutika auf die Krebszellen. Wenige überlebende Mutanten können sich dann als therapieresistent erweisen.
- Krebszellen stehen mit normalen Körperzellen im Wettstreit um die Vorherrschaft in bestimmten Körperhabitaten. [2]

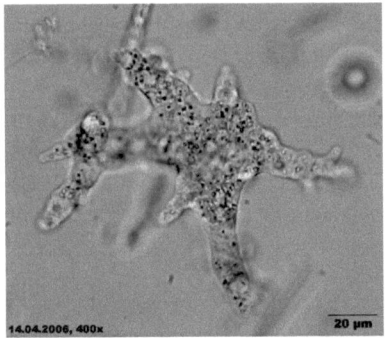 

Abbildung 21: Vergleich Einzeller, Amöbe (links) [3] *und Vielzeller, Seeanemone (rechts)* [4]*: Die Entstehung komplexer Vielzeller begann vor rund 600-700 Mio. Jahren.* [5] *Zellen begannen einen Zellverband einzugehen ("Gesellschaftsvertrag") und sich kooperativ, anstatt egoistisch zu verhalten. Der Wachstumsdrang wurde zugunsten einer Weiterentwicklung der Organismen eingeschränkt.*

---

1 Greaves (2003), S.40
2 Greaves (2003), S.41
3 http://www.dr-ralf-wagner.de/Amoeben_Sonnentierchen.html
4 http://de.wikipedia.org/wiki/Nesseltiere
5 Ludwig (2006), S.31

Die Krebszellen bedienen sich aber durch egoistisches-parasitärem Verhalten an den Gesetzmäßigkeiten der infiltrierten Gewebestrukturen. Sie nutzen Wachstumssignale, die eigentlich für normal spezialisierte Gewebezellen bestimmt sind für sich selbst, um durch die Ausschüttung von Wachstumsfaktoren zur Ingangsetzung von Reparatur- oder Verletzungsprozessen, die eigene Ausbreitung zu forcieren. Anstatt mit den anderen Zellen in Kontakt zu bleiben, brechen sie diese Kommunikation ab, um sich ganz ihrem Wachstumsprozess zu verschreiben.

Jedoch auch Krebszellen benötigen eine ausreichende Energieversorgung durch Sauerstoff. So verharren frisch eingewanderte Zellen zunächst in der Nähe der Blutgefäße, durch die sie in das neue Gewebe gelangt sind, um ausreichend mit Sauerstoff und Nährstoffen versorgt zu werden. „Diese Zellen beginnen üblicherweise erst mit der Zellteilung, wenn sie die Bildung neuer Gefäße induziert haben, es sei denn, sie befinden sich zufällig in einem ohnehin stark durchbluteten Gewebe. Gelingt es einer „Mikrometastase" nicht, die so genannte Angiogenese in Gang zu setzen, so bleibt sie winzig und scheinbar ruhend mit minimaler Expansionstätigkeit. Die unter solchen Umständen eher geringe Proliferationsrate wird durch gleichzeitig aus Sauerstoffmangel absterbende Zellen ausgeglichen. Primärtumor und Metastasen sind über die Energieversorgung eng miteinander verknüpft. So kann beispielsweise die angiogenetische Aktivität des Primärtumors (durch die Abgabe von chemischen Sauerstoffen ins Blut) seine eigenen Metastasen daran hindern, in ihrer Umgebung die Gefäßneubildung anzukurbeln.[1]

Im Weiteren sollen diese Mechanismen auf zellularer Ebene im Detail beschrieben werden, um die Analogien zu den Ausbeutungsstrategien und den von Bakan (2005), Korton (1995) und anderen bereits dargestellten Eigenschaften der transnationalen Konzerne aufzuzeigen.

---

[1] Greaves (2003), S.59

13 Zellen

Gewebe und Organe bestehen aus Zellen, die in Struktur und Funktion unterschiedlich sind, in ihrem Zusammenwirken aber den charakteristischen Aufbau und die spezifische Funktion der Organe bestimmen. Die Zelle dient der Aufrechterhaltung von Struktur und Funktion der diversen Gewebe und Organe und damit des gesamten Organismus.[1] Sie ist auf den gesamten Organismus abgestimmt und erfüllt spezifische Funktionen, welche Kommunikation mit anderen Zellen erfordert. Zell-, Gewebs- und Organschädigungen resultieren aus Beeinträchtigungen der Zellbestandteile. Dies kann unter anderem die Störung von Energieproduktion, Transport von biologisch wichtigen Molekülen, Zellteilung und Differenzierung sowie den Zelltod zur Folge haben. Eine Erkrankung kann damit auf zellulärer Ebene als Störung des Gleichgewichtszustandes der zellulären Prozesse angesehen werden.[2]

Aufbau der Zelle

Die Zelle besteht aus dem Zellkern, der gegenüber dem Zytoplasma durch die Kernmembran (Kernhülle) begrenzt ist. Die Kernmembran wird von Kernporen durchbrochen, durch die Austauschprozesse zwischen Zellkern und Zytoplasma stattfinden. Das Zytoplasma enthält Zellorganellen, gespeichertes Material und die so genannte Grundsubstanz (Zytosol). Eine dieser Zellorganellen sind die Mitochondrien, welche maßgeblich für die Energieproduktion in der Zelle sind. Durch den oxidativen Abbau von Kohlenhydraten und Fettsäuren zu CO_2 und Wasser wird Energie in Form von ATP (Adenosintriphospohat) erzeugt.[3]

Die Zelle wird von einer Membran mit eingebetteten beweglichen Proteinen umgeben. Diese haben eine Vielzahl unterschiedlicher Funktionen, wie Aufbau von Zellverbindungen, Rezeptoren für Wachstumsfaktoren und Hormone, Transporter für Ionen und andere Substanzen. Die Zellmembran reguliert den Stoffaustausch zwischen Intra- und Extrazellularraum im Rahmen aktiver und passiver Transportprozesse.[4] Damit hat die Zellmembran eine wesentliche Bedeutung

---
[1] Böcker (2001), S.36
[2] Ebenda.
[3] Ebenda.
[4] Böcker (2001), S.43

für die Aufrechterhaltung des internen Zellmilieus (Ionenzusammensetzung). Eine Störung im Bereich der Zellmembran steht häufig am Beginn einer Zellschädigung.[1]

Transmembranöser Transport und Energie

Der transmembranöse Transport kann aktiv oder passiv erfolgen. Bei einem aktiven Transport wird Energie benötigt, um die Ionen oder Moleküle gegen einen elektrochemischen Gradienten zu transportieren. Der passive Membrantransport entspricht einem Diffusionsprozess, wobei Ionen oder Moleküle die Membran entlang ihres elektrochemischen oder Konzentrationsgradienten durchdringen, ohne dabei Energie zu benötigen.

13.1 Zellverbindungen

Als **Zellverbindungen** werden die Berührungspunkte von Zellen in Geweben bezeichnet. Alle mehrzelligen Lebewesen weisen solche Zellkontakte auf. Sie werden auch als **Zell-Zell-Wechselwirkungen** bezeichnet. Zellverbindungen tragen sowohl zur mechanischen Bindung zwischen Zellen oder Zellen und der so genannten extrazellulären Matrix bei als auch zur Beeinflussung von Zellfunktionen, da von den Zellverbindungen Signale ausgehen. Sie sind damit bestimmend für den Zusammenhalt von Zellen in Geweben und Organen und für die Zellkommunikation.[2]

Die Zellkontakte werden im Wesentlichen von Proteinen hergestellt, die sich auf den Zelloberflächen befinden, den *Zelladhäsionsmolekülen*. Sie haben zwei grundlegende Aufgaben:[3]

- den Zusammenhalt von Geweben und
- die Kommunikation von Zellen miteinander

Adhäsion und Interaktion von Zellen spielen eine wichtige Rolle in der Organogenese, beispielsweise bei der Invasion von Tumorzellen. Den Zellzusammenhang bewirken Adhäsionsmoleküle, die Teile der Zellmembranproteine mit extra- und intrazellulärem Anteil sind.[4]

---

1 Vgl. Böcker (2001), S.39
2 Böcker (2001), S.39
3 Vgl. Böcker (2001), S.40
4 Böcker (2001), S.39

Viele dieser Zelladhäsionsmoleküle sind Transmembranproteine, die auf beiden Seiten (innen und außen) über die Zellmembran hinausragen. Diese Proteine können Signale von außen, beispielsweise von anderen Zellen, ins Innere weiterleiten, oder Signale von der Zelle an die Nachbarzellen weitergeben. Zelladhäsionsmoleküle vermitteln sowohl Kontakte zwischen Zellen als auch zwischen Zellen und der extrazellulären Matrix.

Der Zusammenhalt und die Kommunikation zwischen Zellen sind die Grundvoraussetzung für die Entstehung von komplexeren Organismen. Erst dadurch werden eine Differenzierung der Zellen und damit eine Spezialisierung von Geweben zu Organen ermöglicht.

Extrazelluläre Matrix

Die extrazelluläre Matrix besteht in der Regel aus der Basalmembran und dem interstitiellen Bindegewebe. Extrazelluläre Matrix und Basalmembran stellen Netzwerke dar, die vornehmlich dazu dienen, Zellen in einem Gewebe zusammenzuhalten.[1] Die extrazelluläre Matrix hat neben Stütz- und Strukturaufgaben auch als Leitstruktur für die Bewegung von Zellen in Geweben zu dienen und spielt damit eine wichtige Rolle bei Differenzierung, Organogenese und Regeneration. Im Verlauf einer malignen Progression wird sie von Karzinomzellen invadiert und abgebaut.[2]

Die Kommunikation zwischen Zellen wird normalerweise durch Botenstoffe bewirkt, die entweder direkt von Zelle zu Zelle wirken oder über Blut und Gewebsflüssigkeit transportiert werden. Diese Signalstoffe sind Ionen, kleine Proteine oder auch komplexe Makromoleküle.

Signalstoffe lösen nach Bindung an die in der Zellmembran verankerten spezifischen Rezeptoren eine sekundäre Signalreaktion aus, die zur Stimulation der betroffenen Zelle führt. Die unterschiedlichen Rezeptoren leiten auf die Zelle einwirkende Signale über eine Kaskade an Signalübertragungsmolekülen an den Zellkern weiter. Die einzelnen Signalübertragungswege sind mehrfach untereinander verbunden, so dass daraus ein intrazelluläres Signalnetzwerk wird, das ähnlich wie ein neuronales Netzwerk Informationen integriert und weiterleitet. Die Bindung eines Signalstoffs (Liganden) an einen Rezeptor kann auch zu Öffnung oder Verschluss eines Ionenkanals in der Zellmembran und damit zu einer entsprechenden Reaktion der Zelle führen.[3]

---

[1] Vgl. Hiddemann (2004), S.331
[2] Böcker (2001), S.40
[3] Böcker (2001), S.46

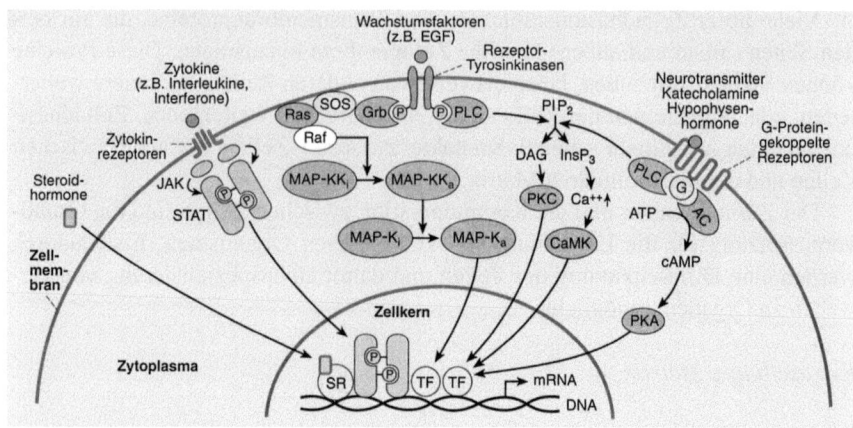

Abbildung 22: Schematische Darstellung von Signalübertragungswegen, die Teilung und Funktion von Zellen steuern. [1]

Bei der Krebszelle werden durch das physische Abkoppeln von Nachbarzellen durch Auflösen von Zellkontakten wachstumsrestriktive Einflüsse reduziert. Während der Krebsentwicklung herrscht ein starker Selektionsdruck, der diejenigen Zellen bevorzugt, die komplementäre Mutationen zur Steigerung der Proliferation einerseits und Verminderung inhibierender Faktoren andererseits erwerben. Den größten Selektionsvorteil erhalten sich konstitutiv teilende Zellen, die gleichzeitig die Signalwege für Differenzierung, Zelltod und Wachstumshemmung – zumindest teilweise – blockieren. [2]

Zelladhäsionsmoleküle

Zelladhäsionsmoleküle vermitteln den Kontakt von Zellen untereinander und die Adhärenz von Zellen an Bestandteile der extrazellulären Matrix (ECM). Sie regulieren auch die dynamischen Prozesse bei der Regeneration von Organen und bestimmen auch die Gewebs- und Organarchitektur. Mobile Zellen, wie z.B. weiße Blutkörperchen, können die Blutbahn verlassen und ins Gewebe abwandern (Lebensdauer: 2-3 Tage) und bewegen sich mittels Zelladhäsionsmolekülen an denjenigen Ort des Körpers, an dem die Zellen in physiologischen und pathologischen Situationen benötigt werden. Zelladhäsionsmoleküle sind an allen Schritten der malignen Progression beteiligt. Durch Verlust und Dysregulation von Zelladhäsionsmolekülen geht die geordnete Gewebestruktur verloren, Tu-

---

[1] Böcker (2001), S.45
[2] Greaves (2003), S.55

morzellen lösen sich aus dem Gewebsverband (Voraussetzung für die Infiltration bindegewebiger Strukturen ist die Expression von Adhäsionsmolekülen, die an die Bestandteile der ECM binden).[1]

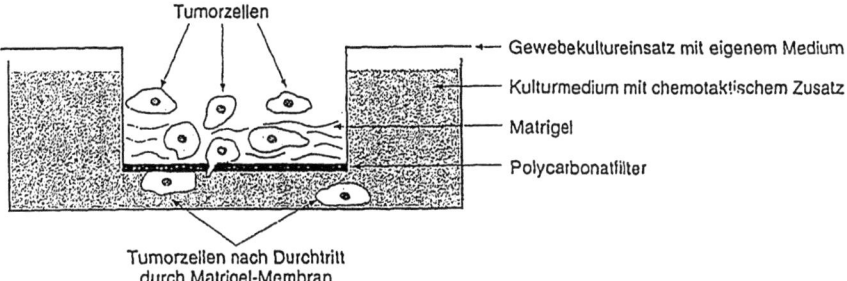

Abbildung 23: Auch die Degradation von Bestandteilen der ECM kann im in-vitro Versuch gezeigt werden. Der Abbau der Matrixbestandteile wird durch Nachweis der radioaktiven Zerfalle im Kulturmedium quantifiziert.[2]

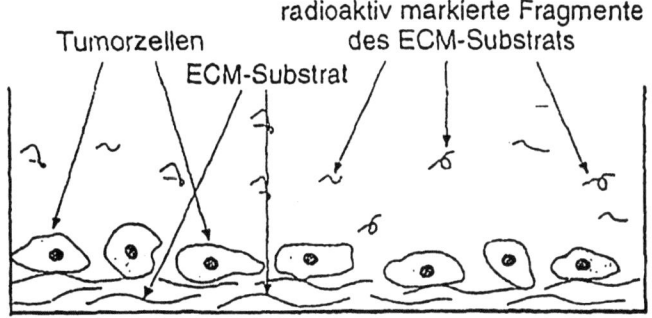

Abbildung 24: Die Bedeutung der Zelladhäsionsmoleküle für die maligne Progression[3]

Rückschlüsse auf Adhärenz und invasives Wachstum sowie auf den Abbau von Bestandteilen der bindegewebigen Matrix können auch im in-vitro Modellversuch dargestellt werden.

Dabei werden Tumorzellen auf definierten, radioaktiv markierten Substraten kultiviert. Diese wandern entlang eines chemotaktischen Gradienten aus einer

---

[1] Wagener (1999) S.227
[2] Ebenda.
[3] Wagener (1999) S.246

Kulturkammer durch ein basalmembran-ähnliches Gel in eine andere Kulturkammer.[1]

Das komplexe Zusammenspiel von Adhäsionsmolekülen bestimmt die Struktur und Dynamik von Geweben. In neoplastischen Geweben ist dieses Zusammenspiel gestört. Histopathologisch äußert sich dies in einer im Vergleich zum Normalgewebe verminderten Differenzierung.[2] Mit zunehmender Entdifferenzierung lösen sich einzelne Zellen aus dem Gewebsverband. Vorausgesetzt, diese Zellen sind mobil und mit den erforderlichen Bindungsproteinen ausgestattet, invadieren sie z.B. das interstitielle Bindegewebe. Der Verlust der Gewebsstruktur und invasives Wachstum sind daher oft miteinander gekoppelt.[3]

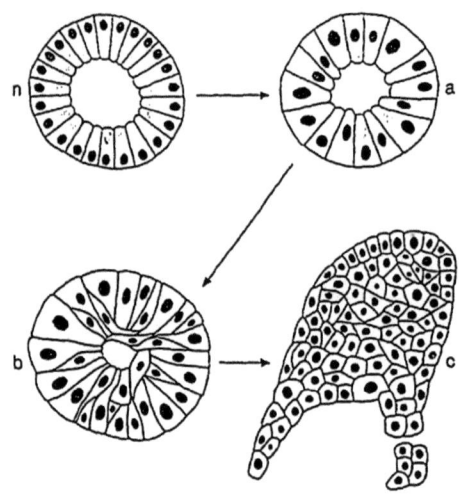

Abbildung 25: Verschiedene Differenzierungsgrade am Beispiel eines einschichtigen schleimbildenden Zylinderepithels (n: normaler Drüsenschlauch; a: geringfügige Entdifferenzierung; b: hochgradige Entdifferenzierung; c: vollständige Entdifferenzierung mit Verlust der Drüsenstruktur).[4]

Da die Zelladhäsionsmoleküle die Struktur eines Gewebes, wie bereits erwähnt, wesentlich bestimmen, kann der Verlust adhäsiver Eigenschaften ursächlich für eine verminderte Differenzierung und invasive Wachstumseigenschaften des Tumors verantwortlich sein.

---

1   Wagener (1999) S.246
2   Wagener (1999) S.247
3   Wagener (1999) S.248
4   Ebenda.

Die Gesamtheit der eingehenden Signale bestimmt, was eine Zelle wann und wo tun darf. Durch den physischen Kontakt mit Nachbarzellen und mechanischen Druck nehmen Zellen wahr, wie viel Platz ihnen zur Verfügung steht. So wird das Zellwachstum kontrolliert und das Territorium, die Lebensfähigkeit und die Lebensdauer von Zellklonen limitiert. Diese Spezialisierungs- und Differenzierungsprozesse bilden daher ein wirksames Abwehrsystem gegen potentielle klonale Proliferation. Spezialisierte, ausdifferenzierte Zellen konzentrieren daher ihre Energie auf die ihnen zugewiesenen Funktionen (zum Beispiel auf die Weiterleitung von Nervenimpulsen, die Herstellung von Verdauungsenzymen etc.). Dadurch werden sie automatisch von übermäßiger, zerstörerischer Vermehrung abgehalten.[1] Greaves (2003) betont, dass sich die Zelle durch den Verlust von genetischer Information auf relativ „einfachem" Wege einen Selektionsvorteil verschafft, indem sie Gene, die eine kontrollierende, hemmende Funktion besitzen, ausschaltet oder herauswirft.[2] Wenn Evolution, so Greaves weiter, zugelassen werden soll, können die bereits erwähnten Kontrollmechanismen nicht absolut reagieren. Um ein lebenslanges Funktionieren und Regenerieren der Organe zu gewährleisten, hat die Evolution die nur teilweise differenzierten Zellen erfunden, welche die Fähigkeit zu klonaler Expansion auch nach Festlegung des embryonalen Bauplanes besitzen. Die unvollständig differenzierten Zellen bilden die Grundlage dafür, dass langlebige Organismen, wie der Mensch, verletztes oder ermüdendes Gewebe immer wieder regenerieren können.[3] Greaves beschreibt dies als ein „immanentes Risiko", da sich „lebenswichtige Gewebefunktionen permanent an der Grenze zum Chaos befinden. Für ihre Aufrechterhaltung müssen sie notwendigerweise einerseits relativ stabil, gleichzeitig oszillierend und andererseits zu vorübergehender, regulierter Instabilität fähig sein."[4]

13.2 Zellteilung (Mitose) und Zellproliferation

In den meisten Geweben kommt es zu einer kontinuierlichen Erneuerung der Zellen. (Davon ausgenommen sind Gewebe, die aus nicht mehr teilungsfähigen Zellen bestehen, wie beispielsweise Nervengewebe). Die Zellproliferation steht normalerweise unter Kontrolle insbesondere durch:[5]
- Wachstumsfaktoren
- die Zell-Zell-Interaktion

---

[1] Greaves (2003), S.44
[2] Greaves (2003), S.80
[3] Greaves (2003), S.44
[4] Ebenda.
[5] Böcker (2001), S.47

- die Zell-Matrix-Interaktion

Die einzelnen Phasen des Zellzyklus müssen bei der Teilung einer Zelle exakt gesteuert und kontrolliert werden, um Störungen wie Mutationen oder den Zelltod zu verhindern. Unter einem Zellzyklus werden die Vorgänge zwischen zwei Zellteilungen (Mitosen) verstanden.

Der Teilungszyklus umfasst vier koordinierte, komplex regulierte Vorgänge: Zellwachstum, Replikation der DNA, Verteilung der duplizierten Chromosomen auf die Tochterzellen und die Zellteilung selbst. Proliferation, Differenzierung und Apoptose müssen durch externe Faktoren genau aufeinander abgestimmt werden.[1]

- G1- (Gap-) Phase: In dieser Phase erfüllen die Zellen ihre spezifischen Funktionen.
- S- (Synthese-) Phase: In dieser Phase kommt es zu einer Verdopplung der DNA.
- G2- (Gap-) Phase: Nach der DNA-Verdoppelung erfolgt die Vorbereitung für die Mitose.
- M- (Mitose-) Phase: umfasst die Phasen (4) der Mitose mit dem Resultat von 2 Tochterzellen.

Im ersten Schritt wird der Teilungsvorgang eingeleitet, bei dem eine ruhende Zelle von der G0-Phase, welche ein besonderer Abschnitt der G1-Phase ist, in der sich Zellen oft jahrelang befinden und ihre spezifische Funktion erfüllen, in die G1-Phase eintritt. Dieser Übergang wird durch Wachstumsfaktoren ausgelöst. Durch die Bindung von Wachstumsfaktoren an die entsprechenden Rezeptoren an der Zelloberfläche werden in der Zelle Reaktionen ausgelöst, wodurch Proteinkinasen, welche die einzelnen Phasen des Zellzyklus steuern, aktiviert werden.[2] Die Proteinkinasen beinhalten eine katalytische Einheit, die die DNA- Replikation und den Teilungsvorgang reguliert. Durch Fehler in der Zellzyklusregulation und Ausfall von Proteinen kann es zu unkontrolliertem Zellwachstum und zur Tumorentstehung kommen. Dabei können Fehler auf allen Ebenen der Wachstumssteuerung auftreten.

---

[1] Wagener (1999) S.115
[2] Böcker (2001), S.47

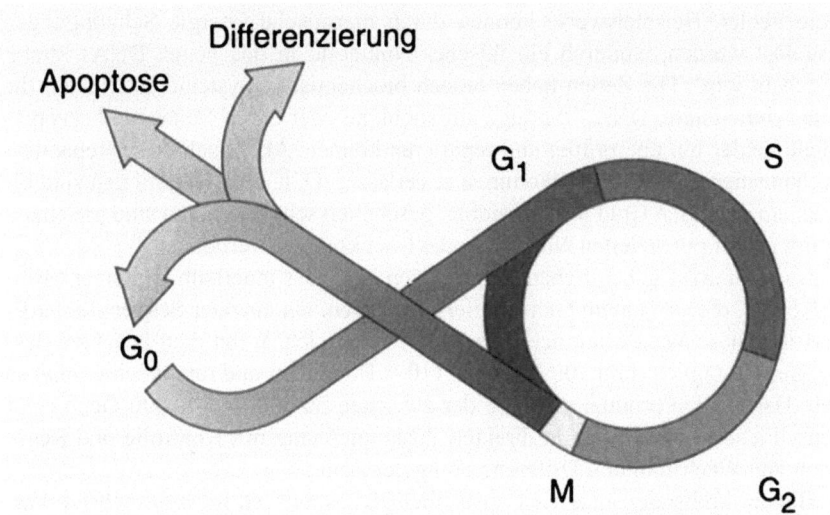

Abbildung 26: Zellzyklus [1]

Um eine ordnungsgemäße Übertragung der genetischen Information von einer Zelle auf die beiden Tochterzellen zu garantieren, gibt es im Verlauf des Zellzyklus verschiedene Kontrollpunkte. Diese sind im Zellzyklus dadurch gekennzeichnet, dass die darauf folgende Phase erst dann beginnt, wenn die vorherige vollständig abgeschlossen und fehlerfrei verlaufen ist. Wird durch komplexe Rückkopplungsmechanismen ein Fehler diagnostiziert, wird der Beginn der nächsten Phase so lange verzögert, bis dieser behoben ist.

Falls die Reparatur eines Fehlers nicht möglich oder die Reparatur fehlerhaft verlaufen ist, gibt es die Möglichkeit, die Zellen durch Apoptose zu eliminieren. Wird ein genomischer Schaden nicht erkannt oder gelingt es nicht, eine Zelle mit einem identifizierten genomischen Schaden auszuschalten, dann wird der genetische Defekt auf die Tochterzellen übertragen. [2]

Greaves (2003) weist darauf hin, dass sowohl Keimzellen als Aufbewahrungsorte der für die Nachkommen bestimmten chromosomalen DNA als auch alle anderen somatischen Zellen ihre DNA mit Hilfe eines sehr effizienten Mechanismus verdoppeln, bevor sie sich teilen. Dabei muss der aus vier verschiedenen Nukleotidbasen (A,C,T und G) bestehende genetische Code zuverlässig und fehlerfrei verdoppelt werden. Allerdings geschehen dennoch hin und wieder ein-

---

[1] Böcker (2001), S.47
[2] Wagener (1999), S.184

zelne Fehler. Beispielsweise können durch thermische Energie Schwingungen ausgelöst werden, wodurch ein falsches Nukleotid in den neuen DNA- Strang eingebaut wird. Die Zellen haben jedoch biochemische Systeme entwickelt, die neue synthetisierte DNA – Stränge auf spontane oder durch Mutagene hervorgerufene Fehler hin überprüfen und reparieren können. Aber auch diese Reparaturmechanismen sind nicht vollkommen zuverlässig. D. h. also, Mutationen sind bis zu einem gewissen Grad unvermeidbar, geschehen sehr selten und sind gleichzeitig mit einem potenziellen Nutzen für die Nachkommen verbunden.[1]

Nach Greaves gehen Schätzungen davon aus, dass innerhalb von einer Million Kopien, die von einem Gen angefertigt werden, ein einziger Sequenzfehler fixiert ist. Diese Wahrscheinlichkeiten relativieren sich, wenn man beachtet, dass der Mensch täglich rund 100.000 Mio. (10^{11}) Blutzellen und rund noch einmal so viele Darmzellen produziert. Viele der zwischen 30.000 und 40.000 Gene einer menschlichen Zelle stehen in direktem Zusammenhang mit Kontrolle und Regulation von Wachstum und Differenzierung der Zelle.[2]

Bis ein krebsrelevantes Gen tatsächlich Krebs auslöst, müssen mehrere Voraussetzungen erfüllt sein:[3]

- Es muss mutieren und anschließend dem Reparaturmechanismus entgehen bzw. fehlerhaft repariert werden.
- Es muss eine Mutation erwerben, die die Funktion des kodierten Proteins verändert.
- Die veränderte Proteinfunktion muss einen direkten oder indirekten Überlebensvorteil für die betroffene Zelle und ihre Abkömmlinge bieten.

Greaves (2003) beschreibt die Wirkungen von Selektions- und Mutationsmechanismen auf die Tumorzellen und deren Wachstum. Der Selektionsdruck, der die natürliche Selektion von Krebszellen ermöglicht, wirkt sowohl von außen auf sie ein, er entsteht aber auch in der Zelle selbst. Die Zelle besitzt alle notwendigen Notfallpläne, um expansiver Vermehrung durch Wachstumshemmung oder Selbstmord vorzubeugen.[4] Zellen, die diesen Mechanismus jedoch durch Mutation ausschalten können, erwerben einen reproduktiven Vorteil gegenüber den Nachbarzellen. Expandiert eine Krebsursprungszelle, benötigt sie Platz und Nährstoffe, welche limitierte Ressourcen sind. „Damit entsteht ein neuer Selektionsdruck, der wiederum das Auftreten von Mutationen begünstigt, die es dem

---

[1] Greaves (2003), S.48
[2] Ebenda.
[3] Greaves (2003), S.49
[4] Greaves (2003), S.56

Träger ermöglichen, die umgebenden Geschwisterzellen zu übervorteilen und sich durchzusetzen."

Aufgrund von Mutationen kann die Zelle beispielsweise bereits mit geringen Mengen an Wachstumsfaktoren auskommen, sie wird immun gegen wachstumshemmende Faktoren, kann selbst notwendige Substanzen synthetisieren und auch das umgebende Gewebe dazu bringen, sie mit stimulierenden Wachstumsfaktoren zu versorgen.[1] Somit betrügt die Krebszelle ihre Umgebung.

13.3 Veränderung, Zellschädigung und Zelltod

Als „Apoptose" (griech. Abfallen, Abtropfen) wird die genetisch programmierte Elimination von Zellen verstanden (= programmierter Zelltod). Normalerweise besteht im Körper ein Gleichgewicht zwischen Zellerneuerung und Zellverlust. Während der Embryonalentwicklung, physiologischen Involutionsprozessen und pathologischen Vorgängen tritt Apoptose verstärkt auf. Die Zellen sterben durch Ausbleiben eines Überlebenssignals oder durch Kontakt mit zytotoxischen Molekülen.[2]

Proliferation und Apoptose beeinflussen die Zellzahl in entgegengesetzter Richtung. Man könnte daher annehmen, dass diesen extremen Ereignissen gänzlich verschiedene Signalwege zugrunde liegen. Dies ist jedoch nicht der Fall: Ein definierter Stimulus kann sowohl Apoptose als auch Proliferation auslösen. Die endgültige Zellzahl hängt vom Gleichgewicht zwischen Apoptose und Proliferation ab, das von weiteren Faktoren beeinflusst wird.

Die Wirkung von Zell-Zell- und Zell-Matrix-Kontakt als Überlebensfaktor stellt sicher, dass Proliferation am richtigen Ort stattfindet.[3]

Das Gleichgewicht zwischen Proliferation und Apoptose kann nur dann aufrecht erhalten werden, wenn die durch äußere und innere Faktoren ausgelösten Signalwege genau aufeinander abgestimmt sind. Durch Aktivierung oder Inaktivierung von Tumorproteinen, die in diesem Signalwegen liegen, kann die Balance zwischen den verschiedenen Signalwegen nachhaltig gestört werden. Die Chance, dass durch Mutationen von Tumorgenen ein neues Gleichgewicht geschaffen wird, ist verhältnismäßig relativ gering.[4]

---

[1] Greaves (2003), S.56
[2] Böcker (2001), S.56
[3] Wagener (1999), S.151
[4] Wagener (1999), S.153

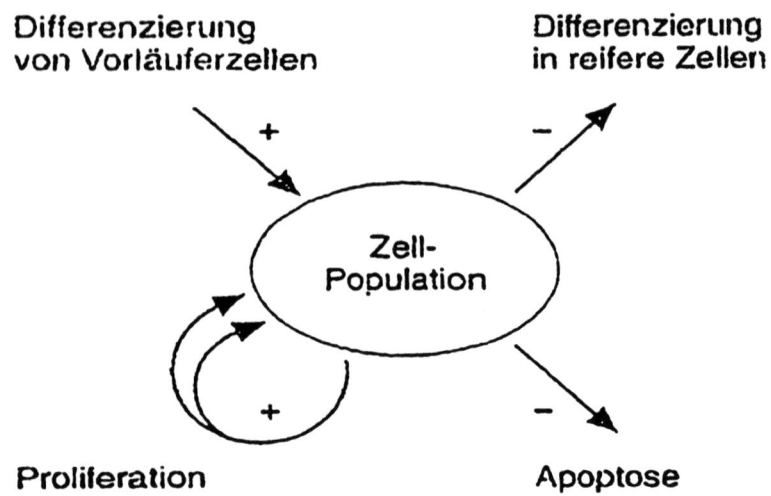

Abbildung 27: Apoptose, Proliferation und Differenzierung und deren Einfluss auf die Zellpopulation. [1]

Greaves (2003) betont, dass auf diese Weise ein kleiner Tumor mit nahezu normaler zellulärer Architektur und Funktion entstehen kann. Ein solcher Tumor mag inaktiv erscheinen, da sein Umfang nicht weiter zunimmt. Das fehlende Größenwachstum beruht allerdings nicht auf Inaktivität, sondern vielmehr auf einer Art Patt-Situation zwischen den beiden gegenläufigen Kräften der Proliferation und des Zelltods. Ein solcher Tumor hat bereits den ersten Schritt in Richtung klonaler Expansion und Bösartigkeit vollbracht. Damit ein klonaler Zellverband seine Umgebung dominieren kann, muss er mehr Zellen produzieren als er gleichzeitig verliert.[2] Deshalb kann bei krebsauslösenden Mutationen zwischen 2 Grundtypen unterschieden werden:

- Mutationen, die die Reproduktionsaktivität konstitutiv oder unaufhaltsam erhöhen und
- Mutationen, die zu einem Verlust der Wachstumskontrolle führen.

Zellen reagieren nur dann auf einen Wachstumsstimulus mit einer Zellteilung, wenn gleichzeitig das Apoptoseprogramm blockiert wird. Somit wird unkontrolliertes Zellwachstum verhindert. Dies zeigt auch, warum im Rahmen der Karzi-

---

[1] Wagener (1999), S.2
[2] Greaves (2003), S.54

nogenese mehrere Mutationen zusammenwirken müssen. Bei der Krebsentstehung wird die Apoptose gehemmt und es kommt zu einer Zunahme der Zellzahl. Das apoptotische Programm wird nicht nur bei der Zellschädigung, sondern auch beim Fehlen von Wachstumsfaktoren und bei inadäquater Wachstumsstimulation ausgelöst. Durch diesen biologischen Sicherungsprozess sollen Zellen mit dereguliertem Wachstum eliminiert werden. So wird auch die Tumorentstehung verhindert. Bei der Krebsentstehung müssen also mehrere Gendefekte, welche die Regulation der Zellteilung und der Apoptose betreffen, zusammenwirken.

Das Apoptoseprogramm verhindert auch unter physiologischen Bedingungen, dass „heimatlose" Zellen dem Organismus schaden, indem sie sich in fremden Geweben ansiedeln. Metastasierende Tumorzellen unterlaufen diese physiologische Kontrolle. Sie sind nicht länger auf den Kontakt mit der extrazellulären Matrix angewiesen und überleben unter extremen Bedingungen in Lymph- und Blutbahnen. Tumorzellen müssen somit über Mechanismen verfügen, die ihnen das Überleben nach dem Verlust des Substratkontaktes ermöglichen.[1]

Auslösen der Apoptose

Der Zelltod kann ausgelöst werden durch:

- Hormonähnliche Faktoren
- Zellschädigungen (Bestrahlung, Toxine...etc.)[2]

Laut Greaves (2003) ist es unmittelbar einleuchtend, dass Gene, die zu einem solchen Apoptose-Programm beitragen, sich schon am Beginn der Evolution als sehr vorteilhaft herausgestellt und durchgesetzt haben müssen. Vielleicht sind sie so sogar bereits in den ersten Kolonie-bildenden Einzellern aufgetreten. Damit wird auch verständlich, warum sich unsere Epithelien und unser Blut mit so hoher Geschwindigkeit permanent erneuern. Da sie am unmittelbarsten mit einer potenziell toxischen Umwelt in Kontakt treten, besitzen sie auch das höchste Risiko, DNA-Schäden zu erleiden, was den sofortigen Zelltod zur Folge hätte.[3]

---

[1] Wagener (1999), S.259
[2] Böcker (2001), S.57
[3] Greaves (2003), S.45

14 Tumor

Nach Böcker (2001) bezeichnet man als Tumor (von lat.: *tumor, -oris* (n) = Schwellung oder Geschwulst) eine abnorme Gewebsmasse, die durch Vermehrung von körpereigenen entarteten Zellen (transformierte Zellen, Tumorzellen) entsteht. Dieser Prozess ist vor allem das Ergebnis von Regulationsstörungen im Rahmen von Zellteilung (Proliferation) und Zellverlust (Apoptose) transformierter Zellen. Die Folge hiervon ist Tumorwachstum.[1] Weitere Eigenschaften von Tumorzellen können die Invasion und Metastasierung im Körper sein.

Der Tumor zeichnet sich durch viele, in Zellteilung begriffene unreife Zellen aus und besitzt eine von der normalen Gewebearchitektur stark abweichende Gestalt und greift auf umliegendes Gewebe über. Das Auftreten solcher unorganisierter oder schwach differenzierter Gewebeanteile innerhalb eines Tumors kann eindeutig als „Dedifferenzierung", also rückwärts gewandter Entwicklung, interpretiert werden.[2]

Die Begriffe „Neoplasie" (Neubildung) und „Tumor" werden im allgemeinen synonym verwendet. Man versteht darunter die abnorme Vergrößerung eines Gewebes, welche durch autonome, progressive und überschießende Proliferation körpereigener Zellen entsteht. Im Tumor ist der Anteil sich teilender Zellen (die so genannte Wachstumsfraktion) größer als im Normalgewebe.[3]

14.1 Einteilung

In der klinischen Praxis hat sich als wichtigstes Entscheidungsprinzip einer Tumorerkrankung die Unterscheidung in gutartige (benigne) und bösartige (maligne) Tumore herauskristallisiert.

Benigne Tumoren sind überwiegend durch ein langsames, expansiv-verdrängendes Wachstum gekennzeichnet, d. h. die durch das Zellwachstum entstehende zusammenhängende Tumormasse führt zu Verdrängung und übt Druck auf das angrenzende normale Gewebe aus.[4] Benigne Tumor sind gut begrenzt und zei-

---
[1] Böcker (2001), S.164
[2] Greaves (2003), S.55
[3] Wagener (1999), S.1
[4] Vgl. Böcker (2001), S.164

gen einen hohen Differenzierungsgrad, sie ähneln dem entsprechenden Normalgewebe.[1]

Maligne Tumore zeichnen sich durch invasives, destruierendes Wachstum und die Fähigkeit zur Verschleppung und Absiedelung von Zellen in andere Gewebe und/oder Organe (Metastasierung) aus. Histologisch zeigen maligne Tumoren im Vergleich zum Normalgewebe zumeist stärkere Kern- und Zellveränderungen. Das entscheidende Merkmal maligner Tumoren liegt in der Fähigkeit ihrer Tumorzellen, das normale Gewebe zu infiltrieren (Invasion) und zu zerstören (Destruktion). Diese Fähigkeit führt zu Einbrüchen in Lymph- und Blutgefäße und damit zur Verschleppung und dem Weiterwachsen des Tumors an anderer Stelle (Metastase).[2] Histologisch zeigen maligne Tumoren in unterschiedlichem Ausmaß einen Verlust der zellulären und geweblichen Ausreifung im Vergleich zum Ausgangsgewebe, bis hin zum völligen Verlust der Ähnlichkeit zum Muttergewebe.[3]

In nachfolgender Tabelle sind die Eigenschaften benigner und maligner Tumoren nochmals zusammengefasst und gegenübergestellt:

Merkmal	Benigner Tumor	Maligner Tumor
Wachstumsrate	• langsam wachsend • Mitosefiguren selten	• langsam bis schnell wachsend • Mitosefiguren können zahlreich sein • atypische Mitosen
lokale Ausbreitung (Makroskopie)	• meist zusammenhängender, gut begrenzter Tumor • expansiv-verdrängendes Wachstum • oft fibröse Tumorkapsel	• meist schlecht begrenzter Tumor • invasives, destruierendes Wachstum
Histologie	• hoher Differenzierungsgras (Tumorgewebe entspricht häufig dem Ursprungsgewebe) • Zellen meist monomorph	• Differenzierungsverlust (Ähnlichkeit zum Ursprungsgewebe in unterschiedlichem Ausmaß verlorengegangen) • Zellatypien
umgebendes Gewebe	• Kompression • Druckatrophie	• Invasion • Destruktion
Klinik	• Kompressionssymptome • Hormonsekretion • Heilung durch chirurgische Exzision	• Rezidive • Metastasen • Heilung in Frühfällen durch chirurgische Exzision

Abbildung 28: Unterscheidungsmerkmale maligner und benigner Tumoren.[4]

Darüber hinaus treten eine Reihe von zellulären Merkmalen auf, die für die Unterscheidung von malignen und benignen Tumoren von diagnostischer Bedeutung sind und unter dem Begriff „Atypie" zusammengefasst werden. Diese Merkmale (Variabilität von Zellgröße und -form, Auftreten unterschiedlich großer Kerne, Unterschiede in der Kernform, u.a.) sind in malignen Tumoren in

---
[1] Böcker (2001), S.165
[2] Ebenda.
[3] Böcker (2001), S.166
[4] Böcker (2001), S.164

unterschiedlichen Ausmaßen entwickelt. Invasives und destruierendes Wachstum sowie Metastasierung stellen die wichtigsten Kriterien der Malignität dar.

Für die Beschreibung der anatomischen Ausbreitung maligner Tumoren wird am häufigsten die international akzeptierte Klassifikation der Unio Internationalis Contra Cancrum (UICC) verwendet. Das TNM-System beschreibt die Ausdehnung der Erkrankung durch gestufte Angaben zu drei Merkmalen. Im Detail wird darauf noch im Kapitel „Tumor" eingegangen.

Das System basiert auf der Feststellung von drei Komponenten, nämlich der Ausdehnung des Primärtumors (T), dem Fehlen oder Vorhandensein und der Ausdehnung von Lymphknotenmetastasen (N) sowie dem Fehlen oder Vorhandensein von Fernmetastasen (M).[1]

- T=Tumor: lokales Wachstum und Ausdehnung des Primärtumors
- N=Node: Befall der regionären Lymphknoten mit Lymphknotenmetastasen
- M=Metastasis: Ausbildung von Fernmetastasen

TNM-Klassifikation

- Primärtumor (T)
  - T0: keine Evidenz für einen Primärtumor
  - T1: Evidenz zunehmender Größe und/oder lokaler Ausdehnung des Primärtumors bis hin zum Überschreiten der Organgrenze und zur Infiltration in die Umgebung
  - T2,T3,T4

- Lymphknotenbeteiligung (N)
  - N0: keine Evidenz für den Befall regionärer Lymphknoten
  - N1: Evidenz zunehmenden Befalls regionärer Lymphknoten
  - N2, N3

- Fernmetastasen (M)
  - M0: keine Evidenz für Fernmetastasen
  - M1: Fernmetastasen gesichert

Semimaligne Tumore stellen eine Sonderform dar. Sie wachsen zwar lokal invasiv und destruktiv, metastasieren jedoch nicht (z.B. ein Basaliom der Haut).

Tumorarten die einen Zellverband bilden werden als „solide" Tumore bezeichnet (Karzinome, Sarkome). Die Pathogenese solider und nicht-solider Tu-

---

[1] Hiddemann (2004), S.35

more umfasst gemeinsame Schritte, solide Tumore durchlaufen jedoch zusätzliche Stadien, die u.a. mit dem Verlust des Kontaktes der Zellen miteinander und zu umgebenden Strukturen sowie der Invasion des Bindegewebes und von Blut- und Lymphgefäßen zusammenhängen.[1]

Wie bereits erwähnt unterliegen Zellteilung, Differenzierung, Zell-Zell-Kontakte und Apoptose von Zellen einer präzisen Regulation durch extrazelluläre Signale. Durch das Gleichgewicht zwischen Wachstumsfaktoren, welche die Zellteilung bestimmen, und Zellverlustrate (Zelltod) entsteht eine präzise regulierte Massenkonstanz von Geweben und Organen im Erwachsenenalter.[2]

Die meisten der menschlichen Zellen können sich nicht beliebig oft teilen. Bei jeder Zellteilung geht von den Chromosomenenden ein Stück verloren, sie werden kürzer. Damit ist die Anzahl der Zellteilung begrenzt und ein oberes Limit festgesetzt. Ist die Zeit der Zelle abgelaufen, so tritt sie in das Stadium der Seneszenz ein und wird dazu gezwungen entweder in ein Ruhestadium einzutreten oder zu sterben. Durch die Aktivierung eines Enzyms, das die Chromosomenenden nach jeder Zellteilung wieder erneuern kann, kann dieser „natürliche Tod" der Zelle ausgeschaltet werden. Einige Stammzellen produzieren dieses „Unsterblichkeitsenzym", die **Telomerase**, auch von Natur aus. Die Expression des Telomerase Gens ist ein wichtiger Schritt auf dem Weg zur Krebsentstehung und daher in jedem bösartigen Krebsklon nachweisbar. So erlangt die Krebszelle quasi „Unsterblichkeitscharakter".[3] Im neoplastischen Gewebe ist die Homöostase zu Ungunsten von Differenzierung und Apoptose in Richtung Proliferation verschoben und/oder der Untergang von Zellen durch Apoptose blockiert. Dies hat einen Anstieg der Zellzahl zur Folge.[4] Die durch genetische Mutationen ausgelöste Transformation von Zellen zu Tumorzellen geht mit einer Störung der zellulären Regulationsmechanismen einher. Die Tumorzelle kann so zum Beispiel auf Grund einer endogenen Stimulation proliferieren, ohne dass ein externer Wachstumsimpuls vorliegt (autonomes Wachstum). Dieser Prozess ist irreversibel, progressiv und nicht mit dem normalen Gewebe akkordiert. Es kommt zur Bildung einer abnormen Gewebsmasse.[5]

Die Tumorzelle induziert darüber hinaus eine Gefäßneubildung (Tumorangiogenese) mit Ausbildung eines Tumorstromas (gefäßhaltiges Stützgewebe).

Klinische Symptome des Tumors entstehen durch:

---

[1] Wagener (1999), S.1
[2] Böcker (2001), S.164
[3] Greaves (2003), S.62
[4] Vgl. Wagener (1999), S.1
[5] Böcker (2001), S.164

- das lokale Wachstum (Druck, Gewebedestruktion)
- die Wirkungen der Stoffwechselproduktion der Tumorzellen auf den Gesamtorganismus
- die fortschreitende Streuung im Gesamtorganismus

Greaves (2003) betont, dass die Krebszelle dem Produkt ihrer durchlaufenen Lebensgeschichte und äußeren Umgebungen entspricht. Dabei verwandelt und gestaltet sie ihre Umgebung, ihr Ökosystem, zu ihren Gunsten. Fortschritt wird dabei durch Mutation erreicht. Diese Mutationen führen jedoch zu einer fortschreitenden Zerstörung der normalen Signalwege innerhalb der betroffenen Zelle und der Kommunikation zwischen benachbarten Zellen.[1]

Der invasiv wachsende Tumor ist demnach losgelöst von „funktionellen Zusammenhängen" und „jeglichem sozialen Dialog." „Sein genetischer Vertrag ist ausgelöscht. Er ist unsterblich und reisefreudig und unternimmt nichts anderes als die eigene Vermehrung. Dies (…) bedeutet eine Wiederauferstehung des eigentlich bereits lange überwundenen Egoismus der Einzeller."[2]

14.2 Evolution von Tumoren

Tumoren entstehen in der Regel aus einer einzelnen Normalzelle. Die Entstehung bösartiger Tumoren (als „maligne Transformation" bezeichnet) passiert in diskreten Schritten.[3] Durch ein initiales Ereignis in einer einzelnen Zelle erhält diese im Vergleich zu den benachbarten Zellen einen Wachstumsvorteil. Dies führt dazu, dass die Einzelzelle zu einem Klon identischer Zellen expandiert, wenn die Kontrollmechanismen des Wirtes das zulassen. Eine Zelle dieses Klons wird durch ein zweites Ereignis getroffen, wodurch sich wiederum ein Wachstumsvorteil ergibt. Dies wiederholt sich, bis eine Zelle zu einem Tumor auswächst, der den Kontrollmechanismen des Wirtes weitgehend entzogen ist. Somit kann der Tumor in fremdes Gewebe einbrechen und dort Tochtergeschwülste absiedeln.

Tumore entstehen ursächlich durch genetische Veränderungen auf DNA-Ebene.[4] Die Eigenschaften der Malignität werden von der Mutter- auf die Tochterzelle vererbt und müssen somit genetisch fixiert sein. Veränderungen der DNA, die malignen Entartungen von Zellen, können auch durch bestimmte Umwelteinflüsse wie Strahlung oder chemische Substanzen bewirkt werden. Zur Ausprägung des vollen malignen Phänotyps sind meist mehrere Mutationen verantwort-

---

[1] Vgl. Greaves (2003), S.107
[2] Greaves (2003), S.107
[3] Wagener (1999) S.2
[4] Vgl. Wagener (1999) S.4

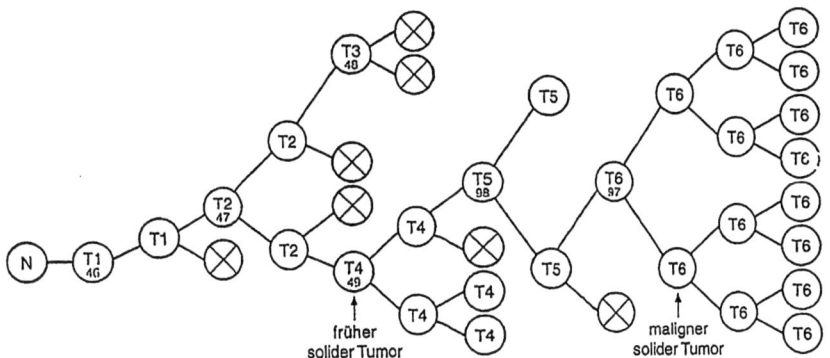

Abbildung 29: Modell einer klonalen Evolution maligner Tumoren. Aus einer Normalzelle (N) entsteht ein Zellklon mit einem Wachstumsvorteil (T1). Durch ein zweites Ereignis entsteht der Klon T2 mit weiteres Wachstumsvorteil usw. Manche Zellklone sind nicht überlebensfähig und werden durch Kontrollmechanismen des Wirts eliminiert. [1]

lich. Eine Mutation kann dabei immortalisiertes Wachstum, eine zweite substratunabhängiges Wachstum, bewirken.

Greaves (2003) weist darauf hin, dass diese Mutationen statistisch gesehen selten auftreten und ihre Anhäufung schrittweise über einen längeren Zeitraum hinweg erfolgt. Gerade die während der Evolution entwickelten Kontrollmechanismen sind es, welche das geeignete Umfeld für die natürliche Selektion mutierter Zellen erzeugen, denn einen Selektionsvorteil erhalten Zellen, die den Kontrollen entgehen können oder ihre Nachbarzellen schlichtweg überwuchern. [2]

Krebszellen entwickeln Strategien, mit denen sie sich von ihrem Umfeld einfach loskoppeln, ihre Nachbarzellen unterdrücken oder ihre Umgebung so verändern, dass sie ihnen bessere Voraussetzungen für expansives Wachstum bietet. [3]

Jeder Tumor basiert auf der Akkumulation von Störungen im genetischen Programm einer Zelle, die man grob in sechs Kategorien unterteilen kann: [4]

- Unabhängigkeit einer Krebszelle von externen Wachstumssignalen
- Verlust einer Gegenregulation von Wachstumsprozessen durch inhibitorische Signale, etwa über die Tumorsuppressoren
- Entkopplung von den normalen Regelkreisen des programmierten Zelltodes durch Störungen proapoptotischer oder antiapoptotischer Faktoren

---

[1] Wagener (1999) S.4
[2] Greaves (2003), S.53
[3] Ebenda.
[4] Hiddemann (2004), S.104

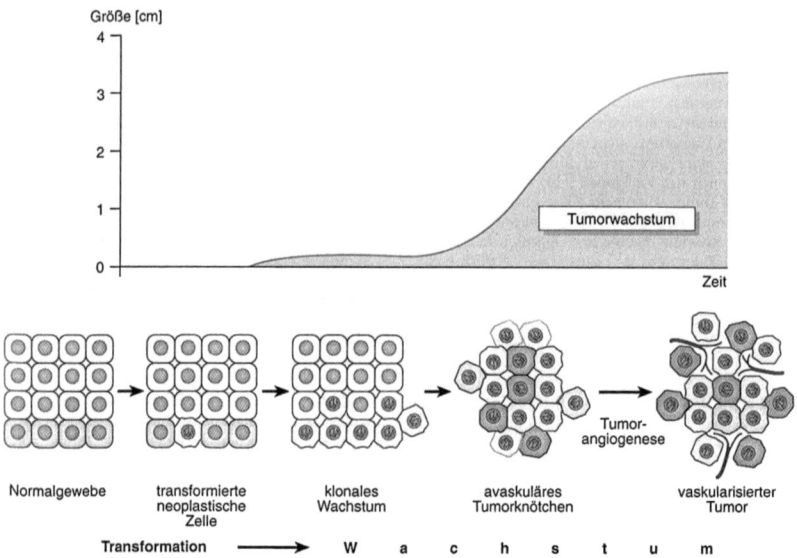

Abbildung 30: Entwicklung eines Tumors nach Entstehung einer transformierten neoplastischen Zelle mit klonalem Wachstum. [1]

- unbegrenzte Fähigkeit zur Zellteilung
- Rekrutierung neuer Gefäßanschlüsse für den Tumor vermittelt durch Angiogenesefaktoren („vascular endothelial growth factor")
- schließlich überschreiten Tumoren die natürlichen Organgrenzen und metastasieren; auch dieser Prozess kann durch eine Reihe genetischer Läsionen verursacht werden, etwa die Inaktivierung des interzellulären Signalmediators.

Ausschaltung von Caretaker-Genen (p53)

Während der Tumorentwicklung besteht ein Selektionsdruck, der Mutationen in den so genannten Caretaker-Genen begünstigt. „Diese Gene sind für den Schutz der Chromosomen und der DNA verantwortlich, also für das Aufspüren von Schädigungen, für Reparatur und Stabilität sowie für die korrekte Aufteilung der Chromosomen bei der Zellteilung (Mitose) und die globale Expressionskontrolle. Sind sie mutiert und funktionsunfähig geworden, so kommt es zu einer weit rei-

---

[1] Böcker (2001), S.187

chenden genomischen Instabilität, die das Risiko für weitere Mutationen um das Hundertfache erhöhen kann."[1]

Ein Beispiel für ein solches Gen, ist das P53-Protein. Wird eine Zelle beschädigt, löst das p53 in Abhängigkeit der Art und Schwere der Schädigung und vom Zelltyp verschiedene Prozesse aus. Zellen, die beschädigt sind und deren DNA ernsthafte Veränderungen erfahren hat, müssen entweder:[2]

1. die Proliferation unterbrechen und die Schäden reparieren oder
2. die Proliferation unterbrechen und eine verlängerte Ruhephase oder Quieszenz eingehen oder
3. die weitere Vermehrung vollständig einstellen – und letztlich absterben.

Deshalb ist das p53 auch das bei Krebs am häufigsten veränderte Gen, denn:[3]

1. durch die p53-Inaktivierung wird es Zellen möglich, eigentlich tödliche Mutationen zu erwerben, die eine dauerhafte Proliferation induzieren,
2. die p53-Inaktivierung erlaubt es Zellen unter Sauerstoffmangel zu überleben, also zum Beispiel in nur schwach durchbluteten Tumoren,
3. der Verlust der p53-Funktion ermöglicht es krebsauslösenden Viren, sich zu vermehren, und
4. durch Inaktivierung von p53 können Zellen sich trotz DNA Schädigungen weiter teilen.

14.3 Maligne Progression

Unter maligner Progression versteht man die Ausbreitung transformierter Zellen im Organismus. Auf der Basis von histologischen, zytologischen und zellbiologischen Untersuchungen lassen sich verschiedene Schritte der malignen Progression abgrenzen.[4]

Greaves (2003) betont, dass die Metastasierung, also die Emigration der Krebszellen, ein weiteres kritisches Stadium der Krebsevolution bildet. Dabei werden Gewebegrenzen übertreten, die nicht nur zwischen, sondern auch innerhalb von Geweben bestehen und die zelluläre Territorien und Expansionsregeln festlegen. Um diese Grenzen zu durchbrechen, müssen Krebszellen physische

---

[1] Greaves (2003), S.63
[2] Greaves (2003), S.64
[3] Greaves (2003), S.65
[4] Wagener (1999), S.220

Barrieren auflösen, um innerhalb von Geweben zu expandieren und schließlich aus ihnen zu emigrieren und neue Gewebe zu infiltrieren und kolonisieren.[1]

Einzellige Organismen (Bakterien, viele Protozoen und Viren) haben sich basierend auf dem einfachen Prinzip der Selbstvervielfältigung erfolgreich ausgebreitet. Die Evolution der mehrzelligen Organismen vor rund 700 Mio. Jahren markierte den entscheidenden Übergang zu komplexerem Leben und veränderten Reproduktionsstrategien. Die Spezialisierung von Zellen und Geweben war die Voraussetzung dafür. Die einzelnen Zellen wurden voneinander abhängig und ordneten sich als Teile einem Ganzen unter. Trotz dieser primär kooperativen Lebensweise bewahrten die Zellen aber ihre Fähigkeit zu klonaler Expansion und zu Durchbrechung von Gewebegrenzen. Sie konnten sich also weiterhin – zumindest teilweise – wie ein Einzeller, eine Krebszelle, verhalten.[2]

Wie bereits erwähnt, ist die Vermehrung von Zellklonen auch bei mehrzelligen Organismen für einige lebenswichtige Prozesse, wie beispielsweise bei der Embryogenese, bei Geweberegeneration, Entzündungen, Wundheilung und bei Säugern während der Schwangerschaft essentiell, daher sind während der Evolution diese entsprechenden Gene selektiert und konserviert worden. Die Evolution mehrzelliger Organismen war jedoch nur mit Mechanismen möglich, die den Konflikt zwischen einzelner Zellen und gesamten Zellverband stabilisieren konnten. Bei Pflanzen war dies aufgrund der völlig anderen Architektur mit immobilen Zellen und einer festeren Zellwand weniger problematisch. Deshalb können Pflanzen zwar lokal Tumore entwickeln, aber keinen metastasierenden Krebs.

Es musste also bei der Evolution der ersten Metazoen gleichzeitig zu einer Entwicklung von Mechanismen kommen, die das Risiko von aus dem Zellverband ausbrechenden Krebszellen drastisch verringerten. Greaves beschreibt diese Kontrollmechanismen als eine Art „Gesellschaftsvertrag" zwischen den Zellen, der „in der Sprache der DNA abgefasst ist und von verschiedenen chemischen Signalen, die die Zellen untereinander austauschen, gesteuert wird."[3] Dieser Vertrag sei auch deshalb notwendig, weil jeder Zelltyp in seiner eigenen Sinneswelt lebt, die mit der einzigartigen „Merkwelt" jeder Art vergleichbar ist. Der Gesellschaftsvertrag regelt somit das Gleichgewicht zwischen klonaler Zellvermehrung und durch programmierten Zelltod regulierten Zellverlust.[4]

- Tumorzellen durchdringen die Basalmembran und wandern in das subepitheliale Bindegewebe ab (Invasion) und können aktiv Bestandteile des Bindegewebes abbauen (Destruktion).

---

[1] Greaves (2003), S.41
[2] Greaves (2003), S.43
[3] Vgl. Greaves (2003), S.43
[4] Ebenda.

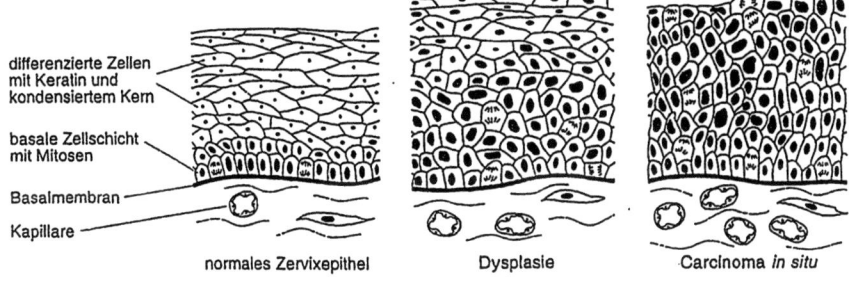

Abbildung 31: Im normalen Epithel sind die Mitosen nur nach der Basalmembran ausgebildet, es herrscht weitgehend Differenzierung. Beim Karzinom ist letztlich diese Differenzierung aufgehoben, die Mitosen befinden sich in allen Zellschichten. [1]

- Blutgefäße sprossen in den wachsenden Tumor ein (Angiogenese).
- In invasiv wachsenden Karzinomen beobachtet man Tumorzellen, die sich aus dem Zellverband gelöst haben. Voraussetzung dafür ist der Verlust der Zell-Zell-Adhäsion.
- Einbruch von Tumorzellen in die Lymph- und/oder Blutgefäße als erster Schritt der Metastasierung. [2]
- Wenn adhärent wachsende Zellen den Substratkontakt z.B. zur Basalmembran verlieren, wird in der Regel das Apoptose Programm ausgelöst. In Tumorzellen, die in der Blutbahn überleben, müssen Mechanismen zum Schutz gegen Apoptose aktiv sein.

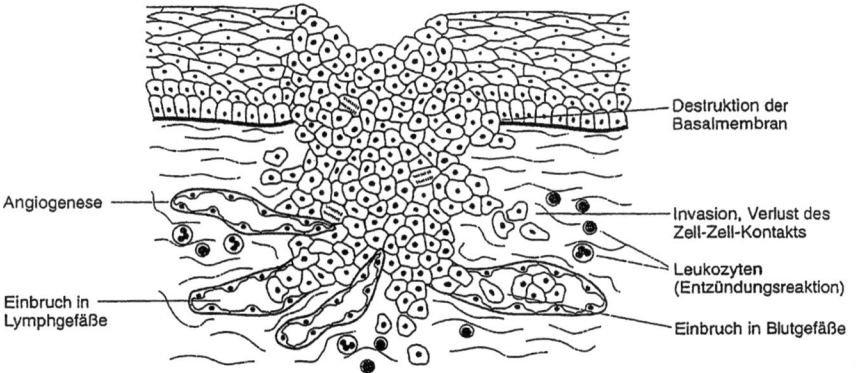

Abbildung 32: Eigenschaften eines invasiv wachsenden Karzinoms. [3]

---
[1] Wagener (1999), S.220
[2] Wagener (1999), S.221
[3] Ebenda.

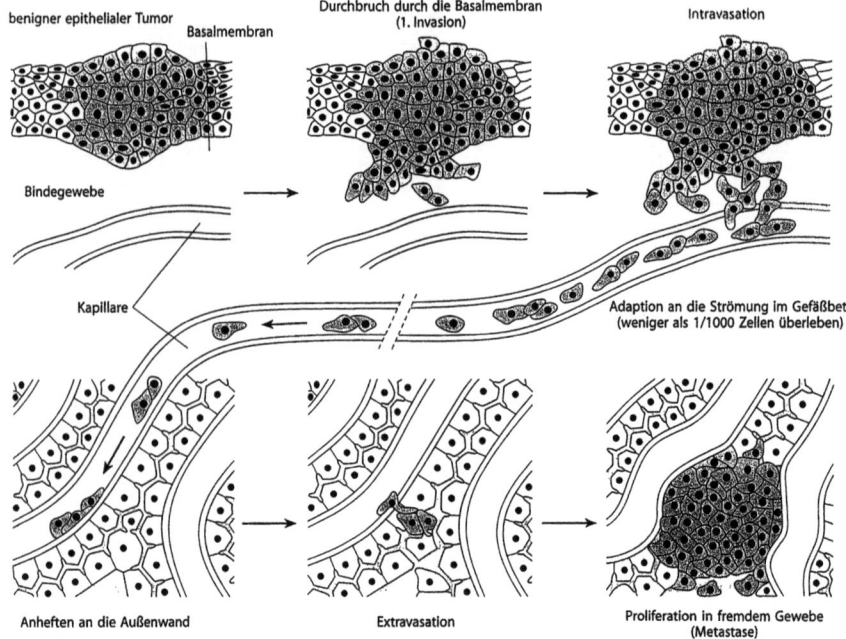

Abbildung 33: Schritte der Tumorprogression: a) Ablösung aus dem primären Gewebsverband, b) Invasion des umgebenden Gewebes, c) Eindringen in das Gefäßsystem, d) Adaption an die Blutströmung, e) Anhaften an die Kapillarendothelien, f) Wachstum im fremden Organsystem. [1]

14.4 Metastasierung

Metastasierung ist von der Tumorentstehung unabhängig und definiert den Prozess der Absiedelung und des Wachstums von Tumorzellen in einem vom Primärtumor entfernten Organ.[2] Der Prozess, der zur Metastasenbildung führt (Metastasierungskaskade), setzt sich aus folgenden Komponenten zusammen:[3]

- Lösung der individuellen Tumorzelle aus dem Gewebsverband des Primärtumors
- Durchbrechung der Basalmembran

---

[1] Hiddemann (2004), S.327
[2] Hiddemann (2004), S.347
[3] Hiddemann (2004), S.326

- Eindringen in das Gefäßbett
- Adaption an den Strömungsdruck innerhalb der Blutbahn
- Anheftung an das Gefäßendothel
- Extravasation, Einnistung und Wachstum in einem fremden Organsystem

Wie bereits erwähnt, definieren Faserproteine und extrazelluläre Matrix die Grenzen und Barrieren der einzelnen abgetrennten Teilstücke aus deren unser Gewebe zusammengesetzt sind. Innerhalb dieser Teilstücke sind die Zellen normalerweise zusammengeschlossen und haben wenig Raum für andere Aktivitäten. Aus physiologischen und evolutionären Gründen sind jedoch bereits Verbindungen zwischen den unterschiedlichen Gewebeteilen angelegt, welche nur noch genützt werden müssen.[1] Greaves (2003) weist darauf hin, dass die vorangegangene Angiogenese diesen Prozess erleichtert, da erstens die Anzahl der potentiellen Ausreißer steigt und zweitens die neu gebildeten Kapillaren einen direkten Fluchtweg bilden bzw. der steigende Druck innerhalb des Tumorgewebes einzelne Zellen förmlich in die Lymphbahnen presst.[2]

Für den Prozess der Metastasierung muss die Krebszelle nach Greaves (2003) drei Voraussetzungen erfüllen. Sie benötigt

- eine „Ausreisegenehmigung",
- eine „Strategie" für das Überleben in einem turbulenten Flüssigkeitsstrom,
- ein „Einreisevisum" für den neuen Lebensraum.

Die Metastasierung erfolgt in erster Linie in Leber, Lunge und Knochen, wo sich Sekundärtumoren bilden. Weitere Gewebe dienen später als Tertiärlokalisationen. Einige Gewebe sind ganz offensichtlich bevorzugt von Metastasenbildung betroffen, was zumindest teilweise auf anatomische Gegebenheiten und auf die Beschaffenheit der Transportwege des Blut- und Lymphsystems zurückzuführen ist, denen die Zellen nach dem **Prinzip des geringsten Widerstandes** folgen.[3]

Dabei durchströmen die Krebszellen das Blutsystem als winzige Zellaggregate und bleiben in der ersten Kapillarenge stecken, die sie erreichen.[4] Sind die Tumorzellen in fremdes Gewebe infiltriert, müssen sie sich dort auch erfolgreich integrieren, um die Vorrausetzung für weitere Expansion zu schaffen. Daher ist es für die Zelle am einfachsten sich in einem dem Ursprungsgewebe ähnlichen Gewebe weiter auszubreiten. Greaves (2003) stellt fest, dass wenn eine migrierende Krebszelle nicht in bereits bekanntes Gewebe gelangt, sie die besten Über-

---

[1] Greaves (2003), S.58
[2] Ebenda.
[3] Ebenda.
[4] Greaves (2003), S.59

lebens- und Expansionschancen in einem Gewebe hat, das über ausreichend Platz und Nährstoffe verfügt. Wenn Zellen, die zunächst einen Selektionsvorteil erhalten haben in ihrer Umgebung keine Nährstoffquellen erschließen können, können diese auch wieder rasch absterben.[1] Wenn das wuchernde Gewebe über eine Größe von etwa 100 Mio. Zellen (ein bis zwei Kubikmillimeter) wachsen will, benötigt es zur Versorgung die Bildung neuer Blutgefäße (Neovaskularisation). Gelingt es einem entstehenden Tumor nicht sich ausreichend mit Blut und damit Sauerstoff zu versorgen, erstickt er quasi.[2]

Metastasierung als Störung eines Ökosystems

Hiddemann (2004) weist darauf hin, dass ein Einzeller bzw. eine isolierte Zelle in der Regel keine physiologischen Programme durchlaufen kann, da es dazu der Interaktion der beteiligten Zellen mit dem umgebenden Gewebe bedarf. Diese Minimaleinheit an Zellen und extrazellulärer Matrix, die erforderlich ist, um ein Programm zu durchlaufen, kann als Mikroökosystem bezeichnet werden. In einem solchen System können bereits minimale Veränderungen jeder einzelnen Komponente dramatische Veränderungen des gesamten Systems nach sich ziehen. Für den Prozess der Metastasierung bedeutet dies, dass einerseits die invasive Tumorzelle die Wirtszellen ebenso wie die Elemente der extrazellulären Matrix beeinflussen kann, andererseits die invasive Tumorzelle durch Wirtszellen und extrazellulärer Matrix beeinflusst wird. Positive und negative Interaktionen mit der Tumorzelle, den Elementen der extrazellulärer Matrix und der Wirtszellen beeinflussen also den Prozess der Metastasierung.[3]

14.5 Tumorangiogenese

Greaves (2003) zieht die für die vorliegende Arbeit wichtige Schlussfolgerung, dass die Krebszellen eines expandierenden Tumors sich zwar unkontrolliert und sogar „asozial" verhalten mögen, aber auch sie seien an bestimmte grundlegende und unüberwindbare chemische und physikalische Gesetzmäßigkeiten gebunden, da sie Sauerstoff und Platz benötigen.[4] Dafür müssen sie ein neues Versorgungssystem aus Gefäßen aufbauen. Unter Angiogenese versteht man demnach die Ausbildung neuer Gefäße aus bestehenden Gefäßen. Wagener (1999) weist darauf hin, dass in verschiedenen pathologischen Situationen in ruhenden Gefäßen

---

[1] Greaves (2003), S.84
[2] Vgl. Greaves (2003), S.41
[3] Hiddemann (2004), S.328
[4] Greaves (2003), S.59

die Ausbildung neuer Gefäße induziert werden kann, so zum Beispiel im Rahmen von Wundheilung und Entzündungsvorgängen.[1] Solide Tumoren können nur dann über einen Durchmesser von 1-2 mm hinaus wachsen, wenn sie über neu gebildete Blutgefäße mit Sauerstoff und Nährstoffen versorgt werden.[2] Die Tumorzellen verstehen es, ihre Umgebung so zu beeinflussen, dass sie den zerstörerischen Prozess des Tumorwachstums optimal unterstützt.

Da die Zellen über Kapillaren mit im Blut gelösten Nährstoffen und Sauerstoff versorgt werden, darf aufgrund der Diffusionseigenschaften von Sauerstoff und Nährstoffen in physiologischen Flüssigkeiten eine Zelle nicht weiter als etwa einen Millimeter von einer Kapillare entfernt sein, um genügend Energie zum Überleben oder Teilen zu erhalten. Greaves (2003) weist darauf hin, dass wenn demnach der Tumor über eine Größe von wenigen Kubikmillimetern hinaus wachsen will, neue Kapillaren zur Versorgung des Tumors gebildet werden müssen.[3]

Angiogenese wird also sowohl durch Sauerstoffmangel im Tumor als auch durch bestimmte von den Tumorzellen produzierte Wachstumsfaktoren induziert. Greaves betont, dass der Tumor sich damit einen prinzipiell normalen und durchaus nicht bösartigen Mechanismus zunutze macht, der entwickelt wurde, um Entzündungsreaktionen und Wundheilung zu erleichtern und die Gewebeanordnung im Embryo und den Menstruationszyklus bei Säugetieren zu gewährleisten.[4] Da mangelhafte Blutzufuhr zu Sauerstoffentzug und folglich zum Zelltod führt sollte daher eigentlich klonaler Expansion unmittelbar Einhalt geboten werden können. Da aber gleichzeitig diejenigen Zellen einen Vorteil erlangen, die sich auf irgendeine Weise Zugang zum Kapillarsystem verschaffen können, entsteht ein Selektionsdruck zur Entwicklung entsprechender Strategien.[5]

Klinische und histopathologische Befunde an menschlichen Tumoren weisen darauf hin, dass der Anschluss solider Tumoren an das Blutgefäßsystem dem exponentiellen Wachstum und der weiteren Progression vorausgeht.[6]

Der Befund, dass die neugebildeten Gefäße zunächst keinen direkten Kontakt zu den Tumorzellen haben, spricht dafür, dass die Gefäßvermehrung durch lösliche, vom Tumorgewebe freigesetzte Faktoren vermittelt wird.[7] Die Vaskularisation von Tumoren lässt sich im Gewebsschnitt quantifizieren. Für manche Tumorformen konnte auf diese Weise ein Zusammenhang zwischen dem Ausmaß

---

[1] Vgl. Wagener (1999), S.291
[2] Wagener (1999), S.291
[3] Vgl. Greaves (2003), S.56
[4] Ebenda.
[5] Vgl. Greaves (2003), S.57
[6] Wagener (1999), S.291
[7] Wagener (1999), S.292

der Gefäßversorgung und dem Metastasierungspotenzial der Tumoren hergestellt werden:[1]

	Mit Metastasen	Ohne Metastasen
Zahl der Gefäße pro 10^{-7} m²	7,16	5,94
Maximaler Durchmesser [10^{-6} m]	49,5	37,2
Anteil der Gefäßfläche [%]	4,6	1,57

Die Tatsache, dass für die Gefäßbildung kein direkter Kontakt zwischen Tumor und Gefäßen erforderlich ist, zeigt, dass, Angiogenese durch diffusible, aus dem Tumor stammende Faktoren induziert werden kann (parakrine Wachstumsstimulation).

Die Bedeutung der Angiogenese für die maligne Tumorprogression wird weiter durch den Vergleich des Wachstums in direktem Kontakt zur Iris oder in die vordere Augenkammer belegt. Ohne Vaskularisation blieb der maximale Durchmesser der Tumore bei 3 mm, nach Aussaat der Tumorzellen auf den Irisgefäßen wurden die Tumore vaskularisiert, wuchsen schnell und erreichten nach 2 Wochen das 16.000-fache Volumen er nicht-vaskularisierten Tumore.[2]

Betrachtet man die vom Tumor induzierte Bildung von Blutgefäßen, so konnte im Modellversuch unter anderem gezeigt werden, dass in den ersten 3 Tagen bevor die neuen Blutgefäße den Tumor erreichen, dieser in seiner Größe praktisch unverändert blieb. Nachdem die Gefäße den Tumor erreicht hatten, verdoppelte sich der Tumordurchmesser innerhalb der nächsten 3 Tage und erreichte nach 11 Tagen den zehnfachen Durchmesser des Ausgangsfragments. Somit besteht ein einfacher experimenteller Ansatz zum Nachweis der Abhängigkeit des Tumorwachstums von der Gefäßversorgung darin, die Blutzufuhr zu einem Tumor durch mechanischen Verschluss zuführender Gefäße zu unterbrechen.[3]

---

[1] Wagener (1999), S.292
[2] Wagener (1999), S.293
[3] Wagener (1999), S.294

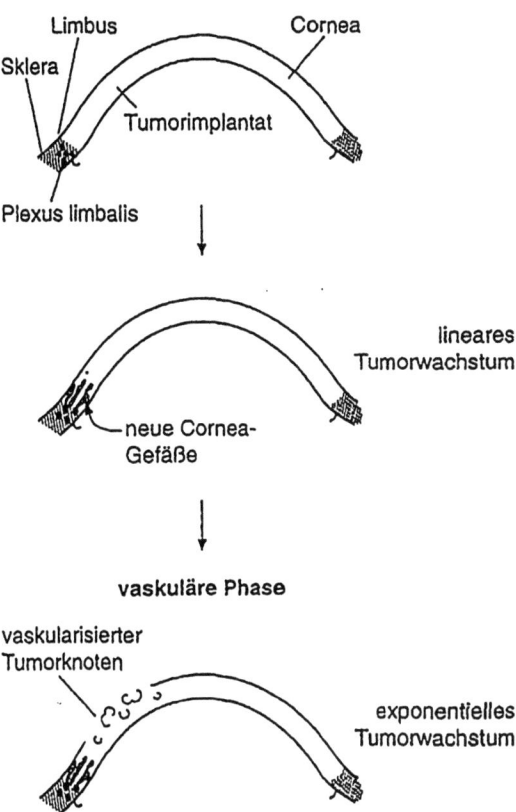

Abbildung 34: Ein Karzinom, das in die Hornhaut (Cornea) des Kaninchens transplantiert wird, wächst ohne Anschluss an das Gefäßsystem linear, nach Einsprossen von Gefäßen exponentiell. [1] [2]

---

[1] Vgl. Wagener (1999), S.293
[2] Vgl. Folkman (1989), S.4

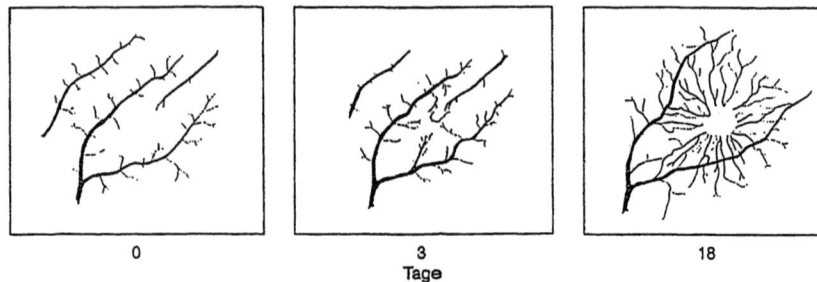

Abbildung 35: Wachstum eines Karzinomfragments. Bis zum Einsprossen von Gefäßen nach 3 Tagen blieb die Tumorgröße unverändert, danach wuchs der Tumor schneller und verzehnfachte seinen Durchmesser nach 18 Tagen.

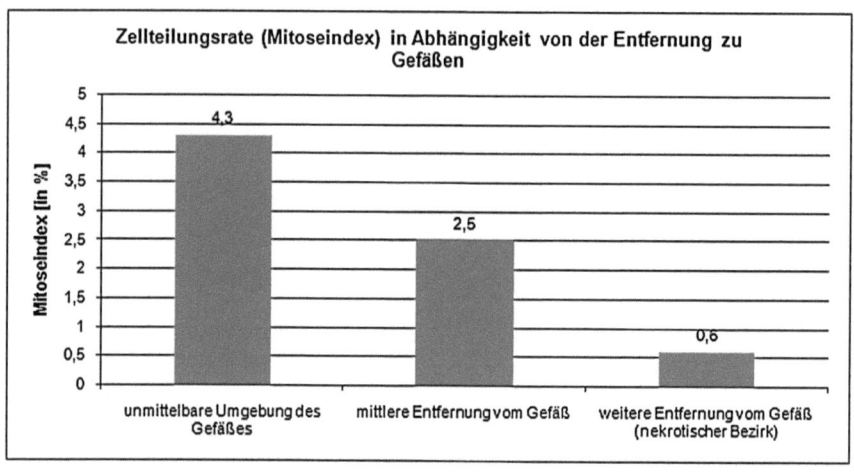

Abbildung 36: Zellteilungsrate in Abhängigkeit von der Entfernung zu den Gefäßen. [1] [2]

Einen weiteren experimentellen Beleg für die Bedeutung der Angiogenese liefern Untersuchungen zur Beziehung zwischen Proliferation von Tumorzellen und dem Abstand zu den versorgenden Gefäßen. Je weiter die Tumorzellen von Gefäß entfernt sind, desto geringer ist ihre Teilungsfähigkeit. Auch Wagener (1999) hält fest, dass für eine Expansion maligner Tumoren eine effektive Gefäßversorgung unabdingbar ist.[3] Bei den wissenschaftlichen Arbeiten zur Korrelation zwischen Mali-

---

[1] Wagener (1999), S.291
[2] Vgl. Tannock (1970)
[3] Wagener (1999), S.294

gnität eines Tumors und dessen Gefäßversorgung konnte auch nachgewiesen werden, dass die Gefäßdichte mit einer Verschlechterung der Prognose korreliert.[1]

Auch im Verlauf der malignen Progression verschiebt sich das Gleichgewicht zwischen Induktoren und Inhibitoren der Angiogenese in Richtung Induktoren.

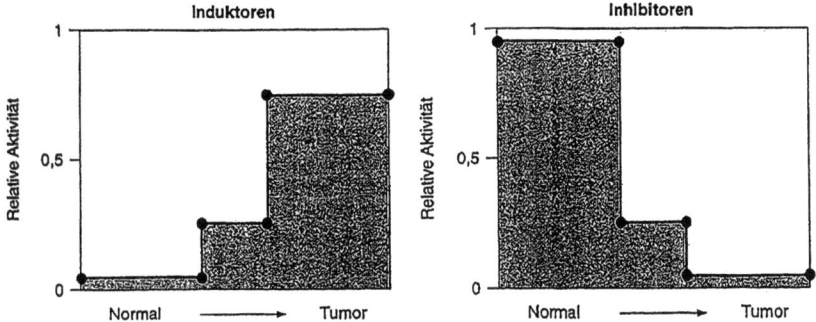

Abbildung 37: relative Aktivität von Induktoren und Inhibitoren im Verlauf.[2][3]

14.6 Tumorwachstum, Angiogenese und Energieversorgung

Nach Hanahan (2000) erlangen die meisten menschlichen Krebsgeschwüre sechs grundlegende Eigenschaften:

- Autarkie bei Wachstumssignalen,
- Unempfindlichkeit gegenüber wachstumshemmenden Signalen,
- Umgehen des programmierten Zelltods,
- unbegrenztes replikatives Potenzial,
- anhaltende Angiogenese, sowie
- Gewebsinvasion und Metastase.[4]

Zheng (2005) hat in einem Modell den Zusammenhang bzw. den Einfluss von Angiogenese auf das Tumorwachstum dargestellt. Einen wesentlichen Einfluss auf die Wachstums- und Angiogenesekomponenten haben dabei die Position des nekrotischen Randes und der Transferrate von Nährstoffen zwischen Blut und Gewebe. Diese Nährstoffe (Glucose oder Sauerstoff) werden für das Überleben der

---

[1] Hiddemann (2004), S.343
[2] Wagener (1999), S.299
[3] Vgl. Rastinejad (1997)
[4] Hanahan (2000), S.57

Zelle und Mitose benötigt. Die Nährstoffe, die der Tumor benötigt, diffundieren im avaskulären Stadium durch die extrazelluläre Matrix und werden von den Tumorzellen aufgenommen. Formt sich ein nekrotischer Kern, gibt der Tumor einen Tumor-Angiogenese-Faktor (TAF) ab, z.B. den vascular endothlial growth factor (VEGF), welcher Endothelialzellen stimuliert, Richtung Tumor zu migrieren.[1]

Folgende schematische Darstellung zeigt den Übergang von einem avaskulärem Tumorwachstum zu einem vaskulären Wachstum. Diese starke Vereinfachung der Tumorphysiologie soll die Grundannahmen für das Modell von Zheng darstellen und für diese Arbeit die Grundlagen der Wirkungsweise der Tumorangiogenese darlegen, um Schlussfolgerungen und Analogieschlüsse auf die Versorgung von transnationalen Konzernstrukturen mit typischer Verkehrsinfrastruktur aufzuzeigen.

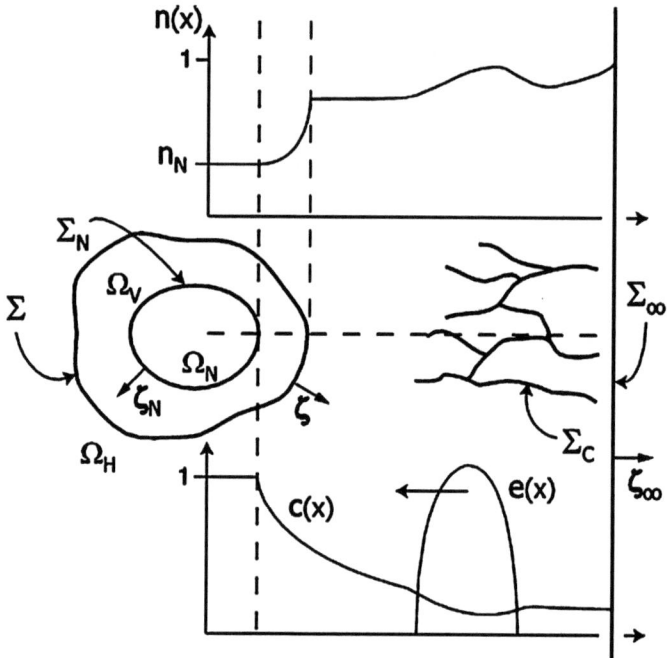

Abbildung 38: Schematische Darstellung des Überganges von avaskulärem zu vaskulärem Tumorwachstum. Ω_H = gesundes Gewebe, Ω_V=lebensfähiges Tumorgewebe, Ω_N=nekrotischer Kernbereich. Die Tumorregion besteht demnach aus Ω_V und Ω_N. Σ ist die Tumorgrenze, Σ_N der nekrotische Rand. Σ_C die Kapillaren.[2]

---

[1] Zheng (2005), S.211
[2] Zheng (2005), S.215

Spürt die Tumorzelle, dass das Nährstofflevel unter den Minimumwert für Vitabilität fällt, lässt diese TAF Moleküle frei, welche in den extrazellulären Raum diffundieren. Die Endothelialzellen werden somit aktiviert und fließen zu dem Punkt mit der höchsten TAF Konzentration am nekrotischen Rand des Tumors. Die Zellcluster bewegen sich Richtung Tumor und das Gefäßsystem erweitert sich in diese Richtung und benutzt die Endothelialzellen für die Kapillaren.

Zheng (2005) stellt fest, dass Tumorangiogenese [1] aufgrund des abnehmenden Nährstoffgehaltes im Tumor startet und die Nährstoff-Zufuhr im Tumor gesteigertes Wachstum und damit erhöhte Anforderung von Nährstoffen erlaubt.

Im Modell von Zheng (2005) wird deutlich, wie sehr der Tumor und sein Wachstum von seiner Energiezufuhr abhängen. Ist die Nährstoffkonzentration erschöpft oder wurde die Nährstoffzufuhr unterbrochen, schrumpft der Tumor und verschwindet schließlich. Wird nur der Zufluss an Nährstoffen durch das neue Gefäßsystems des Tumors abgeschnitten, schrumpft der Tumor auf eine durch die Diffusion limitierte stationäre Größe. Darüber hinaus hängt das Wachstum des Tumors von der Nährstofftransferrate, dem Nährstoffgehalt im Blut und dem Blutdruck in den Kapillaren ab.[2] Dieses Ergebnis stimmt auch mit den Überlegungen des Tumormodells von van Leeuwen (2003)[3] überein.

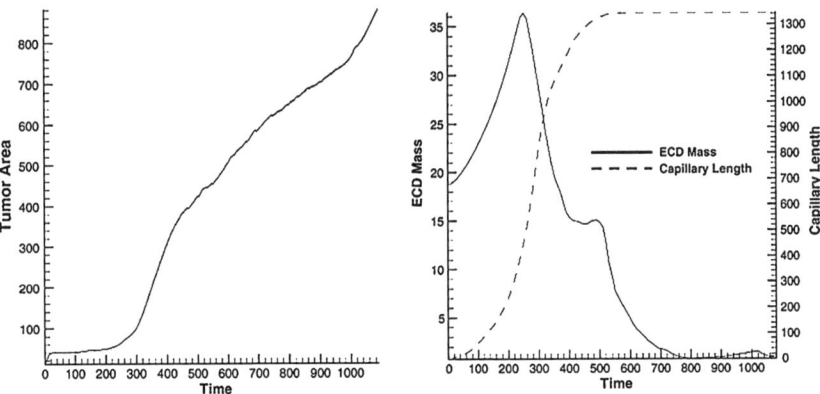

Abbildung 39: Wachstum der Tumorfläche, Masse der freien Endothelialzellen und Länge der Kapillaren.[4]

---

1 Zheng (2005), S.217
2 Zheng (2005), S.251
3 Van Leeuwen (2003), S.2254 f.
4 Zheng (2005), S.255

Die Ergebnisse des Modells von Zheng (2005) zeigen einerseits das exponentielle Wachstum der Tumorfläche, aber auch die logistisch wachsende Länge an Kapillaren. Gleichzeitig sinkt die Masse von „freien" Endothelialzellen. Das Kapillarnetzwerk erweitert sich aufgrund der direkten Interaktion mit dem wachsenden Tumor, vor allem durch den TAF. Zur gleichen Zeit bekommt der Tumor Nährstoffe durch den Blut-Gewebe-Transfer des erweiterten Kapillarnetzwerkes.

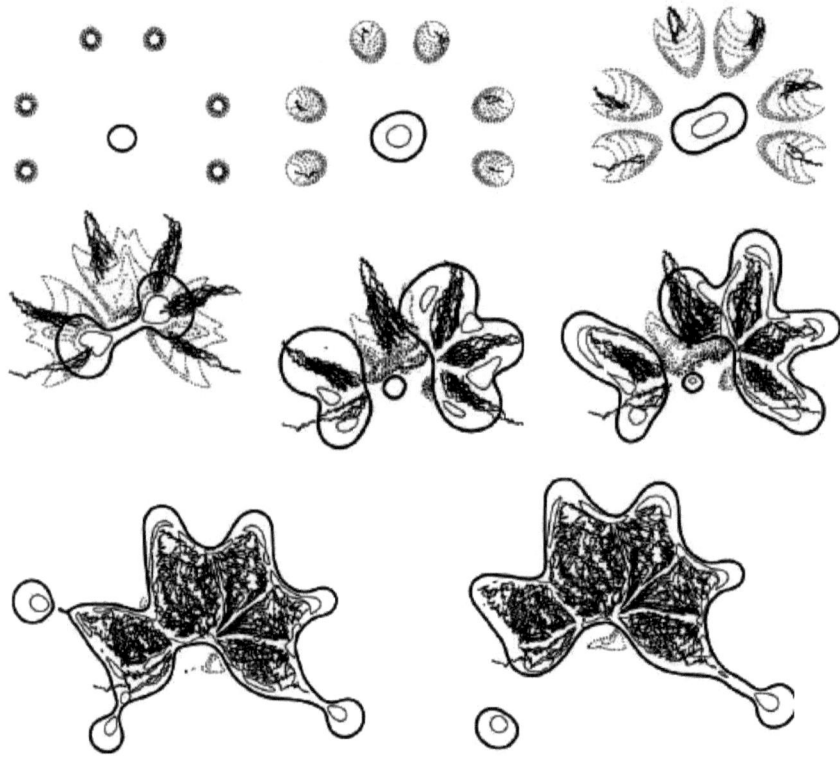

Abbildung 40: Simuliertes Tumorwachstum, neue Gefäßbildung und Infiltration. [1]

Alarcón (2003) hat in seinem zellularen Automatenmodell die Blutversorgung für den Tumor als wichtigen Faktor für Nährstoffbereitstellung und metabolische Versorgung berücksichtigt. Dabei hat er in einem mathematischen Modell abgebildet, wie Blut fließt und welchen Einfluss die Zellheterogenität der roten Blut-

---

[1] Zheng (2005), S.240-247

körperchen auf das Wachstum sowohl von normalen als auch kanzerogenen Zellen hat (Sauerstoffverteilung).[1]

Das Gefäßsystem ist dabei nach einer Anzahl von physikalischen Grundsätzen aufgebaut.[2] Ein wichtiges Designprinzip wurde dabei von Murray (1926) entwickelt.[3][4] Seine Hypothese erklärt, dass das Gefäßsystem unter dem Gesichtspunkt der Energiekostenminimierung optimiert ist. Diese Kosten inkludieren auch den Energieaufwand zur Aufrechterhaltung der Durchblutung und der metabolischen Energie, um Blut her- und bereitzustellen.[5]

Alarcón weist weiters darauf hin, dass Krebszellen die bemerkenswerte Fähigkeit haben, sehr geringe Level von Sauerstoff zu überstehen. Sie treten unter hypoxischen Konditionen in ein ruhendes Stadium (quiescent state), in dem sie ihre Aktivität, auch die der Zellteilung, die nicht für ihr Überleben notwendig ist, aussetzen. Diese Fähigkeit resultiert aus den Mutationen im Tumorsupressorgen p53. Dies scheint relevant, da zumindest 50% aller menschlichen Tumore Zellen mit Mutationen im p53 Gen aufweisen. Alarcón geht in seinem Modell davon aus, dass alle Krebszellen im Zusammenhang mit dieser p53 Mutation stehen und dass dies sie dazu befähigt, länger als normale Zellen unter Sauerstoffmangel zu überleben. Darüber hinaus hat Alarcón auch den Wettkampf zwischen normalen Zellen und Tumorzellen um bestehende Ressourcen (Nährstoffe, Stoffwechselprodukte) im Modell berücksichtigt.

Normales Zellgewebe ist eine nicht wetteifernde Zellgemeinschaft, da Rückkopplungsmechanismen auch bei Überbevölkerung oder Zelltod den Gleichgewichtszustand halten. Wenn jedoch Zellen dieser Gemeinschaft kanzerogen werden, entsteht eine Zellpopulation mit gänzlich neuen Eigenschaften. Um ein Wachstum der Tumorzellen zu ermöglichen, müssen diese um Raum und Ressourcen mit normalen Zellen kämpfen.

---

[1] Alarcón (2003), S.257
[2] Alarcón (2003), S.258
[3] Murray (1926), S.207f.
[4] Alarcón (2003), S.258
[5] Ebenda.

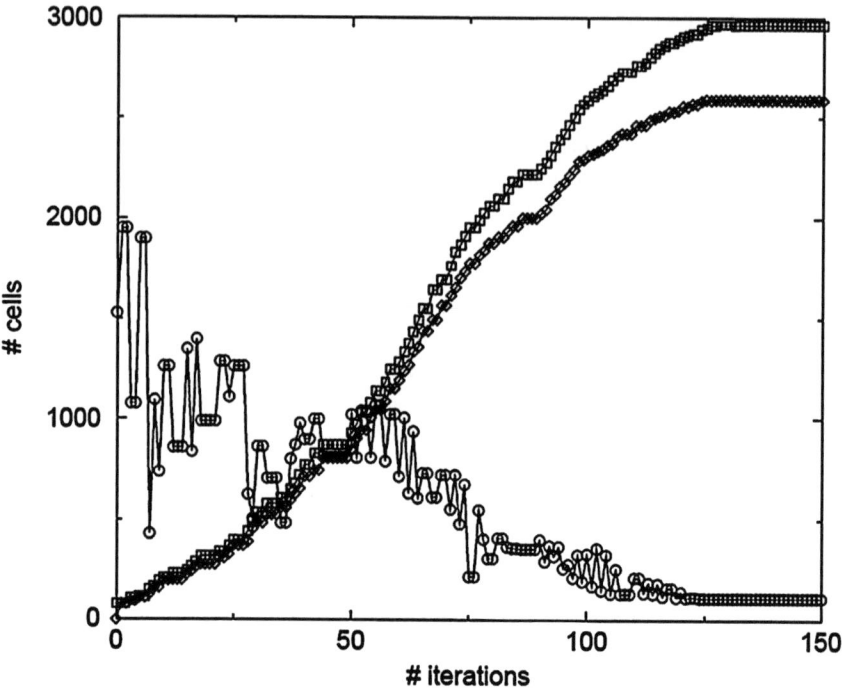

Abbildung 41: Anzahl normaler Zellen (Kreise), Tumorzellen (Quadrate) und Tumorzellen im Ruhezustand (Vierecke) im Zeitverlauf bei der Invasion von homogener Umgebung. [1]

Auch Gatenby (2003) weist auf die Fähigkeit der Tumorzellen zur Beschaffung von Nährstoffen (Glukose) in einer Umgebung mit geringer Nährstoffkonzentration hin. Dahin gehend wird ein Gleichgewicht (aus der Sicht der Tumorzellen) dann erreicht, wenn die mutierten Zellen in der Lage sind ihre Nährstoffaufnahme zu maximieren und in weiterer Folge die Nährstoffkonzentration für die anderen Zellen derart zu reduzieren, dass sie sterben. [2]

---

[1] Alarcón (2003), S.271
[2] Gatenby (2003), S.321

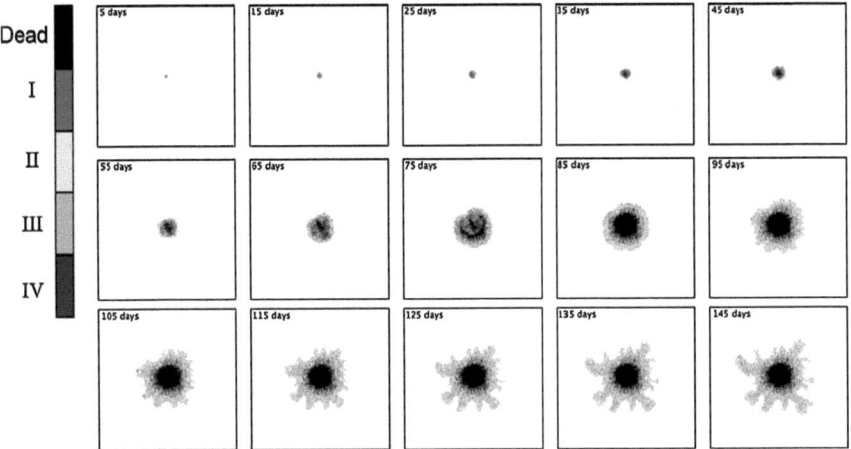

Abbildung 42: Computersimulation einer Tumorinvasion und räumliche Verteilung der Tumorzellen von t = 5-145 Tage. Der Tumor beginnt mit nur 50 Zellen in Kreisform, danach beginnen manche Zelle zu proliferieren, andere abzusterben. Weiter Proliferation führt zu weiterem Wachstum und Invasion. Ab dem Tag 85 besteht der Tumor fast nur noch aus toten und sehr aggressiven Zellen. Anschließend beginnt das Auswachsen in peripherere Regionen. [3]

---

[3] Quaranta (2005), S.177

15 Mathematische Modelle

Mathematiker, Bioinformatiker, Biologen und Mediziner haben zahlreiche Modelle über Krebswachstum und Tumorinvasion [1][2] und Tumorangiogenese [3][4], aber auch für die Interaktion zwischen Tumor und Wirt entwickelt. Dabei zeigt sich, dass für die maximale Tumorgröße sowie das Tumorwachstum die physiologischen Konditionen von Tumor und Wirt entscheidend sind. [5]

Henrich (2002) formuliert in seiner Arbeit Anforderungen an Modelle, die auf die prinzipielle Analogie zwischen Anthroposphäre und Natursphäre ausgerichtet sein sollen:
Werden biologische bzw. medizinische mathematisch modellierte Modelle auf das Wachstum von Konzernstrukturen übertragen, sollen diese in Anlehnung an Henrich (2002)[6] die

- Invasionsprozesse realitätsgerecht beschreiben,
- Infiltrationsmechanismen sichtbar machen und
- final-zweckgeleitete Kausalzusammenhänge einbeziehen.

Bei den vorliegenden Möglichkeiten sollen primär mathematische Gesetzmäßigkeiten zur Beschreibung des Tumorwachstums aufgezeigt werden. Zunächst sollen die „klassischen" mathematischen Basismodellstrukturen und Gleichungen behandelt und entsprechende Schlussfolgerungen getroffen werden. Im ersten Schritt wird dabei lediglich das Tumorwachstum allein betrachtet (das in den menschlichen Organismus eingebettet ist und mit ihm in Wechselwirkung steht – was sich konsequenterweise in seiner Wachstumsfunktion widerspiegeln muss).

In weiterer Folge wird auf die Interaktion des Tumors mit dem Wirt eingegangen. Grundlage des detaillierter beschriebenen Tumormodells bietet die so genannte „Dynamic Energy Budget Theory" von S.A.L.M. Kooijmann.[7] Anhand

---

[1] Vgl. Gatenby (2003)
[2] Vgl. Quaranta (2005)
[3] Vgl. Zheng (2005)
[4] Vgl. Alarcón (2003)
[5] Vgl. Van Leeuwen (2003), S.2254
[6] Henrich (2002), S.45
[7] Vgl. Kooijman (2000)

dieses Tumormodells sollen durch Parametervariation nicht nur die Zusammenhänge zwischen Tumor und Wirt deutlich gemacht werden, sondern Einflüsse verschiedener Wachstumsparameter des Modells auf das Tumorwachstum untersucht werden. Grundlage für die Theorie zum „Dynamic Energy Budget" (DEB) bilden die Gesetzmäßigkeiten zum Wachstum von Organismen von Ludwig von Bertalanffy (1901-1972) und seine systemtheoretischen Grundlagen. In der Biologie ist die Beobachtung von zeitlichen Entwicklungen von Organismen eine der Hauptmethoden, um Erkenntnisse über die Eigenschaften von zu untersuchenden Objekten zu gewinnen. Das Tumormodell von van Leeuwen (2003) baut auf diesen Gesetzmäßigkeiten auf.

Auch Greaves (2003) betont, dass, wenn man die Entwicklung von Krebswachstum und deren Wachstumseigenschaften retrospektiv betrachtet, eindeutig Gesetzmäßigkeiten (und deren Verwendung in mathematischen Modellen) abgeleitet werden können.[1] So operieren die Krebszellen laut Greaves zwar nach dem „Zufallsprinzip", im Verband und im Gesamtorganismus verfolgen sie mit ihren Metastasen und Infiltrationsprozessen eine eindeutige Strategie.[2]

15.1 Tumorwachstum

Die am häufigsten verwendeten Gleichungen zur Modellierung von Tumorwachstum sind neben Modellen mit exponentiellem Wachstumsverlauf, Gompertz, Bertalanffy und logistische Modelle.[3] Im Weiteren werden diese, ihre Eigenschaften und Unterschiede kurz beschrieben.

15.1.1 Exponentielles Wachstum

Untersuchungen zeigen, dass Tumoren prinzipiell ein unbegrenzter Wachstumsdrang inne wohnt. Wird ein Tumor theoretisch unbegrenzt mit Nährstoffen versorgt, so stellt sich ein unendliches Wachstum ein. Wird eine regelmäßige Teilung aller Tumorzellen ohne „ruhende" Zellen und Zelluntergänge unterstellt, erwartet man ein exponentielles Wachstum, d. h. die Zunahme des Tumorvolumens erfolgt stets volumenproportional zur vorhandenen Tumormasse.[4]

Kirsch (1999) meint, dass dieses Modell jedoch nicht im Einklang mit einer Vielzahl experimenteller und klinischer Studien stehe, die nahelegen, dass die

---
[1] Greaves (2003), S.99
[2] Vgl. Greaves (2003), S.99
[3] Hu (2002), S.693
[4] Kirsch (1999), S.7

Wachstumsrate von Tumoren mit steigender Tumorgröße abnimmt.[1] Auch Böcker (2001) geht in seinen medizinischen Lehrunterlagen von einer logistischen (S-förmigen) Wachstumsfunktion aus (die, Teilbereiche betrachtet, exponentielles Wachstum aufweist).[2]

Dennoch soll im weiteren Teil der Arbeit, wie bereits erwähnt, von den Wachstumsgesetzen ausgegangen werden, die dem Tumor prinzipiell inne wohnen. Das heißt, auch wenn die Begrenzung durch den menschlichen Organismus zu einer Abschwächung des Wachstums führen muss (hervorgerufen durch eine immer schwächer werdende Energieversorgung für den Tumor), so führt das Wachstum des Tumors letztendlich zum Tod des Organismus.

Gleichzeitig kann gezeigt werden, dass permanent gut ernährte Tumorzellen demnach exponentiell wuchern und empirische Beweise bestätigen, dass Tumore zumindest zunächst einer exponentiellen Wachstumsphase unterliegen.[3]

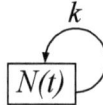

$$N(t + \Delta t) = N(t) + k\Delta t N(t)$$

In der Zeitspanne Δt wächst die Anzahl um kΔtN(t). Untersucht man Δt -> 0 mit:

$$\lim_{\Delta t \to 0} \frac{N(t + \Delta t) - N(t)}{\Delta t} = \lim_{\Delta t \to 0} kN(t) = \frac{dN}{dt}(t) = kN(t)$$

erhält man unter Berücksichtigung von Zuwachsraten und entsprechenden Anfangsbedingungen eine lineare Differentialgleichung mit konstantem Koeffizienten: $N(t) = Ce^{kt}$ mit den Anfangsbedingungen N(0)=N₀ und C=N₀

Es gilt dabei:
- Der Tumor wächst proportional zu seiner Größe, und
- je größer das Zeitintervall t desto stärker das Wachstum.

---

[1] Kirsch (1999), S.8
[2] Vgl. Böcker (2001), S.187
[3] Harrold (2005), S.55

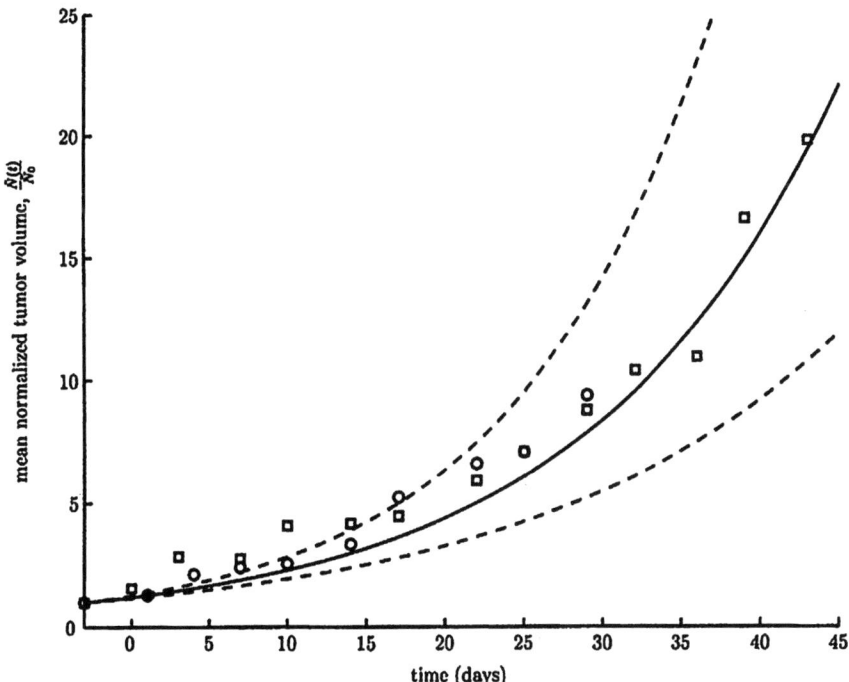

Abbildung 43: Abschnitt mit exponentiellem Tumorwachstum bei 2 Versuchsserien. [4]

Nachteile des exponentiellen Wachstums:

- modelliert unbeschränktes Tumor-Wachstum
- Nährstoffe und andere Wachstumsfaktoren sind unbegrenzt vorhanden
- keine Restriktionen an das Wachstum

Das Modell beschreibt das Tumor-Wachstum deshalb vor allem im Frühstadium der Entwicklung, denn:

- das Tumor-Wachstum ist in der Realität im Organismus nicht konstant,
- das Wachstum kann, als Folge des Wettbewerbs der Tumorzellen um Nährstoffe und andere Ressourcen, auch stagnieren.

---

[4] Harrold (2005), S.59

15.1.2 Begrenztes Wachstum

Kirsch (1999) weist auf tierexperimentelle Untersuchungen, z. B. an schnell wachsenden Mäusetumoren hin, welche in der Regel eine mit zunehmender Größe exponentiell abnehmende Wachstumsgeschwindigkeit ergaben.[1] Deshalb werden in der Biologie am häufigsten logistische Kurven und Gompertz-Kurven zur Beschreibung abnehmenden Wachstums benutzt. Ein weiteres Wachstumsmodell ist das bereits erwähnte von-Bertalanffy-Modell.

Für ein asymptotisches Niveau erreichendes begrenztes Wachstum werden in der biologischen Modellierung drei verschiedene Funktionstypen verwendet:[2]

- Logistisches Modell
  - Verwendung für die Beschreibung nicht immunologisch beeinflussten Tumorwachstums
  - Grundlage für andere Wachstumsmodelle

- von-Bertalanffy-Modell
  - anabolische Wachstumsrate proportional zur Tumoroberfläche
  - katabolische Wachstumsrate proportional zum Tumorvolumen

- Gompertz-Modell
  - deutlich adäquatere Beschreibung der Tumorwachstumskinetik als die oben genannten Modelle
  - einziges, ausgiebig gegen gemessene Wachstumskurven getestetes Modell

Die folgende Abbildung gibt einen Überblick über die Zusammenhänge und parameterspezifischen Unterschiede zwischen den besprochenen Wachstumskurven und entsprechenden mathematischen Gesetzen.[3]

---

[1] Kirsch (1999), S.8
[2] Ebenda.
[3] Marušić (1996), S.177

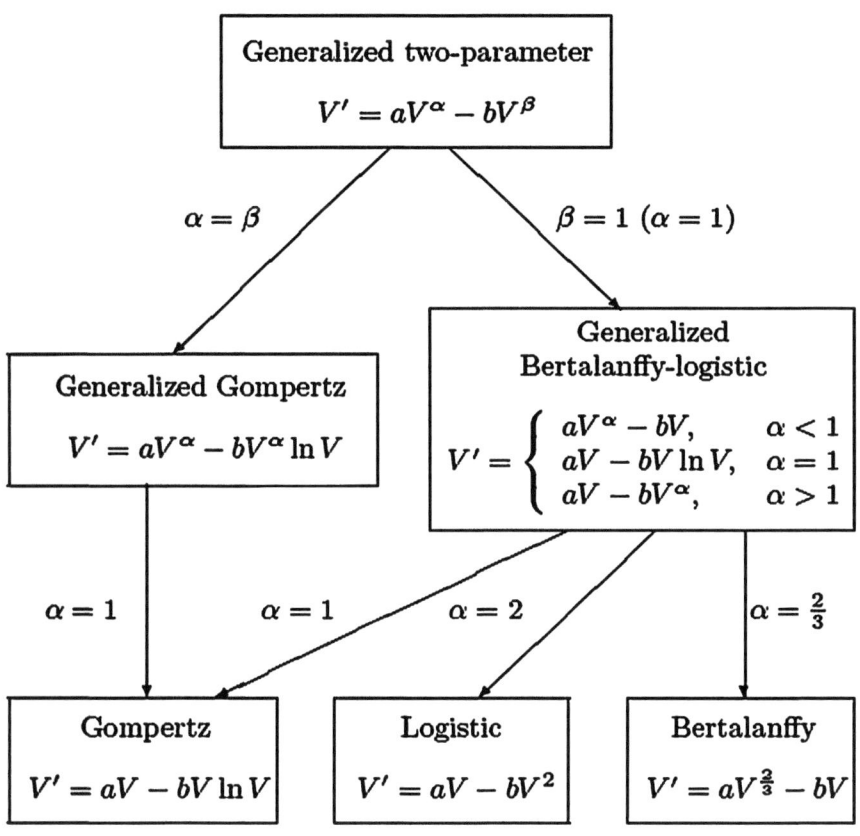

Abbildung 44: Schema zur Ableitung der verschiedenen (begrenzten) Wachstumsgleichungen aus dem generalisierten zwei Parameter Schema der allgemeinen Gleichung. [1]

15.1.2.1 Logistisches Wachstum

Die logistische Wachstumsfunktion stellt den konzipierten Ansatz zur Modellierung des Populationswachstums dar. Die Wachstumsfunktion berücksichtigt dabei eine obere Schranke für das Wachstum. Dieses ist demnach nicht mehr nur von seiner eigenen Größe abhängig, sondern auch von der noch vorhandenen Kapazität.

---

[1] Marušić (1996), S.177

N(t) ⟶ k(N); es gilt:

$$\frac{dN}{dt}(t) = kN(t)(B - N(t)) \text{ mit } N(0)=N_0 \text{ und damit:}$$

$$N(t) = \frac{BN_0}{N_0 + (B-N_0)e^{-kBt}}$$

- die logistische Gleichung beschreibt das Wachstum von kleinen Tumoren sehr gut
- die Symmetrie zum Wendepunkt macht die Funktion unflexibel bei der Beschreibung experimenteller Daten.

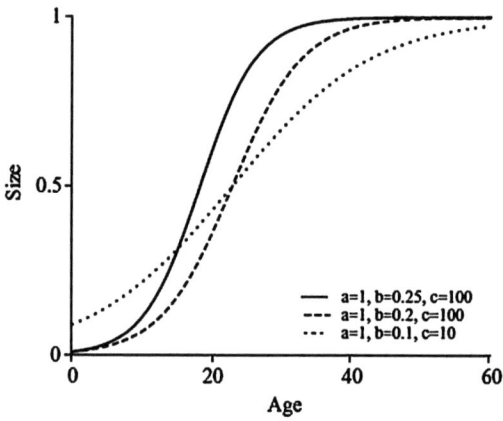

Abbildung 45: Beispiele für logistische Wachstumskurven in Abhängigkeit von Variablen. [1]

15.1.2.2 Gompertz-Wachstum

Das Wachstum im Sinne der Gompertz-Theorie verläuft in der Frühphase sehr schnell (nahezu exponentiell) bis zu einem Beugungspunkt. Jenseits dieses Punk-

---
[1] Karkach (2006), S.363

tes erfolgt das Wachstum bis zur Annäherung an die maximale Tumorgröße progressiv verlangsamt, was sich als eine horizontale Asymptote darstellt.[1] Die Gompertz-Funktion entsteht bei Modellen mit „selbstbegrenztem" Wachstum und exponentiell abnehmenden Wachstumsraten. Das Modell wurde erstmalig beim Tumorwachstum angewendet.[2] Es wird davon ausgegangen, dass sich ab einer entsprechenden Tumorgröße, beziehungsweise Tumormasse, das Tumorwachstum verlangsamt und asymptotisch einem Plateau annähert. Dieser Wachstumstyp wird normalerweise durch die Gompertz Funktion beschrieben. Während das unbegrenzte Wachstum durch lineare Differentialgleichungen mit konstanten Koeffizienten modelliert wird und damit ein exponentielles Verhalten aufweist, ist die Differentialgleichung des Gompertzschen Wachstums eine lineare DGL mit nichtkonstanten Koeffizienten.[3]

Die Gleichung ist eine Lösung der DGL:

$$\frac{dN}{dt} = \lambda N \ln(\theta / N) \text{ mit } N(0)=N_0 \, (N... \text{ Zahl der Tumorzellen})$$

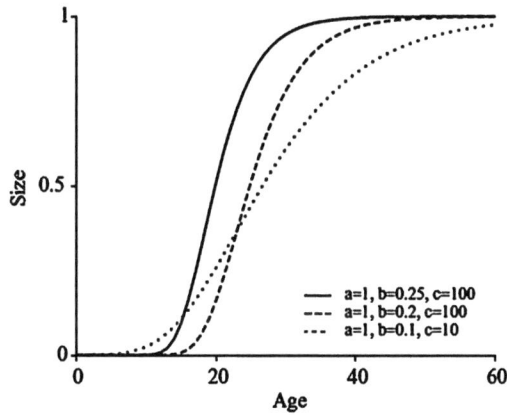

Abbildung 46: Beispiele für Gompertz – Wachstumskurven in Abhängigkeit von Variablen.[4]

---
[1] Kirsch (1999), S.9
[2] Karakach (2006), S.365
[3] Trost (2005), S.10
[4] Karkach (2006), S.366

Definiert man die Wachstumsrate als DGL mit $dy/dt = kye^{-bt}$ ergibt sich: $y = y_\infty e^{-(k/b)e^{-bt}}$ mit k und b als Konstanten und y_∞ als asymptotisch angestrebter Grenze. Die allgemeinere Form $y = e^{C_1(e^{-\alpha(t+C_2)}+\beta)/\alpha}$ basiert auf der Wachstumsgleichung: $dy/dt = y(\beta - \alpha \ln y)$.

Im Unterschied zur logistischen Wachstumskurve zeigt die Gompertz-Funktion schnelleres Wachstum in der Anfangsphase und langsameres Erreichen der Asymptote mit einem längeren annähernd linearen Abschnitt im Bereich des Wendepunktes.

15.1.2.3 Von Bertalanffy – Wachstum

Über die Relation zwischen Verdauungsrate und Körpergewicht bei verschiedenen Spezies im Tierreich wurde lange diskutiert.[1] Püttner (1920) beschreibt das Wachstum von Tieren als das Ergebnis eines Gleichgewichtes von Synthese und Abbau sowie von Anabolismus (Aufbau) und Katabolismus (Abbau) der Körperbaumaterialien.[2] Der Organismus wächst, solange Aufbau über Zusammenbruch überwiegt. Sind beide Prozesse gleich, erreicht der Organismus ein stabiles Stadium. Bertalanffy (1951) fand heraus, dass der Stoffwechsel (Energieumwandlung, Metabolie) bei verschiedenen Arten in unterschiedlichem Verhältnis zur Masse M steht und unterschied dabei drei Gruppen mit unterschiedlichen Parametern bei der Funktion.[3]

Sind die Umweltbedingungen, wie Temperatur und Verfügbarkeit von Nahrungsmitteln konstant und ist die Ernährungsweise angemessen, folgen Organismen von der Hefe bis zu den Wirbeltieren denselben Wachstumsmustern. Dies ist deshalb erstaunlich, weil die verschiedenen Spezies unterschiedliche Systeme haben, um ihr Wachstum zu regulieren, andere wieder ab einen gewissen Zeitpunkt beginnen Energie für Reproduktionszwecke zu verwenden (ohne Einfluss auf die Wachstumsfunktion).[4]

Das allgemeine Gesetz der Bertalanffy-Wachstumsfunktion (1934 publiziert) lautet:

$$L'(t) = r_B(L_\infty - L(t)), \text{ bzw.: } L(t) = L_\infty - (L_\infty - L_0)^{(-rbt)}$$

mit r_B als die Bertalanffy Wachstumsrate und L_∞ als maximale Länge des Individuums.

---
[1] Karkach (2006), S.371
[2] Vgl. Pütter (1920)
[3] Vgl. Von Bertalanffy (1951)
[4] Vgl. Kooijman (2000), S.2f.

Für von Bertalanffy (1949) ist ein wesentliches Merkmal für den lebenden Organismus jener des offenen Systems, das fortwährend Bestandteile nach außen abgibt und von außen neue aufnimmt, sich also in einem Fließgleichgewicht befindet. Er beschreibt dieses Fließgleichgewicht als unabhängig von den Randbedingungen (äquifinal).[1]

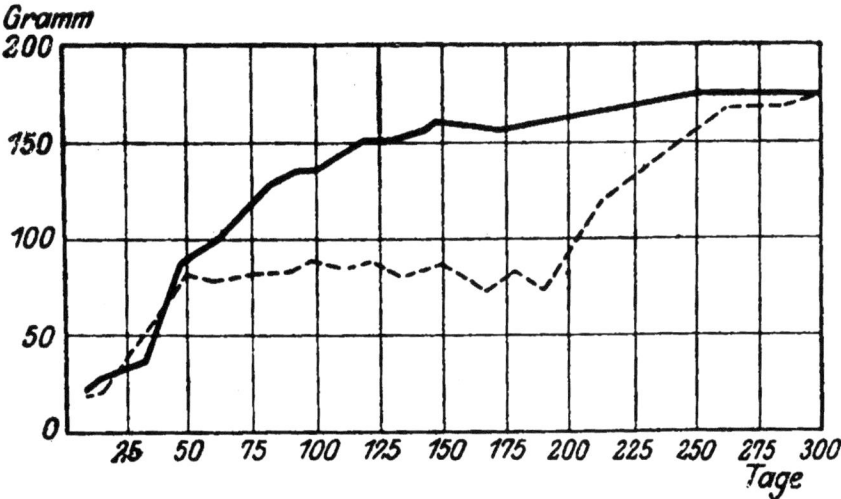

Abbildung 47: Äquifinalität des Wachstums. Durchgezogene Linie: normaler Wachstumsverlauf von Ratten; gestrichelte Kurve: durch Vitaminmangel wurde am 50.Tag das Wachstum unterbrochen, so dass die Ratten an Gewicht nicht mehr zunahmen, sondern er nur mehr halten konnten. Ab dem 185.Tag wurden sie wieder normal ernährt. Danach erreichten die Ratten das normale Gewicht.[2]

Die Einstellung eines stationären Zustandes wie beim organischen Wachstum ergibt sich dadurch, dass die Aufbauprozesse von einer Oberfläche, die Abbauprozesse hingegen vom Volumen des wachsenden Körpers abhängig sind. Der Endzustand hängt demnach von den Systembedingungen, nicht von den Anfangsbedingungen, ab.[3]

---

[1] Von Bertalanffy (1949), S.43
[2] Von Bertalanffy (1949), S.47
[3] Von Bertalanffy (1949), S.48

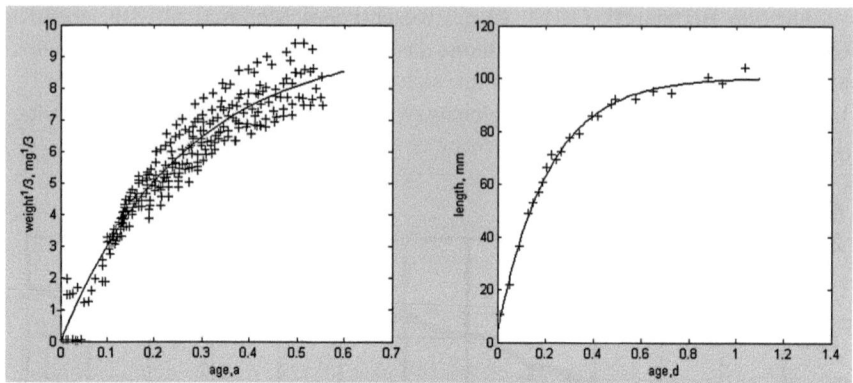

Abbildung 48: Beispiele für von Bertalanffy-Wachstum (Gewicht sowie Länge und Alter) bei Ratten. [1] [2]

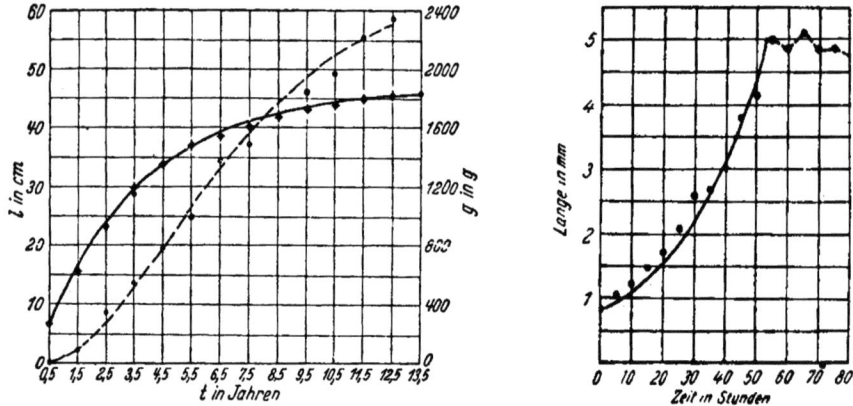

Abbildung 49: Links: Typischer Verlauf der Wachstumskurven bei Wirbeltieren (gestrichelt – Gewicht, durchgehende Linie – Längenwachstum). [3] *Rechts: Exponentielles Wachstum der Insektenlarve, dann Abbruch durch Metamorphose.* [4]

---

[1] Vgl. Kooijman (2000), S.33
[2] Die Grafiken wurden mit der Software DEBTool nachgestellt (www.bio.vu.nl/thb/deb)
[3] Von Bertalanffy (1949), S.51
[4] Von Bertalanffy (1949), S.54

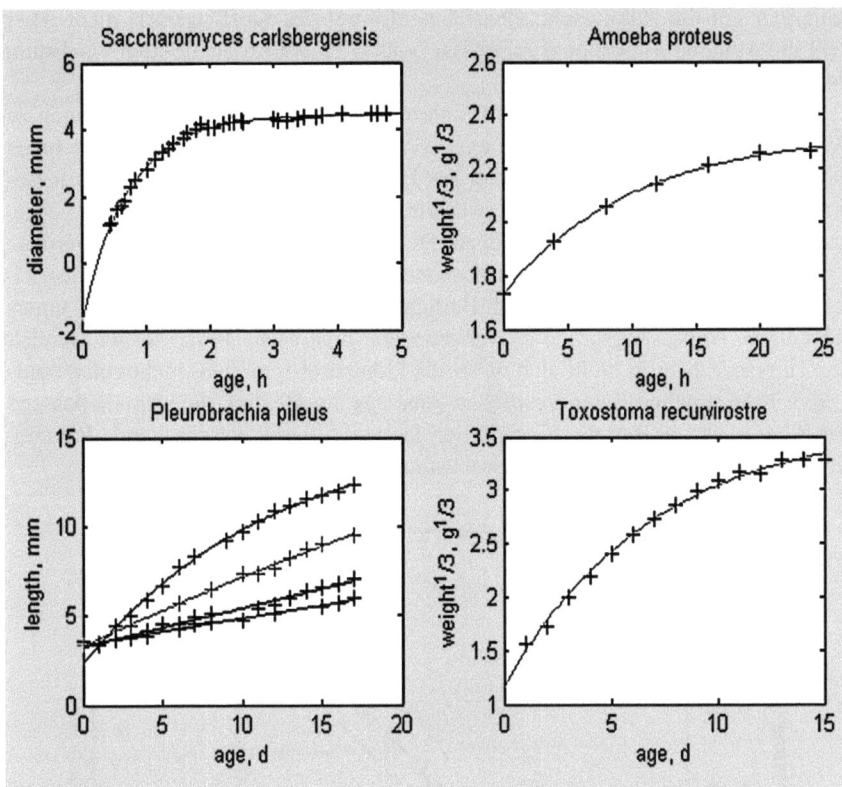

Abbildung 50: Alle Organismen haben dieselben Wachstumsmuster, obwohl sie unterschiedliche Regulationssysteme für deren Wachstum haben (links oben: Hefepilz, links unten: Seestachelbeere, rechts oben: Amöbe, rechts unten: Krummschnabel-Spottdrossel). [1]

Von Bertalanffy (1949) betont, dass ein Organismus wächst, solange die in ihm ablaufenden Aufbauvorgänge den Abbau überwiegen. Dies scheint trivial, in der Frage nach dem Warum, stößt man auf die Energieversorgung. Wie bereits erwähnt, sind die Aufbauprozesse von der Körperoberfläche abhängig und diese steht insbesondere bei den Wirbeltieren in einem Verhältnis zur Atmung. Bei Wirbeltieren nimmt diese pro Gewichtseinheit gerechnete Atmungsgröße mit steigendem Gewicht ab, die pro Einheit der Oberfläche gerechnete Atmungsgröße bleibt konstant (die so genannte Rubnersche Oberflächenformel). [2] Bei Insek-

---

[1] Vgl. Kooijman (2000), S.2
[2] Von Bertalanffy (1949), S.52

tenlarven gilt die Rubnersche Oberflächenformel des Stoffwechsels nicht. Hier geht die Atmung proportional zur Masse, was in einem exponentiellen Wachstum bis zur Metamorphose resultiert.[1] Bertalanffy hat jedoch nie den Ernährungsprozess in seinen Überlegungen zu Wachstum und der generellen Systemtheorie inkludiert.[2] Die DEB-Theorie bietet dafür eine mechanistische Erklärung des Bertanlanffy-Modells im Falle von Isomorphen bei konstantem Zugang zu Nahrungsquellen. Darauf soll in der vorliegenden Arbeit im folgenden Kapitel zur DEB-Theorie näher eingegangen werden.

Vergleicht man die bisher beschriebenen Wachstumsfunktionen (exponentielles, logistisches, Gompertz- und Bertalanffy-Wachstum) erkennt man unterschiedliche Anpassungsgrade an verschiedene organische Prozesse. Im Bereich des Tumorwachstums stellt sich dabei die Gompertz-Funktion, nicht zuletzt aufgrund ihres annähernd exponentiellen Anstiegs am Beginn, als oftmals passend dar. Aber auch die Bertalanffy-Funktion lässt sich durch entsprechende Parameter empirischer Daten dem Tumorwachstum angleichen.

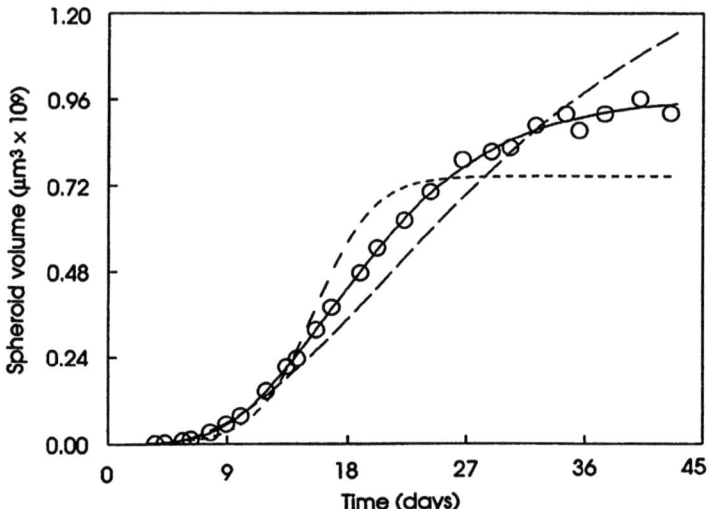

Abbildung 51: Vergleich der drei klassischen Tumorwachstumsmodelle angewendet auf ein zeitveränderliches Volumen tierischer Adenokarziniomzellen. Durchgezogene Linie: Gompertz-Modell; kurz gestrichelte Linie: Logistisches Modell; lang gestrichelte Linie: von Bertalanffy-Modell.[3]

---

[1] Von Bertalanffy (1949), S.53
[2] Vgl. Kooijman (2000), S.4
[3] Kirsch (1999), S.9

In der medizinischen scientific community ist exponentielles oder Gompertz Wachstums von menschlichen Tumoren weitgehend akzeptiert. Aufgrund der Vielzahl von Tumoren und deren unterschiedlichem Verhalten („Schlafphasen") kann immer wieder festgestellt werden, dass sich die Wachstumsprozesse nicht an die, anhand von mathematischen Modellen vorausgesagten, Gesetzmäßigkeiten innerhalb bestimmter Zeitabschnitte halten. Steel weist beispielsweise darauf hin, dass Gleichmäßigkeit beim Tumorwachstum nicht eine universelle Charakteristik von malignem Wachstum sei.[1]

---

[1] Vgl. Retsky (1998), S.3

16 Dynamic Energy Budget Theory (DEB)

Mathematische Modelle für Tumorwachstum existieren seit den 1930er-Jahren (Mayneord 1932[1], Winsor 1932[2]; Von Bertalanffy 1957[3]) und gewannen bis heute an Detailliertheit und Komplexität. Diese wurden und werden in verschiedenen Subdisziplinen der Krebsforschung wie Abschätzungen von Krebsrisiken, Krebsbehandlung und der Biologie, aber auch bei onkologischen Entscheidungsfindungen im Rahmen von Behandlungen, angewandt.

Diese Modelle haben gemein, dass sie lediglich das Wachstum von Krebs als einer unabhängigen Einheit beschreiben. So gesehen sind diese Modelle adäquat, um beispielsweise Daten von Tumorwachstum in vitro zu analysieren, ihre Anwendbarkeit auf das Wachstum von Tumoren in vivo könnte auf Grund der Interaktionen zwischen Tumor und Wirt weniger sicher sein.[4]

Van Leeuwen (2003) entwickelte ein Tumormodell, welches die Interaktionen zwischen Tumorwachstum, Energiehomöostase, dem Verbrauch der im Wirt gespeicherten Energie durch den Tumor und die Auszehrung durch das Krebswachstum berücksichtigt. Bisherige mathematische Modelle haben diesen Umstand nicht, beziehungsweise nicht ausreichend berücksichtigt.

Basis des Modells bildet die von Kooijman et al. entwickelte „Dynamic Energy Budget (DEB) Theory", welche Möglichkeiten für die quantitative Erfassung von fundamentalen physiologischen Prozessen und Eigenschaften, wie beispielsweise Nahrungsaufnahme, Körperwachstum, Verdauungsrate und Alterung bietet. Das Modell zeigt deutlich die Interaktionen in den energetischen Wechselwirkungen von Tumor und Wirt. D. h. das Wachstum des Tumors, wie im Detail noch gezeigt werden wird, hängt mit der Energieversorgung dessen und der Nahrungsaufnahme des Wirts (caloric intake) zusammen. Darüber hinaus zeigt das mathematische Modell, wie der Tumor auf Kosten des Organismus des Wirtes wächst (Verringerung des Körpergewichtes des Wirtes).

---

[1] Vgl. Mayneord (1932)
[2] Vgl. Winsor (1932)
[3] Von Bertalanffy (1957)
[4] Vgl. Van Leeuwen (2003), S.2254

Warum wurde dieses Modell zur Beschreibung der Analogie gewählt?

In den vergangenen Jahren wurden zahlreiche Modelle zu Tumor- und Krebswachstum in der Medizin entwickelt. Mittels zellularen Automaten, finiten Elementen und zahlreichen anderen Modellen wurde Tumorwachstum simuliert. Entscheidend für die Auswahl des auf der DEB-Theorie basierenden Modells für Tumorwachstum waren die Berücksichtigung der Interaktion zwischen Tumor und Wirt und der spezielle Fokus auf die Energieversorgung, sowie die Annahme prinzipiell unbegrenzten Wachstums von kanzerogenen Strukturen. Im Folgenden sollen diese Voraussetzungen, welche relevant für die Bearbeitung der Aufgabenstellung sind, mittels der DEB-Theorie genauer betrachtet werden und im Weiteren auf das Wachstum der Konzerne adaptiert werden.

16.1 Grundlagen der DEB-Theorie

Die DEB Theorie vereinigt die Gemeinsamkeiten zwischen den Organismen und koppelt die verschiedenen Ebenen von biologischen Organisationsstrukturen (Zellen, Organismen und Population). Sie präsentiert einfache mechanistische Regeln, welche die Aufnahme und die Verwendung von Energie und Nährstoffen beschreibt (Substrate, Nahrung, Licht) und die Konsequenzen für die physiologische Organisation während des Lebenszyklus eines Organismus, inklusive der energetischen Einflüsse durch Alterung und Effekten von Schadstoffen. Alle lebenden Organismen sind Teil eines einzigen quantitativen Bezugssystems und die Vorhersagen werden an einer breiten Auswahl an experimentellen Ergebnissen auf allen Ebenen der biologischen Organisation überprüft. Die Theorie beschreibt viele generelle Beobachtungen, wie beispielsweise die Zusammenhänge zwischen Körperwachstum und Körpergewicht eines Organismus mit dem Alter unter Berücksichtigung der energetischen Prozesse durch Nahrungsaufnahme.[1]

Folgende Abbildung zeigt die Grundrisse des DEB Bezugssystems. Bezugnehmend darauf besteht der Körper aus zwei Komponenten, nämlich der strukturellen Biomasse und Reservekomponenten. Die Reserve-Dynamik orientiert sich an Bereitstellung und Anforderung von vorhandenen Ressourcen. Strukturelle Biomasse kann als Volumen V(t) verstanden werden. Beide Komponenten haben unter Annahme eine konstante, aber nicht notwendigerweise identische, chemische Zusammensetzung. Da der Betrag an Reserven und Strukturen variieren kann, kann in weiterer Folge die Beschaffenheit des ganzen Körpers variieren.[2]

---

[1] Vgl. Van Schalkwijk (2001)
[2] Vgl. Van Leeuwen (2003), S.2255

Energie fließt im individuellen Organismus infolge von Nahrungsaufnahme. Ein Teil der Energie der Nahrung wird über das Blut transportiert und als Reserven angelegt. Energie, die für diverse physiologische Prozesse benötigt wird, wird von diesen Reserven bezogen.[1]

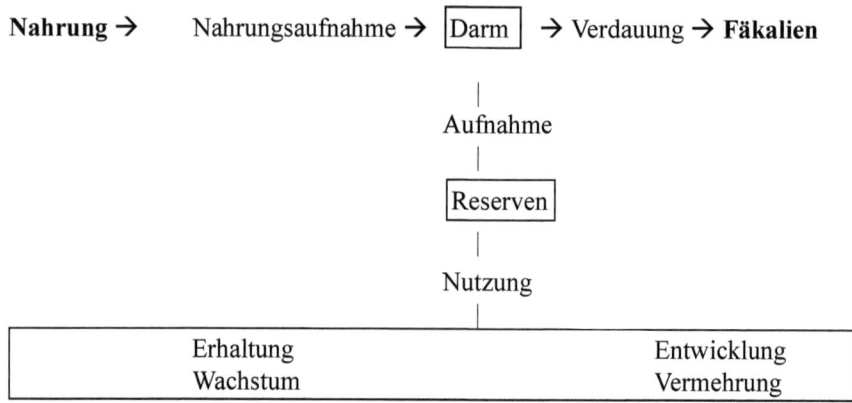

Erhaltungskosten spielen im DEB-Modell eine Schlüsselrolle. Erhaltung im Organismus umfasst einen Bereich verschiedener Prozesse, wie Proteindurchsatz, Erwärmung, Erhaltung von Membran-Konzentrationsgradienten und Muskelspannung. Die Kosten für diese Prozesse sollten von den Kosten für Wachstum, Entwicklung und Reproduktion unterschieden werden. Die DEB Theorie geht von konstanten Erhaltungskosten pro strukturelle Volumseinheit pro Zeiteinheit [M] aus. Somit ergeben sich für den Betrag der gesamten Erhaltungskosten $M(t) = [M]V(t)$ pro Zeiteinheit.[2] Diese Hypothese führt zu einem Verhältnis zwischen Körpergröße und Atmung welche sowohl Auswirkungen auf Wachstum und Erhaltung hat. Experimentell erhobene Daten betreffend die Skalierung von Atmung und Körpergröße untermauern diese Vorhersage.[3]

Die DEB-Theorie geht weiters davon aus, dass somatische Prozesse (Wachstum und Erhaltung) und reproduktive Prozesse (Entwicklung und Reproduktion) parallel ablaufen. Dies wird von der Beobachtung gestützt, dass manche Spezies mit der Reproduktion beginnen, während andere noch im Wachstum begriffen sind; andere beginnen erst nach Erreichen des Erwachsenenalters mit der Reproduktion. Beide Arten wachsen jedoch nach denselben Wachstumsgesetzen.[4][5]

---

[1] Vgl. Kooijman (2000), S.65
[2] Vgl. Kooijman (2000), S.91
[3] Van Leeuwen (2003), S.2255
[4] Vgl. Kooijman (2000), S.1
[5] Vgl. Kooijman (2000), S.88f.

Die so genannte κ-Regel geht davon aus, dass ein Individuum einen fixen Anteil an zur Verfügung stehender Energie für somatische Prozesse (Wachstum und Erhaltung) und den restlichen Teil für reproduktive Prozesse (Entwicklung, Erhaltung des Differentationsgrades und Reproduktion) aufwendet.[1] Daraus ergibt sich:

Energieverfügbarkeit für Wachstum = κC(t) − Erhaltungskosten [pro Zeiteinheit t]

C(t)…Nutzungsrate zum Zeitpunkt t $\quad C = \dfrac{E}{V}\left(vV^{\frac{2}{3}} - \dfrac{dV}{dt}\right)$

Der Nutzungsgrad C(t) ist jene Rate, bei der Energie von den Reserven mobilisiert und für physiologische Prozesse zugänglich gemacht werden kann.
Der Nutzungsgrad hängt neben dem Volumen auch von der Menge an Reserven E und der Energieleitfähigkeit v als Verhältnis zwischen der max. Nahrungsaufnahmerate A_m und der maximalen Reservedichte E_m ($\{A_m/E_m\}$ [cm Zeit^{-1}]) ab. Eine Erhöhung bewirkt eine raschere Verwertung der Nahrung und ein schnelleres Erreichen der Wachstumsgrenze.

Es wird angenommen, dass die Aufnahmeeffizienz unabhängig von der Nahrungsaufnahmerate ist.[2] Erhält ein Tier einen fixen Anteil ρ der Nahrung, dann kann die Assimilationsrate a = ρA_m angegeben werden, wobei A_m die maximale Assimilationsrate und ρ der so genannte Nahrungsangebotskoeffizient ist. Die oberflächen-spezifische maximale Assimilationsrate ergibt sich zu $\{A_m\} = A_m V_{1\infty}^{-2/3}$, mit $V_{1\infty}$ als maximalem strukturellen Volumen. Somit kann die Assimilationsrate als $A = \rho\{A_m\}V_{1\infty}^{2/3}$ angegeben werden.

Um am Leben zu bleiben, muss der Erhaltung Vorrang gegenüber Wachstum gegeben werden. Wachstum hört konsequent auf, wenn alle Energie, welche normalerweise für Erhaltung und Wachstum zur Verfügung steht, nur für Erhaltung verwendet wird. Das bedeutet auch, dass die Erhaltung die endgültige Größe, die ein Organismus erreichen kann, bestimmt.[3]

Entscheidend wirkt darüber hinaus, dass die Kosten für Wachstum pro Zeiteinheit proportional zur Zunahme des strukturellen Volumens sind:

G(t)=[G]dV/dt   [G]…konstant

In Abhängigkeit der zur Verfügung stehenden Energie für Wachstum ergibt sich für die Größe des Organismus:

---

[1] Vgl. Kooijman (2000), S.87
[2] Vgl. Kooijman (2000), S.81
[3] Van Leeuwen (2003), S.2255

$$\frac{dV}{dt} = \frac{\kappa C(t) - [M]V(t)}{[G]}$$

Bleibt die Nahrung über einen Zeitraum konstant verfügbar, und ist die Nahrungsaufnahme proportional zur Körperoberfläche, dann reduziert sich die Gleichung zur Von Bertalanffy-Wachstumsgleichung.[4] Diese Gleichung passt zu den Wachstumskurven von einer Vielzahl an Spezies aus dem Tierreich, die ihre Gestalt während ihres Wachstums nicht ändern.

Die Veränderung der Menge an Reserven ergibt sich somit als Differenz zwischen Aufnahme und Nutzung dE/dt = A-C. Substituiert man C in der vorigen Gleichung ergibt sich

$$\frac{de}{dt} = \frac{v}{V^{1/3}}\left(\frac{V_{1\infty}^{2/3}}{V^{2/3}} - e\right)$$

Mit e als skalierte Reservedichte $e = E/[E_m]V$ (Verhältnis von Reserve/max. Reserve je Volumeneinheit) mit der Anfangsbedingung zum Zeitpunkt t_0, $e(t_0) = e_0$ (im Modell wird $e(t_0) = e_0 = 1$ gesetzt)

Das gesamte Körpergewicht ist eine Funktion der Strukturen und der Reserven:

W = dV(1 + ξe)V

dv... strukturelle-volumenspezifischen Dichte [g cm^{-3}]
ξ... skaliertes spezifisches Gewicht der Reserve (dimensionslos)

Die Veränderung des strukturellen Volumens dV/dt kann somit auch geschrieben als:

$$\frac{dV}{dt} = \frac{1}{g[E_m]}C(t) - mV(t)$$

g = [G]/κ[E_m] ... Wachstumskoeffizient Organismus
m = [M] / [G] ... Erhaltungskoeffizient Organismus m v/g($V_{1\infty}$)$^{-1/3}$

als Substitution für die Nutzungsrate C ergibt sich:

$$\frac{dV}{dt} = \frac{veV^{2/3} - gmV}{g + e}$$

---

[4] Van Leeuwen (2003), S.2255

$$\frac{de}{dt} = \frac{v}{V^{1/3}}\left(\rho^{1/3}\frac{V_{\rho\infty}^{2/3}}{V^{2/3}} - e\right)$$

V(t) tendiert asymptotisch gegen einen maximalen Wert $V_{\rho\infty}$, welcher $V_{\rho\infty} = \rho V_{1\infty} = \rho(v\rho m)^3 = \rho(\kappa\{A_m\}/[M])^3$ entspricht. Somit ergibt sich die Assimilationsrate $A = \rho^{1/3}\{A_m\}V_{\rho\infty}^{2/3}$ und die skalierte Energiedichte kann durch ausgedrückt werden.

Die Veränderung der Körpergröße eines tumorfreien Organismus kann durch die letzten beiden Gleichungen dV/dt und de/dt mit den Anfangsbedingungen $V(t_0) = V_0$ und $e(t_0) = e_0$ beschrieben werden.

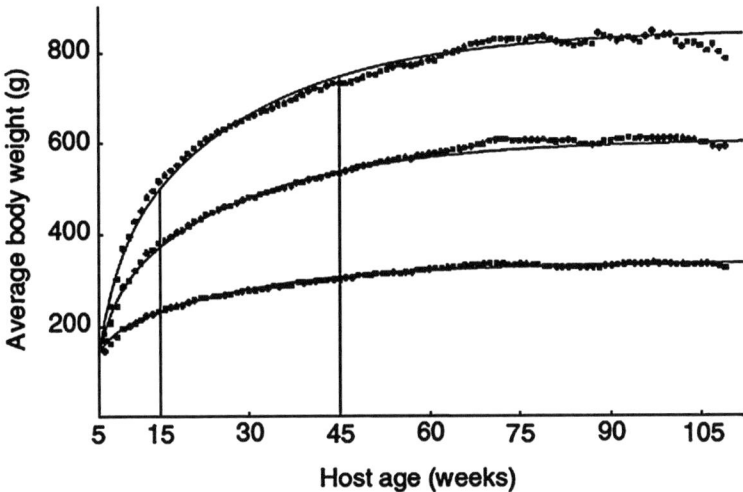

Abbildung 52: Körpergewicht von Ratten in Abhängigkeit von Restriktionen bei der Kalorienaufnahme (keine, 55% und 25% Restriktion). Es zeigt sich das reduzierte Körpergewicht anhand der empirischen Daten und der Modellsimulation. [1]

16.2 Erweiterung der DEB-Theorie auf Tumorwachstum

Um die entsprechenden Ausgangsparameter für den Organismus zu spezifizieren, wurde das Modell mit Wachstumsdaten von männlichen Ratten gefüllt, nicht zu-

---

[1] Van Leeuwen (2003), S.2256

letzt weil es für diese Nagetiere sehr umfangreiche Versuchsreihen und Daten gibt, und sie auch in der Krebsforschung eine typische Modellspezies darstellen.[1]

Somit kann das Verhalten des Nutzungsgrades C als eine Funktion des Alters vorhergesagt werden. Es kann gezeigt werden, dass die Nutzungsrate je strukturellem Volumen wichtiger für das Tumorwachstum ist als die Nutzungsrate selbst. Die Kalorienaufnahme bestimmt [C] signifikant am Beginn. Nach einiger Zeit adaptiert sich der Körper an der geringeren Nahrungszugänglichkeit und der dadurch hervorgerufene Unterschied in [C] verschwindet.

Zu Beginn wurden in der κ-Regel die Struktur und dessen Parameter des Organismus als einzige Bezugsgröße dargestellt. Will man jedoch Tumorwachstum mit dem Bezugsystem der DEB-Theorie beschreiben, so muss man diese entsprechend erweitern.[2] Betrachtet man die Veränderung einer einzelnen Zelle zu einer Tumorzelle genauer, so kann man auch vom energetischen Standpunkt einige Veränderungen feststellen. Da das Tumorgewebe weniger stark differenziert ist als gesundes Gewebe, sind die Erhaltungskosten je Tumorvolumen niedriger, was den Tumorzellen erlaubt, sich schneller als normale Zellen zu vermehren. Darüber hinaus konsumieren sie mehr als ihren vorgesehenen Anteil an verfügbarer Energie auf Kosten des gesunden Gewebes. D. h. Tumorzellen werden gefräßig, sie nehmen sich, was sie wollen, und lassen nur die Reste für den Körper übrig.

Im Sinne der DEB wird Tumorwachstum als Mutation angesehen, welche durch Reduktion der somatischen Prozesse des Organismus (Erhaltung oder Wachstum) oder durch Steigerung des Energiebedarfs pro Zelle zu Hyperplasien führt.

Um die Tumorwachstumsdynamiken zu modellieren, benötigt man entsprechende zusätzliche Parameter und Variablen:

Zusätzlich zur Körpergröße V (Volumen) wird die Größe des Tumors V_u definiert. Um zu überleben und zu wachsen, bezieht der Tumor Nährstoffe vom Wirt. Die Gefräßigkeit des Tumors wird mit dem Koeffizient μ_u beschrieben. Ist $\mu_u=1$, benötigt jede Tumorzelle den gleichen Betrag an Energie wie eine durchschnittliche normale Zelle. Ist $\mu_u>1$ beansprucht die Tumorzelle mehr als die normale Körperzelle. Der Gefräßigkeits-Koeffizient spielt also eine wichtige Rolle bei der Ermittlung der Tumoraggressivität.[3]

Die Wachstumsrate eines Tumors wird nicht nur durch die Fähigkeit zur Ausbeutung der Ressourcen des Wirts entschieden, sondern auch, wie bereits er-

---

[1] Van Leeuwen (2003), S.2256
[2] Ebenda.
[3] Ebenda.

wähnt, durch die Erhaltungs- und Wachstums-Investitionen des Tumors. Van Leeuwen (2003) geht davon aus, dass sich der Tumor eine Fraktion $\kappa_u(t)$ der Energie, die der Wirt für somatische Prozesse zur Verfügung hat, aneignet. Diese Annahme, welche experimentell gestützt ist, impliziert, dass Tumore die Priorität über die Ressourcen im Wirt haben.[1] Somit lässt sich die κ-Regel auf die Energieflüsse des sich entwickelnden Tumors erweitern.

> Zur Verfügung stehende Energie für Tumorwachstum = $\kappa\kappa_u(t)C(t)$ – Tumorerhaltungskosten
>
> Zur Verfügung stehende Energie für Körperwachstum = $\kappa(1- \kappa_u(t))C(t)$ – Erhaltungskosten des Körpers

Experimentelle Beobachtungen unterstützen die Annahme, dass der Energiebedarf des Tumors mit seiner Größe wächst.[2] Dies bedeutet, dass κ_u eine Funktion der Tumorgröße ist.

$$\kappa_u(t) = \frac{\mu_u V_u(t)}{V(t) + \mu_u V_u(t)}$$

Und κ_u (wie κ) mit Werten zwischen 0 und 1 liegt. Die Hypothese impliziert, dass bei kleiner Tumorgröße der Anteil der Ressourcen, die sich der Tumor zueigen macht, annäherungsweise proportional zur Tumorgröße ist. Wächst der Tumor, steigt auch dieser Anteil, jedoch mit abnehmender Geschwindigkeit.[3]

Grundsätzlich charakterisieren 3 Parameter den Tumor:

- Koeffizient der Gefräßigkeit μ_u
- Wachstumskosten G_u
- Erhaltungskosten M_u

Diese Parameter determinieren die Fähigkeit eines Tumors das Gewebe seines Wirtes zu überwuchern. Tumorzellen sind beispielsweise erfolgreicher als normale Zellen, wenn es darum geht, dem Blut Nährstoffe zu entziehen ($\mu_u > 1$). Da die Tumorzellen keine fein abgestimmte Morphologie besitzen, scheint es wahrscheinlich, dass die Kosten für Tumorwachstum geringer als die Wirtswachs-

---

[1] Van Leeuwen (2003), S.2256
[2] Ebenda.
[3] Ebenda.

tumskosten sind ([G$_u$]<[G]). Dasselbe gilt für die Tumor-Erhaltungskosten ([M$_u$]<[M]).

Die Tumorgenese (oder in den Versuchen die Implantation des Tumors im Wirt) erfolgt zum Zeitpunkt t$_i$. Dabei ist V$_{ui}$ die anfängliche Tumorgröße. Zum Zeitpunkt t$_i$ beträgt das strukturelle Körpervolumen V$_i$ = V(t$_i$) und die Reservedichte e(t$_i$) = e$_i$. Beginnt der Tumor sich Reserven anzueignen, die ursprünglich dazu dienen hätten sollen, um physiologische Körperprozesse aufrecht zu erhalten bzw. in Gang zu setzen (wie beispielsweise Körperwachstum), ist der Wirt nicht mehr in der Lage seine maximale Größe zu erreichen.

D. h. die skalierte Energiereserve lässt sich als Differentialgleichung erster Ordnung in Abhängigkeit der Zeit angeben:

$$\frac{de}{dt} = \frac{v}{V(t)^{1/3}} \left(\rho^{1/3} \frac{V\rho\infty(t)^{2/3}}{V(t)^{2/3}} - e(t) \right)$$

und die Assimilationsrate entsprechend zu:

$$A(t) = \rho^{1/3} \{A_m\} V_{\rho\infty}(t)^{2/3}$$

Dabei ist $V_{\rho\infty}(t)$ als die erwartete endgültige strukturelle Biomasse zum Zeitpunkt t definiert. Diese ist aber auch eine Funktion des Tumorvolumens:

$$V\rho\infty(t) = \frac{V(t)}{V_u(t) + V(t)} V_{1\infty}$$

Somit ergibt sich für einen gesunden Organismus V$_u$(t) = 0 und damit $V_{\rho\infty}(t) = V_{1\infty}$. Sowohl für Tumor als auch für den Wirtsorganismus werden die Wachstumskosten proportional zur Zunahme an strukturellem Volumen angenommen. Die Gleichungen für das Volumen des Tumors und des Wirts lassen sich unter Berücksichtigung der generalisierten κ-Regel deshalb, wie folgt, angeben:

$$\frac{dV}{dt} = \frac{1-\kappa_u(t)}{g[E_m]} C(t) - mV(t)$$

$$\frac{dV_u}{dt} = \frac{\kappa_u(t)}{g_u[E_m]} C(t) - m_u V_u(t)$$

Mit $g_u = \lfloor G_u \rfloor / \kappa \lfloor E_m \rfloor$ und $m_u = \lfloor M_u \rfloor / \lfloor G_u \rfloor$ analog zu den Wachstums- und Erhaltungskoeffizienten des Organismus. Substituiert man die Nutzungsrate C(t), so erhält man die Gleichungen für die Veränderungen der Größe des Tumors und des Wirtes:

$$\frac{dV}{dt} = \frac{(1-\kappa_u)veV^{2/3} - gmV}{g + (1-\kappa_u)e}$$

$$\frac{dV_u}{dt} = \frac{(vV^{2/3} + mV)g\kappa_u e}{gg_u + (1-\kappa_u)g_u e} - m_u V_u$$

Mit den Anfangsbedingungen V(t_i) = V_i; V_u(t_i) = V_{ui} und e(t_i) = e_i und der Randbedingung $dV/dt \geq 0$.

Die unterschiedlichen Verläufe des Tumorwachstums hängen vom Zusammenhang der Faktoren der Erhaltungs- und Wachstumskosten sowie der so genannten Gefräßigkeit ab.

- $m_u g_u = \mu_u mg$ Gompertzähnliches, S-förmiges Wachstum
- $m_u g_u < \mu_u mg$ Tumorwachstum
- $m_u g_u > \mu_u mg$ Tumor stirbt ab

Dabei ist $m_u = M_u/G_u$ (die Erhaltungskosten und Wachstumskosten sind kleiner als bei gesundem Gewebe). Der Tumor wächst stärker, wenn seine Erhaltungskosten im Vergleich zu seinen Wachstumskosten gering sind.

Sind die Wachstumskosten gering und ist ausreichend Energie vorhanden, wächst der Tumor rascher ($g_u = G_u/\kappa E_m$).[1]

Außerdem zeigt sich, dass geringe Erhaltungs- und Wachstumskosten nicht ausreichend für das Tumorwachstum sind. Der Gefräßigkeitsindex, also die Fähigkeit dem Blut Nährstoffe zu entziehen, um diese für das eigene Wachstum zu verwenden, muss zumindest so groß sein, dass sich ein Gleichgewicht zwischen Erhaltungs- und Wachstumskosten des Tumors mit jenen des gesunden Gewebes ergibt.

Das Niveau eines gesunden Organismus wird nur bei einem absterbenden Tumor langfristig erreicht. Aber auch begrenztes Tumorwachstum auf einem für den Organismus verträglichen Niveau, führt „nur" zu geringen Verlusten. (Anmerkung: Hierbei kann keine Aussage über die durch den Tumor geschädigten Organe etc. getroffen werden.)

---

[1] Van Leeuwen (2003), S.2257

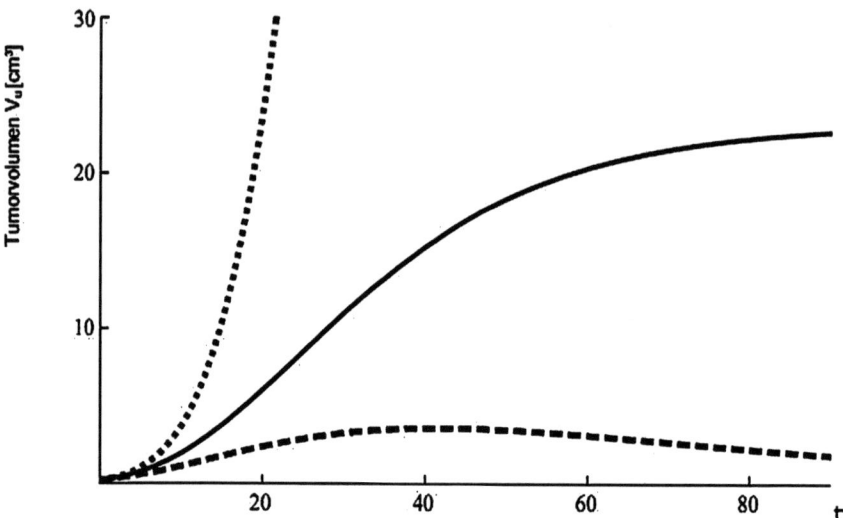

Abbildung 53: Tumorwachstum (V_u) über die Zeit t. Parametervariationen: μ = (Gefräßigkeit des Tumors), g = (Wachstumskosten Wirt), g_u = Wachstumskosten Tumor), m = (Erhaltungskosten Wirt), m_u = (Erhaltungskosten Tumor) Exponentielles Wachstum: μ = 1; g = 7,1; g_u = 1,5; m = 0,041; m_u = 0,1 ($m_u g_u < \mu_u m g$); S-förmiges Wachstum: μ = 1; g = 7,1; g_u = 1,3; m = 0,041; m_u = 0,22; ($m_u g_u = \mu_u m g$); absterbender Tumor: μ = 1; g = 7,1; g_u = 1,5; m = 0,041; m_u = 0,22; ($m_u g_u > \mu_u m g$) y-Achse: Tumorvolumen in cm^3, x-Achse: Zeit in Wochen.[1]

In den Abbildungen (Abbildung 53 und Abbildung 54) wurden mittels Parametervariation des Modells von van Leeuwen (2003) drei maßgebliche Wachstumsszenarien verdeutlicht: Sind die Wachstumskosten und Erhaltungskosten des Tumors kleiner als jene des Organismus (unter Berücksichtigung der Gefräßigkeit des Tumors), dann kommt es zu exponentiellen Tumorwachstum. Bei annähernder Gleichheit ergibt sich eine S-förmige Wachstumskurve. Sind die Wachstumskosten und Erhaltungskosten des Tumors größer als jene des Organismus, stirbt der Tumor ab.

---

[1] Parametervariation anhand des Modells von van Leeuwen (2003)

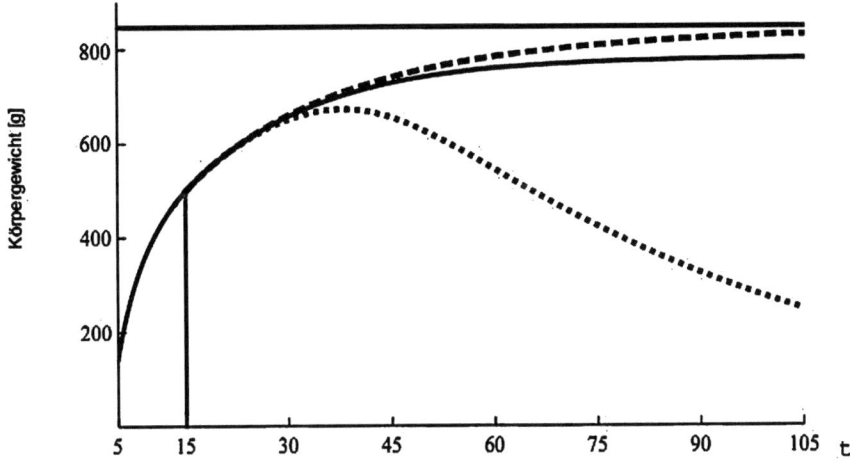

Abbildung 54: Einfluss auf das Körpergewicht. Tumor wird zum Zeitpunkt t = 15 implantiert. Wachstumsverlauf mit den jeweiligen Parametern entsprechend Abbildung 53: Tumorwachstum (V_u) über die Zeit t. Parametervariationen: μ = (Gefräßigkeit des Tumors), g = (Wachstumskosten Wirt), g_u = Wachstumskosten Tumor), m = (Erhaltungskosten Wirt), m_u = (Erhaltungskosten Tumor) Exponentielles Wachstum: μ = 1; g = 7,1; g_u = 1,5; m = 0,041; m_u = 0,1 ($m_u g_u < \mu_u mg$); S-förmiges Wachstum: μ = 1; g = 7,1; g_u = 1,3; m = 0,041; m_u = 0,22; ($m_u g_u = \mu_u mg$); absterbender Tumor: μ = 1; g = 7,1; g_u = 1,5; m = 0,041; m_u = 0,22; y-Achse: Körpergewicht in Gramm, x-Achse: Zeit in Wochen.

Effekte von Nährstoffreduktion auf das Tumorwachstum

In Anlehnung an die DEB-Theorie hängen physiologische Prozesse wie Energieverbrauch, Körperwachstum und Alterung mit Nahrungsaufnahme zusammen bzw. sind mit dieser eng verbunden. Auch das Tumorwachstum in Organismen zeigt eine Abhängigkeit von verschiedenen Nährstoffrestriktionen (unbegrenzte Verfügbarkeit von Nahrung, 25% und 45% Restriktion). Das Alter des Organismus bei der Tumorimplantation und die Dauer der Nährstoffreduktion, die der Organismus vor der Tumorimplantation ausgesetzt war, spielen eine Rolle. Kalorische Restriktionen können das Tumorwachstum, genauso wie das Körperwachstum, entsprechend verlangsamen, aber in ihrem gesetzmäßigen Wachstum (exponentiell) nicht wesentlich beeinflussen.

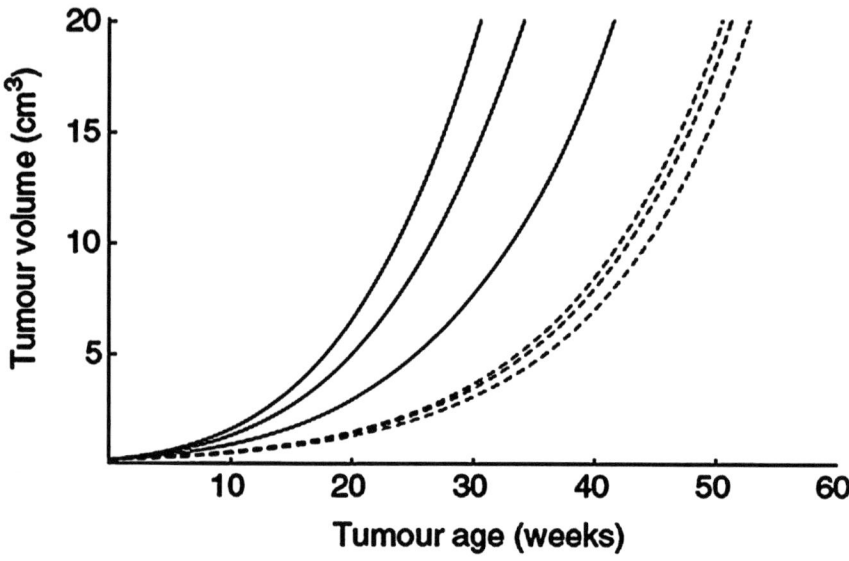

Abbildung 55: Nahrungsaufnahme beeinflusst das Tumorwachstum. Durchgehende Linien: kurzfristige Reduktion an Kalorien vor der Tumorimplantation ($t_i = 15$ Wochen), strichlierte Linie: längerfristige Reduktion an Kalorien vor der Tumorimplantation ($t_i = 45$ Wochen). Unterschiedliche Wachstumskurven in Abhängigkeit der Nahrungsversorgung (unbegrenzt, 25% und 55% Kalorienrestriktion)

Wie bereits erwähnt hängt die Wachstumskapazität des Tumors im Modell von van Leeuwen (2003) von der Rate des Energieaufwands je strukturellem Volumen [C] des Wirtes ab. Wie gezeigt wurde, resultiert eine Nahrungsrestriktion in einem verminderten [C]. Van Leeuwen geht daher davon aus, dass ein Tumor in einem kalorienmäßig eingeschränkten Tier langsamer wächst, als in einem ad libitum gefütterten. Der Effekt von geringer Nahrungsmittelaufnahme bzw. Nahrungsverfügbarkeit auf [C] wird während langer Zeiträume geringer (vgl. die unterbrochenen Linien in obiger Abbildung sind näher beisammen).[1]

Einfluss des Tumors auf den Wirt

Während der Tumor immer mehr Ressourcen des Wirtsorganismus ausbeutet, hat dieser immer weniger Energie zur Ausführung seiner „normalen" physiologischen Prozesse zur Verfügung. Da Erhaltung immer Priorität über Wachstum ge-

---

[1] Van Leeuwen (2003), S.2258

nießt, resultiert der Einschnitt in die Energieversorgung des Wirts in erster Linie in einer reduzierten Wachstumsrate.[1] Reduziert sich die Wachstumsrate auf 0 und wächst der Tumor in seiner Größe weiter, hat der Wirt zwei Möglichkeiten, um zu überleben und gleichzeitig den Energiebedarf des Tumors zu befriedigen:[2]

a) seine eigenen Erhaltungskosten zu reduzieren oder
b) strukturelle Biomasse abbauen.

Punkt a) bedingt, dass nicht mehr alle Erhaltungsprozesse ausgeführt werden können, was zu ernsthaften physiologischen Problemen und Vorbedingungen für Krankheiten führen kann. Punkt b) bedeutet beispielsweise den Schwund von Skelettmuskulatur, was letztendlich zum Tod führen muss.

Obwohl die generalisierte κ-Regel die Berücksichtigung des Verlusts von Körpergewicht prinzipiell erlaubt, werden von van Leeuwen (2003) zwei Gründe genannt, warum es unangemessen wäre, diese Gleichungen zur Beschreibung der Gewebsdegeneration ohne entsprechende Erweiterung zu verwenden. Belässt man diese Gleichungen in ihrer bisherigen Form, würde dies bedeuten, dass die gesamte Energie, die dazu verwendet wurde Biomasse zu bilden, wiedergewonnen wird, was thermodynamisch nicht möglich ist. Zweitens implizieren die Gleichungen, dass der Wirt die gesamte Energie, die bei der Gewebsdegeneration frei wird, zur Bezahlung seiner eigenen Erhaltungskosten verwendet. Dies widerspricht der Kenntnis, dass beide, sowohl Tumor als auch Wirt, von den freigesetzten Ressourcen profitieren. Dementsprechend muss der Verlust von Körpergewicht dem Tumorwachstum gegenübergestellt werden.[3]

Die κ-Regel wird von van Leeuwen (2003) erweitert: Wie bereits erwähnt, besitzt der Tumor Vorrechte über die vorhandenen Ressourcen. Dies impliziert, dass er eine Fraktion κ_u der Energie beansprucht, die er durch den Verlust von struktureller Biomasse erhält. Der Wirt verwendet den Rest wieder, um seine eigenen Erhaltungskosten zu zahlen.

Ist keine Energie für Körperwachstum zur Verfügung, gilt:[4]

die zur Verfügung stehende Energie für Tumorwachstum =
$\kappa_u(\kappa C+S)$ – Tumorerhaltungskosten,
$0 = (1- \kappa_u)(\kappa C+S)$ - Erhaltungskosten des Körpers

---

[1] Van Leeuwen (2003), S.2258
[2] Ebenda.
[3] Ebenda.
[4] Ebenda.

S ist dabei die Wiedergewinnungsrate der Energie beim Abbau von struktureller Biomasse.

Van Leeuwen (2003) definiert $S(t) = -\omega[G]dV/dt$, was bedeutet, dass die Menge an Energie, die pro Zeiteinheit verfügbar ist, proportional zur Rate der Gewebsdegeneration ist. dV/dt ist negativ (weil der Wirt strukturelles Volumen verliert), d. h. S ist positiv. ω ist der so genannte Effizienzkoefizient (die thermodynamische Obergrenze ω = 1 bedeutet, 100% Effizienz, was niemals erreicht werden kann). Im realistischen Fall ist ω < 1 und ein Teil der zerstörten Biomasse ist unbrauchbar.

Tumorrelevante Abnahme von Körpergewicht hat nach dem Modell von van Leeuwen auch den Abbau der Struktur- als auch der Material-Reserven zur Folge. Dies steht in Übereinstimmung mit der Beobachtung von Krebspatienten, welche an einem progressiven Verlust sowohl von Fettgewebe als auch der Skelettmuskulatur leiden.[1]

Wird S im Formelapparat von van Leeuwen (2003) berücksichtigt, ergibt sich für den Verlust von struktureller Körpermasse und der Zunahme der Tumorgröße:

$$\frac{dV}{dt} = \frac{(1-\kappa_u)veV^{2/3} - gmV}{(\omega g + e)(1-\kappa_u)}$$

$$\frac{dV_u}{dt} = \frac{gm\kappa_u V}{g_u(1-\kappa_u)} - m_u V_u$$

mit den Anfangsbedingungen $V(t_s)=V_s$, $V_u(t_s)=V_{us}$ and $e(t_s)=e_s$

Dieselbe Tumorart kann bei verschiedenen Krebspatienten mit derselben Tumorart zu völlig unterschiedlichen Auswirkungen ihrer Körpergewichtsverluste führen. Auch diese Variationen werden im Kontext des Modells berücksichtigt (vgl. in der Analogie: dieselbe Menge Ressourcenausbeutung in verschiedenen Ökosystemen).

---

[1] Van Leeuwen (2003), S.2258

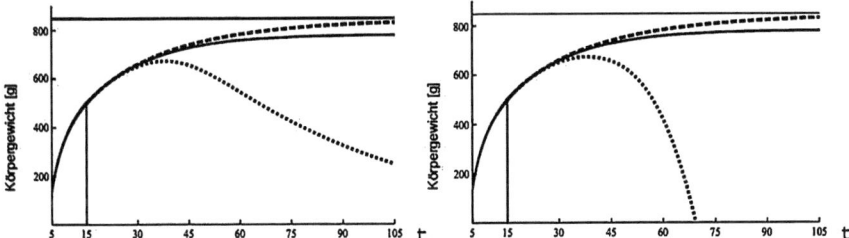

Abbildung 56: Einfluss auf das Körpergewicht. Der Tumor wird zum Zeitpunkt t = 15 implantiert. Wachstumsverlauf mit den jeweiligen Parametern entsprechend Abbildung 53: Tumorwachstum (V_u) über die Zeit t. Parametervariationen: μ = (Gefräßigkeit des Tumors), g = (Wachstumskosten Wirt), g_u = Wachstumskosten Tumor), m = (Erhaltungskosten Wirt), m_u = (Erhaltungskosten Tumor) Exponentielles Wachstum: μ = 1; g = 7,1; g_u = 1,5; m = 0,041; m_u = 0,1 ($m_u g_u$ < $\mu_u mg$); S-förmiges Wachstum: μ = 1; g = 7,1; g_u = 1,3; m = 0,041; m_u = 0,22; Linke Abbildung ident mit Abbildung 54. Rechts: Unter Berücksichtigung thermodynamische und empirisch beobachteter Gesetzmäßigkeiten. Der Tumor macht sich bei der Gewebsdegeneration frei werdende Energie zunutze und der Ausbeutungsprozess im Bezug auf den Organismus beschleunigt sich (an seiner Größe ändert diese Berücksichtigung nichts; lediglich in seinen Auswirkungen auf den Organismus). y-Achse: Körpergewicht in Gramm, x-Achse: Zeit in Wochen.

Kachexie (Auszehrung, Abmagerung)

Der Verlust von Körpergewicht entsteht aufgrund von Interaktionen zwischen Tumor- und Wirtenergetik. Ein Tumor kann den Verlust von Körpergewicht beschleunigen, in dem er Faktoren (Enzyme) produziert, die mit dem Wirt interagieren. Dies führt zu einem Auszehrungsprozess (Kachexie Syndrom), welcher ein häufiger Grund für Erkrankung und Tod bei Krebspatienten ist. Der Abbau von struktureller Biomasse, welcher durch Kachexiefaktoren und Enzyme hervorgerufen wird, kann mit ebenfalls der κ-Regel verbunden werden.[1]

Die Implementierung im Modell wird im Nachfolgenden nicht mehr detailliert beschrieben, weil sie für die Übertragung und Anwendung des Modells auf das Wachstum der Konzernstrukturen nicht erheblich erscheint.

Vereinfacht dargestellt nimmt Leeuwen (2003) an, dass die Kachexie eine bestimmte Degradation des Gewebes des Wirtes proportional zur Tumorgröße ist. Infolge des Energieanspruchs des Tumors und der kachexiebezogenen Degradation von struktureller Biomasse wird die Energiebilanz des Wirts bald negativ werden. Der Wirt muss dann weitere strukturelle Biomasse abbauen, um sowohl

---

[1] Van Leeuwen (2003), S.2259

den Energiebedarf des Tumors als auch die eigenen Ansprüche an die Erhaltungskosten zu befriedigen. [1]

Schlussfolgerungen zum Modell

Der wesentliche Unterschied im Tumormodell von Leeuwen (2003) zu anderen Modellen besteht darin, dass der Tumor als Körperteil des Wirts und nicht als singuläre unabhängige Entität mit einer intrinsischen maximalen Größe verstanden wird. Dabei wird nicht nur das Tumorwachstum beschrieben, sondern auch, und dieser Aspekt ist für diese Arbeit relevant, die Interaktionen zwischen Tumor und Wirtsystem. Darüber hinaus wird im Ansatz von van Leeuwen et al. nicht a priori von einer asymptotisch maximalen Tumorgröße ausgegangen. Im Gegensatz legt das oftmals angewandte Gompertz-Modell die maximale Tumorgröße mit einem Modellparameter fest und das verknüpfte S-förmige Sättigungswachstum wird als intrinsische Eigenschaft des Tumors betrachtet. Aber nicht alle Tumore zeigen dieses Wachstum. Das Ausbleiben einer Grenze bei gewissen Tumorwachstumsdaten wurde dem frühen Tod des Wirtes zugeschrieben, d. h. der Wirt stirbt noch bevor das Tumorwachstum eine Sättigungsgrenze erreicht. [2] Van Leeuwen geht, wie erwähnt, nicht a priori von der Existenz einer maximalen Tumorgröße aus, welches vom Muster exponentiellen Tumorwachstums ablenken könnte. Diese Annahme verhindert die Möglichkeit vorherzusagen unter welchen physiologischen Konditionen Tumorwachstum erwartet werden kann und wie die maximale Tumorgröße von den Tumor- und Wirt-Eigenschaften abhängt.

Die Existenz einer maximalen Tumorgröße wird nur bei jenen Tumoren erwartet, bei welchen die Erhaltungskosten und die Kapazität Nährstoffe dem Blut entnehmen und der Gleichung $[M_u] = \mu_u [M]$ folgen. Da diese Bedingung sowohl Tumor- als auch Wirtsparameter betrifft, wird die Form der Tumorwachstumskurve von den energetischen Eigenschaften sowohl des Tumors als auch des Wirts bestimmt. [3]

Verschiedene weitere Faktoren, welche darüber hinaus das Tumorwachstum beeinflussen, wie beispielsweise diffusions-limitierte Nährstoffverfügbarkeit, Reaktionen des Immunsystems oder wachstumshemmende Enzyme wurden im Modell von van Leeuwen (2003) nicht betrachtet. Ein wesentlicher Grund dafür lag darin, dass wenn mehrfache (und sich überlagernde) Determinanten auf einmal verbunden werden, es sehr schwierig ist, den Einfluss eines bestimmten Faktors im Einzelnen genau festzustellen. [4]

---

[1] Van Leeuwen (2003), S.2259
[2] Van Leeuwen (2003), S.2260
[3] Ebenda.
[4] Ebenda.

Auf der Basis ihres Modells gehen van Leeuwen et al. auch davon aus, dass die altersabhängige „Energiebeschaffenheit" des Wirts eine wichtige Rolle bei der Bestimmung des Verhaltens des Tumors spielt. Sie argumentieren, dass altersbezogene Unterschiede im Tumorwachstum auf einer altersbezogenen Abnahme der Energieaufwendungen je struktureller Biomasse beruhen.[1]

---

[1] Van Leeuwen (2003), S.2260

17 Modellsimulation und Analogieschlüsse – Konzern und Tumorwachstum

17.1 Analogie der Modellparameter

Maßgeblicher Indikator für das Tumorwachstum im Organismus ist sein Volumen bzw. seine Masse. Wie bereits dargestellt, wächst sein Volumen abschnittsweise exponentiell. Maßzahlen für die Größe und das Wachstum von Unternehmen stellen die Vermögenswerte (assets) dar. Damit wird die Gesamtheit aller bewerteten Vermögensgegenstände des Unternehmens bezeichnet, sowohl Vermögensgegenstände, Anlagevermögen und Umlaufvermögen.[1] Dies drückt sich in der sprachlichen Varianz der englischen Bezeichnung „asset" aus, die auch als „capacity" oder „power" bezeichnet wird. Die Vermögenswerte stellen also die „Kraft" des Unternehmens und damit die Möglichkeiten der Einflussnahme dar. Im internationalen Ranking stehen dabei Banken und Investmentkonzerne an erster Stelle.

Bisher wurde im Zusammenhang mit dem Konzernwachstum auch der Indikator „Gewinn" (als Differenz zwischen Umsatz bzw. Leistungen und Kosten) dargestellt. Anders als die Entwicklung der Vermögenswerte (Bestandsgröße) stellt dieser in systemtheoretischer Sicht eine Flussgröße dar. Flussgrößen und sogenannte Bestandsgrößen sind miteinander verknüpft und bedingen einander. Es ist daher nicht möglich Bestandsgrößen zu betrachten, ohne Flussgrößen mit einzubeziehen und umgekehrt.[2] Bestandsgrößen sind Akkumulationen, Flussgrößen und deren Veränderung pro Zeiteinheit.[3]

Auch der Umsatz bzw. Erlös stellt jährlich bilanziert den Gegenwert, der in Form von Geld oder Forderungen durch den Verkauf von Waren oder Dienstleistungen sowie aus Vermietung oder Verpachtung einem Unternehmen zufließt, dar. Er entsteht aus der wertmäßigen Erfassung der betrieblichen und nichtbetrieblichen Tätigkeit eines Unternehmens. Der engl. Begriff „metabolic rate" für Umsatz macht den Charakter einer Flussgröße deutlich.

Die Bilanzgrößen „Vermögenswerte" („power"), „Umsatz" („catabolic rate") und „Gewinn" stehen bei den untersuchten Konzernen in direktem Zusammen-

---
[1] http://www.wirtschaftslexikon24.net/d/vermoegen/vermoegen.htm
[2] Vgl. Wagner (2004), S.40
[3] Vgl. Wagner (2004), S.36

hang. Der Zusammenhang Vermögenswert/Umsatz sowie Vermögenswert/Gewinn ist bei einer größeren Anzahl verschiedener Konzerne nicht mehr abzuleiten.

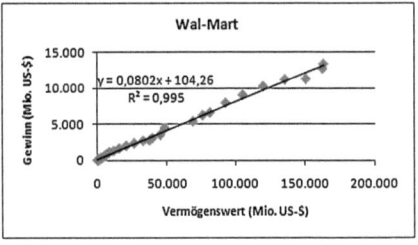
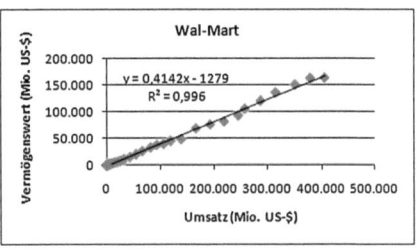

Abbildung 57: Innerhalb der untersuchten Konzerne besteht ein ausgeprägter Zusammenhang zwischen Vermögenswert/Gewinn und Vermögenswert/Umsatz über die Jahre. Dies gilt sowohl für Wal-Mart als auch für die Konzerne „Coca-Cola" und „Nike" (nicht dargestellt). [1]

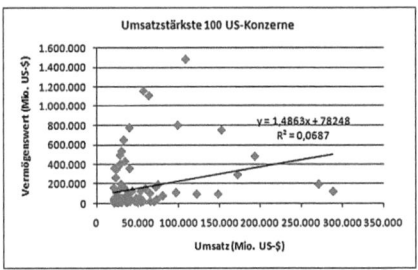
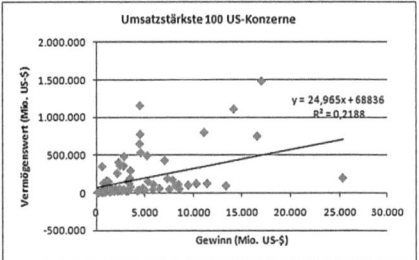

Abbildung 58: Betrachtet man die 100 umsatzstärksten US-Konzerne lässt sich kein unmittelbarer Zusammenhang zwischen Vermögenswert/Gewinn und Vermögenswert/Umsatz im Jahr 2005 ableiten (Verluste – Diagramm rechts – wurden nicht berücksichtigt).

Analog zur Raumforderung eines malignen Tumors und seiner Infiltration in gesundes Gewebe, profitieren die Konzernstrukturen vom Abbau internationaler Handelsbarrieren. Während der Tumor meist auf Kosten des gesunden Gewebes wächst (Mutation gesunder Zellen) und über dessen Volumen gemessen werden kann, sind die Konzerne in der Lage durch Externalisierung ihrer Kosten Vermögenswerte zu akkumulieren. Waren die Vermögenswerte der 100 reichsten US-Konzerne bis Mitte der 1980er-Jahre noch geringer als ihr Umsatz, betrugen diese im Jahr 2005 bereits das Vierfache und steigen weiter. Die Vermögenswerte dieser 100 US-Konzerne betrugen im Jahr 18.025 Mrd. Dollar.

---

[1] Eigene Berechnungen auf Basis Fortune 500 (http://money.cnn.com)

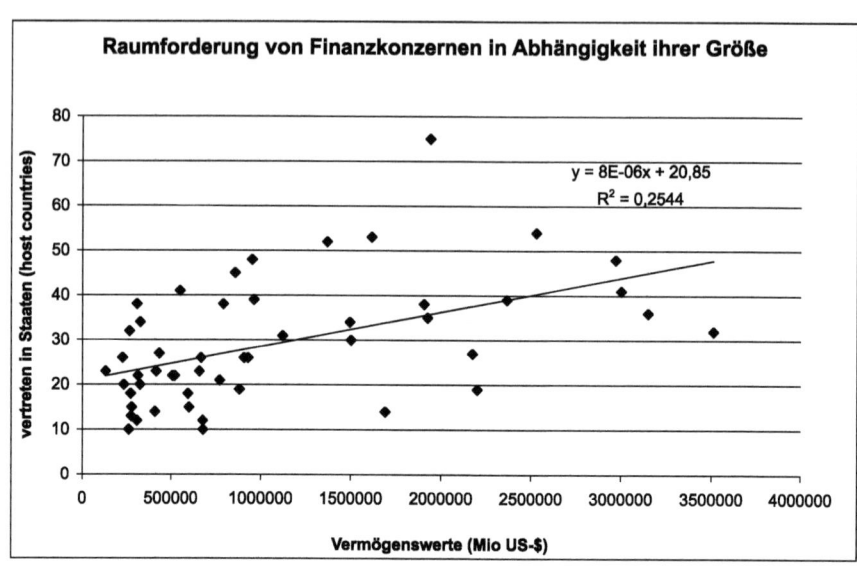

Abbildung 59: Zusammenhang von Größe und Macht der Konzerne und ihrer Ausbreitung.

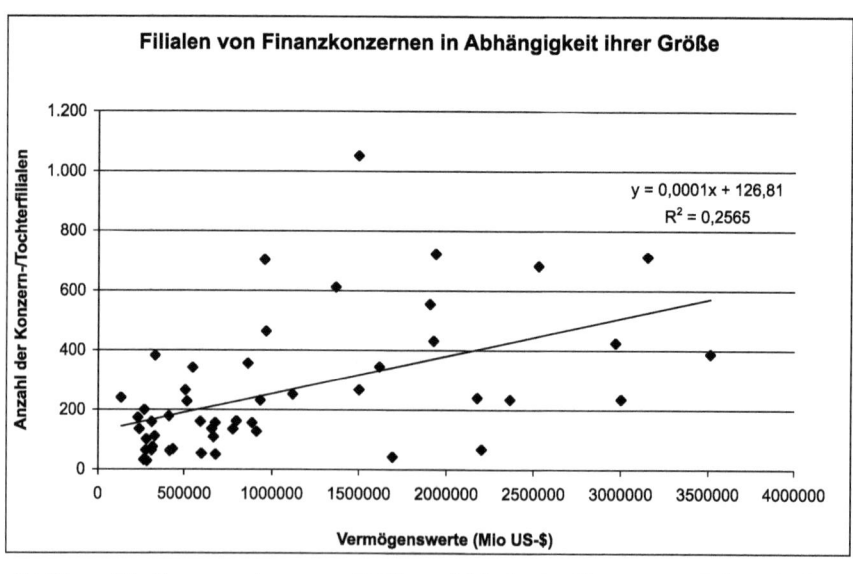

Abbildung 60: Zusammenhang von Größe und Macht der Konzerne und ihrer Ausbreitung/Infiltration durch Filialen.

Nachfolgend sind die Eigenschaften, maßgeblichen Größen und Einheiten von malignen Tumoren und Konzernen im Vergleich dargestellt. Die Vermögenswerte der Konzerne (als Abbild ihrer Größe, Potenz, Kraft) entsprechen dem Volumen des Tumors. Die Auswirkungen des Tumors auf den Organismus sind auch eine Funktion lokaler Grenzen am Ort der Ausbreitung. Breitet sich der Tumor in der Leber aus, führt schon eine vergleichsweise geringe Tumorgröße zum Versagen des Organismus. Hingegen kann der Tumor sich im Organismus weiter ausbreiten und wachsen, wenn lebensnotwendige Organe am Beginn nicht unmittelbar betroffen sind. Auch die zerstörenden Wirkungen von Konzernstrukturen hängen im Verlauf der verschiedenen Infiltrationsprozesse u. a. von den lokalen Voraussetzungen des Wirtschaftssystems, der Gesellschaft etc. ab. Wie bei dem untersuchten Fallbeispiel des US-Konzerns „Wal-Mart" noch gezeigt wird, kann der Infiltrationsprozess von Konzernstrukturen in lokale Wirtschaftskreisläufe in weiterer Folge zu einem „Multiorganversagen" führen. Je größer der Konzern ist, desto einfacher sind die Prozesse, weil Geld als Macht und Energie eingesetzt wird. Durchbricht der Tumor seine Grenzen und beginnt im Körper des Organismus zu metastasieren, entfaltet er sein malignes Potenzial.

Krebsgeschwür-Konzern	Eigenschaften	Maßgebliche Größen	Einheiten
Maligner Tumor	Raumforderung, Infiltration in gesundes Gewebe Gefräßigkeit	Volumen, Größe, Radius, Geschwindigkeit der Ausbreitung	cm^3, mm etc. Zeit
Konzern	„Raumforderung" durch neue Filialen/Absatzmärkte; Lobbying zum Abbau von Handelsbarrieren (Infiltrationsprozesse) Bereicherung auf Kosten anderer	Vermögenswerte (assets) Umsatz Gewinn (Gefräßigkeit)	Geldeinheit, Vermögen (monetär, nicht monetär), Infrastruktur, Einrichtungen, Marken, Patente

Tabelle 1: Eigenschaften, maßgebliche Größen und Einheiten von malignen Tumoren und Konzernen im Vergleich. Die Vermögenswerte der Konzerne (als Abbild ihrer Größe, Potenz, Kraft) entsprechen dem Volumen des Tumors.

17.2 Übertragung der Modellparameter

Das Tumormodell von van Leeuwen (2003) wird unter Beachtung der Größenordnungen (die an den biophysischen Parametern von Ratten kalibriert wurden) mit den notwendigen Parametern zur Abbildung des Konzernwachstums adaptiert. Dabei wurden vor allem die Faktoren der Erhaltungs- und Wachstumskosten in Kategorien gegliedert, um eine Übersicht über die verwendeten Einflüsse im Modell zu geben. Vielfach liegen für bestimmte Parameter keine oder nur ungenügende empirische Daten vor, oft lassen sich aber auch Auswirkungen nur begrenzt empirisch fassen und ins Modell transformieren.

Entscheidende, tumorbezogene Einflussfaktoren für das Tumorwachstum sind, wie bereits dargestellt:

- Faktoren der Erhaltungskosten des Tumors und des Organismus (m_u, m)
- Faktoren der Wachstumskosten des Tumors und des Organismus (g_u, g)
- Gefräßigkeit μ

Unter Beachtung des Analogieschlusses Konzern – Tumor werden jene Faktoren, die beispielsweise bei der Standortwahl von Konzernen eine Rolle spielen, den Erhaltungskosten des Tumors (m_u) aber auch den Wachstumskosten (g_u) zugeordnet. Können die Kosten für Erhaltung im Konzern gesenkt werden, dann kann Kapital vermehrt für Wachstumsvorgänge verwendet werden.

17.2.1 Erhaltungskosten

Typische Beispiele für Erhaltungskosten:

- Lohnkosten (L_k)
- Steuer- und Sozialangaben (S_t)
- Umwelt- und Betriebsauflagen (U_a)
- Gewerkschaftlicher Organisationsgrad (G_o)
- Einsparungen von Arbeitsplätzen durch Maschinisierung, Automatisierung und Industrialisierung (Economy of Scale) (T_e)
- Transportkosten (T_k)
- Kosten für Ressourcenverbrauch und Umweltzerstörung (R_e)
- Lobbying, Beeinflussung der Entscheidungsträger (L_o)

Transportkosten sind in der Kostenrechnung der Konzerne derzeit vernachlässigbar, da sie gemessen am Gesamtherstellungsprozess so niedrig sind, dass sie bei der Standortwahl keine Rolle spielen. Im Analogieschluss des Tumormodells müssen sie in jedem Fall enthalten sein, da sie eine wesentliche Voraussetzung für die Verbreitung der Konzerne sind (Tumorangiogenese als notwendige Voraussetzung bei der Metastasierung des Tumors wurde beschrieben). Die dafür notwendige Energie (zur Erstellung des Leitungsnetzes für die Versorgung seiner Metastasen) holt sich der Tumor wie bereits beschrieben vom Organismus. Deshalb werden auch die für die Metastasierung der Konzerne (Distribution von Rohstoffen und Waren) die wesentlichen Transportkosten als Parameter integriert. Entscheidend sind auch die Kosten für Ressourcenverbrauch und Umweltzerstörung. Diese lassen sich nur bedingt monetär abschätzen (vor allem unter Berücksichtigung der Folgewirkungen auf den Menschen). Die quantitative Erfassung am Beispiel Chinas, wo bereits im Jahr 2005 die Kosten für die Umweltzerstörung so hoch wie jene des Wirtschaftswachstums waren,[1] gibt einen bedingten Hinweis auf die Größenordnung.

Erhaltungskosten (maintenance-costs) M_u:

$$M_u = L_k + S_t + U_a + G_o + T_e + T_k + R_e + L_o$$

Die Reduktion der Erhaltungskosten des Tumors kann auch zu einer möglichen Absenkung der Wachstumskosten desselbigen führen, da für diese Funktionsbereiche mehr Energie zur Verfügung steht.

Am später angeführten Beispiel des Konzerns „Nike" wurde die dokumentierte Reduktion von Lohnkosten durch Verlagerung in Länder mit billigeren Arbeitskräften sowie Missachtungen von Arbeits- und Sozialstandards auch als gleichzeitige Reduktion der Wachstumskosten berücksichtigt, da eingespartes Kapital für andere Zwecke zur Verfügung steht.

17.2.2 Wachstumskosten

Typische Beispiele für Wachstumskosten:

- „Erschließung neuer Märkte" – Kapazitätsausweitung etc. (K_a)
- Forschung und Produktentwicklung (F_o)

---

[1] http://www.china-observer.de/index.php?entry=entry080915-141502

- Marketing und Werbung (W_e)
- Lobbying, Beeinflussung der Entscheidungsträger (L_o) (vgl. auch Erhaltungskosten)

$$G_u = K_a + F_o + W_e + L_o (+L_k + S_t + U_a + G_o + T_e + T_k + R_e)$$

17.2.3 Lobbyismus

Konzerne üben enorme Macht und Einfluss auf die Politik aus. Mittels Lobbying werden Gesetze zu ihren Gunsten abgeändert. Die Verfassung sieht diese Art der Einflussnahme nicht vor.

Für Deutschland wurden zahlreiche, im Sinne der Konzerne abgeänderte Gesetze und Gesetzesänderung aufgelistet und deren Ersparnis bzw. Gewinne für die Konzerne quantifiziert.[1] Beispielsweise wurde durch das Lobbying des Verbands der Automobilindustrie (VDA) in Deutschland die so genannte „Abwrackprämie" beschlossen. So bekam die Autoindustrie zusätzlich 5 Mrd. Euro an Steuergeld. Der deutsche Energiekonzern E.ON lobbyierte erfolgreich beim Gesetz für den Emissionshandel. Die Konzerne erhalten somit Verschmutzungsrechte in der Höhe von 2,3 Mrd. Euro jährlich geschenkt.

Lobbyvertreter haben in Deutschland auch an der Erstellung des so genannten Investmentmodernisierungsgesetzes mitgearbeitet. Damit wurden den Hedgefonds die Türen geöffnet und dies brachte den Spekulanten Steuergeschenke von 610 Mio. Euro pro Jahr.[2]

Neben diesen Fällen gibt es alleine in Deutschland 300 weitere dieser Art: Lobbying im deutschen Finanzministerium betreiben unter anderem die Deutsche Börse, BASF, Deutsche Bank, Deutsche Telekom und IBM. Im Auswärtigen Amt sind z. B. Lufthansa, BP, E.ON, Siemens und der Rüstungskonzern EADS tätig. Im deutschen Bundeswirtschaftsministerium u.a. die multinationalen Konzerne Bayer, Morgan Stanley, Daimler-Chrysler oder die Commerzbank.[3]

Ein Vergleich der Entwicklung der Lobby-Spenden in den USA zeigt die Größenordnung der Geldflüsse und die direkten Abhängigkeiten (Abbildung 61).

---

[1] Vgl. Zweites Deutsches Fernsehen (ZDF), „Frontal 21", vom 11.8.2009
[2] Ebenda.
[3] Ebenda.

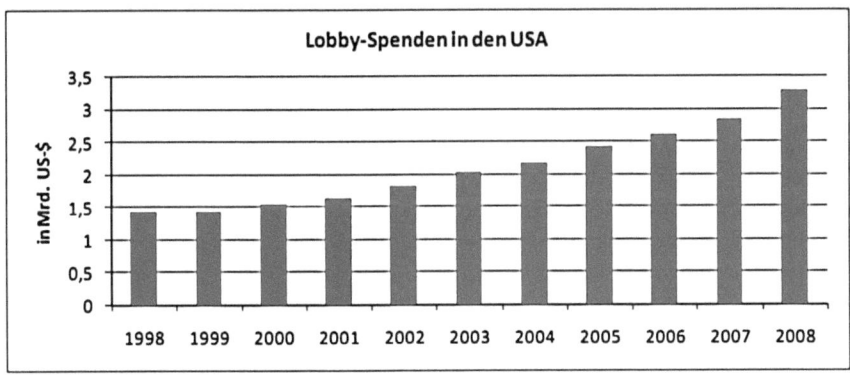

Abbildung 61: Lobby-Spenden in den USA zwischen den Jahren 1998 bis 2006. [1]

17.2.4 Gefräßigkeit

Gefräßigkeit wird im Tumormodell von van Leeuwen (2003) als jene Fähigkeit des Tumors beschrieben, Nährstoffe besser aus dem Blut für sich zu nützen als normale Zellen. Dies kann als inverses Maß von (Energie-)Effizienz verstanden werden, da der Tumor in Organismen im Gegensatz zu Organen und Geweben im Körper keinen Zweck zur Aufrechterhaltung besitzt. Die Grenze der Belastung für den Wirt durch den Tumor wird demnach mit der merklichen Belastung des Gesamtorganismus und dem Versagen von Organen und Körperfunktionen erreicht.

In Analogie dazu stellt die Technik und insbesondere die Technologie eine wesentliche Komponente beim Konzernwachstum dar (vor allem die Verbindung der téchne als das System handwerklicher Künste mit den Naturwissenschaften zum Begriff der „Technik" und dem daraus folgenden Drang die Natur menschlichen Zwecken zu unterwerfen, mit dem Resultat der Naturbeherrschung [2]). Die Möglichkeit, Ressourcen auszubeuten und zu nutzen, wird mit den technologischen Möglichkeiten größer und die exponentielle virtuelle Geldvermehrung an den Börsen und Banken überhaupt erst möglich.

Gefräßigkeit im Blickfeld des Tumormodells wird demnach als „Einsatzgrad der Technologie" berücksichtigt.

---

[1] http://www.opensecrets.org/
[2] Vgl. Fasching (2008)

| μ = (Technische und technologische Hilfsmittel) T_c |

Die Relevanz des Parameters der Gefräßigkeit schlägt sich auch in der Geschwindigkeit der Ausbeutung nieder. Der Preisverfall der Rohstoffe um rund die Hälfte seit den 1960er-Jahren[1] weist auf die vereinfachten Möglichkeiten und Verfahren beim Abbau hin. Die Gefräßigkeit kann also auch als die Geschwindigkeit der Ausbeutung als Funktion technologischer Hilfsmittel interpretiert werden. Parallel zum Sättigungsgrad und Einsatzgrad neuer Technologien in einer Gesellschaft steigen die Kosten von menschlicher Arbeitskraft an.

17.2.5 Zinssystem

Auf die Wirkungsmechanismen des Zinses und seiner Institutionalisierung durch Banken wurde bereits hingewiesen. Die zunehmende Monetarisierung aller Lebensbereiche führt zu einer Infiltrierung mit der erwähnten Erwartungshaltung und der zwanghaften Antwort durch exponentielle Wachstumsprozesse. Durch die Manifestation im Geldsystem und dem gleichzeitigen Durchwachsen ehemals nicht monetär bewerteter Lebensbereiche (jene, die durch Familie und andere Sozialverbände erbracht wurden, wie z. B. Altenpflege, Sozialsystem, Pensionssystem etc.) wurden diese Bereiche in eine Abhängigkeit zum Geldsystem gebracht. Stoppt oder verlangsamt sich das exponentielle Wachstum im Geldsystem (Börsencrash, Sättigung, weniger Konsum etc.) sind auch ehemals nicht monetarisierte Bereiche dadurch betroffen (vgl. Pensions-, Sozialsysteme, u.a.).

Zins und Zinseszins wären im Modell einerseits den Wachstumskosten, aber aufgrund des inhärenten Umschichtungsmechanismus auch dem Parameter der Gefräßigkeit zuzuordnen.

Da der Zins zumindest für alle monetarisierten Lebens- und Wirtschaftsbereiche relevant ist, wird bei den Modellberechnungen nicht extra berücksichtigt. Zinsgewinne sind bei der Gewinnentwicklung der beispielhaft detailliert untersuchten Konzerne enthalten, dabei wird ebenfalls Wachstum durch Zins indirekt (wenn auch nicht als eigener Parameter) berücksichtigt. Da ein Teil der erzielten Gewinne und Vermögenswerte der Konzerne zweifelsohne dem Mechanismus des Zinseszins entspringen, ergeben sich Unterschiede zwischen den im Weiteren dargestellten Vermögenswerten und der möglichen Aufsummierung dargestellter begrenzter Gewinne durch Internalisierung der Kosten im Modellszenario.

---

[1] Le Monde Diplomatique (2006), S.33

17.2.6 Weitere Faktoren im Modell

Parameter	im Tumormodell	Übertragung auf Konzernwachstum
V_{ui}	Größe des Tumors bei der Implantation (0,2; Einheit cm³)	Vermögenswert (in Mio. USD) ergänzend: Umsatz, Gewinn, Zahl der Filialen (Einheit USD, Anzahl)
V_{ial} ($V_{l\infty}$)	max. Volumen des gesunden (tumorfreien Organismus); Gewicht: $W_{ial} = dV*(1 + \xi)*V_{ial}$;	Staatshaushalt ohne Belastung durch externalisierte Kosten (100%) – relative Darstellung, Absolutwerte wurden übernommen
$V(t)$ [1] [2]	Volumen Wirt [cm³]	Relative Belastung durch externalisierte Kosten für den öffentlichen Haushalt bezogen auf staatliche Budgetmittel ohne externalisierte Konzernkosten. Absolutwerte wurden übernommen
W_0	$W_0=W(t_0)$; Gewicht zum Zeitpunkt t_0 Darstellung über das Volumen ($V[t_0] == W_0/(dV*(1 + \xi *e_0))$)	Werte aus Volumen
$V_u(t)$	Volumen Tumor [cm³]	Gewinn / Zahl der Filialen Konzern [USD, Anzahl]

---

[1] dargestellt wird das Gewicht $W = d_V*(1 + \xi e)V$ (unter Berücksichtigung der skalierten Reserve (Energie-)dichte e und dem strukturellen-volumenspezifischen Gewicht). Das Gesamtgewicht des Organismus W setzt sich nach van Leeuwen (2002) aus den beiden Komponenten für die Struktur und den Reserven zusammen.

$W(t) = W_V(t) + W_E(t) = d_V V(t) + d_E \dfrac{E(t)}{r_E}$ mit r_E als Verhältnis zwischen Menge/Volumen an Reserven und $\xi = \dfrac{d_E}{d_V} \dfrac{[E_m]}{r_E}$

[2] van Leeuwen (2002), S.380

d_v	strukturelle-volumen-spezifischen Dichte [g cm^{-3}] (1)	Keine relevanten Auswirkungen auf die Gesetzmäßigkeiten im Modell (Wert 1 wurde übernommen); skalierter Einfluss auf gesamte strukturelle Biomasse des Organismus
ξ	skaliertes spezifisches Gewicht der Reserve (dimensionslos)	Keine relevanten Auswirkungen auf die Gesetzmäßigkeiten im Modell (Wert wurde übernommen); skalierter Einfluss auf gesamte strukturelle Biomasse des Organismus
v	Energieleitfähigkeit als Verhältnis zwischen der max. Nahrungsaufnahmerate und der max. Reservedichte ($\{A_m/E_m\}$) [cm zeit^{-1}]; eine Erhöhung bewirkt eine raschere Verwertung der Nahrung und ein schnelleres Erreichen der Wachstumsgrenze; v ist eine Funktion des gesunden Organismus, hat damit aber auch Einfluss auf das Tumorwachstum. Auswirkungen auf das Tumorwachstum in Abhängigkeit von Wachstums- und Erhaltungskosten	Energieprozesse sind in der Natur in Form von über die Zeit stabilisierenden Regelkreisen vorhanden, die von der externen Energiequelle Sonne gespeist werden. Katabolische Prozesse sind darauf ausgerichtet. Die schnelle Ausbeutung von bestimmten begrenzten Ressourcen (als Funktion von Technologie, Widerstände beim Prozess der Ausbeutung etc.) folgt diesen Regelkreisen nicht. Regionale Faktoren u.a. der Verfügbarkeit von Rohstoffen können bei Anwendung der Analogie unter diesem Parameter berücksichtigt werden. Im vorliegenden Fall wurde der Parameter nicht modifiziert und aus dem Modell von van Leeuwen übernommen.

e	skalierte Reservedichte; $e(t_0) = e_0 = 1$, Verhältnis von Reserve/max. Reserve je Volumeneinheit; Funktion (v, V_{ial} ($V_{1\infty}$), ρ, V(t))	Ergibt sich in Abhängigkeit der anderen Parameter. Wert $e_0 = 1$ wurde übernommen.
g	Wachstumskoeffizient Organismus	wurde übernommen (Verhältnis von g zu g_u bzw. $m_u g_u$ zu mg ist relevant)
g_u	Wachstumskoeffizient Tumor	s.o.
m	Erhaltungskoeffizient Organismus $m = v/(g*V_{ial}{}^\wedge(1/3))$;	s. Formel
m_u	Erhaltungskoeffizient Tumor	s.o.

Tabelle 2: Weitere Faktoren im Tumormodell und Übertragung sowie Interpretation auf das Konzernwachstum.

17.3 Abschätzung der Wirksamkeit der Parameter

Vorrangig werden für die Modellierungen die Faktoren der Wachstums- und Erhaltungskosten herangezogen. Wie bereits erwähnt, sind diese proportional zur Steigerung des Volumens, d. h. $g_u = [G_u]/\kappa[E_m]$ und $m_u = [M_u]/[G_u]$. Relevant in diesem Zusammenhang ist, wie bereits dargelegt, das Verhältnis von $m_u g_u$ zu $\mu_u mg$ (eine Stabilisierung des Wachstums wird dann erreicht, wenn $m_u g_u = \mu_u mg$). Unter den bestehenden Strukturen werden Konzerne für die Externalisierung ihrer Kosten mit Wachstum „belohnt". Werden, wie nachfolgend gezeigt wird, Kosten internalisiert, erreichen die Wachstums- und Erhaltungsparameter der Konzerne eine Größenordnung, die sie, analog zum Tumorwachstum, absterben ($m_u g_u < \mu_u mg$) oder zumindest auf einer stark reduzierten Größe stagnieren lässt.

Um die Wirksamkeit der beiden Parameter auf das Krebswachstum darstellen zu können, wurde der Einfluss auf die maximale Tumorgröße (V_u) sowie der Zeitpunkt beim Erreichen dieser dargestellt (die Bezugsgröße der Zeiteinheiten wurde aus dem Modell übernommen).

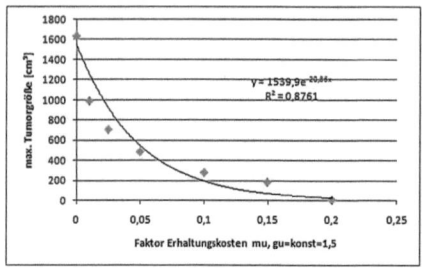 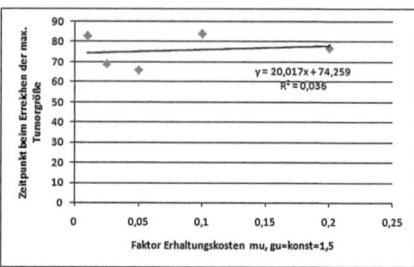

Abbildung 62: Zusammenhang zwischen maximaler Tumorgröße (in cm³) und dem Faktor der Erhaltungskosten m_u (rechts) sowie dem Zeitpunkt beim Erreichen der maximalen Tumorgröße und dem Faktor der Erhaltungskosten m_u (links). Es zeigt sich, dass bei gleichbleibenden Wachstumskosten die Erhaltungskosten beinahe keinen Einfluss auf den Zeitpunkt der maximalen Tumorgröße haben. Hingegen bestimmen sie entscheidend die maximale Tumorgröße.[1]

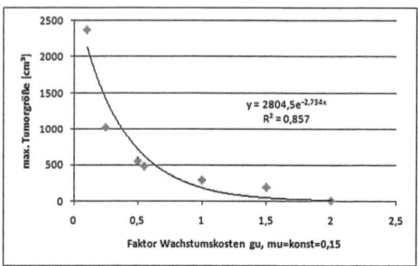 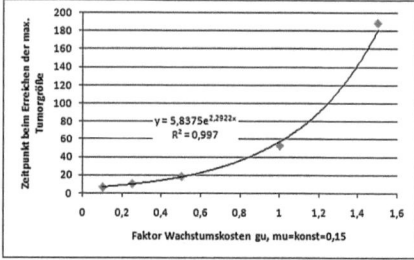

Abbildung 63: Zusammenhang zwischen maximaler Tumorgröße (in cm³) und dem Faktor der Wachstumskosten g_u (rechts) sowie dem Zeitpunkt beim Erreichen der maximalen Tumorgröße und dem Faktor der Wachstumskosten g_u (links). Es zeigt sich, anders als bei den Erhaltungskosten, dass die Wachstumskosten wesentlichen Einfluss auf den Zeitpunkt maximaler Tumorgröße haben. Der Einfluss auf die maximale Tumorgröße verhält sich nach ähnlichen Funktionsverläufen wie bei den Erhaltungskosten.[2]

Aus den dargestellten Regressionsgeraden lässt sich die Wirksamkeit der Veränderung der Parameter auf die Größe des Tumors ablesen. Weil die Eingangsgröße aus dem Tumormodell für die Übertragung auf das Konzernwachstum erst skaliert werden mussten, werden die relativen Auswirkungen auf die Größenänderungen berücksichtigt. In beiden Fällen der relevanten Parameter verläuft der Zusammenhang nach einer negativen e-Potenz.

---

[1] Berechnungen auf der Basis von van Leeuwen (2003)
[2] Ebenso.

Die Vergleichbarkeit der Wirksamkeit der unterschiedlichen Parameter m_u und g_u ist aufgrund der unterschiedlichen Größenordnungen lediglich auf relativer Basis möglich. Eine Reduktion der Erhaltungskosten m_u, beispielsweise um zwei Drittel (0,15 → 0.05), erhöht das Tumorvolumen um rund 160% (vgl. Abbildung 62). Eine Reduktion der Wachstumskosten g_u um zwei Drittel (1,5 → 0,5) erhöht das Tumorvolumen um rund 156%.

Die Relevanz der Größenordnungen des Parameters zu den Erhaltungskosten hat, wie gezeigt werden kann, nur geringen Einfluss auf den Zeitpunkt des Erreichens der maximalen Tumorgröße. Hingegen ist der Einfluss der Wachstumskosten diesbezüglich eindeutig.

Die in den Modellberechnungen verwendeten Parameter für Wachstums- und Erhaltungskosten wurden proportional verwendet. Ein Absenken einer dieser beiden Parameter führt auch zu einer Reduktion der jeweils anderen. Damit wird der Annahme Rechnung getragen, dass eine Externalisierung der Kosten des Konzerns und eine damit verbundene Reduktion der Erhaltungskosten auch in weiterer Folge zu einer Reduktion der Wachstumskosten in ähnlicher proportionaler Höhe führen müssen. Geld, das sich der Konzern durch Umgehung von Arbeits- und Sozialvorschriften erspart, kann er in gleicher Höhe in seiner Wachstumsstrategie verwenden (und wird dies im Allgemeinen auch tun).

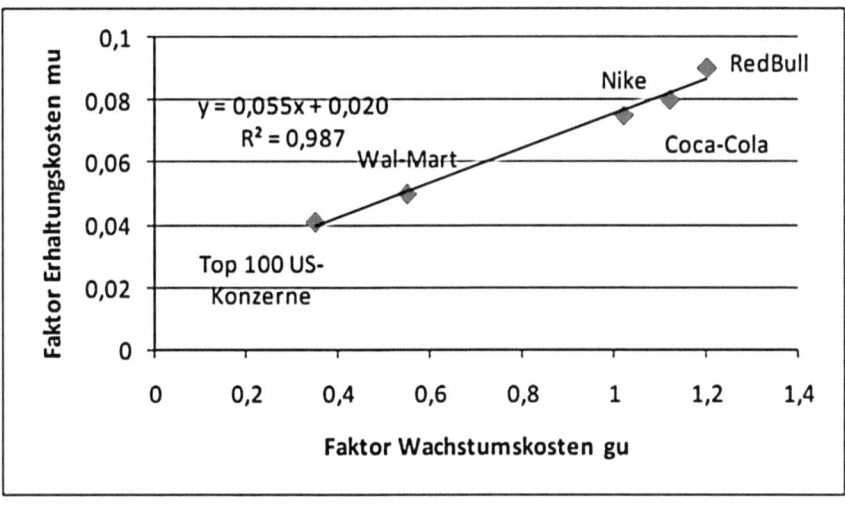

Abbildung 64: Die in den Wachstumssimulationen der Konzerne verwendeten Faktoren für die Wachstums- und Erhaltungskosten. Die Parameter sinken mit Größe der Konzernstrukturen (Gewinn). Für den Konzern „Red-Bull" wurden diese anhand der Absatzzahlen von verkauften Red-Bull Getränkedosen modelliert.

Anmerkungen zur Kalibrierung des Modells

Für die Kalibrierung und Anpassung der Wachstumskurve im Tumormodell an die tatsächliche, reale Gewinnentwicklung des Konzerns wurde das Tumorvolumen entsprechend skaliert (Faktor f). Dieser Faktor ermöglicht den Vergleich des im Tumormodell berechneten Tumorvolumens V_u [in cm³] mit dem Gewinn des Konzerns, der unter Berücksichtigung der Analogie V_u gegenübergestellt wird.

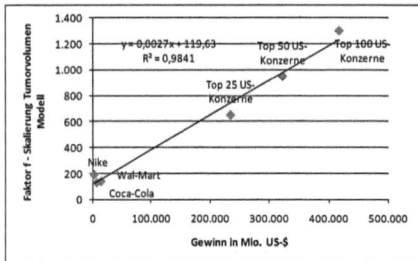 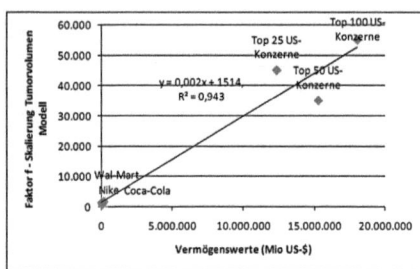

Abbildung 65: Zur Skalierung des Tumorvolumens nach dem Modell von van Leeuwen (2003) wurde ein Multiplikationsfaktor f verwendet, um den Analogieschluss zwischen Tumorvolumen (in cm³) und Konzerngewinn (z. B. in US-$ oder anderen Währungen) anhand der Größenordnung zu plausibilisieren. Der Skalierungsfaktor ist proportional zur Höhe des Konzerngewinns.

Bei der Kalibrierung der Wachstumskurven musste auch das Problem der unterschiedlichen Zeiteinheiten berücksichtigt werden. $t = 1$ im Tumormodell (z. B. in Wochen) kann übertragen auf das Konzernwachstum eine andere Größeneinheit sein (z. B. in Jahren). Deshalb muss eine Anpassung über den Wachstumsverlauf, und unter Beachtung der Extrapolation der Wachstumsfunktion, eine Abschätzung des Erreichens der Wachstumsgrenze (maximale Tumorgröße) beachtet werden.

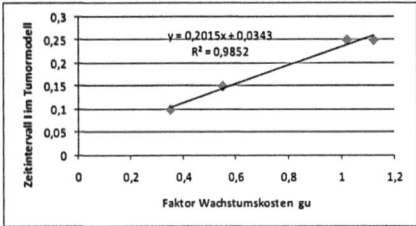 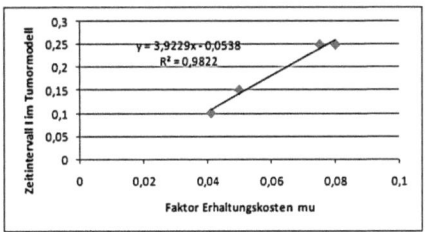

Abbildung 66: Standardmäßig beträgt im Tumormodell das Zeitintervall I = 1 (Dieser Wert wird von van Leeuwen im Modell nicht explizit ausgewiesen. Die Ergebnisse beziehen sich auf dieses Intervall). Zur Anpassung der Tumorwachstumskurven an jene der Gewinnentwicklung der Konzerne mussten unter Berücksichtigung von Erhaltungs- und Wachstumskosten die Zeitintervalle verkürzt wurden, d. h. die Funktion bei Festhalten der Zeitintervalle sozusagen „gestreckt" werden. Es zeigt sich dabei, dass sowohl bei Wachstums- als auch Erhaltungskosten das Zeitintervall mit abnehmenden Größen ebenfalls abnehmen muss, sofern man eine entsprechende Anpassung der Kurve erreichen will. „Gefräßige" Konzerne mit höheren Gewinnen und höherer Marktkonzentration befinden sich damit theoretisch in früheren Stadien des Wachstumsverlaufs. Mit anderen Worten besitzen diese ein erhöhtes Maß an Malignität.

Ist offensichtlich, dass sich die Gewinnentwicklung des Konzerns (unter Berücksichtigung der Größen der Wachstums- und Erhaltungskosten) noch in einem früheren Stadium befindet (also noch keine Wachstumsabschwächung stattfindet), es erfolgt eine entsprechende Kalibrierung der Zeitintervallschritte zur Anpassung. Nachfolgend soll dies gezeigt werden.

In einem ersten Schritt wurden die Wachstumsparameter (g_u) konservativ gewählt ($g_u = 1{,}7$). Es zeigt sich bereits ab dem Jahr 2000 eine beginnende Verlangsamung des Wachstums (Punkt-Kurve). Der Skalierungsfaktor f musste verhältnismäßig niedrig gewählt werden (auch im Vergleich mit den anderen Untersuchungen), damit zumindest im Bereich bis zum Jahr 2008 eine adäquate Anpassung stattfinden kann. Berücksichtigt man die Informationen über Konzerntätigkeiten zur Externalisierung von Kosten, müssten die Wachstumsparameter geringer sein (vgl. $g_u = 0{,}55$ zu $1{,}7$). Damit einher geht aber im Wachstumsverlauf des Tumormodells ein im Vergleich zur Konzerngewinnentwicklung beschleunigtes Wachstum und Erreichen einer Sättigung (Dreieck-Kurve). Eine Skalierung erfolgt mit dem kalibriert ermittelten Faktor und dem Zeitintervall im Tumormodell $I = 0{,}15$. Hiermit lässt sich der Wachstumsverlauf ideal an die Gewinnentwicklung anpassen (Quadrat-Kurve).

Je geringer Wachstums- und Erhaltungskosten werden, d. h. je früher und je höher der Wachstumspeak im Tumormodell erreicht wird, desto kleiner müssen die Intervallschritte in Anpassung an das Konzernwachstum gewählt werden. Somit wird der Anfangsbereich der Wachstumsfunktion vergrößert.

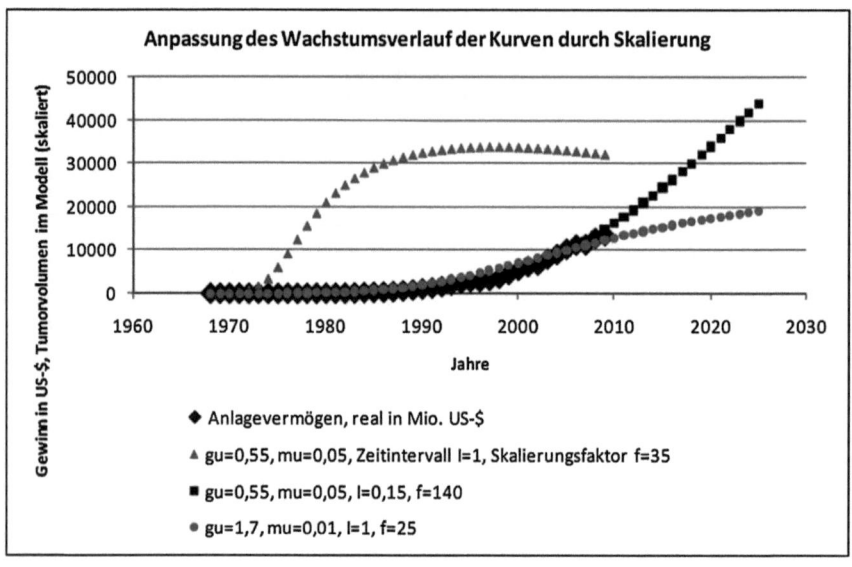

Abbildung 67: Schritte der Kalibrierung und Anpassung des Wachstumsverlaufs des Tumors an die Gewinnentwicklung des Konzerns (cm³ ≡ Geldeinheit). Mit den gewählten Parameter der Wachstums- und Erhaltungskosten, sowie der Kalibrierung der Zeitintervalle und des Skalierungsfaktors, erfolgt die Anpassung. [1]

17.4 Einfluss auf den Wirt

Schnelles Wachstum (des Tumors) führt im Tumormodell zu einem rapiden Gewichtsverlust des Organismus. Deutlich werden die Unterschiede aufgrund der zeitlichen Skalierung. Im Tumormodell von van Leeuwen (2003) zeigt sich die Auszehrung des Organismus aufgrund der Inanspruchnahme von Nährstoffen mit der deutlichen Gewichtsabnahme des Wirts. Konzerne profitieren einerseits von der Ausbeutung begrenzter Ressourcen und der Zerstörung von Lebensräumen, womit eine Abnahme der Artenvielfalt einhergeht. Die nachgewiesene Abnahme der Biodiversität der Erde ist Teil des Vergleichs mit der Gewichtsabnahme beim Organismus Mensch aufgrund der Tumorkachexie.

---

[1] Berechnungen auf der Basis von van Leeuwen (2003)

Andererseits führen die Privatisierungsbestrebungen ehemals staatlicher Wirtschaftsbetriebe zu einer de facto Enteignung der Bürger. Politiker werden dabei zu Handlangern der Konzerne im Umsetzen ihrer Bestrebungen alle Lebensbereiche der Gesellschaft unter ihre Kontrolle zu bringen. Die Externalisierungsbestrebungen der Konzerne bedeuten gleichzeitig massive Kosten für die Länder, Staaten etc.

- Privatisierung staatlicher Betriebe (Gewinnentgang, Kontrollverlust etc.)
- Privatisierung des Pensions- und Sozialsystems (direkte Kapitalerhöhung für die börsennotierten Konzerne; Abhängigkeit von Wachstumsbestrebungen; jeder Bürger wird indirekt zum Shareholder; Ausfallshaftung?)
- Kosten für Alten-, Kinder- und Krankenbetreuung (Zerstörung kleinräumiger autonomer Strukturen im Sozialbereich – Familie etc.)
- Umweltzerstörung (Kosten werden nur zum Teil von den Konzernen und meist nur in den westlichen Industrieländern aufgrund strengerer Gesetze getragen; vielfach gehen mit der Naturraumzerstörung auch die Zerstörung von Lebensgrundlagen vieler Menschen einher; vieles lässt sich gar nicht monetär bewerten)
- Lohndumping und Steuerdumping (geringere Steuerleistung)
- Kredite für Banken etc. in Krisenzeiten

Im Grunde sind die angeführten Kosten für den Staat Folgekosten der geringen Wachstums- und Erhaltungskosten (m_u, g_u) der Konzerne aufgrund von Externalisierungsprozessen. Aufgrund politischer Entscheidungen wurden Rahmenbedingungen für die Konzerne geschaffen, die die Aufgaben des Nationalstaates zusehends in seiner Existenz bedrohen. Unter Betrachtung der Transnationalität der Konzerne sind dabei die Auswirkungen auf globaler bis lokaler Ebene spürbar. Die entsprechende Analogie zum gesunden, tumorfreien Organismus findet auf mehreren Ebenen statt. Sofern nationalstaatliche Souveränitätsrechte nicht durch Mitgliedschaft an größere Zusammenschlüsse (EU, WTO etc.) abgegeben wurden (was jedoch heute in den meisten Ländern der Fall ist), lägen viele der Entscheidungen zur Einschränkung des Machtstrebens der Konzerne auf staatlicher Ebene.

0% gesellschaftlicher Vitalität können durch Chaos, Bürgerkrieg, alltäglichen Kampf um Ressourcen, soziale Instabilität, zerstörte Lebensgrundlagen etc. gedeutet werden. Eine zerstörte Gesellschaft muss sich nicht notwendigerweise als kriegerische offenbaren. Die Zerstörung von Lebensgrundlagen und der Abbau von Rechten im Bereich von Arbeit, Sozialem u.a. kann im Sinne eines Analogieschlusses auf jeden Fall als Degeneration bezeichnet werden. Nichts anderes ist der Gewichtsverlust des durch den Tumor geschädigten Organismus. Im Zuge einer realistischen Einschätzung der Einzelschädigung des Organismus lässt sich der Einfluss des jeweiligen Konzerns auf den Organismus ableiten. Werden die Systemparameter und Randbedingungen für den Tumor nicht verändert, wird die Schädigung des Organismus in „Kauf genommen", was unter Berücksichtigung des Wachstumsverlaufs zwangsweise zu massiven weiteren Schädigungen führen muss. Bankenhilfspakete und staatliche Unterstützung, die vom Steuerzahler, also der Gemeinschaft, bezahlt werden müssen, sind erste Beispiele großer, offensichtlicher Umverteilungsprozesse zur Aufrechterhaltung des Konzern-Wachstums.

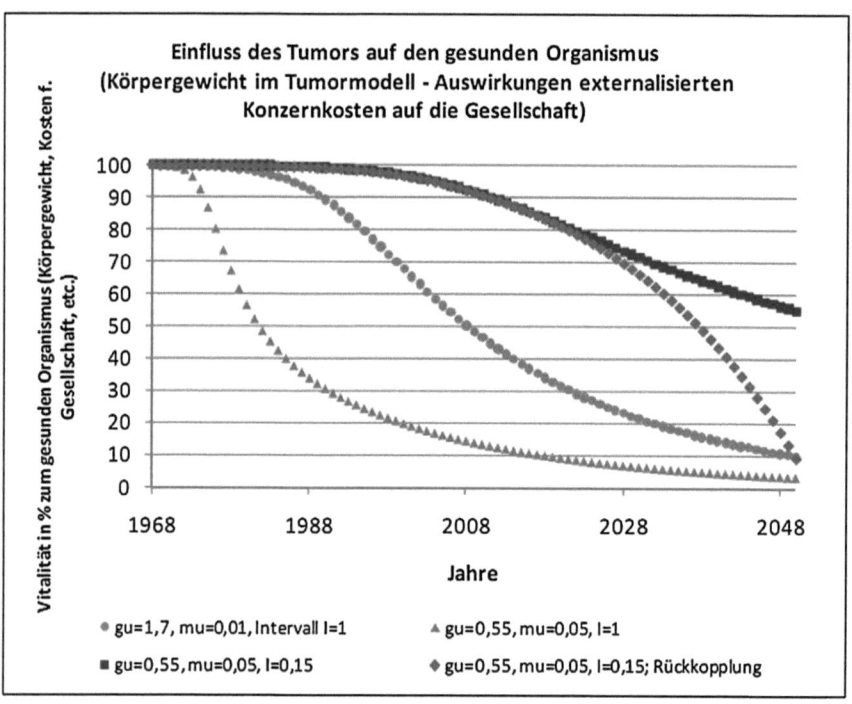

Abbildung 68: Einfluss des Tumors auf den gesunden Organismus – Auswirkungen der externalisierten Konzernkosten auf die Gesellschaft. Für das passende Szenario nach Abbildung 67 (Quadrat-Kurve) zeigt sich ein Verlust der Vitalität als Ausdruck der Wirkungen externalisierter Kosten auf die territorialen Einheiten im Jahr 2009 von rund 10%. Diese haben bis zum Jahr 2050 enorme Auswirkungen, vor allem unter Berücksichtigung von Rückkopplungen und der Energie-Wiedergewinnungsrate S entsprechend Abbildung 56. [1]

---

[1] Berechnungen auf der Basis von van Leeuwen (2003)

17.5 Fallbeispiel 1 – Konzern „Nike"

Anfang der 1960er-Jahre fand die Produktion von „Nike" in asiatischen Billiglohnländern statt. Zunächst in Japan für 4 US-$ am Tag.[1] Als dort die Löhne stiegen, wurde die Produktion nach Südkorea und Taiwan verlagert. In den späten 1980er- und frühen 1990er-Jahren wurde eine ganze Anzahl Sportschuhfabriken in Südkorea geschlossen. „Nike" verlor dadurch kein Kapital, die Fabriken gehörten Subunternehmern und viele von diesen Subunternehmern gingen nach China und Indonesien, um für Nike und andere Konzerne neue Fabriken aufzubauen. Im Jahr 1989 wurden 60% der Nike-Produkte in Korea hergestellt, heute sind es noch 12%. Im selben Zeitraum stieg der Produktionsanteil in China von 4 auf 34%, in Indonesien von 0 auf 36%.[2]

1993 lag der Stundenlohn in der Schuhindustrie in den USA zwischen 7 und 8 US-$, in Südkorea etwas über 2 US-$, in Indonesien zwischen 16 und 20 Cents, in China zwischen 10 und 14 Cents.[3] In einem typischen Paar Nike Schuhe für 70 US-$ stecken 1,66 US-$ an Arbeitskosten. Nike bezahlt dem Subunternehmer 15 US-$, schlägt 23 US-$ für sich selbst drauf und verkauft für 38 US-$ an den Großhandel.[4]

Im Jahr 1995 wurden in Ho-chi-Minh-Stadt in Vietnam fünf Nike-Fabriken eröffnet, wiederum im Besitz koreanischer und taiwanesischer Subunternehmer. Die Mindestlöhne lagen bei 30-35 US-$ im Monat für ungelernte Arbeiter.[5] Im Jahr 1996 kamen 34% der Nike-Produktion aus China, 36% aus Indonesien, 12 % aus Südkorea, 10 % aus Thailand, 5 % aus Taiwan und 2% aus Vietnam.[6] Mit den Produktionsverlagerungen konnte der Konzern seine Erhaltungskosten massiv reduzieren.

Reduzierte Erhaltungskosten (m_u) ergeben sich demnach aufgrund von:

- Entlohnung unter dem gesetzlichen Mindestlohn
- Überstunden über dem gesetzlichen Höchstmaß
- Schlechte Gesundheits- und Sicherheitsstandards

---

[1] http://www.umwaelzung.de/nike.html
[2] Ebenda.
[3] Ebenda.
[4] Ebenda.
[5] Ebenda.
[6] Ebenda.

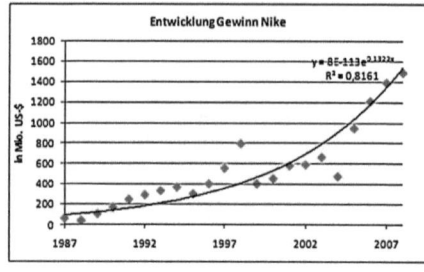 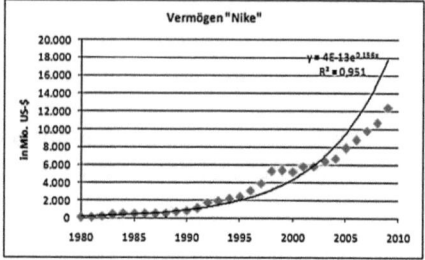

Abbildung 69: Gewinnentwicklung und Vermögen von „Nike" zwischen den Jahren 1980 bzw. 1987 und 2008.[1,2]

Im Folgenden soll gezeigt werden, welche Parameteränderungen im Tumormodell von van Leeuwen basierend auf der DEB Theorie notwendig sind, um das Konzernwachstum analog und adäquat abbilden zu können. Wie in Abbildung 69 ersichtlich ist, kommt es in der Gewinn- sowie in der Vermögensentwicklung von „Nike" Mitte der 1990er-Jahre zu einer Sättigung. Gleichzeitig konnte mit der Verlagerung und Erschließung neuer, billigerer Produktionsstandorte der Gewinn sprunghaft gesteigert werden, d. h., es konnten Kosten für den Konzern gesenkt und somit – übertragen auf das Modell – Erhaltungskosten (des Tumors) m_u reduziert werden.

Im Tumormodell werden die Parameter für die Wachstums- und Erhaltungskosten (g_u und m_u) so gewählt, dass sich eine Anpassung an den Wachstumsverlauf der Gewinnzahlen des Konzerns ergibt.

Den Untersuchungen zufolge betrugen die Lohnkosten in Vietnam und Indonesien rund ein Zehntel jener von Korea. Unter der Annahme, dass der Lohnkostenanteil damals insgesamt rund 20% des Profits ausmachte, führt eine Verlagerung der arbeitsintensiven Produktion zu einer Reduktion von Lohnkosten von 90% und damit zu einer Reduktion des Lohnkostenanteils an den Gesamtkosten von 18%. Die Reduktion der Erhaltungskosten wird gleichzeitig auch als Reduktion der Wachstumskosten im Modell berücksichtigt. Sowohl m_u als auch g_u werden um 18% reduziert. Die anderen Parameter (vor allem jener der so genannten Gefräßigkeit) bleiben gleich. Neben der dokumentierten Verlagerung von Arbeitsplätzen in Billiglohnländer bestehen noch eine Vielzahl anderer Faktoren, die die Wachstums- und Erhaltungskosten senken und damit beeinflussen.

Im Nachfolgenden wurden die Entwicklungen von Vermögen, Gewinn und Umsatz für den Konzern „Nike" dargestellt und simuliert. Dabei zeigt sich für alle drei Parameter eine gute Approximation bei Beibehaltung der Parameter für

---
[1] http://invest.nike.com
[2] http://money.cnn.com

Wachstums- und Erhaltungskosten. Lediglich der Skalierungsfaktor f wurde angepasst. Es ergibt sich ein grundsätzlicher, gleichbleibender Wachstumsverlauf sowohl in Vermögen, Gewinn und Umsatz und die zugrundegelegten Parameter der Externalisierung von Kosten, auf welchen Wachstums- und Erhaltungskosten begründet sind, spiegeln sich in diesen Konzernzahlen wieder.

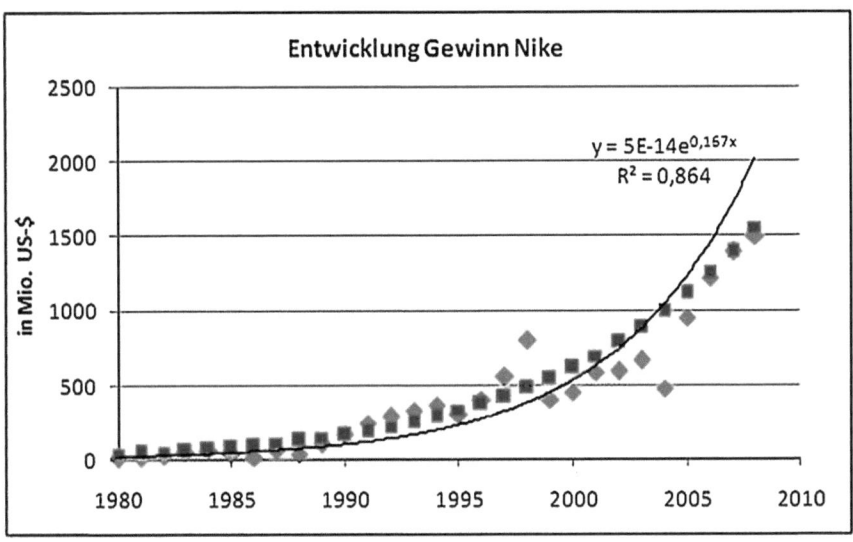

Abbildung 70: Gewinnentwicklung real (Raute) und simulierte Wachstumskurve durch Parametervariation im Tumormodell von van Leeuwen (Quadrat). [1]

---

[1] Berechnungen auf der Basis von van Leeuwen (2003)

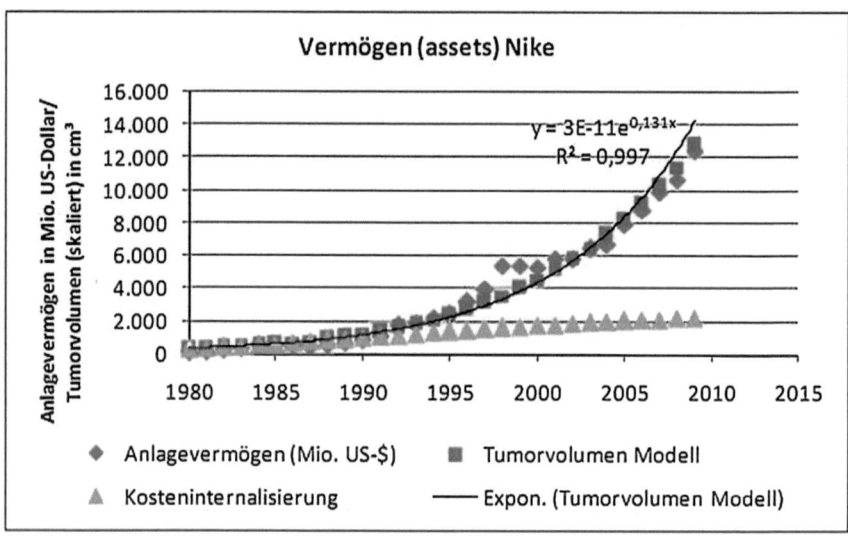

Abbildung 71: Vermögensentwicklung real (Raute) und simulierte Wachstumskurve durch Parametervariation im Tumormodell von van Leeuwen (Quadrat). Eine Berücksichtigung der externalisierten Kosten (Internalisierung) durch Erhöhung der Wachstums- und Erhaltungskosten bewirkt eine Stagnation des Vermögenswachstums auf der Höhe der 1990er-Jahre. [1]

---

[1] Berechnungen auf der Basis von van Leeuwen (2003)

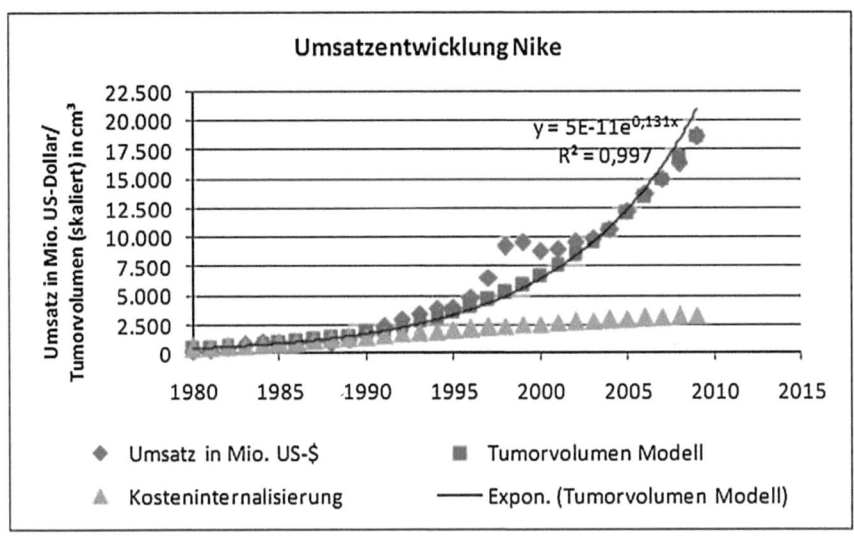

Abbildung 72: Umsatzentwicklung real (Raute) und simulierte Wachstumskurve durch Parametervariation im Tumormodell von van Leeuwen (Quadrat). [1]

---

[1] Berechnungen auf der Basis von van Leeuwen (2003)

Nike

	gu	mu	µ	Intervall	Faktor zur Skalierung der Tumormodellparameter
Berücksichtigung externalisierter Kosten	2,14	0,15	1	1	190 (Gewinn) 2050 (Umsatz) 1400 (Vermögen)
Gewinn-, Umsatz-, Vermögensentwicklung Standard	1,02	0,075	1	0,25	190 (Gewinn) 2050 (Umsatz) 1400 (Vermögen)
Abschätzung der Wirksamkeiten der Parameter	0,97	0,34			
Delta Szenarien [%]	52,3	50,0			

Übertragung auf Gewinnzahlen, Übertragung auf Vermögenskennwerte	Gewinn 2008 [Mio. US-$]	Vermögen 2008 [Mio.US-$]
	1.492	10.688
Externalisierte Kosten [Mio. US-$] (unter Berücksichtigung der Abschätzungen zu den Wirksamkeiten der Parameter	1.011	7.243
Externalisierte Kosten [Mio. US-$]	1.526	10.938
Externalisierte Kosten [in Prozent] (unter Berücksichtigung der Abschätzungen zu den Wirksamkeiten der Parameter	68	68

Tabelle 3: Parameter zu den Faktoren der Wachstums- und Erhaltungskosten, Abschätzung der Wirksamkeit der Parameter, Kalibrierung des Zeitintervalls und Faktor zur Skalierung der Tumorgröße für „Nike". Gegenüberstellung von externalisierten Kosten und realem Gewinn für das Jahr 2008.

Zusammenfassung der Parameter - Nike

	mu [%]	gu [%]
Lohnkosten & Sozialabgaben (Lk)	20-30	20-30
Steuererleichterung & direkte Subventionen (St)	5-10	5-10
Transportkosten (Tk)	10-15	10-15
Technologie (Te)	5-10	5-10
Umweltkosten (Ua)	10-20	10-20
verwendete Größen im Modell	~50	50

Tabelle 4: Zusammensetzung der Erhaltungs- und Wachstumskosten des Konzerns (in %).

17.6 Fallbeispiel 2 – Konzern „Wal-Mart"

Wal-Mart Stores Inc. ist ein weltweit tätiger US-amerikanischer Einzelhandelskonzern, der einen großen Teil des US-Marktes beherrscht. Wal-Mart ist in der Liste Fortune Global 500, im Juli 2007 veröffentlicht vom US-amerikanischen Wirtschaftsmagazin Fortune, als umsatzstärkstes Unternehmen der Welt registriert. Der Konzern beschäftigt weltweit über zwei Millionen Menschen und ist damit der größte Arbeitgeber der Welt. Es gibt zahlreiche Kritiken an der Unternehmenspolitik des Konzerns.[1]

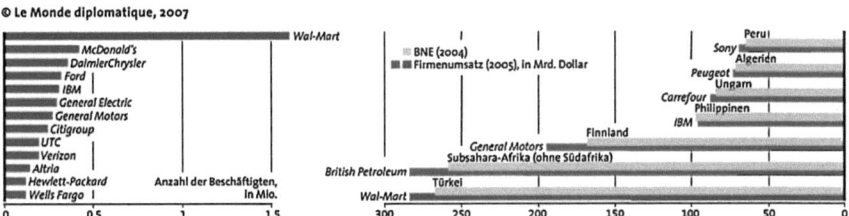

Abbildung 73: Wal-Mart beschäftigt weltweit mehr als 1,5 Mio. Menschen und sein Firmenumsatz (im Jahr 2005) übersteigt die nationale Wertschöpfung der gesamten Türkei (rund 71 Mio. Einwohner).[2]

Kritik am Konzern

Zum Einfluss der großen Wal-Mart Stores in den USA seit den 1960er-Jahren gibt es einige wissenschaftliche Untersuchungen zum Einfluss von Wal-Mart und anderer Megastores auf die lokalen Wirtschaftsstrukturen.[3] Gleichzeitig existierten über die Vergehen des Konzerns gegen Arbeitsgesetze etc. und den offensichtlichen Verdrängungswettbewerb kleinerer Einzelhandelsstrukturen zahlreiche Untersuchungen.[4]

---

1 http://money.cnn.com
2 Le Monde Diplomatique (2006), S.65
3 Stone (1988), Stone (1997), Barnes (1996), Dube (2007)
4 Vgl. u.a. Mattera (2004), Mitchell (2006), Dube (2004), Human Rights Watch (2007)

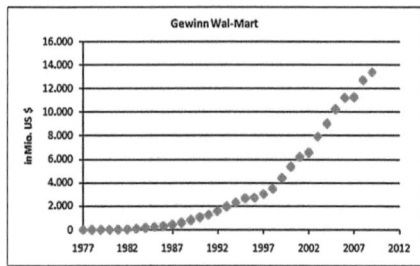 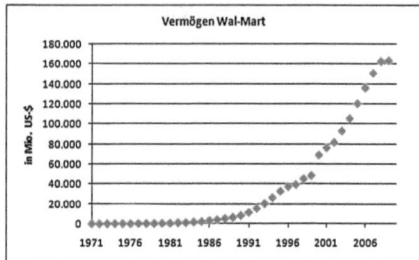

Abbildung 74: Gewinn- und Vermögensentwicklung des US-Konzerns „Wal-Mart" in Mio. US-$.[1]

Wal-Mart weist eine Unterscheidung des Unternehmensnettoumsatzes (net sales) in Umsatzkosten (costs of sales) und Kosten für „Operating, selling, general and administrative expenses" neben dem Gewinn (net income) aus. Die so genannten „costs of sales" machen dabei in den Jahren 1970-2008 rund 73-78%, „general and administrative expenses" 15-20% des Nettoumsatzes aus. In jedem Fall ist das Unternehmen stark wachstumsorientiert, was im Modell durch den hohen Faktor für die Wachstumskosten (g_u) gezeigt wird. Aufgrund der Modellkalibrierung und der nicht eindeutig zuordenbaren Variablen zu den ausgewiesenen Kennzahlen im Konzernbericht, unterscheidet sich das Verhältnis g_u/m_u im Modell.

---

[1] Eigene Darstellung auf Basis http://investors.walmartstores.com und http://money.cnn.com

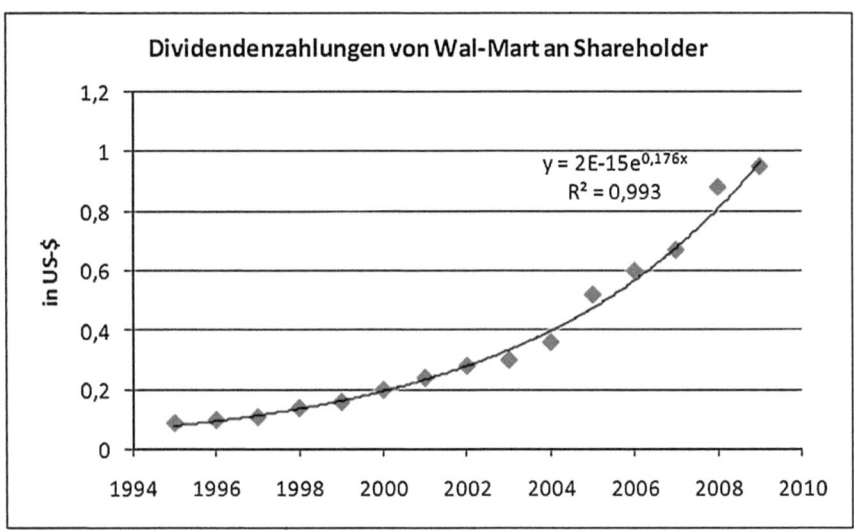

Abbildung 75: Entwicklung der Dividendenzahlungen von Wal-Mart an seine Shareholder. [1]

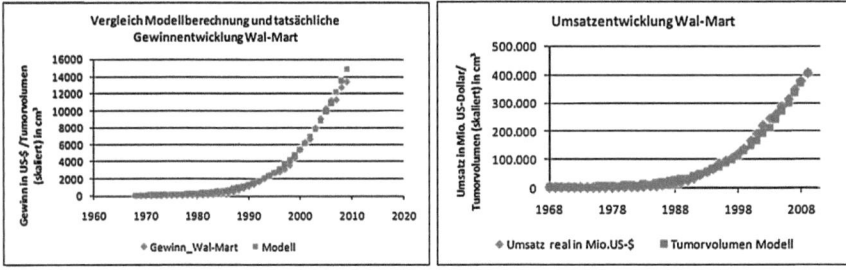

Abbildung 76: Gewinn- und Umsatzentwicklung und modellierte Wachstumskurve durch Parametervariation im Tumormodell (bei beiden Parameter: $\rho = 1$; $\mu = 1$; $g_u = 0{,}55$; $m_u = 0{,}05$). [2]

---

[1] http://investors.walmartstores.com, eigene Darstellung
[2] Berechnungen auf der Basis von van Leeuwen (2003)

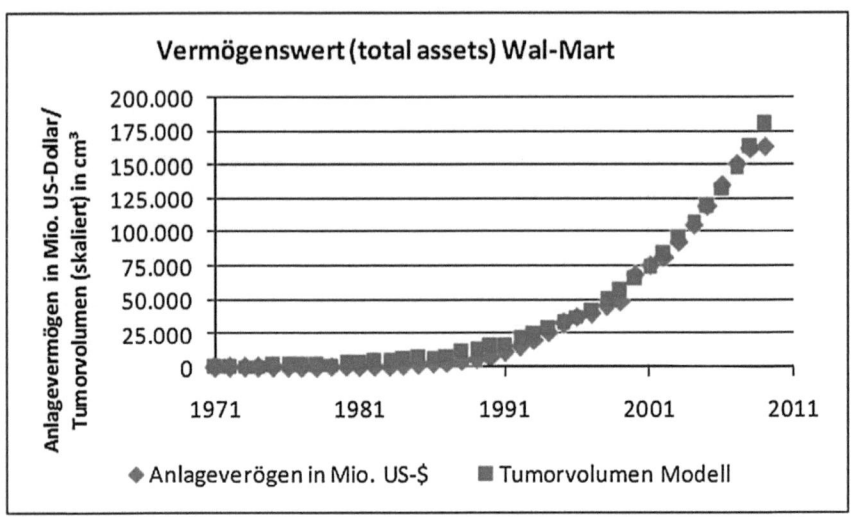

Abbildung 77: Vermögensentwicklung real (Raute) und simulierte Wachstumskurve durch Parametervariation im Tumormodell von van Leeuwen (Quadrat), Modellparameter Parameter: $\rho = 1$; $\mu = 1$; $g_u = 0{,}55$; $m_u = 0{,}05$ ident zu oben, adaptierter Skalierungsfaktor f).[1]

Berücksichtigung externalisierter Kosten, Steuervorteile, Subventionen etc.

- Verschiebung der Einkäufe von kleinen Städten in größere (Verlust von Geschäften in den Orten ohne Wal-Mart).
- Zwischen den Jahren 1983-1993: 7.326 weniger kleine Einzelhändler (in Iowa); jene Summe die vorher bei lokalen Einzelhändlern ausgegeben wurde geht zu Diskontern.[2]
- In Orten mit weniger als 5.000 Einwohnern bricht der Einzelhandel um rund minus 50% (1983-1996) ein.[3]

Ab den 1960er Jahren:

- Geringe Kosten aufgrund großer zentraler Verteilungszentren und Lkw-Transport
- Standorte außerhalb der Stadtgrenzen führten zu Steuerersparnis

---

[1] Berechnungen auf der Basis von van Leeuwen (2003)
[2] Vgl. Stone (1988)
[3] Vgl. Stone (1997)

- Computersystem zur Warenerfassung und Distribution (Vernetzung aller Supermärkte).
- „Sättigungsstrategie" – beginnend in kleinen Städten.
- Vervierfachung der Supermarktflächen (1960: 2800m² -1990: rund 11.000 m²).[1]
- Auf Bezirksebene: 1 Wal-Mart Einkommen von Einzelhändler minus 0,5%-0,8% auf Länderebene[2]: 1 Wal-Mart = reduziertes Einkommen von Einzelhändler minus 0,05% – 0,2%, reduzierte job-basierte Krankenversicherung: minus 1%.[3]
- Durchschnittlich: 76 stores per Land: minus 15,2% Lohnreduktion für Arbeiter im Einzelhandel.[4]
- Durch die Konzentrationsprozesse im Einzelhandel durch Wal-Mart wurden die Löhne von Arbeitern in den USA im Jahr 2000 um rund **4,7 Mrd. USD reduziert**.[5]
- Mindestens **1 Mrd. USD** an staatlicher direkter oder indirekter Unterstützung für mehr als 1.000 Wal-Mart Filialen (reduzierte Grundstückspreise, Bau von Infrastruktur, Schulung von Mitarbeitern, Reduktion von eingehobenen Steuern etc.).[6]
- Die Lkw-Flotte des Konzerns legt jährlich rund 1,5 Mrd. Kilometer für die Belieferung zurück. Bei der Annahme von externen Kosten von zumindest rund 1 EURO/km ergeben sich externalisierte Kosten in der entsprechenden Höhe.[7]

---

[1] Vgl. http://investors.walmartstores.com
[2] Dube (2005), S.1
[3] Dube (2007), S.36
[4] Ebenda.
[5] Dube (2005), S.1
[6] Vgl. Mattera (2004), S.8
[7] RMI (2006): http://move.rmi.org/markets-in-motion/case-studies/trucking/wal-mart-s-truck-fleet.html

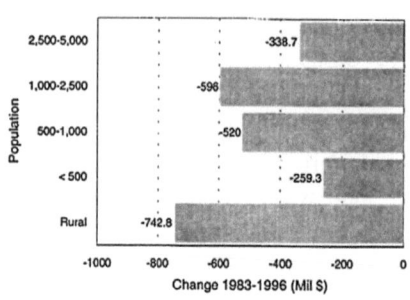
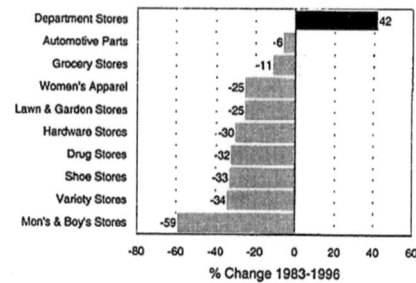

Abbildung 78: Verlust von Einnahmen in kleinen Städten im US-Bundesstaat Iowa zwischen den Jahren 1983-1996. Veränderungen in den Geschäftsstrukturen im selben Zeitraum. [1]

Auch Meadows (in Korten (1995)) beschreibt die Auswirkungen auf lokale Wirtschaftstrukturen, wenn ein Wal-Mart in den USA eine Stadt „befällt". So trifft es vor allem die Einzelhandelsgeschäfte stark, die den wirtschaftlichen Kern einer Stadt gebildet haben und Hauptarbeitgeber der Bevölkerung waren: In Iowa verdient Wal-Mart 13 Mio. USD/Jahr und steigerte seinen Verkäufe um 4 Mio. USD, was bedeutet, dass er 9 Mio. USD existierenden Geschäften wegnimmt. Nach drei oder vier Jahren, nachdem Wal Mart in einer Stadt eine Filiale eröffnet hatte, nahmen die Einzelhandelsverkäufe im Radius von 20 Meilen um 25% ab,

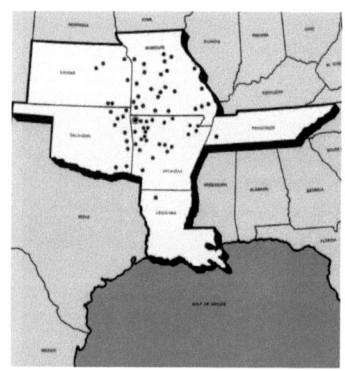
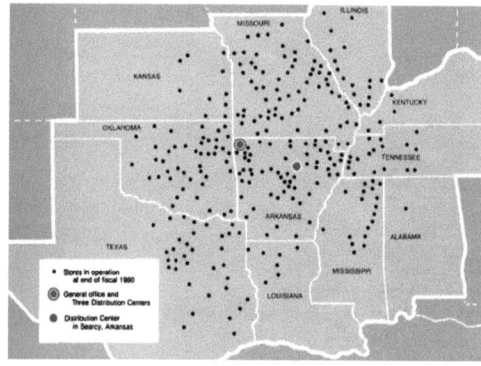

Abbildung 79: Grafische Darstellung der Anzahl von Wal-Mart Filialen in den USA im Jahr 1973 sowie im Jahr 1980. [2]

---
[1] Stone (1997), S.198
[2] http://investors.walmartstores.com

in einer Entfernung von 20-50 Meilen um 10%. Dabei schafft der typische Wal-Mart 140 Jobs während er 230 besser bezahlte Jobs zerstört.[1]

Abbildung 80: Anzahl von Wal-Mart Geschäften in den USA im Jahr 1992, 1996 und 2000.[2]

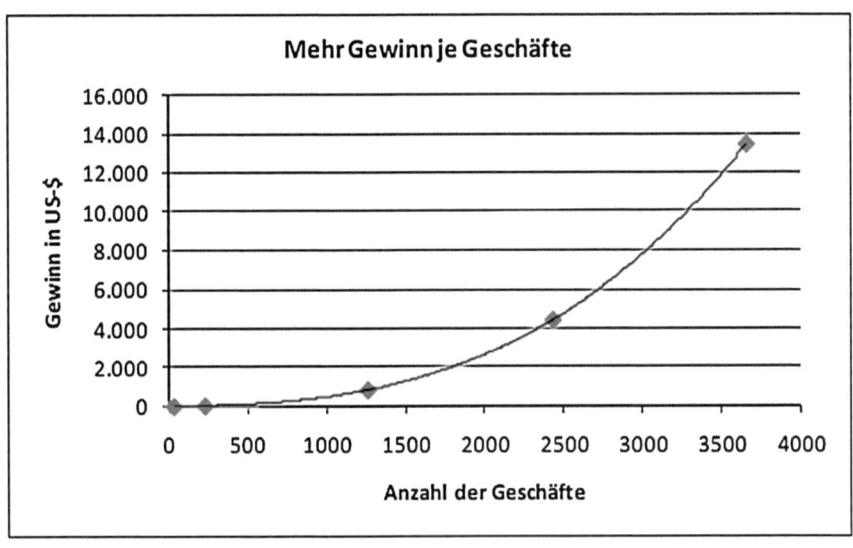

Abbildung 81: Gewinn von Wal-Mart je Filiale.[3]

---

[1] Korten (1995), S.222
[2] Dube (2007), S.56
[3] Auf Basis der jährlichen Annual Reports von Wal-Mart (http://walmartstores.com)

Szenario Berücksichtigung der externen Kosten

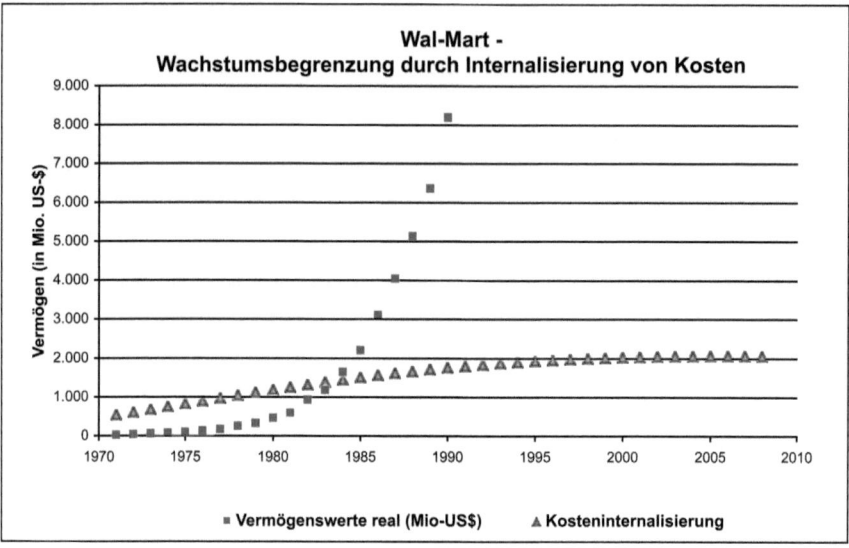

Abbildung 82: Wird der Umstand der Externalisierung von rund 67% der Erhaltungskosten und 76% der Wachstumskosten des Konzerns berücksichtigt, ergibt sich eine Stabilisierung der Konzerngröße hinsichtlich des Vermögens auf dem Level des Jahres 1984 ($\rho= 1$; $\mu= 1$; $g_u = 2,25$; $m_u = 0,15$). [1]

---

[1] Berechnungen auf der Basis von van Leeuwen (2003)

Wal-Mart

	gu	mu	µ	Intervall	Faktor zur Skalierung der Tumormodellparameter
Berücksichtigung externalisierter Kosten	2,25	0,15	1	1	140 (Gewinn) 3850 (Umsatz) 1700 (Vermögen)
Gewinn-, Umsatz-, Vermögensentwicklung Standard	0,55	0,05	1	0,15	140 (Gewinn) 3850 (Umsatz) 1700 (Vermögen)
Abschätzung der Wirksamkeiten der Parameter	0,99	0,62			
Delta Szenarien [%]	75,6	66,7			

Übertragung auf Gewinnzahlen, Übertragung auf Vermögenskennwerte

	Gewinn 2008 [Mio. US-$]	Vermögen 2008 [Mio.US-$]
	13.400	162.547
Externalisierte Kosten [Mio. US-$] (unter Berücksichtigung der Abschätzungen zu den Wirksamkeiten der Parameter	15.562	188.771
Externalisierte Kosten [Mio. US-$]	19.058	231.178
Externalisierte Kosten [in Prozent] (unter Berücksichtigung der Abschätzungen zu den Wirksamkeiten der Parameter	116	116

Tabelle 5: Parameter zu den Faktoren der Wachstums- und Erhaltungskosten, Abschätzung der Wirksamkeit der Parameter, Kalibrierung des Zeitintervalls und Faktor zur Skalierung der Tumorgröße für "Wal-Mart". Gegenüberstellung externalisierter Kosten für realen Gewinn sowie reales Vermögen des Jahres 2008. [1] [2]

Zusammenfassung der Parameter - Wal-Mart

	gu [%]	mu [%]
Lohnkosten & Sozialabgaben (Lk)	10-20	10-20
Steuererleichterung & direkte Subventionen (St)	5-10	5-10
Transportkosten (Tk)	30-40	30-40
Technologie (Te)	5-10	5-10
Umweltkosten (Ua)	10-20	10-20
Externalisierung durch Lobbying (Lo)	5-10	5-10
verwendete Größen im Modell	~75	~65

Tabelle 6: Zusammensetzung der Erhaltungs- und Wachstumskosten (in %).

Die bereits angeführten externalisierten Kosten des Konzerns führen zu massiven Belastungen u.a. der Haushaltsbudgets von Kommunen, Staaten usw. einerseits, aber auch zu einer verstärkten Ungleichheit bei der Einkommensverteilung in der Bevölkerung. Unternehmungen, die bestimmte Betriebsauflagen zu erfüllen haben,

---

[1] http://investors.walmartstores.com
[2] http://money.cnn.com

die den Zweck haben, die Bevölkerung und die Gemeinschaft vor Kosten und Problemen zu schützen, werden durch Verlagerungen von Standorten übergangen.

Darüber hinaus sind die Folgewirkungen der Konzernabhängigkeit zu beachten. Beschließt ein Konzern seinen Standort zu verlagern, kann aufgrund der hohen Konzentration von Arbeitsplätzen der plötzliche Verlust dieser auch zum Anstieg der Kriminalität etc. führen. Staaten, die sich in Abhängigkeit weniger großer Konzerne begeben, befinden sich in massiver Abhängigkeit. (vgl. den Aufstieg und Fall von Städten mit großen Wirtschaftsagglomerationen, z.B. Flint-Michigan, USA etc.)

Diese Wirkungen sollen über den analogen Prozess der, bereits beschriebenen Tumorkachexie dargestellt werden. Durch das Absterben von krankem Gewebe (auch durch reduzierte Möglichkeiten zur Aufrechterhaltung der Versorgung) benötigt der Organismus weniger Energie zur Aufrechterhaltung. Zum Teil kann er diese „frei werdenden" Energiepotenziale für sich nützen, aber der Tumor „zweigt" ebenfalls Energie für sein Wachstum von diesem Potenzial „ab". Dieser Prozess beschreibt quasi einen Rückkopplungsmechanismus beim Tumorwachstum.

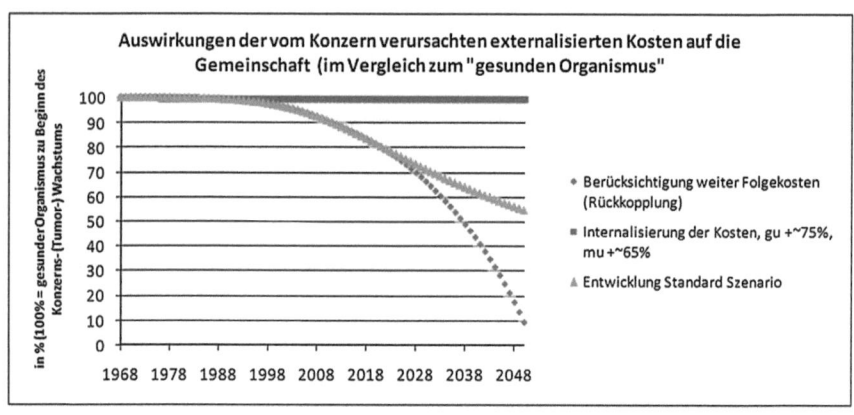

Abbildung 83: Einfluss des Tumors auf den gesunden Organismus – Auswirkungen der externalisierten Konzernkosten auf die Gesellschaft.[1] Der Prozess macht sich in der Degeneration von Vitalität des Organismus bemerkbar. Des Weiteren macht die Abbildung die „Problematik" exponentiellen Wachstums nochmals deutlich. 40 Jahre Konzerneinfluss kosten den Wirt rund 10% seiner strukturellen Masse bzw. Vitalität. Eine lineare Erwartungshaltung würde darauf schließen lassen, dass in einer ähnlich langen Periode ein annähernd großer Anteil geschädigt wird. In Abhängigkeit des Szenarios ist jedoch in derselben Zeitperiode ein Ausmaß der Schädigung zwischen 45 bis 90% zu beobachten, unter Berücksichtigung der Rückkopplungsmechanismen eher im Bereich der 90%.

---

[1] Berechnungen auf der Basis von van Leeuwen (2003)

17.7 Fallbeispiel 3 – Konzern „Coca-Cola"

Es finden sich zahlreiche Berichte, in welchen dem Konzern Coca-Cola unter anderem Wasserverseuchung, Absenkung des Grundwasserspiegels, Ablagerung von Chemieabfällen etc. vorgeworfen werden. In Plachimada (Indien) wurde im Jahr 1998 eine Fabrik des Konzerns auf rund 40 Morgen Land [1] (vorher mit verschiedenen Feldfrüchten bebaute Reisfelder) gebaut. Auf dem Fabrikgelände wurden über 60 Tiefbrunnen (neben zwei offenen) gebohrt, aus denen 1,500.000 Liter Wasser entnommen wurden. Dadurch ist der Grundwasserspiegel im Umkreis von 5 km bedrohlich gesunken. Gleichzeitig produzieren Verarbeitungsschritte wie das Reinigen des Wassers, die Getränkeherstellung, Reinigung der Flaschen usw. neben Plastik-, Papier-, Metall- und anderem festen Abfall große Mengen von kontaminiertem Abwasser und chemischem Abfall. Auf über 600 Morgen Land musste der Reisanbau aufgegeben werden. Dadurch wurden die Landwirte gezwungen, mit anderen Feldfrüchten zu experimentieren, was wiederum die Beschäftigungsmöglichkeiten für die Adivasi stark beeinflusst hat, die für ihr Überleben auf Lohnarbeit angewiesen sind. [2]

Weiters werden dem Konzern Menschenrechtsverletzungen in den Abfüllbetrieben in Kolumbien vorgeworfen. [3]

---

[1] 1 Morgen entspricht 1/4 ha = 2.500 m^2
[2] http://www.labournet.de/internationales/in/adivasi-cc.html
[3] http://www.labournet.de/internationales/co/cocacola; Dossier, Coca-Cola des Mordes angeklagt – Kampagne für Menschenrechte „Stoppt den Terror der Multis", Bern, Oktober 2002

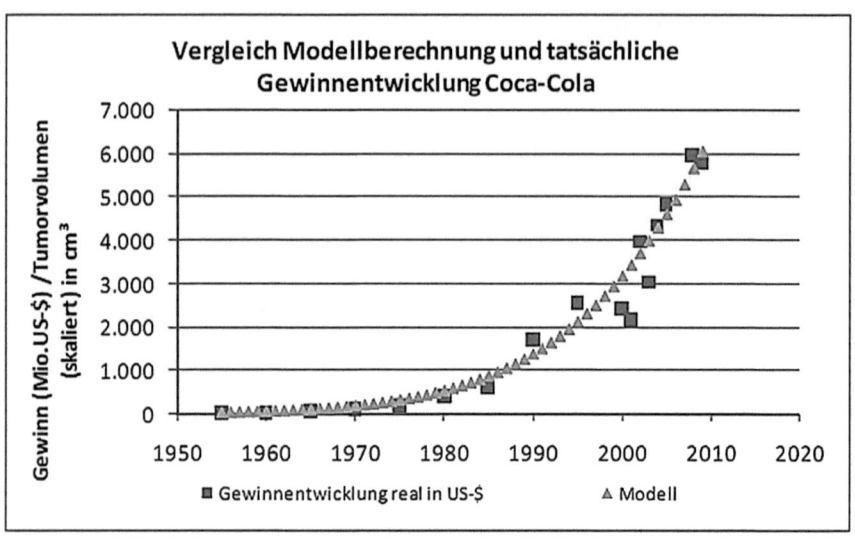

Abbildung 84: Gewinnentwicklung real in US-$ und in der Modellsimulation. [1]

---

[1] Berechnungen auf der Basis von van Leeuwen (2003)

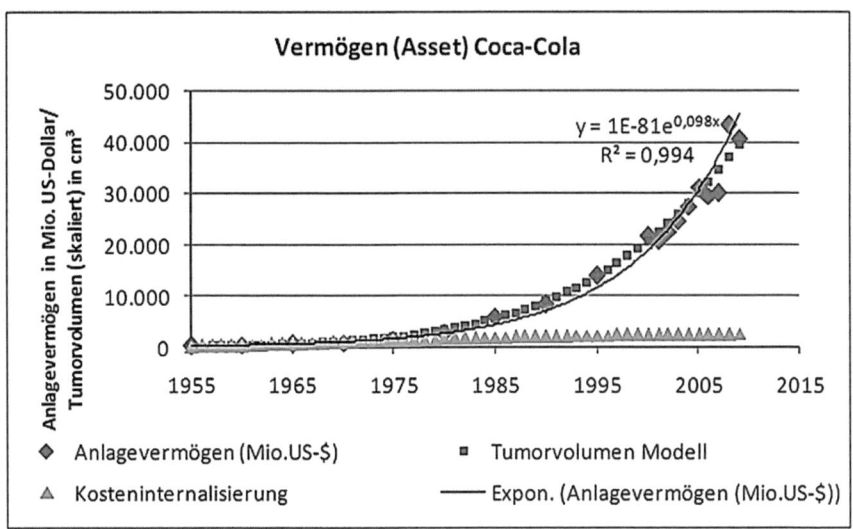

Abbildung 85: Vermögensentwicklung real (Raute) und simulierte Wachstumskurve durch Parametervariation im Tumormodell von van Leeuwen (Quadrat). Eine Berücksichtigung der externalisierten Kosten (Internalisierung) durch Erhöhung der Wachstums- und Erhaltungskosten bewirkt eine Stagnation des Vermögenswachstums auf der Höhe des Jahres 1978.[1]

---

[1] Berechnungen auf der Basis von van Leeuwen (2003)

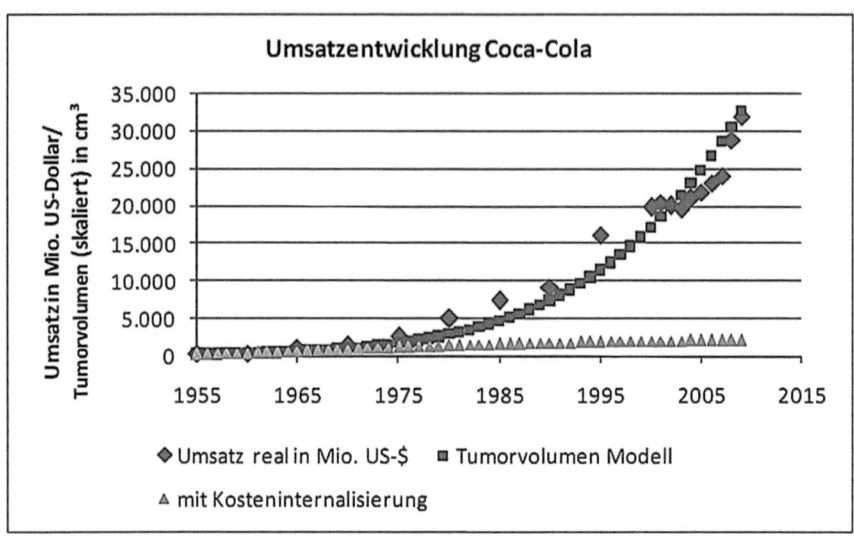

Abbildung 86: Umsatzentwicklung real (Raute) und simulierte Wachstumskurve durch Parametervariation im Tumormodell von van Leeuwen (Quadrat). [1]

Coca-Cola

	gu	mu	µ	Intervall	Faktor zur Skalierung des Tumorvolumens
Berücksichtigung externalisierter Kosten					130 (Gewinn) 700 (Umsatz)
	2,04	0,15	1	1	850 (Vermögen)
Gewinn-, Umsatz-, Vermögensentwicklung Standard					130 (Gewinn) 700 (Umsatz)
	1,12	0,08	1	0,25	850 (Vermögen)
Abschätzung der Wirksamkeiten der Parameter	0,98	0,52			
Delta Szenarien [%]	45,1	46,7			
Übertragung auf Gewinnzahlen, Übertragung auf Vermögenskennwerte					
	Gewinn 2008 [Mio. US-$]	Vermögen 2008 [Mio.US-$]			
	5.807	40.519			
Externalisierte Kosten [Mio. US-$] (unter Berücksichtigung der Abschätzungen zu den Wirksamkeiten der Parameter	3.976	27.740			
Externalisierte Kosten [Mio. US-$]	5.329	37.182			
Externalisierte Kosten [in Prozent] (unter Berücksichtigung der Abschätzungen zu den Wirksamkeiten der Parameter	68	68			

Tabelle 7: Parameter zu den Faktoren der Wachstums- und Erhaltungskosten, Abschätzung der Wirksamkeit der Parameter, Kalibrierung des Zeitintervalls und Faktor zur Skalierung der Tumorgröße für „Coca-Cola". Gegenüberstellung externalisierter Kosten für Gewinn und Vermögen des Jahres 2008.

---

[1] Eigene Berechnungen auf der Basis von van Leeuwen (2003)

Zusammenfassung der Parameter - Coca Cola

	gu [%]	mu [%]
Lohnkosten & Sozialabgaben (Lk)	5-10	5-10
Steuererleichterung & direkte Subventionen (St)	5-10	5-10
Transportkosten (Tk)	5-10	5-10
Ressourcenverbrauch und Umweltzerstörung (Re)	20-30	20-30
Betriebsauflagen, Gewerkschaft, etc. (Ua)	10-20	10-20
verwendete Größen im Modell	~45	~45

Tabelle 8: Zusammensetzung der Erhaltungs- und Wachstumskosten (in %).

Anwendung des Modells auf andere Parameter

Bis jetzt wurde ausschließlich der Parameter des Konzerngewinns bzw. des Umsatzes und der Vermögenswerte (in Geldeinheiten) mit jenem der Tumorgröße (in cm³) verglichen. Die Anwendung des Modells ist aber nicht ausschließlich auf Gewinnparameter beschränkt, wiewohl diese Parameter in Zusammenhang mit Marktkonzentration, Umsatzentwicklung, Absatz von Produkten, Durchdringung des Marktes mit konzerneigenen Produkten (Sättigungsgrad) u. dgl. stehen. Auch unter der Annahme, dass beispielsweise rund die Hälfte eines vom Konzern ausgewiesenen Gewinnes durch Zinsgewinne von Vermögenswerten generiert wurde, ändert sich nichts am prinzipiell exponentiellen Wachstumsdrang.

Folglich werden Parameter die letztendlich zum Gewinnwachstum führen, betrachtet. Der Konzern „Red Bull" hat den Absatz seiner Getränkedosen in den vergangenen Jahrzehnten massiv steigern können. Dies war eine der wesentlichen Ursachen für das rasante Konzernwachstum.

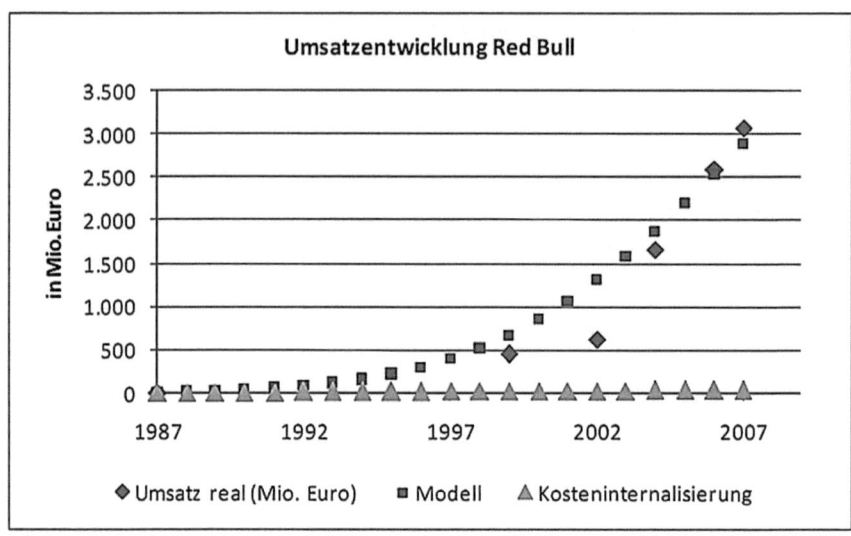

Abbildung 87: Umsatzsentwicklung real (Raute) und simulierte Wachstumskurve durch Parametervariation im Tumormodell von van Leeuwen (Quadrat). Eine Berücksichtigung der externalisierten Kosten (Internalisierung) durch Erhöhung der Wachstums- und Erhaltungskosten bewirkt eine Stagnation des Umsatzes auf der Höhe der Jahre 1992/93.[1]

---

[1] http://de.wikipedia.org/wiki/Red_Bull_GmbH

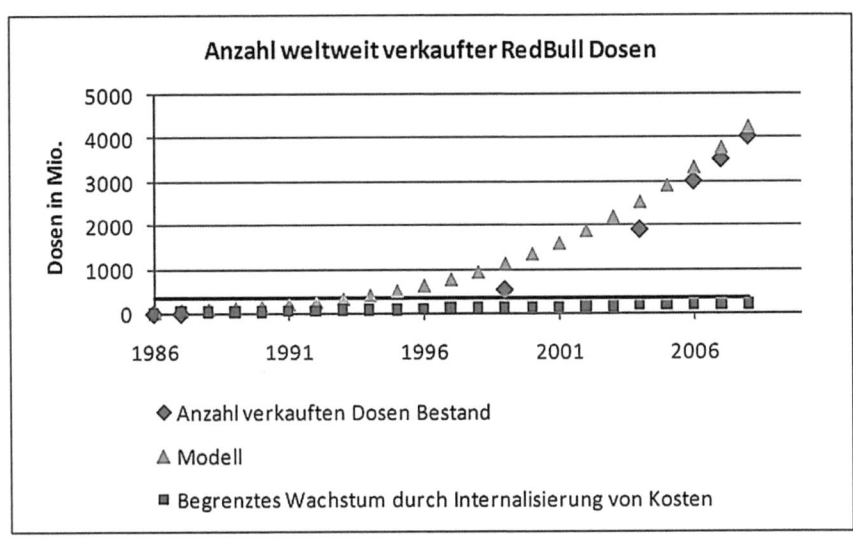

Abbildung 88: Anzahl verkaufter Red-Bull Getränkedosen real und in der Modellsimulation, so wie unter Berücksichtigung begrenzten Wachstums durch Internalisierung von Kosten. [1][2]

Red Bull

	gu	mu	μ	Intervall	Faktor zur Skalierung der Tumormodellparameter
Berücksichtigung externalisierter Kosten	2,1	0,14	1	1	21 (Umsatz) 26 (Absatz Dosen)
Umsatz-, Absatzentwicklung Standard	1,2	0,09	1	1	21 (Umsatz) 26 (Absatz Dosen)
Abschätzung der Wirksamkeiten der Parameter	0,98	0,35			
Delta Szenarien [%]	42,9	35,7			

Übertragung auf Gewinnzahlen, Übertragung auf Vermögenskennwerte

	Umsatz 2007 [Mio. Euro]
	3.079
Externalisierte Kosten [Mio. US-$] (unter Berücksichtigung der Abschätzungen zu den Wirksamkeiten der Parameter	1.678
Externalisierte Kosten [Mio. US-$]	2.419
Externalisierte Kosten [in Prozent] (unter Berücksichtigung der Abschätzungen zu den Wirksamkeiten der Parameter	55

Tabelle 9: Parameter zu den Faktoren der Wachstums- und Erhaltungskosten, Abschätzung der Wirksamkeit der Parameter, Kalibrierung des Zeitintervalls und Faktor zur Skalierung der Tumorgröße für „Red-Bull". Darstellung der Internalisierung externer Kosten bezüglich Umsatzes des Jahres 2007.

---

1 Berechnungen auf der Basis von van Leeuwen (2003)
2 http://de.wikipedia.org/wiki/Red_Bull_GmbH

Zusammenfassung der Parameter - Red Bull

	gu [%]	mu [%]
Steuererleichterung & direkte Subventionen (St)	10-20	10-20
Transportkosten (Tk)	5-10	5-10
Umweltkosten (Ua)	5-10	5-10
Marketing und Werbung, Sponsoring (We)	20-30	
verwendete Größen im Modell	~40	~35

Tabelle 10: Zusammensetzung der Erhaltungs- und Wachstumskosten (in %) für Red Bull.

17.8 Fallbeispiel 4 – die 100 „profitabelsten" US-Konzerne

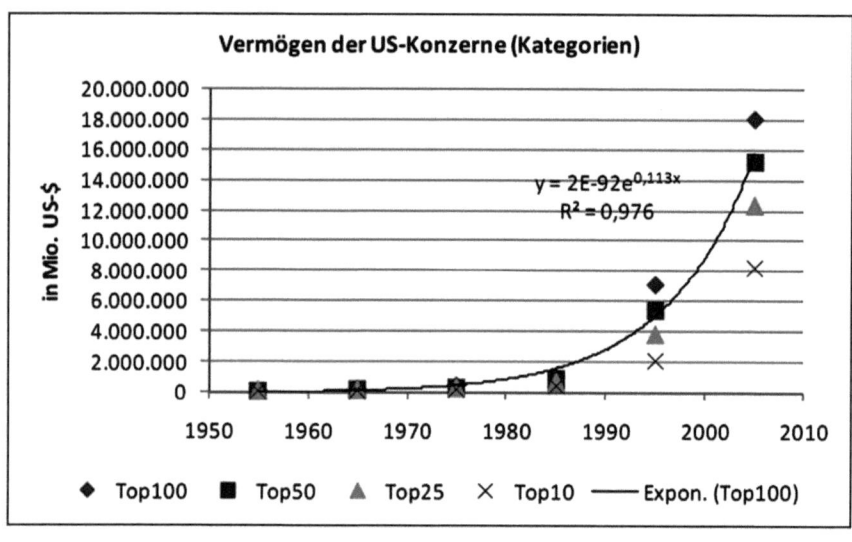

Abbildung 89: Vermögenswerte der US-Konzerne. [1]

Nachfolgend werden die 100 profitabelsten US-Konzerne und ihre Gewinnentwicklung seit dem Jahr 1955 betrachtet. Dabei zeigt sich eine deutliche Verschiebung in der Größenordnung zwischen den Jahren 1995 und 2005. D. h., auch bei

---

[1] Eigene Berechnungen auf Basis Fortune 500, http://money.cnn.com

den Konzernen geht die Schere zwischen den „Top-Verdienern" und dem Rest immer weiter auseinander.

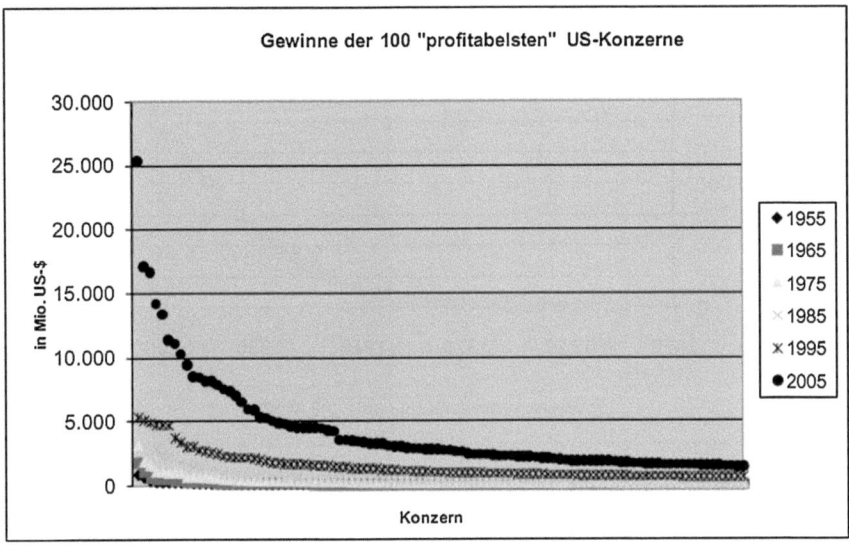

Abbildung 90: Entwicklung der Gewinne der 100 profitabelsten US-Konzerne. Zwischen den Jahren 1995 und 2005 hat sich die Schere beim obersten Drittel deutlich geöffnet. [1]

---

[1] Fortune 500 Archiv (http://money.cnn.com/magazines/fortune/fortune500_archive)

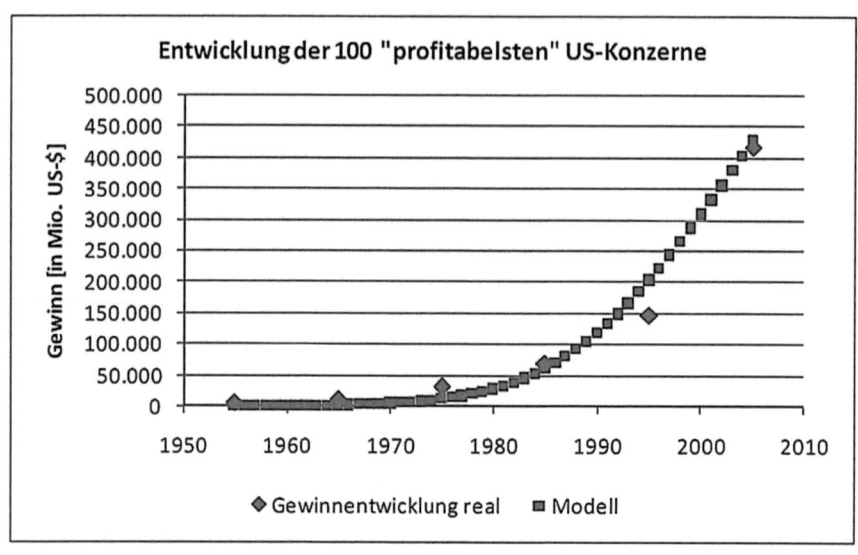

Abbildung 91: Entwicklung der Gewinne der 100 profitabelsten US-Konzerne real und in der Modellsimulation. [1]

---

[1] Berechnungen auf der Basis von van Leeuwen (2003)

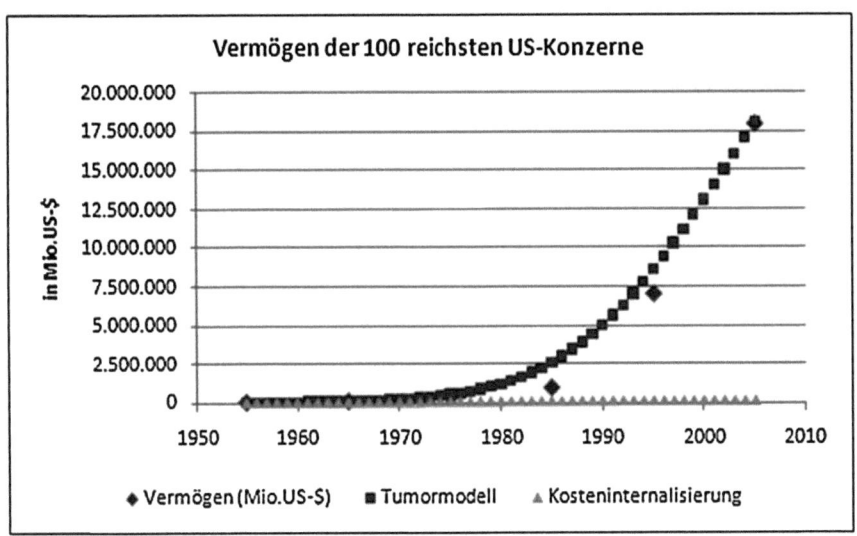

Abbildung 92: Vermögensentwicklung real (Raute) und simulierte Wachstumskurve durch Parametervariation im Tumormodell von van Leeuwen (Quadrat). [1] *Eine Berücksichtigung der externalisierten Kosten (Internalisierung) durch Erhöhung der Wachstums- und Erhaltungskosten bewirkt einen Maximalwert des Vermögens auf der Höhe des Jahres 1969.* [2]

---

1 Berechnungen auf der Basis von van Leeuwen (2003)
2 Eigene Berechnungen auf Basis Fortune 500 Archiv (http://money.cnn.com/)

100 profitabelsten US-Konzerne	gu	mu	µ	Intervall	Faktor zur Skalierung der Tumormodellparameter
Berücksichtigung externalisierter Kosten	2,04	0,15	1	1	1.300 (Gewinn) 16.000 (Umsatz) 55.000 (Vermögen)
Gewinn-, Umsatz-, Vermögensentwicklung Standard	0,35	0,041	1	0,1	1.300 (Gewinn) 16.000 (Umsatz) 55.000 (Vermögen)
Abschätzung der Wirksamkeiten der Parameter	1	0,65			
Delta Szenarien [%]	82,8	72,7			

Übertragung auf Gewinnzahlen, Übertragung auf Vermögenskennwerte	Gewinn 2008 [Mio. US-$]	Vermögen 2008 [Mio.US-$]
	417.283	18.025.992
Externalisierte Kosten [Mio. US-$] (unter Berücksichtigung der Abschätzungen zu den Wirksamkeiten der Parameter	542.787	23.447.574
Externalisierte Kosten [Mio. US-$]	648.916	28.032.185
Externalisierte Kosten [in Prozent] (unter Berücksichtigung der Abschätzungen zu den Wirksamkeiten der Parameter	130	130
Externalisierte Kosten [in Prozent]	156	156

Tabelle 11: Parameter zu den Faktoren der Wachstums- und Erhaltungskosten, Abschätzung der Wirksamkeit der Parameter, Kalibrierung des Zeitintervalls und Faktor zur Skalierung der Tumorgröße für die 100 gewinnstärksten US-Konzerne. Gegenüberstellung externalisierter Kosten, Gewinn und Vermögen für das Jahr 2008.

Zusammenfassung der Parameter - 100 profitabelsten US-Konzerne

	gu [%]	mu [%]
Lohnkosten & Sozialabgaben (Lk)	20-30	20-30
Steuererleichterung & direkte Subventionen (St)	10-20	5-10
Transportkosten (Tk)	30-40	30-40
Technologie (Te)	5-10	5-10
Umweltkosten (Ua)	5-20	5-20
Lobbying (Lo)	5-10	5-10
Werbung, Marketing (We)	5-10	
verwendete Größen im Modell	~80	~70

Tabelle 12: Zusammensetzung der Erhaltungs- und Wachstumskosten der 100 gewinnstärksten US-Konzerne (in %).

Ausgehend von den Modellberechnungen zeigt sich also, dass nicht nur die Gewinne der Konzerne externalisierte Kosten sind, sondern dass sie darüber hinaus zumindest rund 30% zusätzliche Kosten verursachen, die nicht bezahlt werden. Im Fall der abgebildeten Modellberechnungen für die 100 profitabelsten US-

Konzerne bedeutet dies, dass nicht nur die Gewinne zurückgezahlt werden müssten, sondern noch zumindest 30% des im Jahr 2008 erwirtschafteten Gewinnes zusätzlich an den Staat und die Gemeinschaft zu leisten wären. Gleiches gilt für die Vermögenswerte. Diese müssten vollständig an die Staaten und ihre Bürger gehen, die derzeit für die externalisierten Kosten aufkommen müssen. Zusätzlich müssten zumindest noch weitere rund 5.000 Mrd. US-$ (zurück-)gezahlt werden, die sich derzeit durch die Umschichtungsmechanismen des Finanzmarktes und der Banken auf den Privatkonten jener befinden, die unmittelbare Nutznießer der Strukturen sind.

Vergleicht man die Gewinnzahlen dieser Konzerne aus dem Jahr 2008 mit jenen zum Budgetdefizit in den USA in diesem Jahr (rund 438 Mrd. US-$) und dem Jahr 2009 (prognostiziert rund 700 Mrd. US-$ [1]) zeigen sich die vergleichbaren Größenordnungen dieser Zahlen.

17.9 Beispiele anderer Konzerne

Beispielhaft wird das Wachstum anderer Konzerne dargestellt. Prinzipiell weist das Gewinnwachstum der überwiegenden Zahl von Konzernen einen exponentiellen Wachstumsverlauf auf. Dies liegt zum einen in der Gesetzmäßigkeit des Zinseszins begründet, aber auch in offensiven Wachstumsbestrebungen. Diese bilden die Voraussetzung für das Bestehen am freien Markt und einer mittelfristigen Existenzsicherung.

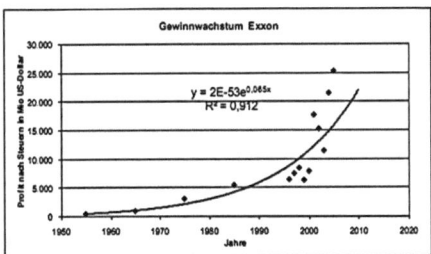 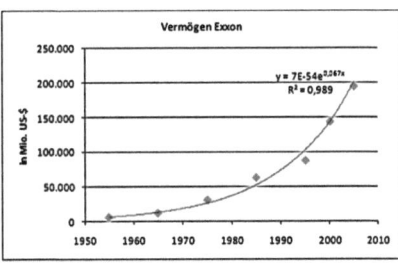

Abbildung 93: Gewinn- und Vermögensentwicklung des US-Konzerns „Exxon" [2]

---

1 Austria Presseagentur APA, 8.10.2008 (http://www.news.at/articles/0841/30/221569/us-budget-defizit-hoehe-438-mrd-fuer-209-minus.
2 Eigene Berechnungen auf Basis Fortune 500 Archiv (http://money.cnn.com/)

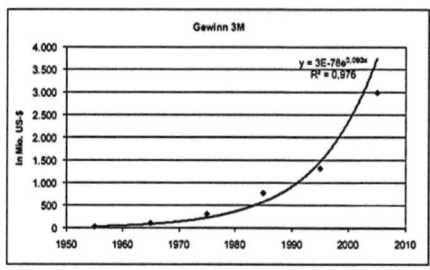 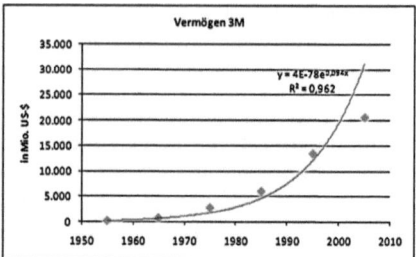

Abbildung 94: Gewinn- und Vermögensentwicklung des US-Konzerns „3M" [1]

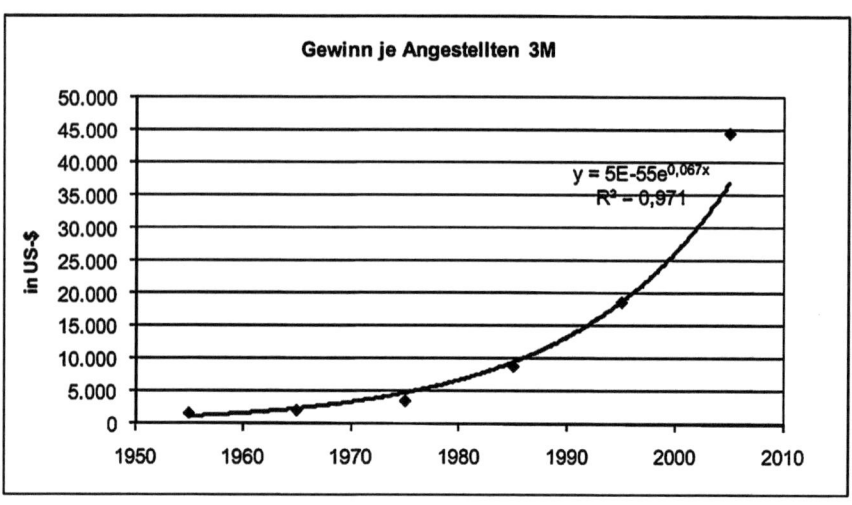

Abbildung 95: Konzerngewinn je Angestelltem am Beispiel von „3M". Der deutlich exponentielle Verlauf zeigt den gesellschaftlichen Umverteilungsprozess über die Kapitalakkumulationsmaschine Konzern. Gepaart mit dem System des Zinseszins können enorme Kapitalsummen ohne reale Arbeit wachsen. Der Konzerngewinn je Arbeiter ist im Jahr 2005 rund 20-mal höher als im Jahr 1955. [2]

Auch die vielfache Behauptung, der Gewinn würde aufgrund und proportional zur Unternehmensgröße wachsen, die sich durch eine ebenso steigende Zahl an Mitarbeitern zeigt, ist nicht haltbar. Der Gewinn je Konzernangestelltem zeigt ebenso einen exponentiellen Wachstumsverlauf wie die Gewinnentwicklung selbst. Diese, auf die Zahl der Mitarbeiter bezogene, Gewinnentwicklung kann

---

[1] Eigene Berechnungen auf Basis Fortune 500 Archiv (http://money.cnn.com/)
[2] Ebenda.

als Maßstab der Ausbeutung interpretiert werden, zumal sich der Gewinn bezogen auf die Mitarbeiter seit den 1950er-Jahren rund verzwanzigfacht hat.

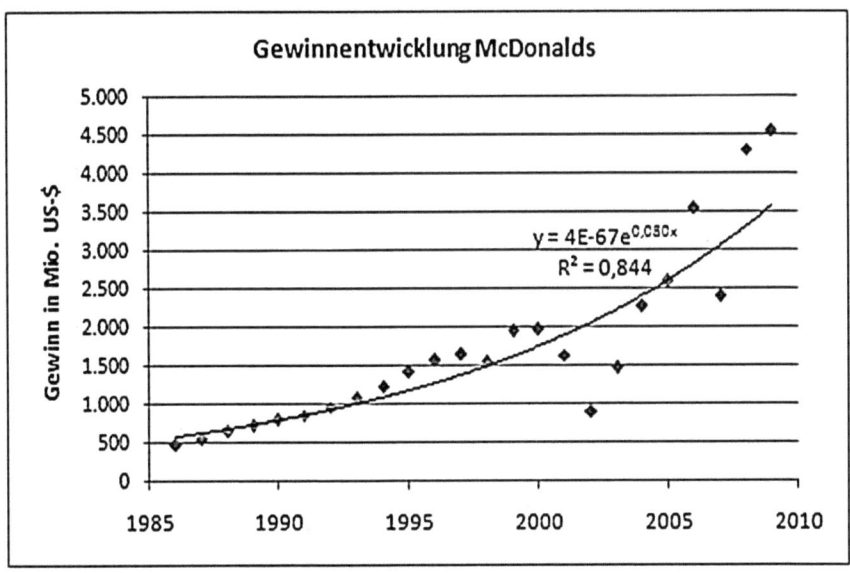

Abbildung 96: Gewinnentwicklung „McDonalds"[1]

---

[1] http://www.mcdonalds.com/ (Annual Reports Archive)

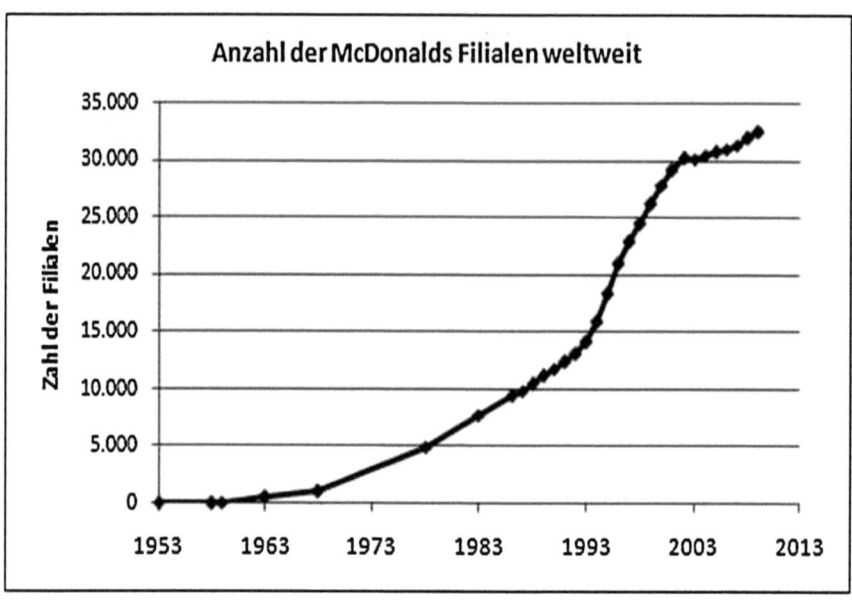

Abbildung 97: Die Anzahl der McDonalds Filialen weltweit folgt einer logistischen Wachstumsfunktion. [1]

17.10 Weitere Wirkungen

Im Nachfolgenden sollen weitere Wirkungsmechanismen der Konzernstruktur exemplarisch dargestellt werden. Implizit sind diese in der Gewinnentwicklung der beschriebenen Fallbeispiele enthalten. Alle dargestellten Verhaltensweisen sind Mittel zum Zweck der Gewinnmaximierung.

a) Konzerne investieren in verschiedene Bereiche, damit sie später mehr Gewinn machen (CSR wird von Konzernseite nur ausgeübt, wenn sich damit Geld machen lässt, z. B durch Aufwertung des Unternehmensimages). Will ein Konzern weiter expandieren oder neue Märkte „erschließen", so benötigt er dafür entsprechende Kapitalressourcen zur Investition. Diese sollen ihm zukünftig nicht nur weiteres, sondern verstärktes Wachstum sichern.

---

[1] http://www.mcspotlight.org/, http://www.mcdonalds.com/ (Annual Reports Archive)

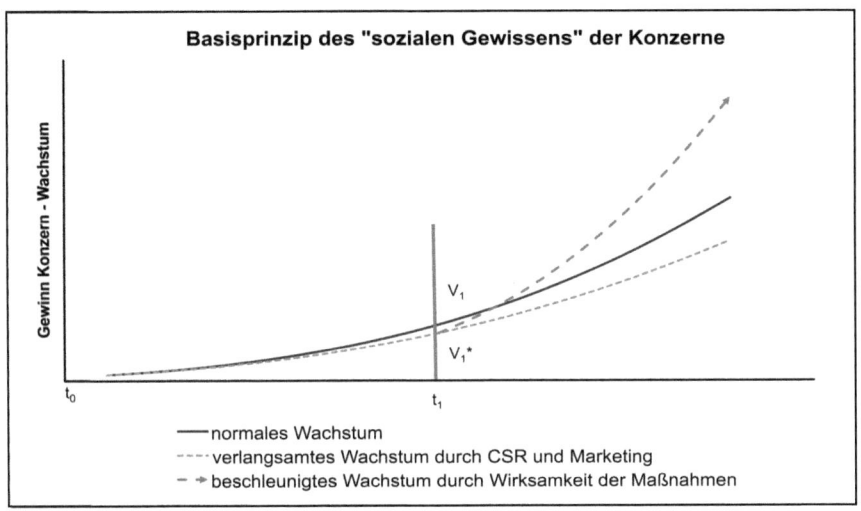

Abbildung 98: Basierend auf dem Tumormodell von van Leeuwen wird die Gefräßigkeit des Tumors im Zeitraum $t_1 - t_0$ reduziert. (Annahme: μ_u reduziert sich vom Wert 1,15 auf 1,1). Somit wird sein Volumen von V_1 auf V_1^* reduziert. Danach erhöht sich seine Gefräßigkeit ($\mu_u = 1,2$) und er kann sein Wachstum in kurzer Zeit steigern.

b) Konzerne streben zur systematischen Ausbeutung diverser regionaler Ökosysteme. Da sie für die Kosten der Zerstörung (soweit diese überhaupt als monetarisierbar betrachtet werden können) nicht bzw. nur in unzureichendem Maß haftbar gemacht werden, verwenden sie ihren aus der Zerstörung des einen Ökosystems erwirtschafteten Gewinn zur weiteren Ausbeutung. (Vielfach betragen die Kosten durch Schadensersatzzahlungen und gerichtliche Verurteilungen nur einen Bruchteil des Gewinns, der mit diesem Verhalten erzielt werden konnte.) Basierend auf ihrer linearen Erwartungshaltung und dem zwangsläufig begrenzten natürlichen Wachstum führt ihr exponentieller Expansionsdrang zur Zerstörung immer weiterer Lebensgrundlagen. Die ihnen zu Verfügung stehenden technischen und technologischen Hilfsmittel (sowie deren Einsatz) erhöhen sich mit dem auf Geld basierten Wachstum der Konzerngröße. Diese dienen dem beschleunigten Ausbreitungsprozess, der aufgrund der exponentiellen Wachstumsgesetze zwanghaft geschaffen wurde.

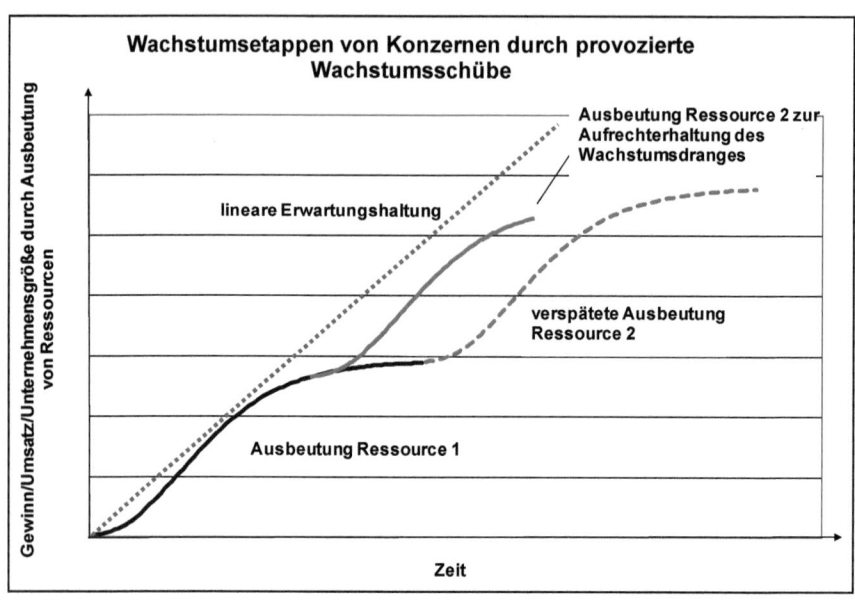

Abbildung 99: Begrenzte Ressourcen führen mit der Zeit zu einem abgeschwächten Wachstum und weiters zu Stagnation. Rahmenbedingungen, die im derzeitigen globalen Wirtschaftssystem nicht akzeptiert werden. Der Konzern ist bestrebt, alle Mittel zu ergreifen, um Shareholder zu befriedigen und Gewinne zu erzielen. Aufgrund des permanenten Wachstumsdranges und der mit der Größe zunehmenden Sensibilität des Systems müssen wachstumsforcierende Maßnahmen vom Konzern ergriffen werden. Dies erfolgt mit der Ausbeutung weiterer Ressourcen, die nun, basierend auf dem bereits geschaffenen Kapitalstock, beschleunigt erfolgen kann.

17.10.1 Zerstörung der Wirtssysteme

Anders als beim Tumor, der durch Befall und Auszehrung des Organismus in letzter Konsequenz dessen Tod bedeutet, kann der Konzern mehrere „Wirtssysteme" befallen und zerstören. Diese sind selbstverständlich nicht vollständig unabhängig voneinander, die Summe der Zerstörung mehrerer Wirtsysteme schädigt den Wirt – „Gesamtorganismus Erde".

Ohne den Befall von anderen Wirtsystemen könnte der Konzern jedoch nur einen Bruchteil seiner Größe erlangen. Die transnationale Ausbreitung (Ausbreitungsmöglichkeiten) ist (sind) maßgeblich für sein Wachstum. Dabei spielt die zur Verfügung stehende bzw. gestellte Verkehrs-Infrastruktur eine relevante Rolle.

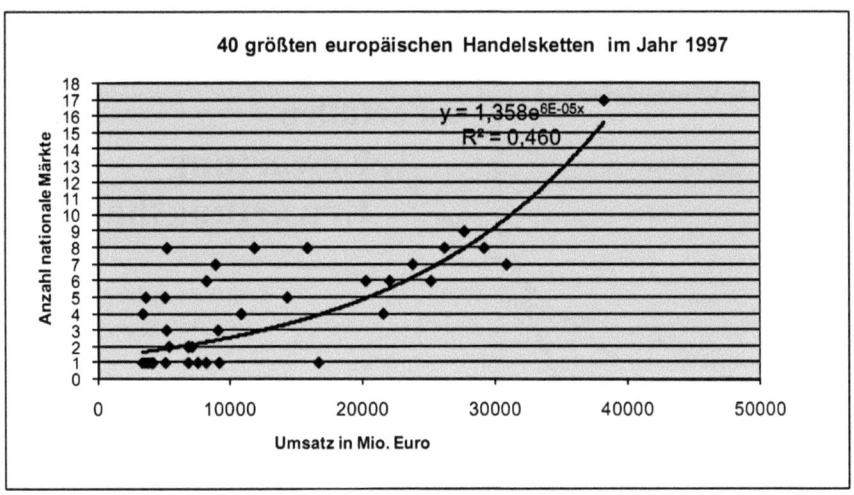

Abbildung 100: Die Höhe des Umsatzes von Konzernen am Beispiel der 40 größten Handelsketten zeigt den Einfluss der Besetzung nationaler Märkte. [1]

Unter Betrachtung der Abbildung 101 wird auch die Strategie der Konzerne deutlich. Um die lineare Erwartungshaltung unter der logarithmischen Empfindung der Realität zu erfüllen, müssen die Eingriffe zur Erfüllung der Erwartungen exponentiell wachsen. Mit anderen Worten: Die lineare Erwartung des Wirtschaftswachstums zwingt zu exponentiellen Eingriffen. Da das Wirtschaftssystem, wie bereits beschrieben, nur als Subsystem des Ökosystems mit seinen natürlich Ressourcen gesehen werden kann und unter den derzeitigen Wachstumsprämissen nachhaltiges und soziales Wirtschaften im großen Stil eher bestraft als belohnt wird, ist das zwanghafte Ausbeuten natürlicher Ressourcen vorbestimmt.

Zerstörende Strukturen wie z. B.Konzerne, werden für ihr Verhalten sogar indirekt belohnt, da es ihnen ermöglicht wird, die Kosten der Schäden, die sie verursachen zu externalisieren, also zu sozialisieren. Gleichzeitig ist aber zu bemerken, dass viele dieser Schäden gar nicht monetär bewertet werden können. Der Versuch alles mit Geld vergleichbar zu machen, z. B. mit der so genannten Methode der „willingness to pay", kann niemals der Wirklichkeit entsprechen. Da

---

[1] Strobl (2003), S.60f., unter Bezugnahme auf die Quelle: European Marketing Distribution/ LPinternational , März 1998. Wien 1998. S 5

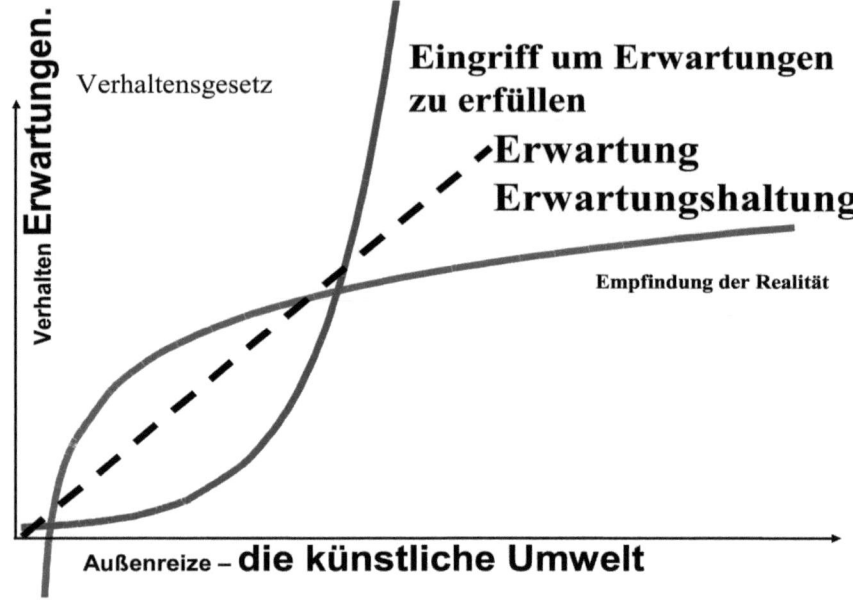

Abbildung 101: Lineare Erwartungshaltung und logarithmische Wahrnehmung führen zwangsläufig zu exponentiellen Eingriffen, wenn man die Umwelt nach diesen Vorstellungen zu gestalten beginnt. [1]

wir nicht in der Lage sind, die Komplexität des Ökosystems nur annähernd nachzuvollziehen, können wir auch keine Schlüsse über die Stellung einzelner Tierarten und das Aussterben diverser Pflanzenarten besonders in Hinblick auf zukünftige Entwicklungen ziehen.

Es zeigt sich aber bei der Entwicklung der Biodiversität der Erde ein ähnliches Szenario wie beim vom Tumor befallenen Organismus. Nach Schätzungen gibt es auf der Erde zwischen 10 und 100 Mio. Arten von Lebewesen. Nur 1,4 Mio. von ihnen sind jedoch klassifiziert und benannt, also wissenschaftlich erkundet. Dennoch schätzt man, dass beispielsweise im Westen Ecuadors durch Plantagen, Siedlungen und Betriebsflächen für Ölförderung in den letzten 25 Jahren etwa 50.000 Tierarten ausgerottet wurden. [2]

---

[1] Knoflacher in Woltron (2004), S.55
[2] Meadows (2001), S.91

Abbildung 102: Schwinden der Artenvielfalt und Anstieg Weltpopulation von Menschen [1]

---

[1] UFZ (2008), S.10f.

18 Die realen Wirkungen

Die Abschätzungen der Parameter zu Erhaltungs- und Wachstumskosten gründen sich auf zahlreich dokumentierten, als asozial zu bezeichnenden, Verhaltensweisen von Konzernen (einige wurden bereits aufgelistet). Um eine Einschätzung der Größenordnungen und Wirkungsmechanismen zu bekommen, werden die Parameter im Detail beschrieben.

Als Hauptformen der Kostenexternalisierung können unterschieden werden:[1]

(a) Externalisierung durch kostenlose Belastung der Umwelt,
(b) Externalisierung durch kostenlose Nutzung nicht erneuerbarer Rohstoffe und
(c) Externalisierung von sozialen Kosten.

Massarrat (2001) weist in diesem Zusammenhang auf die Vermehrung des Reichtums der Fabrikbesitzer im Zeitalter der industriellen Revolution in Europa, d. h. auf die dynamische Expansion des Kapitalismus in Europa hin. Dieser beruhte zum einen auf technologisch bedingter Produktivitätssteigerung und Leistung, zum anderen aber auf flächendeckender Externalisierung sozialer Kosten durch sinkende Löhne, steigende Arbeitszeit und den Einsatz von Frauen und Kindern. Das Überangebot an Arbeitskräften, das aus dem massenhaften Zustrom aus dem vorindustriell-agrarischen Hinterland in die Städte resultierte, rief eine gnadenlose Konkurrenz um billige Arbeitskräfte hervor, ohne Rücksicht auf humane Arbeits- und Lebensbedingungen zu nehmen und unter Hinnahme einer drastischen Senkung der Lebenserwartung. In gleicher Art und Weise findet derzeit der wirtschaftliche Wandel Chinas und anderer Schwellenländer statt, von dem hauptsächlich Europa und die USA profitieren.[2]

Die „richtigen" Marktpreise (gemäß der Externalisierungstheorie) setzen sich zusammen aus:

a) betriebswirtschaftlichen Kosten, die alle sozialen Kosten einschließen,
b) Kosten für die Wiederherstellung der Umwelt und

---

[1] Massarrat (2001), S.287
[2] Ebenda.

c) Kosten für nicht reproduzierbare Ressourcen (Knappheitskosten).[1]

Um Investitionen anzulocken, halten Staaten schon jetzt ihre Umwelt- und Sozialstandards niedrig. Investitionsabkommen schränken darüber hinaus die Möglichkeit von Staaten ein, soziale und umweltschützende Maßnahmen zu ergreifen und geben privaten Investoren, meist multinationalen Unternehmen, internationale Rechtsinstrumente in die Hand, um Staaten zu klagen, wenn sie ihre Rechte durch nationale Maßnahmen bedroht sehen. Besonders folgenreich sind Bestimmungen zur Enteignung, denn mit ihnen können Unternehmen gegen Umweltmaßnahmen klagen.[2]

Der ehemalige Konzern-Bilanzbuchhalter Ralph Estes[3] hat für das Jahr 1991 versucht, für die US-Konzerne und deren Profite die von ihnen externalisierten Kosten zu berechnen. Dabei zeigt sich, dass die Kosten für die Allgemeinheit in einer konservativen Annahme im **Verhältnis 1:5 zu den Konzerngewinnen** stehen.[4][5]

18.1 Betriebsauflagen

In den meisten Ländern existieren bestimmte Auflagen für die Betriebsgenehmigung, die jedoch sehr unterschiedlich ausfallen können. Das schafft Spielräume für Möglichkeiten zu Produktionsverlagerungen von Konzernen. Transportbedingungen, die eine rasche Distribution der Güter ermöglichen, machen den Standort relativ unabhängig vom Absatzmarkt (weltweit im Fall transnationaler Konzerne).

Beispiele für Betriebsauflagen in Österreich:

- Lärmschutz (Lärmschutzumgebungsbestimmungen)
- Abfallwirtschaftsmanagement
- Arbeitnehmerschutzbestimmungen (Arbeitszeiten, Arbeitsstätten, Ausstattungen etc.)
- Emissionen (Industrieemissions-Richtlinie), Emissionsregister, UVP
- Gewerbeordnung
- Umweltmanagement usw.

---

[1] Massarrat (2001), S.291
[2] Milborn (2003), S.105ff.
[3] Estes (1996), S.177 f.
[4] George Draffan „Private Profits, Public Costs" (http://www.endgame.org/subsidies1.html)
[5] Vgl. Korten (2000)

Dabei wird wesentlich auch auf die Vermeidung von Umweltkosten geachtet. Ein wesentlicher Faktor für die Verlagerung von Produktionsstandorten (und damit die Erhöhung von externalisierten Kosten) bilden lohn- und arbeitsbezogene Kosten. Ende des Jahres 2007 hatten beispielsweise 80% aller Arbeitenden in China keinen Arbeitsvertrag. Befristete Arbeitsverhältnisse konnten beliebig oft wiederholt werden. Es gab keine Regelungen zur zeitlichen Begrenzung von und zum Entgelt für Probezeiten.[1] Mit dem Inkrafttreten eines neuen Arbeitsvertragsgesetzes in China Anfang des Jahres 2008 konnten die Arbeitsrechte verbessert werden. Die EU-Handelskammer in China lehnte jedoch jeden Schutz von Arbeitern als staatliche „Überregulierung" ab, forderte mehr „Flexibilität" und bot gleichzeitig an, chinesische Unternehmen in Corporate Social Responsibility auszubilden.[2]

18.2 Lohnkosten

Die Lohnkostenunterschiede betragen in Abhängigkeit der Lage des Landes von 1:3 (osteuropäische Länder) bis zu 1:20 (China, Indien, etc.).[3][4] Es wird von einem Faktor 1:20 ausgegangen, da vor allem Produktionsbereiche mit benötigter geringerer Qualifikation der Arbeiten und gleichzeitig hoher Arbeitsintensität in den vergangenen Jahrzehnten verlagert wurden. Die Entwicklung in der Textilindustrie stellt diesbezüglich ein anschauliches Beispiel dar (vgl. Abbildung 104).

Daneben geht die Schere zwischen den Löhnen der Arbeiter und jenen der Managern weiter auseinander. Die CEOs der Top 500 US-basierten Konzerne erhielten im Jahr 2007 ein Gehalt von durchschnittlich je rund 10,5 Mio. US-$. 344-mal so viel wie ein durchschnittlicher US-amerikanischer Arbeiter. Bezogen auf die Top 50 hedge and private equity fund manager, von denen 2007 jeder durchschnittlich 588 Mio. US-$ erhielten, bekamen diese 19.000-mal den Durchschnittslohn einer typischen US-Arbeiters. Der CEO der Bank „Lehman Brothers" bekam einen Stundenlohn von 17.000 US-$.

---

1 Vgl. Huckenbeck (2007)
2 Vgl. Wichterich (2008), S. 1f.
3 Hutzschenreuter (2009), S.68
4 Kaufmann (2005), S.48

18.3 Einsparungen von Arbeitsplätzen durch Maschinisierung, Automatisierung und Industrialisierung (Economy of Scale)

In Abhängigkeit des Anteils an menschlicher Arbeitskraft wird die Economy of Scale wirksam. Bei großen Einheiten wie Konzernen, die prinzipiell in hoher Stückzahl produzieren, verstärkt sich der Druck, menschliche Arbeitskraft durch Maschinen zu ersetzen. Dies führt zur Kostenreduktion maschinell gefertigter Produkte mit zunehmender Stückzahl und dem Drang zu hohen Maschinisierungsgraden in den Unternehmen. Am einfachen Beispiel des manuellen und mechanisierten Grabenaushubs wird dies deutlich.

Kostenverlauf bei manuellem und bei mechanisiertem Grabenaushub unter Berücksichtigung eines veränderten Lohnniveaus

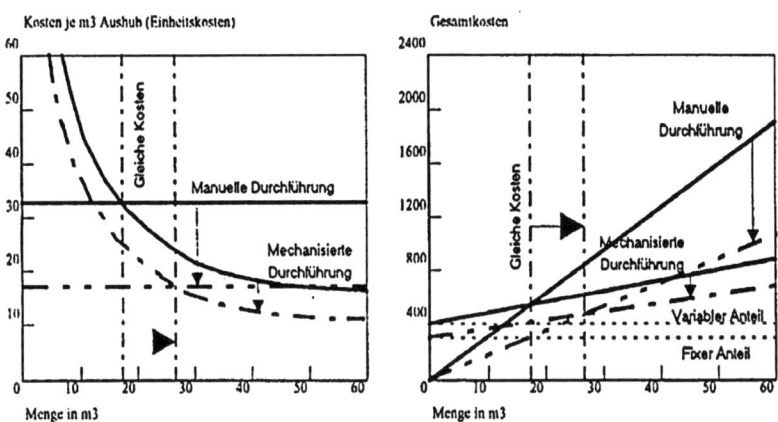

Abbildung 103: Kostenverlauf bei manuellem und bei mechanisiertem Grabenaushub. [1]

Gleichzeitig werden arbeitsintensive Industriebereiche verstärkt ins Ausland verlagert.

---

[1] Vgl. Frey (2005), S.44

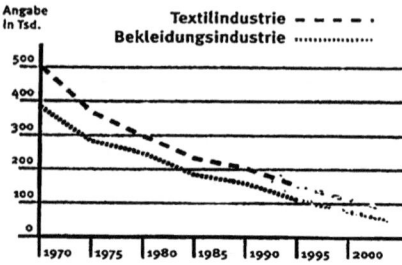

Abbildung 104: Entwicklung der Beschäftigungszahlen in der Textil- und Bekleidungsindustrie in Westdeutschland. [1]

Am Beispiel internationaler Supermarktketten (Wal-Mart etc.) die weltweit lokale Lebensmittelhändler und Straßenverkäufer verdrängen, kann gezeigt werden, dass diese Strukturen zu einer massiven Belastung des Arbeitsmarkt- und Sozialsystems einerseits führen – da nur ein Drittel bis ein Viertel der Arbeiter pro verkaufter Tonne Gemüse beschäftigt wird –, andererseits zählen Straßenhändler häufig zu armen Bevölkerungsschichten (in Vietnam 18%); mit der Expansion der Supermärkte wird an dieser Stelle die Armut verschärft. [2]

Beschäftigung pro verkaufte Tonne Gemüse (Vietnam)

Kategorie	Arbeitsplätze
Straßenhändler	18
Händler („retailers")	10
Verkäufer im kleinen Läden	8
Angestellte in Supermärkten mittlerer Größe	5
Big C (Franz.-Vietnamesisches Joint Venture)	4

Tabelle 13: Beschäftigung pro verkaufte Tonne Gemüse (Vietnam). [3]

Untersuchungen zeigen, dass Städte in Ländern der so genannten 2. und 3. Welt weit weniger abhängig von Konzernen sind und deshalb viel besser in der Lage sind, regionale Wirtschaftskreisläufe aufrecht zu erhalten. 64% der Bevölkerung in Nairobi erzeugen ihr Essen selbst. In Hanoi kommen 80% der frischen Früch-

---

[1] DGB (1998), S.17
[2] Vgl. Wiggerthale (2007), S.20
[3] Ebenda.

te, 50% von Fleisch und Fisch sowie 40% der Eier aus den urbanen Gebieten. In Accra werden 90% der frischen Früchte in der Stadt produziert.[1]

18.4 Gewerkschaftlicher Organisationsgrad

In der Türkei hatte sich der Konzern „Metro" die Herabsetzung gewerkschaftlicher Einflussnahme in einem lang vorbereiteten Strategieplan zum Ziel gesetzt. Nach Protesten seitens der Gewerkschaften wurde zumindest zugesagt, die sozialen Mindeststandards der ILO (International Labor Organisation = UN-Organisation für Arbeit) einzuhalten und die Gewerkschaftsarbeit nicht zu behindern. Doch „Metro" hielt sich nicht an diese Zusage. Zudem behindert „Metro" in seinen Elektronikmärkten „Media Markt" und „Saturn" die Einrichtung von Betriebsräten.[2]

Das Business-Modell der Supermärkte setzt die Zulieferfirmen unter Druck. So wird das Prinzip des systematischen Drucks von Wal-Mart auf seine Lieferanten auch und gerade in China praktiziert. Chinesische Gewerkschaftsfunktionäre berichten, dass der Preisdruck Wal-Marts auf die Lebensmittelverarbeiter regelmäßig von den chinesischen Unternehmen damit beantwortet wird, dass länger gearbeitet und weniger an die Arbeiter gezahlt wird. In vielen Fällen wird die Einrichtung von Betriebsräten be- bzw. verhindert. So auch bei den Lebensmitteldiskontern „Metro" und „Lidl".[3]

In der gegenwärtigen Weltwirtschaft, und zwar überall dort, wo Gewerkschaften verboten sind, der Normalarbeitstag gesetzlich nicht geregelt ist oder faktisch nicht existiert, die Arbeitszeit je nach Umständen beliebig verlängert wird, Männer und Frauen nicht angemessenen entlohnt werden, Kinderarbeit zur Regel geworden ist und ein Mindestmaß von Maßnahmen zur Vermeidung von gesundheitlichen Schäden nicht vorgesehen ist, werden soziale Kosten zu Lasten der Produzenten und zu Gunsten der Konsumenten externalisiert.[4]

18.5 Kollaboration mit politischen Regimen

Im Zuge der Ausbeutung von Rohstoffen werden alle Möglichkeiten der Sicherung der Quellen unabhängig von politischen Regimen angestrebt. Der US-Kon-

---
1 Vgl. http://www.markets4poor.org
2 Vgl. Wiggerthale (2007), S.12
3 Wiggerthale (2007), S.20
4 Massarrat (2001), S.288

zern „Chiquita" beispielsweise musste 25 Mio. US-$ Strafe zahlen, weil er Schutzgeld an terroristische Paramilitärs überwiesen hat.[1]

18.6 Ressourcenverbrauch

Externalisierung ökologischer Kosten durch den Raubbau an ergiebigen Rohstoffen:

Das bereits erwähnte kontinuierliche Absinken der realen Rohstoffpreise über Jahrzehnte liegt für Massarrat (2001), teils durch Gewalt, teils durch ökonomischen und politischen Druck durchgesetzten Zugriffs auf Ölquellen und mineralische Rohstoffe im Mittleren Osten, in Afrika und Südamerika. Die eigentlichen Rohstoffeigentümerstaaten, ihrer Marktsouveränität und ihre Marktsteuerungsfunktion wurden durch die global agierenden euro-amerikanischen Rohstoffkonzerne, also in der Herstellung struktureller Dominanz der Nachfrageseite, ausgeschaltet.[2] Massarrat betont, dass hier historisch die erste Stufe der Globalisierung stattfand, die auf Externalisierung der Kosten des Naturverbrauchs der Industrieländer in die Länder des Südens beruhte.[3]

Seither reguliert die Nachfrageseite nicht nur die Nachfrage, sondern auch unmittelbar die Angebotsmenge – ein Vorgang, der zwangsläufig zum Raubbau an knappen natürlichen Ressourcen, zur strukturellen Überproduktion, zu unelastischen Preisen auf niedrigem Niveau und zum Verlust von Knappheitssignalen bei erschöpfbaren Ressourcen führt.[4] Chomsky (2002) weist darauf hin, dass ein großer Teil des Pentagon-Budgets der USA dazu dient, die Ölpreise im Mittleren Osten auf einem Niveau zu halten, das die USA und ihre Energiegesellschaften für angemessen befinden. Die Ausgaben des Pentagon laufen somit auf eine 33%ige Subventionierung des Markpreises für Erdöl hinaus.[5]

T-Shirts haben beispielsweise zum Teil einen Transportweg von mehr als 50.000 km Luftlinie zurückgelegt. Würde man die eingesetzten Rohstoffe, Chemikalien und sonstigen Zusätze bei der Verarbeitung noch berücksichtigten ergäbe sich ein mehr als doppelt so hoher Transportaufwand.[6] Umweltkosten und –auflagen müssen in diesen Ländern nur in unzureichendem Maße berücksichtigt werden.

---

[1] Die Presse, 15.3.2007
[2] Massarrat (2001), S.289
[3] Ebenda.
[4] Ebenda.
[5] Chomsky (2002), S.38
[6] Vgl. Matuschak (2004)

Vergleicht man Indikatoren von traditionellen Märkten und Supermärkten, dann zeigt sich, dass sowohl der Einsatz technologischer Hilfsmittel und motorisierter Transportmöglichkeiten überwiegt, als auch der durchschnittlich doppelt so hohe Input von Düngemitteln und Chemikalien. Gleichzeitig findet nur rund die Hälfte der Arbeitskräfte/ha im Vergleich zu traditionellen Märkten Beschäftigung. Supermärkte nehmen nicht an traditioneller Gemeinschaftsarbeit, einem wesentlichen Element sozialer Stabilität, teil.

Ressourcen der Zulieferer von:	Supermärkte	Traditionelle Märkte
Land	Größere Betriebe, die den Großteil ihres Landes für die Supermarkt-Produktion verwenden	Kleinere Betriebe, die einen Teil ihres Land für den Eigenbedarf an Lebensmitteln (Bohnen, Mais, Milch etc.) verwenden
Bewässerung	Mehr	Weniger
Gepachtetes Land	Höher (korreliert mit Spezialisierung, bei Tomaten, Bananen), für kurze Zeit (Auslaugen der Böden!)	Weniger (Ausnahme: Kohl)
Festangestellte	mehr (ständig und saisonal)	weniger (Rückgriff auf Familie)
Arbeitskraft pro ha	0,5-1,1	1,1-1,6
Inputs:	(Zahlen nur für Kohl verfügbar)	(Zahlen nur für Kohl verfügbar)
- Düngemittel	314 Einheiten/ha	177 Einheiten/ha
- Dung	6,6 Einheiten/ha	3,3 Einheiten/ha
- Chemikalien	3,3 Einheiten/ha	1,6 Einheiten/ha
Gesamtproduktionskosten	3,7Ksh/kg Kohl	3,3 Ksh/kg Kohl
Beschäftigung von Frauen	Geringer (Ausnahme: Tomaten)	Höher (Ausnahme: Tomaten)
Bildung	Sekundärstufe	Primärstufe
Telefon	100%	24-31%
Transportfahrzeug	80-100%	5-14%
Verpackungshaus	40-80%	0%
Elektrizität	20-83%	0-5%
Buchführung	80-100%	18-64%
Teilnahme an trad. Gemeinschaftsarbeit	Niedrig	Hoch
Verkauf auf dem Markt	Fast 100%	> 70%

Tabelle 14: Vergleich der Ressourcenausstattung bei Tomaten-, Kohl- und Bananenproduzenten. [1]

18.7 Steuern

Balanyà (2001) betont, dass das Streben nach Wettbewerbsfähigkeit die EU-Länder im Steuerwettbewerb in eine Abwärtsspirale getrieben hat. Um Investitionen anzuziehen oder Firmen vom Wegzug abzuhalten, reduzieren Regierungen Unternehmenssteuern oder gewähren Subventionen in Form von kostenloser Infrastruktur und Steuerbefreiungen auf Zeit, die von den Bürgerinnen und Bürgern

---

[1] Wiggerthale (2007), S.28

bezahlt werden.[1] Während die Steuern auf Arbeit in den letzten zwei Jahrzehnten des 20. Jahrhunderts in den meisten EU-Staaten gestiegen sind, sinken die Unternehmenssteuern kontinuierlich. Diese Verschiebung der Steuerlast zuungunsten der Arbeitenden hat auch negative Auswirkungen auf die Beschäftigungspolitik.[2]

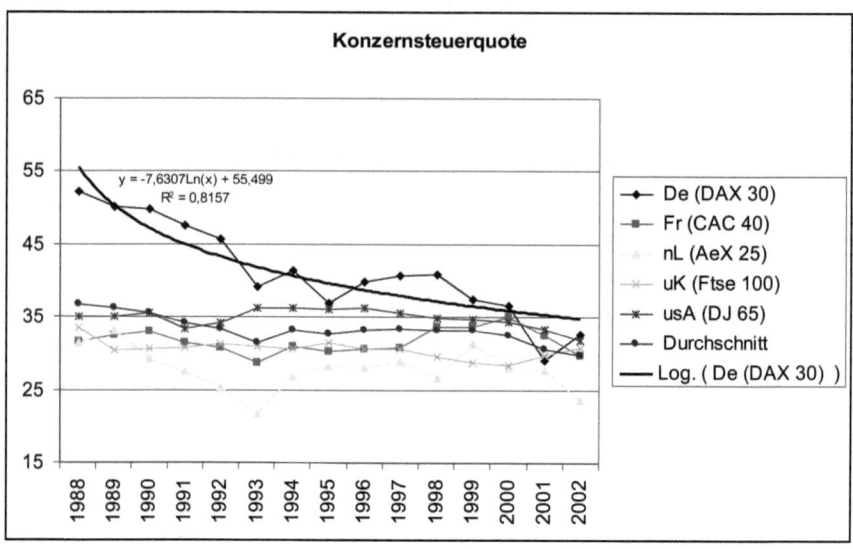

Abbildung 105: Vergleicht man die Entwicklung der Konzernsteuerquoten in % von ausgewählten europäischen Ländern und den USA erkennt man die Anpassungstendenz von Steuersätzen.[3]

Das Verhältnis von Gewinn zu Steuerquote am Beispiel der 100 profitabelsten Konzerne der USA verdeutlicht die Entwicklung der Entkoppelung von Gewinn und Steuerleistungen. Über die bereits dargestellten Einflüsse der Konzerne auf politische Entscheidungsträger und Gesetze, konnten sie sich die Rahmen (Milieu-)bedingungen zu ihren Gunsten verbessern.

---

1 Balanyà (2001), S.30
2 Ebenda.
3 Vgl. Becker (2006), S.739

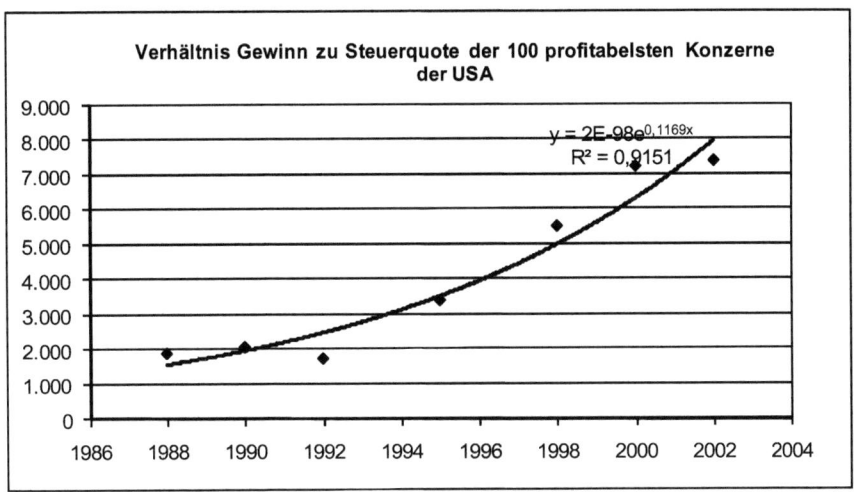

Abbildung 106: Verhältnis von Gewinn zu Steuerquote der 100 profitabelsten US-Konzerne. [1] *Tatsächlich sinkt demnach die Steuerquote der Konzerne mit steigenden Gewinnen.*

Nachfolgend sollen die Entwicklungen von Steuerleistungen ausgewählter Konzerne in Österreich und Deutschland detaillierter betrachtet werden:

18.7.1 Österreich

Die Gewinne nach Steuern der wichtigsten mehr als 30 Unternehmen Österreichs, die am so genannten Prime Market der Wiener Börse notiert sind, sind von zusammen rund 3,0 Mrd. Euro im Jahr 2003 auf 12,1 Mrd. Euro im Jahr 2007 und damit um rund 300% angestiegen.[2][3]

Die Unternehmen mit den höchsten Gewinnen nach Steuern sind die großen Banken und Energieunternehmen. Die Generali Holding Vienna AG steigerte ihren Gewinn innerhalb von nur einem Jahr von 160 auf 840 Mio. Euro (ein Plus von 425% oder 680 Mio. Euro), die ERSTE Bank von 932 Mio. Euro auf 1.175 Mio. Euro (plus 243 Mio. Euro oder 26%) und Raiffeisen International erreichte nach Steuern ein Ergebnis von 978 Mio. Euro (plus 287 Mio. Euro, eine Steigerung von rund 42%). Die OMV konnte ihren Gewinn von 1,383 Mrd. auf 1,579 Mrd. Euro (plus 196 Mio.) weiter steigern. Der Verbund konnte eine Steigerung von

---

[1] Auf Basis von Becker (2006), S.739 und Fortune 500 (http://money.cnn.com)
[2] Vgl. Höferl (2006), S.2
[3] Ebenda.

561 Mio. auf 665 Mio. Euro vermelden (plus 104 Mio.). Deutliche Steigerungen konnten auch die UNIQA Versicherungs AG (plus 54%), Wienerberger (plus 36%) sowie Boehler-Uddeholm (plus 31%) verzeichnen. Die Senkung der Körperschaftssteuer per 1.1.2005 hat zum Steigen der Gewinne beigetragen. (In Österreich wurde mit 1.1.2005 der Körperschaftsteuersatz von 34% auf 25% gesenkt und zugleich die Gruppenbesteuerung eingeführt.)[1]

Auch die an die Aktionäre dieser Unternehmen ausgeschütteten Dividenden stiegen in diesen Jahren deutlich an – von 815 Mio. Euro im Jahr 2003 auf 3,218 Mrd. Euro im Jahr 2007. Das entspricht einer Steigerung von rund 295 Prozent bzw. einer Vervierfachung.

Am großzügigsten waren bei Dividendenzahlungen 2007 die Bank Austria Creditanstalt (588 Mio. Euro), die OMV (487 Mio.), die Telekom Austria (343 Mio.), der Verbund (295 Mio.), die voestalpine (235 Mio.) und die ERSTE Bank (202 Mio.).[2]

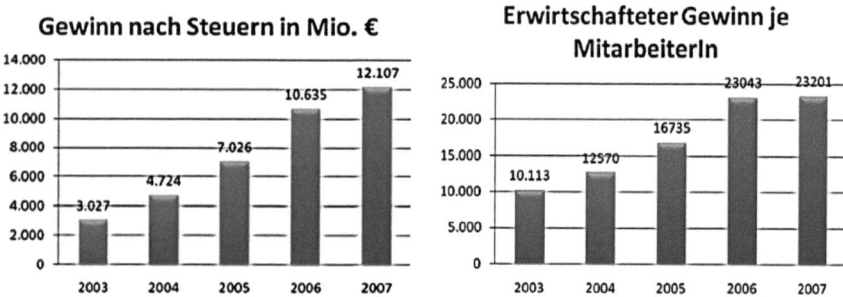

Abbildung 107: Gewinnentwicklung (nach Steuern) von 38 am so genannten Prime Market der Wiener Börse notierten wichtigsten Unternehmen (links).[3] *Erwirtschafteter Gewinn je Mitarbeiter dieser Unternehmen (rechts).*[4]

Vorstandsbezüge

Während der Personalaufwand je Mitarbeitendem in den untersuchten Unternehmen zurück gegangen ist, wurden die Bezüge der Unternehmensvorstände mehr als verdoppelt und haben eine Steigerung von 64 Mio. auf 134 Mio. Euro erlebt, also ein Plus von 110%. Wenn man die gestiegene Anzahl der Vorstände (von 132 im Jahr 2003 auf 150 im Jahr 2007) mit den Bezügen in Relation setzt, so er-

---

[1] Höferl (2008), S.2
[2] Ebenda.
[3] Höferl (2008), S.8
[4] Höferl (2008), S.9

gibt sich daraus immer noch eine Steigerung von 85% bzw. von rund durchschnittlich 482.000 auf 891.000 Euro/Person, womit sich die Einkommensschere zwischen Vorständen und Mitarbeitenden deutlich geöffnet hat: verdienten die Vorstände 2003 noch das 13,1-fache ihre Mitarbeitenden, so war es 2007 bereits das 21,6-fache. Am meisten geben die Unternehmen Andritz, die ERSTE Bank und die OMV für ihre Vorstände aus.[1]

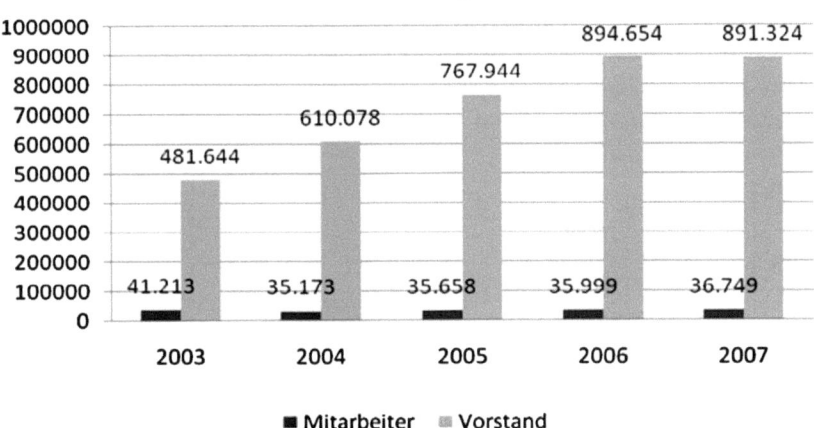

Abbildung 108: Entwicklung der Bezüge von Mitarbeitern und Vorstandsmitgliedern zwischen den Jahren 2003 bis 2007.[2]

Steuersatz von ATX-Konzernen

Die Steuerleistungen der Unternehmen in Österreich liegen weit unter den gesetzlichen 25%. Großkonzerne zahlen effektiv nur 17,2% an Steuern, Kreditinstitute liegen tatsächlich bei einem Steuersatz von 7,4%.[3] Die Abteilung Betriebswirtschaft der Arbeiterkammer Wien hat die Einzelabschlüsse der 570 wichtigsten österreichischen Kapitalgesellschaften (GmbH und AG) der Jahre 2004 bis 2006 ausgewertet.[4] Diese Auswertung zeigt, dass während der Gewinn in diesem Zeitraum von 7,7 Mrd. Euro auf 10,6 Mrd. Euro gestiegen ist (+ 38%),

---

[1] Höferl (2008), S.3
[2] Höferl (2008), S.9
[3] Arbeiterkammer (2008), S.1
[4] Ebenda.

die Unternehmen nur rund 0,2 Mrd. Euro mehr an Abgaben gezahlt haben. Die effektive Steuerquote ist damit drastisch von 21,0% auf 17,4% im Jahr 2006 zurückgegangen. Beinahe drei Viertel dieser Unternehmen liegen unter dem nominellen Steuersatz von 25%.[1] Große Kapitalgesellschaften kommen auf einen Steuersatz von 17,2%, während sich für kleinere und mittlere Unternehmen eine Steuerquote von bis zu 24,3% errechnen lässt.[2]

Betrachtet man die Entwicklung des effektiven Steuersatzes bei österreichischen Kreditinstituten, zeigt sich, dass auch hier die effektive Steuerbelastung ebenfalls deutlich unter 25% liegt, der Steuersatz im Jahresvergleich 2005 bis 2007 sogar drastisch gesunken ist. Der effektive Körperschaftsteuersatz von 12,5% im Jahr 2004 hat sich fast halbiert und liegt im Jahr 2007 nur mehr bei 7,4%.[3]

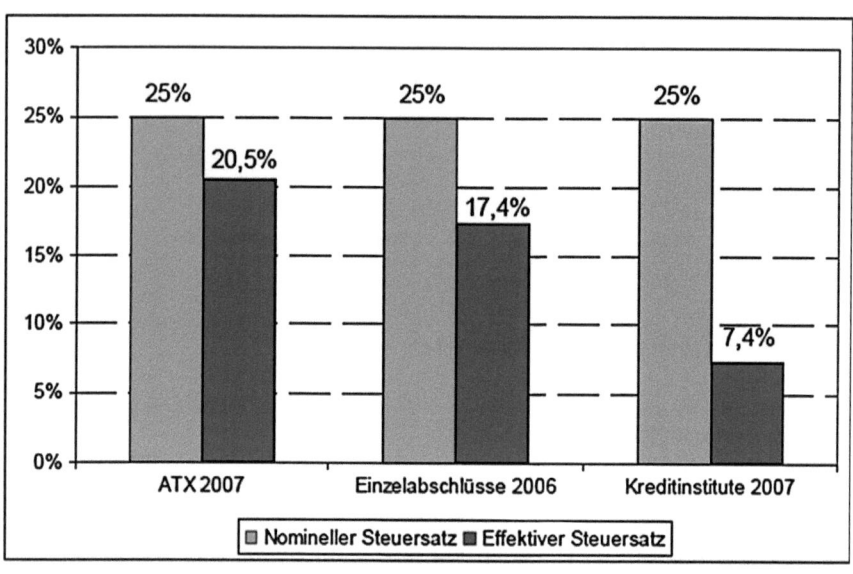

Abbildung 109: Gegenüberstellung des nominellen und effektiven Steuersatzes[4]

---

[1] Arbeiterkammer (2008), S.1
[2] Arbeiterkammer (2008), S.2
[3] Ebenda.
[4] Ebenda.

18.7.2 Deutschland

In Deutschland fiel die Steuerquote in den Jahren von 1980 bis 2000 von 24% auf 23%, bis 2001 auf 21%.[1] Jarass (2005) errechnete, dass die öffentlichen Kassen im Jahr 2003 rund 45 Mrd. Euro zusätzlich einnehmen hätten können, wenn die Steuerquote wie im Jahr 2000 geblieben wäre. Die Aufteilung der Unternehmensgewinne laut volkswirtschaftlicher Gesamtrechnung in Deutschland zeigt, dass der volkswirtschaftlich gemessene „ökonomische Gewinn" der Kapitalgesellschaften von 1995 bis 2002 fast stetig um insgesamt 50% gestiegen ist.[2] Bis zum Jahr 2000 stiegen gleichlaufend die Ertragssteuern an und ergaben eine effektive Steuerbelastung von rund 20%. Seit 2001 wurden die Ertragssteuern halbiert und betragen unter 10% des ökonomischen Gewinns. D. h., nur etwa ein Viertel des ökonomischen Gewinns geht in das versteuerte Einkommen ein. Gleichzeitig sind die Ausschüttungen der Kapitalgesellschaften zwischen 1995 und 2002 annähernd verdoppelt worden. Seit 2001 betragen die jährlichen Ausschüttungen bis zu mehr als dem 5-fachen der Steuerzahlungen.[3] Jarass (2005) betont, dass die sehr niedrigen Steuerzahlungen der Konzerne in jedem Fall zu riesigen Haushalts- und Gerechtigkeitsproblemen führen.[4]

Für Deutschland liegt von Jarass (2005) eine detaillierte Analyse der DAX 30 Geschäftsberichte in den Jahren von 1996 bis 2002 unter Berücksichtigung der volkswirtschaftlichen Gesamtrechnung vor. Eine Analyse der Zahlen zeigt die gleiche Tendenz wie in Österreich: Die Steuerzahlung der zwischen den Jahren 1999 und 2002 untersuchten Unternehmen geht von 1999/2000 auf 2001/2002 um 60% zurück, während die Dividendenzahlung über alle Jahre etwa konstant bleibt.[5]

Beispielsweise bezahlte der Konzern Daimler Chrysler von 1997 bis 2002 nur durchschnittlich 9% Steuern. Der Vorstand des BMW Konzerns verkündet im zweiten, aufeinander folgenden Jahr seinen Aktionären „das beste Ergebnis in der Geschichte des Konzerns", während gleichzeitig die deutschen Städte, in denen sich die Produktionsstätten des Konzerns befinden, dass dieser schon seit zwei Jahren „wegen steuerlichen Verlusten" keine Gewerbesteuer bezahlt. Der laufende Steueraufwand des Autokonzerns Daimler Chrysler belief sich von den Jahren von 1996 bis 2000 auf 0,1 Mrd. Euro. Dies entsprach 0,4% seiner Ergebnisse in Deutschland und 0,25% der weltweiten Ergebnisse des Konzerns. Die im Mittel zwischen den Jahren 1997 bis 2002 tatsächlich weltweit bezahlten Er-

---

[1] Jarass (2005), S.16
[2] Jarass (2005), S.51
[3] Jarass (2005), S.18
[4] Jarass (2005), S.47
[5] Jarass (2005), S.63

tragssteuern von 0,6 Mrd. Euro/Jahr beliefen sich auf 9% des weltweiten durchschnittlichen Jahresergebnisses in diesen sechs Jahren. [1]

Beim BMW-Konzern liegt für Jarass (2005) die Vermutung nahe, dass der Konzern in den letzten Jahren überhaupt keine Ertragssteuern bezahlt hat. [2]

Der Konzern Volkswagen (VW) soll als weiteres Beispiel für die Reduktion der Steuerleistungen bei gleichzeitigen Subventionen von staatlicher Seite exemplarisch für viele weitere transnationale Konzerne dargestellt werden.

Volkswagen AG

Jahr	Umsatz in Millionen Euro	Gewinn in Millionen Euro	Gewinn in Prozent vom Umsatz	Steuerleistung in Millionen Euro*	Steuerleistung in Prozent vom Umsatz	Beschäftigte
1995	48.536	7.211	14,9%	397	0,8%	242.285
1996	55.020	8.388	15,2%	661	1,2%	242.770
1997	61.323	8.571	14,0%	1.270	2,1%	256.132
1998	72.182	15.782	21,9%	2.067	2,9%	294.385
1999	78.986	2.522	3,2%	1.678	2,1%	305.667
2000	90.325	4.179	4,6%	1.407	1,6%	322.415
2001	92.658	4.409	4,8%	1.483	1,6%	324.413
2002	91.085	3.986	4,4%	1.389	1,5%	323.865
2003	91.556	1.529	1,7%	411	0,4%	334.873

* davon Steuerleistung in Deutschland: 2001: 1.072 Millionen Euro; 2002: 934 Millionen Euro; 2003: 142 Millionen Euro

Abbildung 110: Umsätze, Gewinne und Steuerleistungen der Volkswagen AG 1995-2003. [3]

Für eine Autofabrik von Škoda (Teil des VW Konzerns) in Tschechien wurden im Jahr 2002 ein Umsatz von 4,2 Mrd. Euro und ein Gewinn von 122 Mio. Euro bei einer Steuerleistung von 0 Euro ausgewiesen. Für das Werk in Navarra in Spanien zahlte VW seit Jahren keine Steuern mehr, sondern kassierte in den Jahren: [4]

---

1   Jarass (2005), S.78
2   Jarass (2005), S.46
3   Weiss (2004), S.322
4   Weiss (2004), S.320

- 1998: 24 Mio. Euro
- 1999: 18 Mio. Euro
- 2000: 11 Mio. Euro
- 2001: 9 Mio. Euro
- 2002: 12 Mio. Euro

bei einem Gewinn von 36 bis 56 Mio. Euro.

Im Jahr 2003 zahlte VW an keinem der neun deutschen Standorte Gewerbesteuern. Bis Mitte der 1990er-Jahre kassierte VW vom Freistaat Sachsen insgesamt 267 Mio. Euro an Subventionen und im Jahr 2001 genehmigte die EU eine Förderung für ein VW-Werk in Dresden in der Höhe von rund 70 Mio. Euro. Im Jahr 1997 erhielt Volkswagen für sein Werk in Kassel/Baunatal die Genehmigung vom Land Hessen rund 50 Mio. Euro an Förderungen zu kassieren. Und im Juni 2003 gab die EU Kommission ihren Segen für eine 15 Mio. Euro-Förderung des spanischen VW-Werks Navarra.[1]

Eine besondere Art der Förderung leistet sich Belgien. Dieser Staat erlaubt es Konzernen so genannte Coordination Centers zu gründen. Ihr einziger Zweck besteht darin, Geld aus verschiedenen europäischen Ländern nach Belgien zu verschieben und dort fast steuerfrei einzusammeln. So wie viele andere Konzerne nützt auch VW diese Möglichkeit und zahlte beispielsweise im Jahr 2003 für einen Gewinn von 81 Mio. Euro 87.000 Euro an Steuern. Das entspricht einem Steuersatz von 0,1 Prozent.[2]

Während fünf DAX 30 Banken und Versicherungen von 1999/2000 auf 2001/2002 einen Ergebnisrückgang von 12 Mrd. Euro verzeichneten und ein dementsprechendes Absinken der Steuerzahlungen um ein Drittel verzeichneten, wurden ihre Dividendenzahlungen um ein Fünftel erhöht. Auch die anderen Unternehmen verzeichnen bei sinkendem Ergebnis vor Steuern und Steuerzahlungen um ein Drittel, eine Erhöhung der Dividendenzahlungen um 60%.[3] Jarass (2005) weist auch auf die Problematik bei der Analyse der Konzern-Geschäftsberichte hin, da das Ergebnis vor Steueraufwand, Steueraufwand und bezahlte Steuern nicht als solche durchgängig aufgegliedert und beschrieben werden, z.B. nach Inland, EU-Ausland und übriges Ausland. Auch eine Aufgliederung der steuerlichen Bemessungsgrundlagen und Steuern auf die im jeweiligen Land relevanten Steuerarten fehlt in den meisten Fällen und erschwert die Gegenüberstellung von Geschäftsberichten und volkswirtschaftlichen Einkommens- und Steuerstatistiken.[4]

---
[1] Weiss (2004), S.321
[2] Ebenda.
[3] Jarass (2005), S.80
[4] Jarass (2005), S.69 f.

Die nachfolgende Grafik zeigt schematisch wie Aktionäre auf Kosten des Staates Gewinn machen.

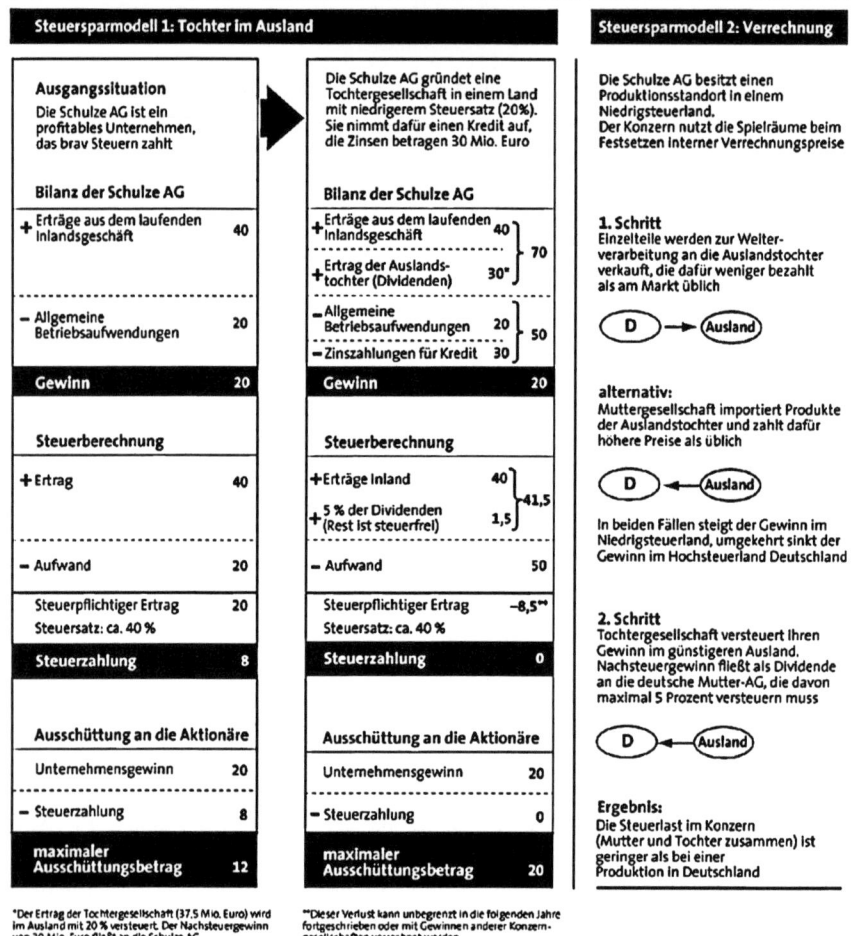

Abbildung 111: Wie Aktionäre gewinnen und der Fiskus verliert. Umverteilungsprozess aufgrund gesetzlicher Lücken.[1]

---

[1] Die Zeit (2006) (http://www.zeit.de/2006/28/Steuersparer)

18.8 Finanzierung von Konzernen am Beispiel Deutsche Bank

1) Die Deutsche Bank vergibt beispielsweise Kredite an den multinationalen Bergbaukonzern *AngloGold Ashanti*, der langjähriger Partner von Bürgerkriegsmilizen im Nordosten der Demokratischen Republik Kongo war. Während andere Finanzinstitutionen Finanzaktivitäten in Ländern ablehnen, die gegen die UN-Sanktionen wirksam sind, finanziert die DB Konzerne, denen Komplizenschaft bei Massenvertreibungen und Terror gegen die Zivilbevölkerung vorgeworfen werden.

Der ehemaliger UN-Generalsekretär Kofi Annan betonte im April 2001, dass die Ausbeutung der natürlichen Reichtümer der Demokratischen Republik Kongo durch ausländische Milizen zum System geworden sei und dass zahlreiche private Unternehmen involviert waren und den Krieg unmittelbar angeheizt haben, indem sie die Rohstoffe mit Waffen bezahlten.[1]

2) Zirka 70 Prozent der Einnahmen der sudanesischen Regierung fließen in Militärausstattung und die Bewaffnung arabischer Reitermilizen, die seit Jahren schwere Menschenrechtsverletzungen gegen die Zivilbevölkerung in Darfur begehen. Die sudanesische Regierung finanziert ihren Krieg in Darfur vor allem durch den Verkauf von Erdöl, das zum größten Teil von PetroChinas Mutterkonzern CN PC gefördert wird. Die Deutsche Bank beteiligte sich im September 2005 maßgeblich an der Ausgabe von Wertpapieren in Höhe von 2,4 Mrd. US-$ für Petro-China.[2] Die Friedensnobelpreisträgerin Aung San Suu Kyi weist darauf hin, dass der französische Öl-Konzern Total zur wichtigsten Stütze des burmesischen Militärsystems geworden ist.[3] Im Oktober 2007 hat die belgische Staatsanwaltschaft ein Verfahren gegen den französischen Ölkonzern Total wegen Verbrechens gegen die Menschlichkeit in Burma eröffnet. Auch hier werfen die Kläger Total eine Mitschuld an Folter und Zwangsarbeit beim Bau der Yadana-Pipeline vor.

3) Das Bergbau-Unternehmen *Freeport McMoRan* betreibt in Papua Neuguinea die größte Gold- und drittgrößte Kupfermine weltweit. Die Abraummengen werden nicht in kontrollierten Deponien gelagert, sondern direkt in den Flüssen entsorgt. Mehr als 238.000 Tonnen giftiger Abraum werden täglich durch die Flüsse Aghawagon und Otomona abtransportiert und im nahen Fluss entsorgt. Dieses Ökosystem bildet eine wichtige Ernährungsquelle für die Bewohner der

---

[1] Urgewald (2009), S.7
[2] Jan Willem van Gelder: Gerrman Financial Institutions and Oil and Gas in Africa and the former Soviet Union. Profundo economic research, 2007 Sudan Divestment Taskforce: http://www.sudandivestment.org/home.asp; BankTrack: Genocide in Darfur. No business with death, http://www.banktrack.org/?show=news&id=128; in Urgewald (2009)
[3] Urgewald (2009), S.8

Region. Der Abraum gelangt in die angrenzenden Flussläufe und führt zu weiträumiger Vergiftung und Erstickung des Umlands und wird über die Betriebsdauer der Mine zum Absterben der Regenwaldvegetation auf mehr als 230 km² führen. Freeport McMoRan bricht jedoch seit Jahren die geltende Umweltgesetzgebung Indonesiens. Hohe Schmiergeldzahlungen an die Regierung und einzelne Staatsvertreter sowie Angehörige der Armee sichern Freeport ihr Geschäft. Armeeangehörige stehen auf der Gehaltsliste des Konzerns und bewachen die Mine. Eine Studie der indonesischen Menschenrechtskommission kommt zu dem Schluss, dass Freeport verantwortlich für Deportationen, Misshandlungen, willkürliche Verhaftungen, Folter, Vergewaltigungen und Mord in der Projektregion ist.

Im Juli 2006 beteiligte sich die Deutsche Bank als Teil eines internationalen Bankenkonsortiums an der Finanzierung von Freeport McMoRan. Eine erneuerbare Kreditlinie in Höhe von 465 Mio. US-$ wurde dem Unternehmen für eine Laufzeit von drei Jahren erteilt.[1]

4) Bauxitabbau durch die britische Firma Vendanta Ressources im indischen Bundesstaat Orissa: Durch die Praktiken von Vedanta werden die Wasservorräte von 250.000 Menschen mit Arsen und Schwermetallen kontaminiert. In Sambia, wo Vedanta die Konkola-Kupfermine betreibt, ist der Kafue-Fluss so stark mit Kupfersulfat belastet, dass 75.000 Anrainer ihre wichtigste Trink- und Brauchwasserquelle verloren haben. Die Deutsche Bank beteiligte sich an der Finanzierung des Unternehmens.

18.9 Private Profite, öffentliche Kosten

Die Externalisierung von Kosten der Konzerne und die Wirkungsmechanismen des Zinseszinses führen zu einer massiven und einer immer stärker werdenden Schuldenlast der Staaten.

---

[1] Urgewald (2009), S.14

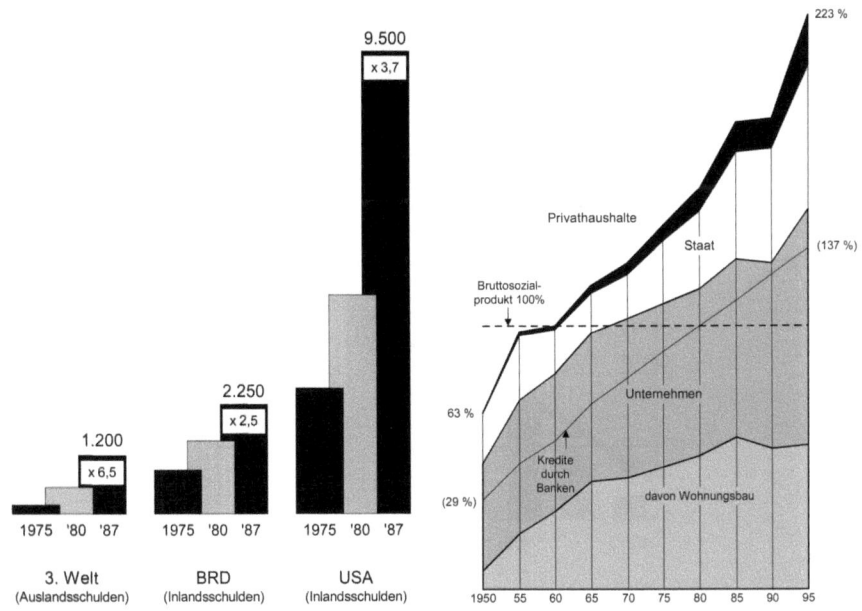

Abbildung 112: (links) Eskalation der Verschuldung in aller Welt von 1975–1987 in Mrd. Dollar [1]

Abbildung 113: (rechts) Gesamtverschuldung in Relation zum BSP Bundesrepublik Deutschland 1950–1995 [2]

---

[1] Creutz (1997), S.79
[2] Creutz (1997), S.83

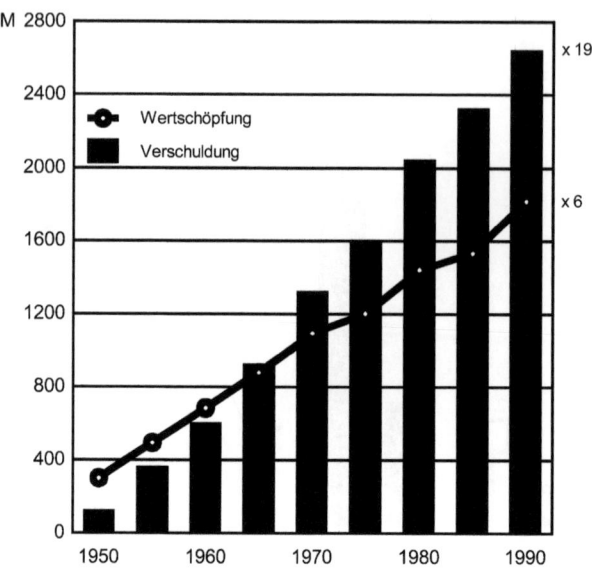

Abbildung 114: Wertschöpfung der westdeutschen Produktionsunternehmen im Vergleich zur Verschuldung, 1950-1990. [1]

18.10 Gerechtigkeit

Für von Werlhof (2007) wachsen die Rationalität der Produktion und die Produktivität der Wirtschaft auf Kosten der ArbeitnehmerInnen und der Interessen der Allgemeinheit (Recht auf soziale Sicherheit, Bildung und gesunde Umwelt) ständig.[2] Das Zinssystem bildet die Basis eines zunehmenden Auseinanderdriften in der Einkommensverteilung. Die Möglichkeiten, das Geld „arbeiten zu lassen" wachsen nach diesem Prinzip mit dem stetig anwachsenden Kapitalvolumen. Gleichzeitig sinkt der arbeitsbezogene Anteil am Volkseinkommen. Betrug das arbeitsbezogene Einkommen am Volkseinkommen 1950 noch 96% (zu 4% geldbezogen), reduzierte sich der Anteil des arbeitsbezogenen Einkommens am Volkseinkommen bis zum Jahr 1990 auf 77%. Gleichzeitig erhöhte sich das geldbezoge Einkommen am Volkseinkommen auf 23%.

---

[1] Creutz (1997), S.93
[2] Von Werlhof (2007), S.14

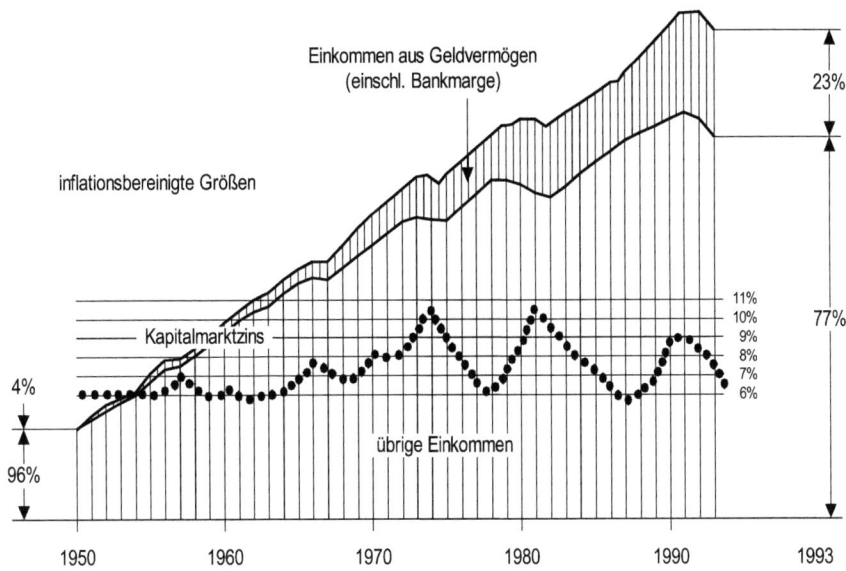

Abbildung 115: Auswirkungen der Zinsschwankungen auf das Volkseinkommen und dessen Verteilung in Westdeutschland in den Jahren zwischen 1950 und 1993 (in Mrd. DM). [1]

18.11 Wachsende Disparitäten in der Bevölkerung

Im Jahr 1950, zur Zeit der Beschlussfassung den wirtschaftlichen Entwicklungsprozess durch den Abbau von Handelsbeschränkungen zu reduzieren, war das Durchschnittseinkommen von 20% der Menschen aus den reichsten Ländern dreißig mal höher als das jenes Fünftel der Bevölkerung der ärmsten Ländern. Bis zum Jahr 1989 hat sich dieser Wert auf das 60-fache verdoppelt. [2] Bereits im Jahr 1992 präsentierte das United Nations Developement Programm Zahlen zur Ungleichheit der weltweiten Einkommmensverteilung. Dabei zeigt sich, dass 20% der Weltbevölkerung 82,7% des weltweiten Einkommens beziehen, während 80% mit den restlichen 17,3% auskommen müssen. Dabei erhält das ärmste Fünftel der Weltbevölkerung 1,4% des Einkommens. [3]

---

[1] Creutz (1997), S.144
[2] Korten (1995), S.107
[3] UNDP (1992), S.36

Jahr	Relation des reichsten Fünftels zum ärmsten
1960	30:1
1970	32:1
1980	45:1
1989	59:1
1998	74:1

Tabelle 15: Die Verstärkung der Einkommensdisparität wird besonders klar erkennbar, wenn man die Quotienten der jeweiligen Anteile berechnet und die entsprechenden Hoch-Niedrig-Relationen betrachtet: Mit einem Anstieg von 30:1 auf 74:1 hat sich das Verhältnis innerhalb von knapp 40 Jahren nahezu auf das 2,5-fache erhöht. [1]

Betrachtet man die individuellen Einkommen betrug das Einkommen der Top 20% im Jahr 1992 das 150-fache jener der untersten 20%.[2] Zwischen 1977 bis 1989 wuchs das durchschnittliche Realeinkommen des reichsten Prozents der US-Familien um 78%, wobei gleichzeitig das der unteren 20% sich um 10,4% reduzierte. So gesehen wurden die Armen nicht nur relativ gesehen, sondern auch in absoluten Zahlen ärmer. Hinzu kommt noch, dass Arbeiter und Angestellte 1989 länger arbeiten mussten als 1977 und bereits in den meisten Haushalten beide Elternteile vollzeitberufstätig waren.[3] Gleichzeitig stiegen die Managergehälter in den Konzernen rasch an. Während im Jahr 1960 ein Manager eines großen Unternehmens das rund 40-fache eines durchschnittlichen Arbeiters verdiente, bekam er im Jahr 1992 bereits das 157-fache.[4]

Für Korten (1995) ist die ökonomische Globalisierung großteils die moderne Form eines Imperialismus mit denselben Konsequenzen. Er beschreibt Imperialismus als Mechanismus, der Einkommen von der Mittelschicht zu einer Oberschicht transferiert.[5] Und tatsächlich weisen die Daten der Einkommensverteilung eine weltweit zunehmende Ungleichheit auf.

---

[1] Henrich (2004), S.6
[2] Korten (1995), S.107
[3] Korten (1995), S.109
[4] Korten (1995), S.108
[5] Korten (1995), S.28

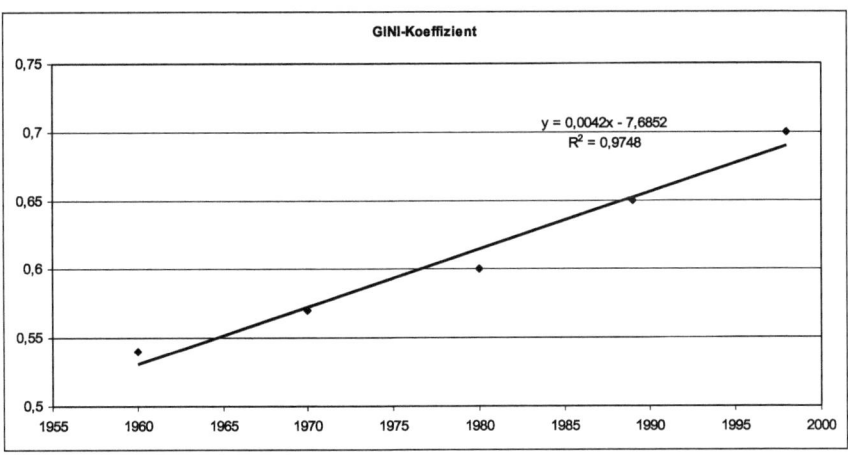

Abbildung 116: Wachsender Gini-Koeffizient als Indikator für zunehmende globale Einkommensdisparitäten. [1]

Der Gini-Koeffizient (oder Gini-Index) ist ein statistisches Maß zur Darstellung von Ungleichverteilungen, beispielsweise als Kennzahl für die Ungleichverteilung von Einkommen oder Vermögen. Der Wert kann beliebige Größen zwischen 0 und 1 (bzw. 0 und 100%) annehmen. Je näher der Gini-Koeffizient an der Zahl 1 ist, desto größer ist die Ungleichheit.

Henrich (2004) zitiert Narr et al. (1994)[2], die darauf hinweisen, dass die Globalisierung der Ökonomie eine zunehmende Polarisierung der Nationen hervorbringt und die Verdichtung der transnationalen Beziehungen nicht nur zufällig, sondern zwangsläufig und unvermeidlich Ungleichheit entstehen lässt.[3] Die transnationale Weltökonomie treibt die Gesellschaften in eine zunehmende Polarisierung und weist Ungleichheiten auf, die sie ständig reproduzieren. Narr (1994) bezeichnet diese Ungleichheitsproduktion als den sozialen Kern des Transnationalisierungsprozesses. Die globalen Fragmentierungen seien kein zufälliges Ereignis der Weltökonomie, die durch die „richtige Wirtschaftspolitik" zu überwinden wären. Der transnationalen Einheit globaler Produktions-, Dienstleistungs-, Handels- und Finanzierungsprozesse stehen millionenfach aufgesplitterte Schicksale der davon Ausgegrenzten gegenüber. Es gehöre zum Wesen der Welt-

---

[1] Basierend auf Kluge (2003) und UNDP (1992), S.34
[2] NARR, Wolf-Dieter & Alexander SCHUBERT (1994). Weltökonomie: Die Misere der Politik. Frankfurt am Main, Suhrkamp.
[3] Vgl. Henrich (2004), S.6

ökonomie, so Narr (1994), dass in ihr Menschen, Unternehmen und Staaten unter qualitativ unterschiedlichen Ausgangsbedingungen miteinander konkurrieren.[1]

Gleichzeitig mit dem Zunehmen der Einkommensunterschiede wachsen auch die Extreme an beiden Enden der Skala an. Vor allem die Zahl der Reichen und das Volumen ihres Vermögens steigen an, während immer mehr Menschen der so genannten Mittelschicht vom Abdriften in die Armut betroffen sind.[2] Weltweit nahm die Zahl der Milliardäre in den letzten vier Jahren um siebzig Prozent zu. Um das Jahresgehalt eines Spitzenmanagers zu erreichen, müssten Menschen im Mindestlohnbereich desselben Landes, in dem dieser Manager arbeitet, 1200 Jahre arbeiten; in Entwicklungs- und Schwellenländern müssten sie zwanzigtausend Jahre für diesen Betrag arbeiten – das entspricht etwa jenen Zeitraum, den der homo sapiens seine derzeitige genetische Ausstattung hat.[3]

Diese deutlich sichtbare Veränderung von einer sozialen Ökonomie der Haushalte und kommunalen Produktion zu einer vorrangigen monetarisierten Ökonomie passierte nach Korten (1995) in Amerika Mitte des 19. Jahrhundert, in einer Periode in der die Konzerne langsam begannen zu dominieren.[4] Es kommt demnach zu einem Umschichtungsprozess von Wohlstand und ökonomischer Kraft von jenen, die durch ihre Arbeit und eingegliedert in einen Arbeitsprozess bei der Produktion von realen Werten (im ökonomisch materialistischen Sinne) beteiligt sind, zu jenen, die aufgrund ihrer monetären Reserven, ihr Geld für sich arbeiten lassen können.

In diesem Wirtschaftssystem beruht Wirtschaftswachstum auf:
- Raubbau an natürlichen Ressourcen führt zum finanziellen Vorteil für die wirtschaftlich Starken auf Kosten jener, deren Existenzgrundlagen zerstört werden.
- Verschiebung der Aktivitäten von sozialer Ökonomie (nicht monetär) zu geldbasierender führt zur Geldabhängigkeit der Arbeiterklasse. Ein wesentlicher Teil des Wachstums der so genannten „service economy" resultiert aus einer Kolonisierung der sozialen Ökonomien wie Haushalt und Gemeinschaften. Mehr als die Hälfte der Arbeitsstunden der erwachsenen Bevölkerung, vor allem von Frauen, wurden für Familie und Nachbarschaftsfunktionen betreffend Gesundheit und Fürsorglichkeit aufgewendet. Diese unterlagen keiner Abgleichung durch Geld und wurden nicht durch Gehalt oder Bezahlung angetrieben, sondern durch Gefühle.

---

[1] Vgl. Henrich (2004), S.5
[2] http://www.finanzen.net/eurams/spezial/Die_Erosion_der_Mittelschicht_157126
[3] Von Werlhof (2007), S.14
[4] Korten (1995), S.151

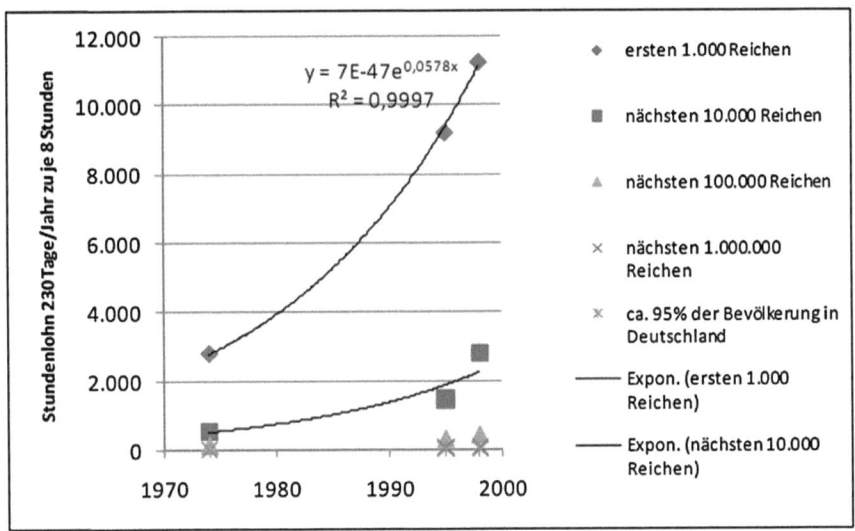

Abbildung 117: Entwicklung der Stundenlöhne für verschiedene Einkommensklassen in Deutschland. [1]

- Verschiebung der Kontrolle von landwirtschaftlich genutzten Flächen von jenen, die diese als ihre Existenzgrundlagen benötigen zu Grundstücksbesitzern, die diese Flächen für monetären Profit und ökonomischen Output bemessen (Verschiebung zum Kapitalbesitz). In Brasilien führte die Verschiebung von kleinteiliger bäuerlich geführter landwirtschaftlicher Produktion hin zu kapitalintensiver auf den Export ausgerichteter Produktion zu einer Verdrängung von 28,4 Mio. Menschen zwischen den Jahren 1960 und 1980. In Indien wurden durch große „Entwicklungsprojekte" 20 Mio. Menschen innerhalb von vier Jahrzehnten von ihrem Land vertrieben. Mehrere Weltbankprojekte zwangen und zwingen weitere Mio. Menschen zur Aufgabe ihres landwirtschaftlichen Besitzes.

Von Werlhof (2007) stellt fest, dass die meisten neuen Arbeitsverhältnisse, wo es sie überhaupt gibt, als „prekär" einzustufen sind, also nur auf Teilzeit vorhanden bzw. niedrig entlohnt sind. Dies bedeutet, dass man von ihnen alleine nicht mehr leben kann. Somit werden die Arbeitsbedingungen im Norden denen im Süden tendenziell angeglichen, anstatt umgekehrt. Die Konzerne drohen damit, andern-

---

[1] Basierend auf: http://r8g.lulando.de/2007/02/16/die-einkommensentwicklung-steht-kopf/

falls noch mehr in den Süden oder Osten abzuwandern. Diese Auslagerung hat nicht nur die Industrien erfasst, sondern auch Dienstleistungen.[1]

18.12 Prozesse der Ausbeutung

Die Strukturen des Neoliberalismus und seine Institutionen führen zu einem neuen Kolonialismus. Für von Werlhof weist diese neue Kolonisierung der Welt zurück auf die Anfänge des modernen Weltsystems im 16. Jahrhundert, als die Eroberung Amerikas, seine Ausplünderung und seine koloniale Umgestaltung den Aufstieg und die „Entwicklung" Europas erst ermöglichten.[2] Entscheidend ist dabei, dass ein Nationalstaat als Kolonie der Konzerne auch selbst kolonisierend unterwegs ist.[3]

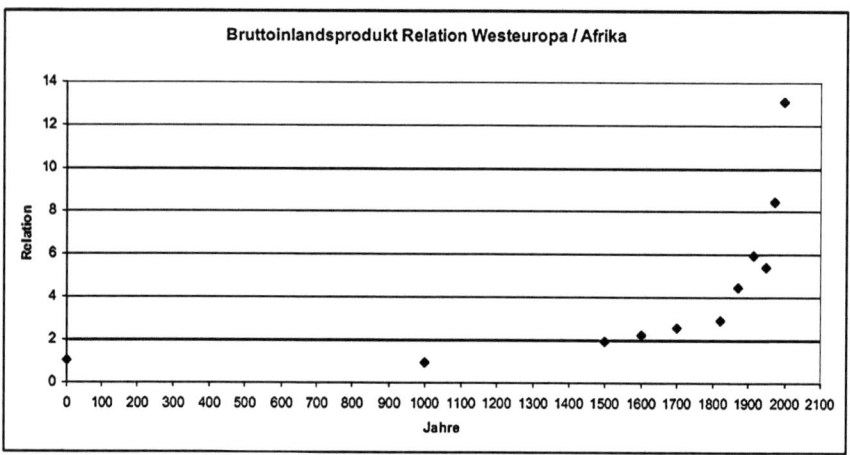

Abbildung 118: Betrachtet man die Entwicklung des Bruttoinlandsproduktes von Westeuropa und Afrika erkennt man eine Stagnation in den afrikanischen Ländern, während dieses in Westeuropa weiterhin rapide wächst. Stellt man die Relation zwischen den beiden Kontinenten gegenüber, ist keine Annäherung unter Berücksichtigung dieses Indikators erkennbar.[4]

Von Werlhof (2007) beschreibt, wie das neoliberale Regime (als monetärer Totalitarismus) die begrenzten Ressourcen dieser Welt ungeachtet der weltweiten

---

1 Von Werlhof (2007), S.27
2 Von Werlhof (2007), S.30
3 Von Werlhof (2007), S.32
4 Eigene Darstellung basierend auf MADDISON (2001), S. 264.

Konsequenzen ausbeutet, denn alle weltweit noch vorhandenen Naturressourcen, wie Bodenschätze, Wälder, Wasser, aber auch Gen-Pools von Pflanzen, Tieren und Menschen, geraten ins Visier der „Verwertung". Damit verbunden macht sich eine rapide ökologische Zerstörung durch Raubbau breit.[1]

Unter den derzeitigen Rahmenbedingungen stellt somit die wirtschaftliche Globalisierung eine grundsätzliche Gefahr für Ökosysteme auf lokaler, regionaler und globaler Stufe dar. Auch Balanyà (2001) weist darauf hin, dass die Großkonzerne, um die nicht nachhaltigen Produktions- und Konsumationsmuster aufrecht zu erhalten, fortfahren, die nicht erneuerbaren natürlichen Ressourcen auszubeuten.[2]

Ausbeutung durch so genannte Strukturprogramme des IWF[3]

In ganz Afrika zerstören IWF- und Weltbankprogramme beispielsweise die nomadische und kommerzielle Viehhaltung sowie die eigenständige Grundnahrungsmittelversorge. Durch die Privatisierung von Grund und Boden kommt dieser in den Besitz von Großgrundbesitzern. Diese benützen das fruchtbare Land für den Anbau von Gütern wie Blumen und Tabak für die Exportwirtschaft nach den Vorstellungen von IWF und Weltbank. Dies führt dazu, dass es zu einem Engpass an Grundnahrungsmittel kommt. Das Land wird gezwungen ausländische Lebensmittel einzukaufen bzw. erhält Nahrungsmittelhilfen, welche die Preise für die heimischen Produkte drücken und die Misere verschlimmern. So werden die EU und US-Landwirtschaft ihre Überproduktion los und verkaufen z. B. ihren Mais und ihr Getreide unter dem Produktionspreis. Der zollfreie Import von subventioniertem Rindfleisch und Milchprodukten aus der EU führte zur Vernichtung der afrikanischen Weidewirtschaft. Europäische Rindfleischimporte nach Westafrika nahmen seit dem Jahr 1984 um das 7-fache zu. EU-Rindfleisch wird zum halben Preis des lokal produzierten Fleisches verkauft.

Ein fataler Aspekt des Weltbankprogramms ist die Kommerzialisierung des Wassers. Es wird zur Ware, die an verarmte Bauern verkauft wird. Aufgrund fehlender Mittel waren die Staaten gezwungen sich aus der Bewirtschaftung und Bewahrung der Wasserressourcen zurückzuziehen. Dies führte zur Privatisierung und führte somit zum Zusammenbruch der gesicherten Nahrungsmittelversorgung. Der landwirtschaftliche Sektor in den Entwicklungsländern hat einen weit höheren Anteil am BIP als im Westen. Doch durch die neoliberalen Reformen wird die Wirtschaft des Landes nach den Interessen der Gläubiger umstrukturiert.

---

[1] Vgl. Von Werlhof (2007), S.32
[2] Vgl. Balanyà (2001), S.17
[3] Vgl. http://www.globalbrutal.net/ausbeutung/afrika.php

Statt Mais und Getreide werden Blumen, Tabak, Kaffee usw. für die Exportwirtschaft angebaut. So gesehen profitieren die Gläubiger und die multinationalen Konzerne von den Hungerkatastrophen und der Rückständigkeit der Entwicklungsländer.

Simbabwe beispielsweise, das einst als Brotkorb Südafrikas galt, wurde im Jahr 1992 von der Hungersnot und Dürre im südlichen Afrika getroffen. Die Ernteerträge von Mais sanken um 90%. Doch der für den Export angebaute Tabak erlebte – unterstützt durch moderne Bewässerung, Kredite und Forschung – auf der Höhe der Dürre eine prächtige Ernte. Während der Hunger die Bevölkerung zwang Termiten zu essen, floss ein Großteil der Exporteinnahmen von Simbabwe in den Schuldendienst der Auslandsschulden.

Unter den Strukturanpassungen geben die Bauern zunehmend den traditionellen Nahrungsfeldbau auf. So auch in Malawi, das einst Nettoexporteur von Nahrungsmitteln war, reduzierte sich die Maisproduktion um 40%, während sich der Tabakanbau zwischen 1986 und 1993 verdoppelte. 150.000 Hektar Land wurden für die Tabakkultivierung umgewidmet.[1]

---

[1] Vgl. http://www.globalbrutal.net/ausbeutung/afrika.php

19 Konzerninvasion und Ausbreitung

Der Prozess der Invasion von Krebszellen in nachbarschaftliches Gewebe (als ersten Schritt der Verbreitung im menschlichen Organismus) findet seine Analogie in der Ausbreitung der Konzernfilialen: Zwei Wochen nachdem das North American Free Trade Agreement (NAFTA) in Kraft getreten war, verkündete der Konzern „Wal-Mart" seine Ausweitung nach Kanada. Im ersten Schritt kaufte Wal-Mart 120 Filialen einer kanadischen Kaufhauskette, welche wenige Chancen im Preiskampf gegen den US-Konzern hatte. Das US-amerikanische Wochenblatt „business week" bezeichnete dies im Jahr 1994 als „a full-scale invasion of the Canadian market". Ein kanadischer Einzelhandelskonsulent beschrieb die absehbare Entwicklung damit, dass bis Ende der 1990er-Jahre die Hälfte der kanadischen Einzelhändler ihr Geschäft verloren haben werden.[1] Die höchste Konzern-Konzentration wurde bei Gebrauchsgütern festgestellt, wo fünf Konzerne 70% des gesamten Weltmarktes kontrollieren. Im Automobil-, Elektronikindustrie, Flugzeug- und Stahlindustriesektor kontrollieren die Top 5 Konzerne mehr als 50% des Weltmarktes.[2] Die Globalisierung hat also nicht die Vielfalt durch Wettbewerb erhöht, sondern die Tendenzen in Richtung weltweiter Monopolisierung erhöht.

Zwischen 1935 und 1989 reduzierte sich die Anzahl kleiner Bauernhöfe in den USA von 6,8 Mio. auf unter 2,1 Mio., während sich im selben Zeitraum die US-Bevölkerung verdoppelte.

Daneben kontrollieren einige wenige Konzerne zwischen 50 und 85% der verschiedenen Getreide- oder Fleischmärkte.[3]

Somit wird klar, dass die gigantischen Weltkonzerne ein System des gelenkten Wettbewerbs darstellen, welches den Wettbewerb unter ihnen selbst reduziert, aber jenen unter den kleineren Unternehmen und der Zulieferindustrie weiter erhöht. Damit werden die peripheren Strukturen des Produktionsprozesses in Form der Zulieferindustrie gezwungen die Kosten für die Wertschöpfung (Lohnkosten etc.) zu übernehmen während das Kerngeschäft sich auf Profitwachstum konzentriert, um am Wettbewerb des globalen Finanzsystem teilnehmen zu können.

---

[1] Korten (1995), S.236
[2] Korten (1995), S.233
[3] Korten (1995), S.224

Folgerichtig werden durch den institutionellen Umbau, angetrieben durch die ökonomische Globalisierung, entscheidungsrelevante Freiheitsgrade von Menschen und Gemeinden reduziert und in globalen Institutionen in Form der Konzerne konzentriert, welche jedoch nicht im Sinne menschlicher bzw. gesellschaftlicher Interessen handeln, sondern durch Teilnahme am globalen Finanzsystem ausschließlich der Profitmaximierung verpflichtet sind. Behilflich dabei sind ihnen Verkehrsinfrastrukturen, die es ermöglichen, Arbeitnehmer rasch zu den Produktions- und Firmenstandorten der Konzerne zu bringen und gleichzeitig die Warendistribution über weite Strecken zu erleichtern.

Solche steigenden Unternehmenskonzentrationen fordern traditionelle Handelstheorien heraus, die darauf basieren, dass eine Menge gesunder kleiner und mittelgroßer Unternehmen miteinander konkurrieren und damit Qualität, Preis und Entwicklung bestimmen. Damit werden auch alle Voraussetzungen, die zu einer Demokratie, zu einer ökonomischen Gerechtigkeit und zum Schutz der Umwelt führen, verhindert.[1]

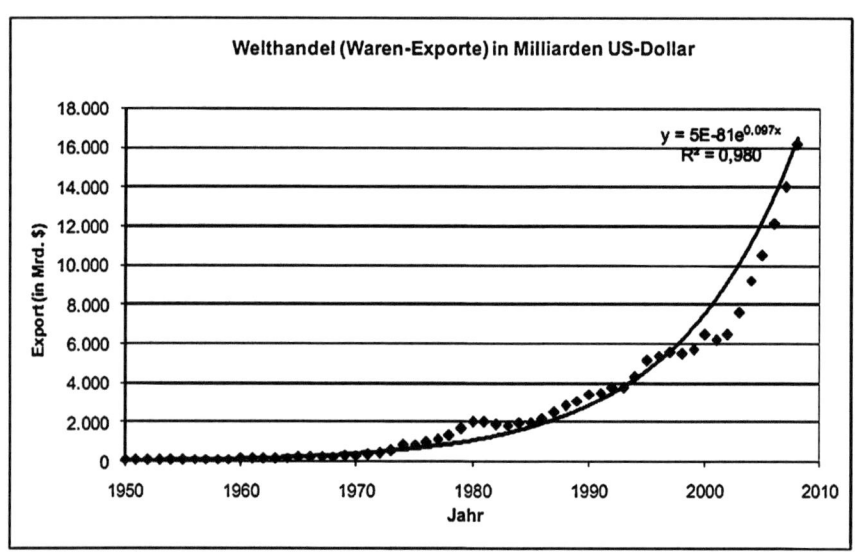

Abbildung 119: Entwicklung des weltweiten Warenhandels als Folge des Abbaus von Handelsbarrieren, technologischen Entwicklungen, Automatisierung und Beschleunigung der Transportsysteme bei gleichzeitiger Kostenreduktion für die Konzerne.[2]

---

[1] Vgl. Ibesich (2005), S.43
[2] WTO (2008)

Mit dem Abbau von Handelsbarrieren und der Beschleunigung der Transportsysteme, die ihren Höhepunkt in den Echtzeitverbindungen mit Lichtgeschwindigkeit der Datenautobahnen finden, wurden Konzentrationsprozesse in der Wirtschaft zuerst in Gang gesetzt und danach weiter beschleunigt. Die „Economy of Scale" führt zu neuen Abhängigkeitsverhältnissen und die Konzentration wirtschaftlicher Einheiten führte zu Machtkonzentrationen.

Der Prozess, Menschen auf diese Art und Weise abhängig zu machen, begann bereits mit der Privatisierung von Allmenden in England, um den Nutzen der Produktion in wenigen Händen zu konzentrieren. Die koloniale Ära erweiterte diesen Prozess auf nicht industrialisierte Länder. Nach dem 2. Weltkrieg wurde dieser Prozess mittels der Institutionen von Bretton Woods durch die schrittweise Monetarisierung aller Lebensbereiche fortgesetzt und gleichzeitig lokale Systeme der Landwirtschaft, des Gesundheits- und Bildungswesens und der Verwaltung zerstört bzw. einzelne Funktionen der lokalen Hoheit entzogen und zentralisiert. Jene Bereiche die nicht dem Monetarisierungsprozess unterworfen wurden (bzw. sich nicht unterwerfen ließen) wurden als „unproduktive" Teile der Gesellschaft beim neuen Indikator BIP nicht berücksichtigt.

In vielen kolonisierten Ländern wurde das Aufzwingen von Steuern, die nur in Bargeld bezahlt werden konnten, benutzt, um die Menschen in die Geldökonomie zu zwingen. Vor allem Grundnahrungsmittel wurden dafür herangezogen. In Vietnam zwangen die Franzosen Steuern auf Salz, Alkohol und Opium, im Sudan erhoben die Engländer Steuern unter anderem auf Tiere und Häuser. Noch brutaler gingen die Franzosen bei der Steuereintreibung in ihren westafrikanischen Kolonien vor.[1]

Der Kapitalstock weltweiter ausländischer Direktinvestitionen (Foreign Direct Investment, FDI) ist seit dem Beginn der 1980er-Jahren rapide angestiegen. Auch die Menge an Beschäftigten Personen, die in ausländischen Konzernfilialen ihren Arbeitsplatz haben, steigt.

Jeder fünfte Arbeitnehmer in Österreich arbeitet für einen ausländischen Konzern. Im Jahr 2007 wurden 8.762 heimische Betriebe, das sind rund 3%, mit 497.100 Beschäftigten (rund 19% aller heimischen Arbeitnehmer) und knapp 200 Mrd. Euro Umsatz von ausländischen Konzernen kontrolliert. Österreichische Konzerne kontrollieren im Ausland wiederum 4.287 Unternehmen mit 795.400 Beschäftigten und rund 180 Mrd. Euro Umsatz.[2]

---

[1] Korten (1995), S.247
[2] Die Presse, 28.9.2009, mit Bezug auf Statistik Austria

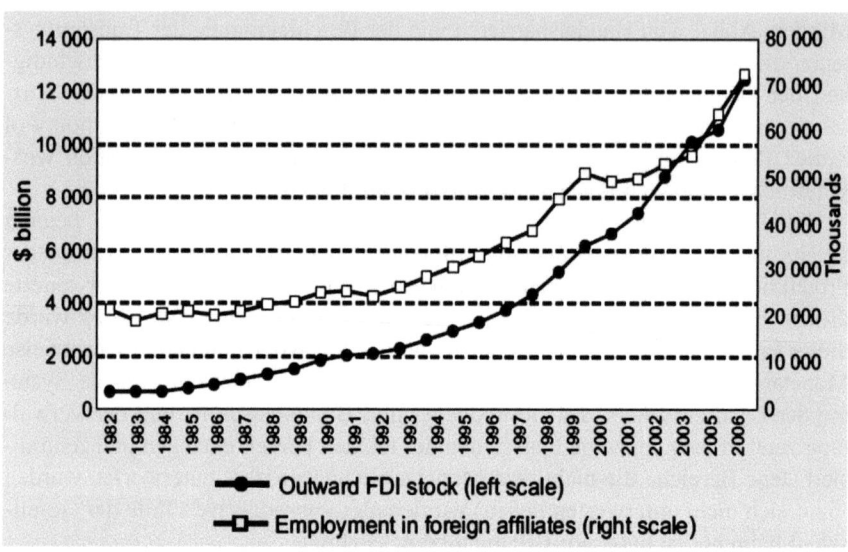

Abbildung 120: Kapitalstock weltweiter ausländischer Direktinvestitionen und Beschäftigung in ausländischen Konzernen. [1]

Die „Invasion" der EU in den ehemaligen osteuropäischen Staaten

Von entscheidender Wichtigkeit für das weitere finanzielle Wachstum der europäischen, aber auch der anderen internationalen Konzernstrukturen, war die Erweiterung der Europäischen Union im Osten. Somit konnten Strukturen der Konzerne weiter metastasieren und fanden ein Absatzgebiet für ihre Produkte und Dienstleistungen. Durch die politischen Veränderungen in vielen Staaten des ehemaligen Ostblocks und der wachsenden finanziellen Macht des neoliberalen Regimes in Form von Konzernen, deren Interessensvertretungen und politischen Handlangern, wie der EU, kam es zu radikalen Umbauten im Wirtschafts- und Sozialsystem dieser Staaten. So werden die Menschen, die einstmals – vor allem die ländliche Bevölkerung – Selbstversorger waren, abhängig gemacht, ihr Land wird enteignet und an Konzerne verkauft, viele von ihnen erhoffen sich in der Stadt finanziellen Wohlstand und begeben sich somit in direkte Abhängigkeit der Konzerne. Unter dem Deckmantel eines finanziellen „Wohlstandes" kommt es zu entscheidenden gesellschaftlichen Umbauprozessen.

Balanyá (2001) meint dazu, dass sowohl ERT wie UNICE (Union of Industrial and Employer's Confederation of Europe = Union der Industrie- und Arbeitge-

---

[1] UNCTAD (2007), World Investment Report, S.9

berverbände Europas) kräftig für die rasche Osterweiterung der EU lobbyierten. Konzerne mit Standorten in Westeuropa betrachteten die Länder Mittel- und Osteuropas als einen enormen Markt, der nur auf eine Eroberung wartete und als Reservoir für hoch qualifizierte und billige Arbeitskräfte diene. Er zitiert den früheren ERT-Generalsekretär Keith Richardson, der meinte, dass die Erweiterungsländer materielle Ressourcen, darunter Land und Energie, sowie neue Absatzmärkte brächten.[1]

Beide Lobbygruppen bestanden allerdings darauf, dass sich die osteuropäischen Länder vor einem Beitritt strengen strukturellen Anpassungen zu unterziehen haben. Diese stellten quasi die Randbedingungen für die „Metastasierung" dar. Sowie die meisten Krebsarten nicht notwendigerweise den gesamten Organismus beim Menschen befallen, wenn sie metastasieren, so versuchen die Konzerne über ihre Lobbygruppen das zu befallene Gewebe entsprechend zu schwächen und die Randbedingungen so zu modifizieren, dass es ihre Invasion erleichtert.

Die nationale Wirtschaftspolitik musste mit jener der Union harmonisiert werden, und die Märkte mussten sich vollkommen für westliche Waren, Dienstleistungen und Investitionen öffnen. Dies bedeutete das Ende für die lokal verankerte Wirtschaft.[2]

Neben der indirekten Ausbeutung der Massen über das Kapitalsystem verfolgt das Krebsgeschwür Konzern eine offensichtliche Ausbeutung menschlicher und natürlicher Ressourcen, unabhängig von den Konsequenzen, lediglich um dem eigenen ungehemmten Wachstum (angetrieben vom Kapitalmarkt) Folge leisten zu können.

Wenn zum Beispiel Coca-Cola im südindischen Kerala das gesamte Grundwasser abgesaugt hat und bei Plänen zur Wasserprivatisierung in Nicaragua durch Strafen verboten wird, einem durstenden Nachbar, der sich keinen Wasseranschluss leisten kann, mit lebensnotwendigen Wasser zu helfen, dann handelt es sich dabei um fundamentale Anschläge auf die Lebenschancen des Einzelnen.[3]
Der Prozess, menschliches Leben dem Kapital zu unterwerfen und Ressourcen, die als Lebensgrundlagen dienen zu monetarisieren, gipfelt in dem barbarischen Akt der Gentechnik. Dabei geht es nicht um Verbesserungen, sondern um die Errichtung von globalen Monopolen.[4] Wenn zigtausende indische Bauern ihre Existenz verlieren und in Folge dessen Selbstmord begehen, weil der Monsanto Konzern durch genmanipuliertes Saatgut, welches absichtlich nur einmal fruchtbar ist, diese von ihm abhängig machen will, kann von indirektem Mord gespro-

---

[1] Balanyá (2001), S.117
[2] Vgl. Balanyá (2001), S.118
[3] Von Werlhof (2007), S.49
[4] Von Werlhof (2007), S.53

chen werden. „WTO kills farmers!" ist inzwischen der Slogan der genauso betroffenen südkoreanischen Bauern.[1]

19.1 Auswirkungen auf demokratische Prozesse

Für von Werlhof (2007) setzen sich anstatt einer mit der angeblichen „Freiheit des Marktes" gegebenen demokratischen „vollständigen Konkurrenz" vieler kleiner Anbieter nun die großen Unternehmen durch, und es entstehen neue Oligopole und Monopole von bisher unbekannter Größe am Markt. Der Markt ist damit nur noch frei für die transnationalen Konzerne, und für alle anderen „unfrei", da sie entweder zu abhängigen Zwangsproduzenten, -arbeitenden und -konsumenten werden oder ganz aus dem Markt herausfallen, indem sie dort weder mehr anbieten noch nachfragen können.[2]

Von Werlhof betont weiters, dass nun die Konzerne nach und nach sämtliche Spielregeln bestimmen (und nicht „der Markt" als anonymer Mechanismus) und außer politischer Kontrolle geraten. Das Spekulantentum mit durchschnittlich über 20% Profitrate setzt sich gegen seriöse Produzenten durch, die im Vergleich „unrentabel" werden. Das „Finanzkapital" bestimmt immer mehr, was „die Märkte" sind und tun, es wurde durch die Abkopplung des Dollar vom Goldstandard vom Produktivkapital weitgehend „emanzipiert" und bildet eine „Finanz-Blase", die das durch Produktion gedeckte Geldvolumen um ein Vielfaches übersteigt.[3]

Die Metastasierung des Krebsgeschwürs tritt nicht nur räumlich zu Tage, sondern auch, wie bereits erwähnt, über eine neue Machtverteilung durch Verschiebung von Besitzverhältnissen. Durch weiter fortschreitende Kapitalakkumulation versuchen die Konzerne vor allem öffentliche Bereiche zu privatisieren, also in ihren Besitz zu bringen, um den Akkumulationstrieb weiter aufrechtzuerhalten. Da der Produktionsmittelbesitz in immer wenigeren Händen konzentriert ist und das Finanzkapital selbst prekär ist, werden immer aggressiver alle Sachwerte okkupiert.[4] Der öffentliche Sektor wird als historisch absichtlich installierter Bereich einer nicht profit-orientierten Wirtschaft und Verwaltung in seine „lohnenden" Bestandteile aufgeteilt und umgestaltet." Die „Gustostücke" werden dabei nach von Werlhof (2007) von Konzernen übernommen, also privatisiert. Der

---

[1] Von Werlhof (2007), S.53
[2] Von Werlhof (2007), S.25
[3] Von Werlhof (2007), S.26
[4] Von Werlhof (2007), S.29

Rest, der nicht gewinnbringende Bereich, bleibt als abgemagerte Struktur bestehen.[1]

Damit entstehen auch neue Formen des Privateigentums durch den „Ausverkauf" öffentlichen Eigentums und durch Transformation ehemals öffentlicher, aber auch privater Dienstleistungen bzw. Produktionen, in solche, die dann durch Konzerne angeboten werden können, so von Werlhof, gerade auch in Bereichen, die vom Profitmotiv bisher zum Teil bewusst ausgenommen waren, wie zum Beispiel Bildung, Gesundheit, Wasserver- oder -entsorgung.[2] D. h., dass auch dieses neue Privateigentum im Wesentlichen durch mehr oder weniger räuberische Formen der Aneignung zustande kommt, sowie auch der Tumor auf seinem Feldzug durch den menschlichen Organismus diesen seiner Energie beraubt und lebenswichtige Organe und Gewebe schädigt. Das „soziale" Verhalten der Zellen, welches notwendig für die Differenzierung des Gewebes und Ausbilden von Organen ist, mutiert zur egoistischen Krebszelle und ihrem permanenten Wachstumsdrang. Sicherungsmechanismen, die zum Absterben entarteter Zellen führen sollten, werden ausgeschaltet.

Von Werlhof (2007) spricht von Wachstum durch Enteignung mit der Konsequenz, dass immer weniger Menschen Zugang zu Produktionsmitteln haben, und somit die Abhängigkeit von entlohnter Arbeit zunimmt. Gleichzeitig sei aber auch der Staat immer weniger in der Lage seine Daseinsvorsorgefunktionen auszuüben. Somit kommt es zu einer Unterversorgung, die soziale Errungenschaften der vergangenen Jahrzehnte (Sozialsystem), aber auch der letzten Jahrtausende (Gemeinschaft, Familie etc.) zerstört. Der Staat, die Politik und die vom Volk gewählten Vertreter haben ihre Entscheidungshierarchien dem Diktat der Konzerne, denen sie selbst die Macht zugesprochen haben und auch weiterhin verteidigen, untergeordnet.

In dieser Form einer globalisierten Wirtschaft werden die nationalstaatlichen Regierungen gezwungen, Investitionen anzulocken. Sie passen Gesetze und Vorschriften an und setzen wirtschaftliche Ressourcen frei, im Interesse der Großkonzerne und auf Kosten von Menschen und Umwelt. Die Lobbygruppen der Konzerne liefern den Politikern auch noch die Argumente, um diese Politik möglichst gut verkaufen zu können.[3]

Von Werlhof (2007) betont darüber hinaus, dass die Konzerne die Politik diktieren und demokratische Regeln nicht mehr gelten, wenn es um Konzerninteressen geht. Eine öffentliche Kontrolle findet nicht mehr statt.[4] Menschen- und Souveränitätsrechte sind somit von Menschen, Völkern und Regierungen auf

---
1 Von Werlhof (2007), S.27
2 Von Werlhof (2007), S.29
3 Balanyá (2001), S.18
4 Von Werlhof (2007), S.37

Konzerne übergegangen.¹ Diese „neue Welt-Ordnung", die Logik des Neoliberalismus als einer Art totalem Neo-Merkantilismus, bedeutet demnach nichts anderes als alle Ressourcen, alle Märkte, alles Geld, alle Profite, alle Produktionsmittel, alle Investitionsmöglichkeiten, alle Rechte und alle Macht auf der Welt den Konzernen zu überlassen, die aber keine Verantwortung tragen.²

Auch für Balanyá (2001) hat mit der Kontrolle der europäischen und globalen Märkte durch eine immer kleiner werdende Anzahl von Mega-Konzernen die Konzentration von wirtschaftlicher und politischer Macht eine Stufe erreicht, auf der sie die Demokratie ernsthaft gefährdet. Die Märkte der neuen EU-Wirtschaft werden jeweils von den fünf größten Konzernen der Branche gesteuert und die EU-Kommission hat seit den 1990er-Jahren aktiv eine Politik gefördert, die Unternehmensfusionen begünstigt und kleinere, lokale Firmen erdrückt.³

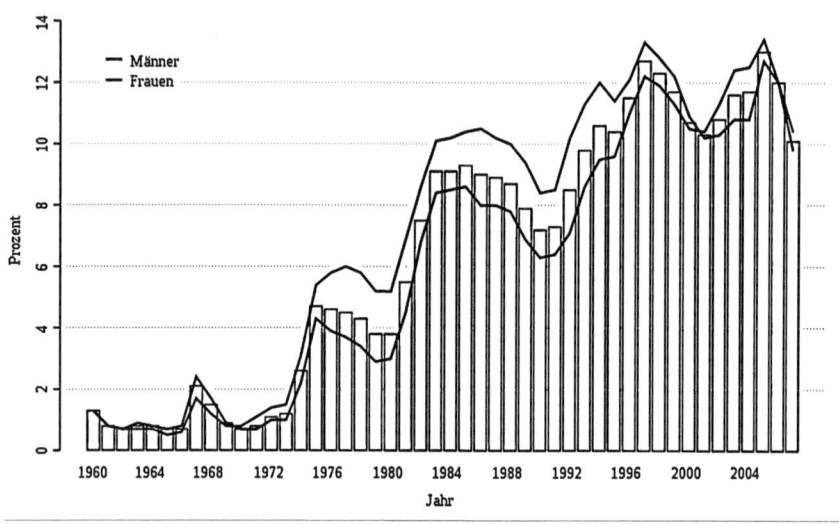

*Abbildung 121: Entwicklung der Arbeitslosenquote in Deutschland von 1960 bis 2007. (Werte bis 1990 nur West-, ab 1991 Gesamtdeutschland)*⁴

Von Werlhof (2007) spricht folgerichtig von einer neokolonialen Vernichtung mit Hilfe der Konzerne, da die wirklichen Sachverhalte umgekehrt werden. Wer den

---
1 Von Werlhof (2007), S.38
2 Von Werlhof (2007), S.39
3 Balanyá (2001), S.31
4 Statistik der deutschen Bundesagentur für Arbeit, http://www.arbeitsagentur.de/

Konzern behindert, „enteignet" ihn angeblich. Stattdessen enteignen in Wirklichkeit die Konzerne die Menschen. Aller „Protektionismus" wird auf das Schärfste verurteilt, wenn er nicht den Konzernen zugute kommt. Dasselbe gilt für Zölle und Subventionen. „Öffnen" sollen sich immer nur die anderen. Der „Liberalismus" gilt nur da, wo er den Konzernen nützt. Nur Konzerne haben hier so etwas wie Menschenrechte. Menschen, die ihre Rechte gegen Konzerne in Anspruch nehmen wollen, haben noch nicht einmal die Möglichkeit, dies überhaupt als Problem anerkannt zu bekommen, während umgekehrt Konzerne jeden verklagen können, der nicht in ihrem Interesse handelt.[1] Neoliberalismus stellt somit einen Betrug an 99% der Menschen dar.[2]

---

[1] Von Werlhof (2007), S.57
[2] Vgl. Von Werlhof (2007), S.58

20 Information

Vergleicht man ein histologisches Bild von einem normalen Körpergewebe mit dem eines malignen Tumors beruht der Unterschied im Wesentlichen auf einem Verlust von Information.[1] Der Zelle des bösartigen Tumors ist die genetische Information abhanden gekommen, die sie braucht, um ihre Rolle als nützliches Glied in der Interessensgemeinschaft des Körpers zu spielen. Evolutionstheoretisch fällt die Tumorzelle, wie bereits beschrieben, auf ein quasi früheres Entwicklungsstadium zurück. Sie verhält sich wie ein einzelliges Tier bzw. eine embryonale Zelle.[2] Dieser „Rückschritt", das Zurückfallen auf asoziale und parasitäre Verhaltensweisen, entspricht auch den Charaktereigenschaften der Konzerne. Mit dem Ausbleiben dieses Reifegrades der Zelle (bzw. das Zurückfallen), wird die Zelle zu einem Parasiten[3] des Organismus genauso wie der Konzern, wie es von Mitchell (2002) beschrieben wurde.

Informationssysteme sind für transnationale Konzerne und deren innere Strukturen, aber auch als Kommunikationsmittel nach außen, z.B. hin zum Konsumenten, notwendig. Wir sind jedoch als Konsumenten gar nicht in der Lage alle Informationen über Konzern-Produkte und deren Entstehung zu bekommen. Durch die internationale Arbeitsteilung und den globalen Warenhandel ist dies kaum möglich. Dieser Verlust führt den viel beschworenen mündigen Konsumenten ad absurdum.

---

[1] Lorenz (1973), S.28
[2] Lorenz (1973), S.29
[3] Vgl. Lorenz (1973), S.65, Lorenz beschreibt Menschen, bei denen die mit der Reifung verbundenen sozialen Verhaltensnormen ausbleiben und die damit verbundenen in einem infantilen Zustand verharren, als Parasiten der Gesellschaft.

21 Tumorwachstum und Verkehrssystem

Verkehrswege sind eine hinreichende Bedingung für verschiedenste Arten des Transportes. Die Abhängigkeit auf allen Ebenen steigt, wenn Rohstoffe und Produkte (als Folge der Erhöhung von Transportgeschwindigkeiten) über eine größere Strecke transportiert werden.

Auch solide Tumore sind von einem mitwachsenden Kapillarnetz (tumorinduzierte Angiogenese) abhängig, das den Tumor mit Sauerstoff und Nährstoffen versorgt. Tumorangiogenese kann als einer der derzeit wichtigsten Bereiche in der Krebsforschung gewertet werden.[1] Die Strategie, die Gefäße, welche den Tumor mit Nährstoffen versorgen, zu attackieren, unterscheidet sich von der klassischen Chemotherapie, welche die Krebszellen direkt bekämpfen soll.[2]

Wie wichtig die Nährstoffversorgung des Organismus und damit auch des Tumors ist, zeigt sich durch Anwendung der Dynamic Energy Budget (DEB) Theorie[3] auf das Tumorwachstum.[4] Von der Energie, die im gesunden Zustand für die Erhaltung der Körperstruktur verwendet wird, wird nun ein wesentlicher Teil für den Erhalt und das Wachstum der Tumorzellen verwendet.

Dank schneller, billiger Verkehrstechnologien ist das ökonomische System nicht mehr an einen Ort gebunden und hat damit auch größere Dominanz über demokratische Institutionen erfahren (vgl. die Wirkungsmechanismen der „Economy of Scale").[5] Auch die jahrzehntelangen Handels- und Investitionsliberalisierungen haben die wirtschaftliche Beweglichkeit der transnationalen Konzerne maßgeblich vergrößert.

Neben der Versorgung des Tumors mit Nährstoffen soll auch das Verkehrssystem als Voraussetzung für Konzernstrukturen betrachtet werden. Das Verkehrssystem steht nicht nur mit dem Verkehrsgeschehen in Wechselwirkung, sondern verändert auch die Kultur, die Wirtschafts- und Sozialverhältnisse, die Machtstrukturen usw.

---

1   Retsky (1997), S.200
2   Folkman (1996), S.116f.
3   Vgl. Kooijman (2000)
4   Vgl. Van Leuween (2003)
5   Korten (1995), S.12

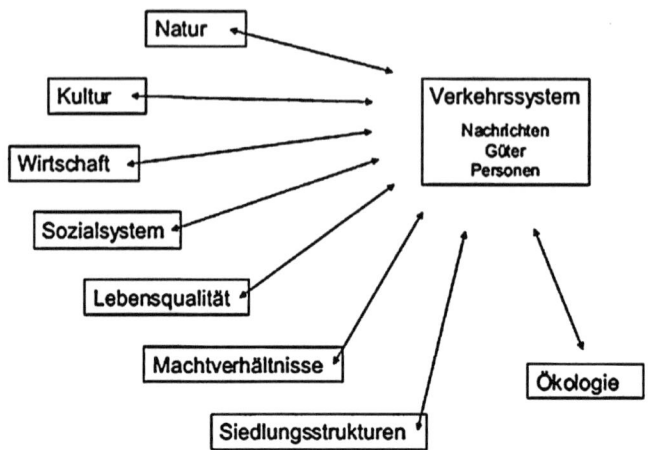

Abbildung 122: Einfluss des Verkehrssystems auf andere Bereiche der Gesellschaft. [1]

Der Ausbau der Transportinfrastruktur für Rohstoffe, Produkte, Menschen etc. beeinflusst maßgeblich den Druck auf die Entscheidungsträger zur Aufrechterhaltung der internationalen Wettbewerbsfähigkeit in der Logik eines deregulierten Marktes.[2] Umgekehrt erhöhen die Entscheidungsträger die Macht der Konzerne mit dem Ausbau von Verkehrsinfrastrukturen mit hohen Reise- oder Transportgeschwindigkeiten. So schleust die EU große Geldbeträge in eine Hochgeschwindigkeits-Transportinfrastruktur, was die Wirtschaftslage von „weniger begünstigten" oder peripheren Regionen oft verschlechtert, weil dadurch die Zentralisierung der Produktion gefördert wird.[3] Das Gravitationsgesetz der Physik entfaltet auch in der Anwendung in der Verkehrsplanung ihre Wirkung.[4]

21.1 TEN-Netze – Tumorangiogenese

Mit der Behauptung, dass die bestehende Infrastruktur eine Barriere für den unbehinderten Durchfluss von Waren im gemeinsamen Binnenmarkt bilde und somit das Wirtschaftswachstum behindere, setzte sich der ERT gemeinsam mit der Kommission für den Ausbau des so genannten Transeuropäischen Netzes (TEN) ein. Dabei sollen Infrastrukturvorhaben in den Bereichen Verkehr, Telekommuni-

---

1 Vgl. Knoflacher (2000), Vorlesungsunterlagen zu „Siedlungs- und Verkehrsplanung".
2 Balanyá (2001), S.29
3 Balanyá (2001), S.32
4 Vgl. Knoflacher (2007), S.215f.

kation und Energie finanziert werden. Das TEN-Netz sieht den Bau von zahlreichen Hochgeschwindigkeits-Zugverbindungen, Flughafenerweiterungen und 12.000 km neuen Autobahnen in Europa vor. Durch eine intensive Lobbykampagne, ausgerichtet auf die Zielgruppe der nationalen Verkehrsminister, verhalf der ERT dem TEN zur Aufnahme in das EU-Programm sowie in den Maastricht-Vertrag im Jahr 1991. Mit einem Gesamtbudget von 400 Mrd. Euro sind die Transeuropäischen Netze das größte Verkehrsinfrastrukturprojekt der Weltgeschichte.[1] Balanyá (2001) weist darauf hin, dass das TEN-Verkehrsnetz den transnationalen Konzernen ermöglicht, die Produktion auf eine europäische Ebene zu verlagern [2] und schließt daraus folgerichtig, dass das TEN-Netz den größten Konzernen erleichterten Zugang zu den Märkten in jeder Ecke Europas bringt sowie dabei ihren Griff auf die europäische Wirtschaft verstärkt. Der Verlust der zahlreichen „lokalen" Arbeitsplätze bei den „weniger rationellen" Kleinproduzenten in ganz Europa sei die Kehrseite dieses Zentralisierungsprozesses.[3]

21.2 Ausdehnung und Raumforderung von Konzernstrukturen

Ibesich (2005) hat in seiner Diplomarbeit den Einflussbereich von Konzernen im Gegensatz zu Klein- und Mittelbetrieben untersucht. Dabei wird deutlich, wie sehr das räumliche Einzugsgebiet des Einkaufsverhaltens durch Konzerne verändert wird. Während der Einfluss der ländlichen Gemeinde bei der Gemeindegrenze endet, dehnt der Supermarkt sein Einzugsgebiet schon auf die umliegenden Gemeinden und Bezirke aus. Das Einzugsgebiet des Shopping Centers Süd beispielsweise reicht schon über die nationalstaatlichen Grenzen hinaus. Bei Annahme einer homogenen Einwohnerverteilung hat der Supermarkt einer internationalen Konzernkette einen 7-mal so großen Einfluss wie ein ganzes ländliches Dorf. Der Einfluss der Shopping City Süd (als Agglomeration mehrerer Konzernfilialen) ist sogar 13-mal größer.

---

[1] Balanyá (2001), S.123
[2] Balanyá (2001), S.125
[3] Benda.

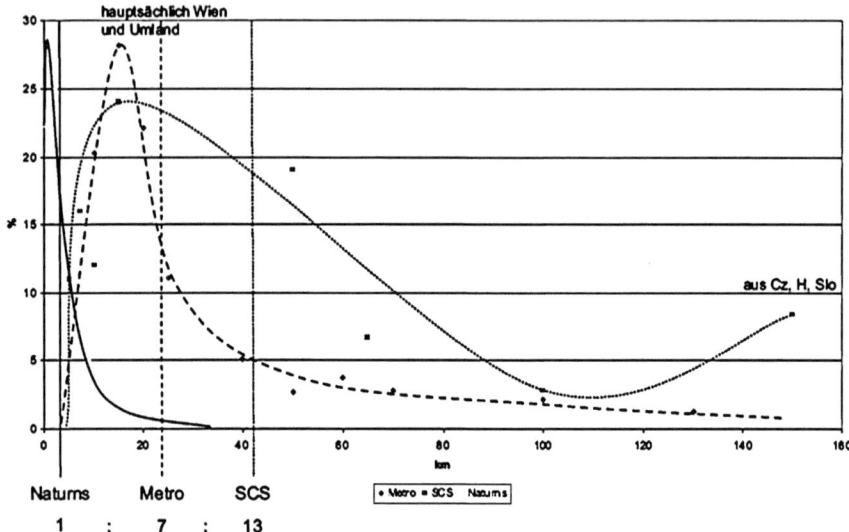

Abbildung 123: Einzugsgebiete verschiedener Einkaufsstrukturen mit unterschiedlichem Ausprägungsgrad an Konzernstrukturen (ländliche Gemeinde, Supermarkt, Shopping Center). [1]

21.3 Economy of Scale im Verkehrswesen [2]

Das Grundprinzip der Economy of Scale lautet, dass die Produkte umso billiger werden, je größer die Stückzahl ist. Dies bedeutet, dass bei Produktionen in immer größeren Einheiten die spezifischen Produktionskosten pro Einheit reduziert werden können. Damit steigen die Gesamtproduktionskosten unter den heutigen Bedingungen mit zunehmender Skalengröße degressiv an.

Durch die Produktion in immer größeren Einheiten können die spezifischen Produktionskosten pro Einheit reduziert werden. Je größer die Stückzahl ist, desto kleiner können bis zu einem gewissen Wert die Preise werden (vgl. Abbildung 125 (1)). Dadurch kann man einen immer größeren Markt von einem zentralen Produktionsstandort bedienen. Theoretisch müsste der Transportaufwand die Konkurrenzfähigkeit eines Betriebes ab einer bestimmten Entfernung einschränken, da mit dem Zurücklegen weiterer Distanzen auch die Transportkosten steigen (2). Bei den Gesamtkosten (3) würde sich somit ein Optimalbereich (4) ergeben, bis zu welchem ein Betrieb konkurrenzfähig ist. [3]

---

[1] Ibesich (2005), S.78
[2] Basierend auf Knoflacher (1995)
[3] Vgl. Knoflacher (1997), S.132

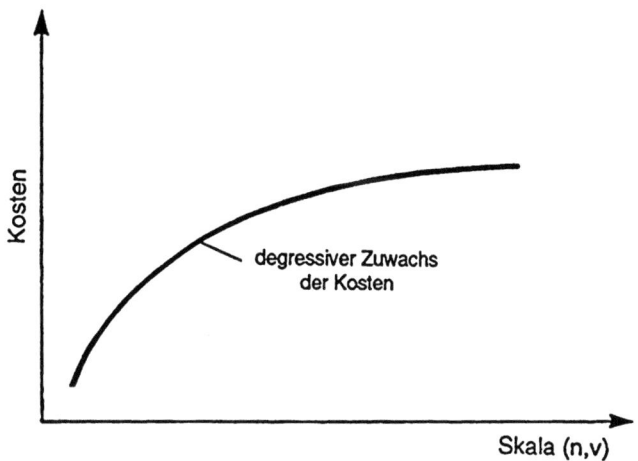

Abbildung 124: Degressiver Kostenzuwachs bei zunehmender Skalengröße. [1]

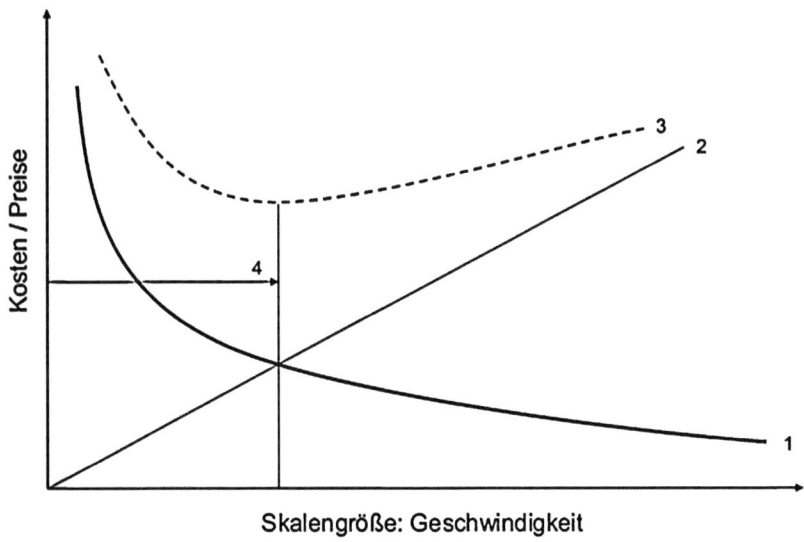

Abbildung 125: Wirkungen der Transportkosten auf die Economy of Scale. [2]

---

[1] Knoflacher (1997), S.130
[2] Ibesich (2005), S.105

Die mit der Distanz steigenden Transportkosten (vgl. Abbildung 126 (2)) erhöhten den Innovationsdruck (1') und sorgten in der Vergangenheit für einen fairen Wettbewerb. Aus diesem Wettbewerb entstand die Weiterentwicklung (4) der Wirtschaft und der Gesellschaft.[1]

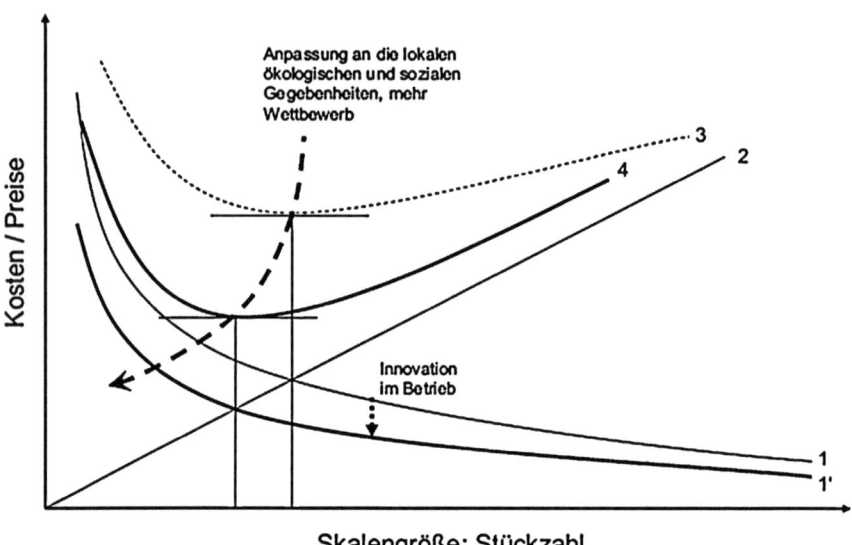

Abbildung 126: Transportaufwand erhöht den Innovationsdruck in den Unternehmen, die Voraussetzung für Vielfalt, fairen Wettbewerb und Nachhaltigkeit.[2]

Wenn durch politische Entscheidungen die Transportkosten, d.h. die externen Kosten, der Flächenaufwand und der Ressourcenverbrauch künstlich niedrig gehalten werden (vgl. Abbildung 127 (2')), also von der Allgemeinheit getragen werden, erweitert sich das Optimum des Betriebes (3') und er vergrößert seine Wettbewerbsfähigkeit gegenüber den Konkurrenten. Es erfolgt eine Anpassung an die jeweils dominanten, relativ größeren Wirtschaftsstrukturen. Je größer die Menge bzw. die Geschwindigkeit wird, desto größer kann der Markt werden und desto billiger werden die Produkte. Dies kann nur bei Vernachlässigung der Transportkosten passieren. Eine Monopolisierung und Konzentration großer Strukturen ist die Folge.[3]

---

[1] Vgl. Knoflacher (1997), S.134
[2] Ibesich (2005), S.106
[3] Vgl. Knoflacher (1997), S.134

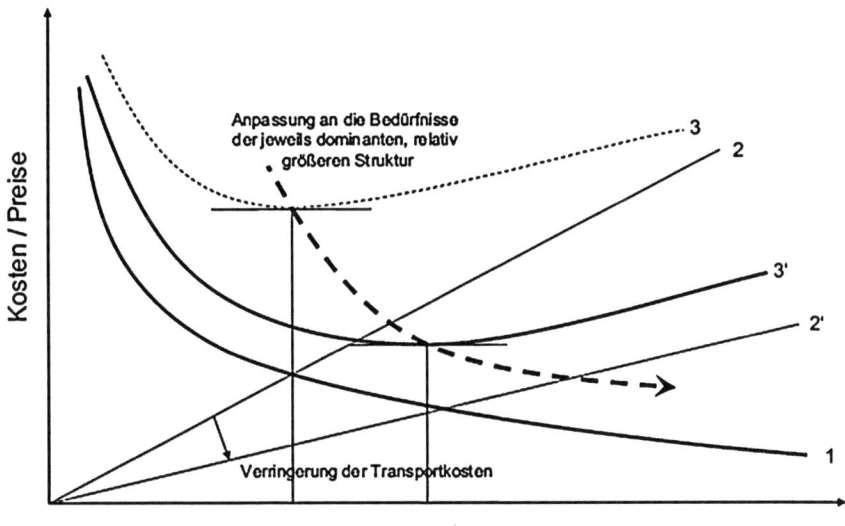

Abbildung 127: Niedrige Transportkosten führen zur Verdrängung vielfältiger, kleiner Wirtschaftsstrukturen durch große Konzerne und Monopolstrukturen. Diese diktieren den Preis, zerstören die lokale Wirtschaft und führen zu massiven Abhängigkeitsverhältnissen.[1]

Ibesich (2005) stellt die Auswirkungen des Durchbrechens von Systemgrenzen dar. Werden etwa nationale Grenzen als Barrieren im Austausch von Waren durchbrochen, können aufgrund sozialer Unterschiede, Kinderarbeit, laxerer Umweltstandards, Steuerbefreiungen etc. zwischen den Staaten, Waren und Dienstleistungen billiger gehandelt werden und durch Abbau von Widerständen verstärkt importiert werden, wie es die Regeln der WTO und der EU vorsehen.

Die billigen Produktionsmöglichkeiten führen zu günstigeren Produktpreisen (die Transportkosten sind gering und werden vernachlässigt), die lokale Produkte vom Markt verdrängen. Zunehmende Skalenerträge führen konsequenterweise zu Monopolen oder zumindest Oligopolen.[2]

---

[1] Ibesich (2005), S.107
[2] Obermayer (2003), S.22f.

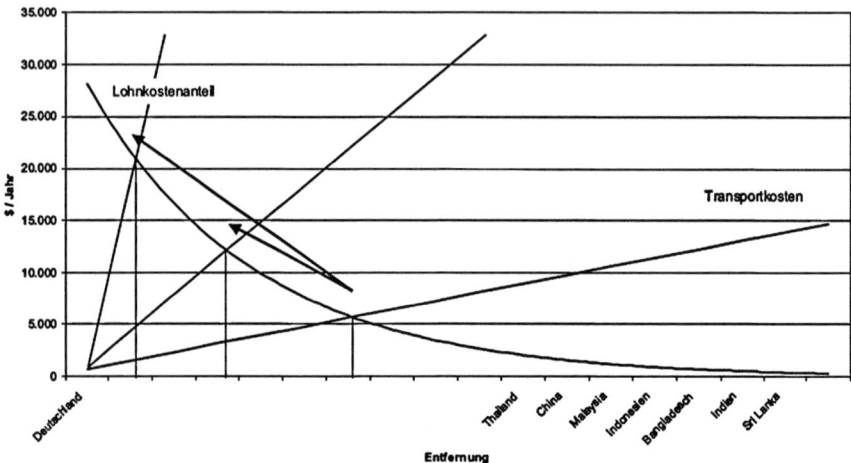

Abbildung 128: Transportkosten, die den Transportaufwand widerspiegeln, müssten das Gefälle der Lohnkosten ausgleichen. [1]

Korten (1995) weist darauf hin, dass je größer das Unternehmen und je „freier" der Markt ist, desto größer sei die Fähigkeit des Unternehmens, andere zu zwingen, seine Kosten zu tragen und dadurch dessen Profite zu subventionieren. Wirtschaftswissenschaftler würden dies die „Economies of Scale" nennen. [2]

---

[1] Ibesich (2005), S.109
[2] Korten (1995), S.83

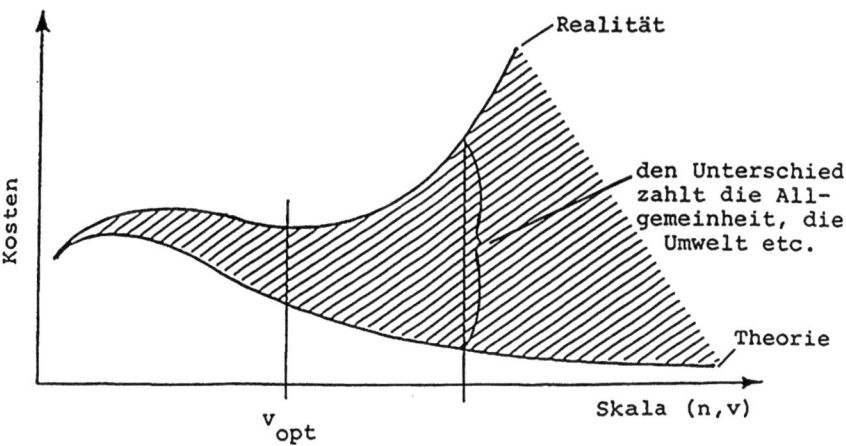

Abbildung 129: Transportkostenanteile. Verschiedene Verkehrsmittel und unterschiedliche „Intelligenz der Produkte" führen zu unterschiedlichen regionalen, aber stets differenzierten Wirkungen. Werden Kosten externalisiert, d. h., sind die realen Kosten höher als die verrechneten, zahlt den Unterschied die Allgemeinheit, die Umwelt etc. und nicht der Nutznießer. Knoflacher (1997) weist darauf hin, dass die künstlich verbilligten Systeme immer schneller als jene sind, die den wahren Preis entrichten.[1]

Die Economy of Scale als Ideologie der Wirtschaftswissenschaften und deren Auswirkung in der Verkehrsökonomie mit unvollständigem Charakter wurde bereits behandelt und entkräftet. Es konnte gezeigt werden, dass die Erhöhung der Geschwindigkeiten im System nach derzeitigem Prinzip (also durch Sozialisierung der Kosten) nicht den heimischen Unternehmen hilft, sondern nur multinationalen Konzernen, die dort produzieren, wo es für sie am billigsten ist. Bei schnellen Verkehrssystemen stellt es für diese Firmen kein Problem dar, jeden Absatzmarkt auf der Welt zu bedienen, ohne in diesem Land Produktionsstätten oder Verteilzentren vor Ort errichten zu müssen. Haben diese Konzerne erst einmal über schnelle Verkehrssysteme Zugang zu den Absatzmärkten eines Landes, ist es für sie eine Leichtigkeit die anderen Produkte mittels aggressivem Preiskampfes vom lokalen Markt zu verdrängen. Eine Auswirkung, die regional sehr wohl spürbar ist und sich in den steigenden Arbeitslosenzahlen zeigt.[2]

Die freie Handelspolitik der EU und die EU-Verkehrspolitik, die den Bau transeuropäischer Autobahnnetzwerke verfolgt, trägt somit maßgeblich zum Auseinanderdriften von reichen und armen Regionen in Europa bei.

---

[1] Knoflacher (1997), S.140
[2] Frey (1995), S.60

21.4 Transportkosten

Ibesich (2005) betont, dass ohne sinkenden Transportkosten der Aufschwung globalisierter Märkte nicht möglich gewesen wäre, da Frachtkosten in solchen Märkten keine ausschlaggebende Rolle spielen dürfen. Andernfalls kann sich die Dynamik von Angebot und Nachfrage nicht unabhängig von der Geografie der Standorte entfalten. Je mehr Transportkosten ins Gewicht fallen, desto weniger lohnt es sich, gegenüber weit entfernten Konkurrenten Vorteile über den Kosten- oder Innovationswettbewerb herauszuholen. Geringere Grenzkosten in der Produktion würden durch die Kosten für Transporte überlagert werden. Nur wenn die Transportkosten tendenziell belanglos werden, können allein betriebswirtschaftliche Strategien die Standortwahl bestimmen.[1] Als Beispiele für die massive Kostenreduktion sind die Kostenentwicklungen für See- und Luftfracht nachfolgend dargestellt.

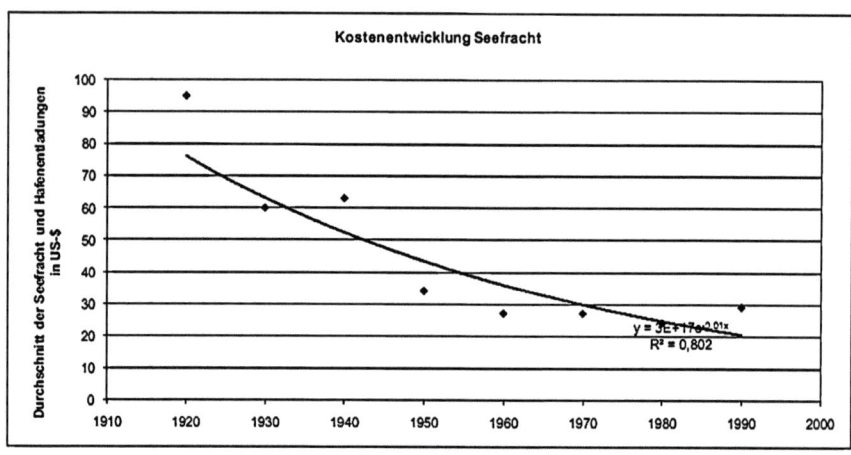

Abbildung 130: Kostenentwicklung Seefracht in den Jahren 1920-1990. Durchschnitt der Seefracht und Hafenentladungen in short tons (1 short ton = 907,18 kg) der Import- und Exportfracht.[2]

---

[1] Ibesich (2005), S.104
[2] Perraton (1998), S.143

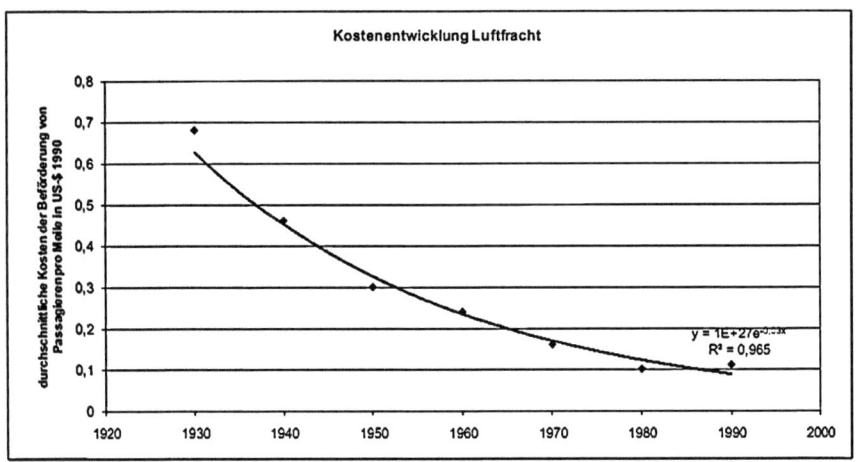

Abbildung 131: Kostenentwicklung Luftfracht in den Jahren 1930-1990. [1]

---

[1] Perraton (1998), S.143

22 Krebsbehandlung

Bereits Lorenz (1973) weist darauf hin, dass nur, wenn die Tumorzellen vom umliegenden Gewebe als seinesgleichen behandelt und ernährt werden, es zu dem tödlichen infiltrativen Wachstum des Geschwulsts kommen kann.[1]
   Wie bereits beschrieben, braucht der Tumor ab einer gewissen Größe ein eigenes Netz, um sich mit Sauerstoff und Nährstoffen zu versorgen. Es wäre also naheliegend, dem Tumor die Blutversorgung gewissermaßen abzudrehen, also ihn auszuhungern. Konkret geschieht das, indem man durch Medikamente – so genannte Angiogenesehemmer – verhindert, dass Tumorzellen Blutgefäße bilden, die sie für ihr Wachstum benötigen und so Sauerstoff und Nährstoffe zu den Tumorzellen transportieren. Die Wirkung beruht darauf, dass ein bestimmtes Protein ausgeschaltet wird, das für die Gefäßbildung unverzichtbar ist (der VEGF – Vascular Endothelial Growth Factor).[2]

22.1 Lösungsansätze

Nachfolgend sind Maßnahmen aufgelistet, die in einem ersten Schritt maßgeblich das bestehende Machtgefüge der Konzernstrukturen schwächen und gleichzeitig Abhängigkeitsverhältnisse auf allen Ebenen (politisch, individuell etc.) reduzieren.

- Internalisierung externer Konzernkosten durch Abgaben, Steuern etc.
- Kein weiterer Bau und gleichzeitiger Rückbau von Verkehrsinfrastruktur für Konzerne (entspricht dem Versorgungs- und Distributionssystem des Tumors)
- Tobin-Steuer – Geld muss als reale Energie behandelt werden; damit muss beim Geldtransfer zwangsläufig ein gewisser Substanzverlust entstehen.
- Markenschutz ist auf Lebensdauer der Erfinder zu begrenzen.[3]
- Lokale Währungen – als Annäherung an die lokal funktionierenden Kreisläufe der Natur.

---

[1] Lorenz (1973), S.65
[2] Barth (2007), S.13
[3] Bannas (2006) in Knoflacher (2006), S.95 ff.

- Negativzinsen – entsprechend den Wirkungsmechanismen in der Natur.[1]
- Neue Indikatoren (Index of Sustainable Economic Welfare), die nicht vom Geld selbst abstammen im Gegensatz zum Bruttonationalprodukt oder BIP.[2]
- Bei Regelverstoß einer Kapitalgesellschaft, gleichgültig auf welcher Ebene, muss das Prinzip gelten „Loosing the licence to operate". Sie wird rechtlich ausgelöscht.[3]
- Die Freiheitsgrade aller demokratischen Einrichtungen, gleichgültig auf welcher Ebene, müssen immer größer sein als der Freiheitsgrad der jeweiligen Kapitalgesellschaft. Die Eingriffstiefe des Kapitals muss immer kleiner sein als die Verantwortungstiefe oder der Verantwortungshorizont der Verantwortlichen. Haftungsbeschränkungen sind grundsätzlich zu beseitigen.[4]
- Begrenzung der Managergehälter im Verhältnis 10:1 zum Mindestlohn.[5]
- Allgemeine Grenzen und Schutz von privaten Gewinnen.
- Sämtliche Kapitalgesellschaften und das Finanzsystem müssen transparent sein und der öffentlichen Kontrolle unterliegen.[6]
- Nationalstaatliche, demokratische Prinzipien anstelle WTO-Politik (Einfuhrverbot von Produkten, die Sozial- oder Umweltstandards widersprechen).

Die Gewinne zwischen privaten und öffentlichen Institutionen sind so auszugleichen, dass verhindert wird, dass im derzeitigen System private Gewinne auf Kosten der Allgemeinheit in einem unvorstellbaren Ausmaß gemacht werden, weil die Spielregeln zugunsten der privaten großen Kapitaleigner manipuliert wurden.

---

[1] Knoflacher in Aubauer (2010), S.109
[2] Oftmals ist es entscheidender für das Wohlbefinden jedes Einzelnen, wie die Volkseinkommen verteilt sind, als deren absolute Größe. Untersuchungen des United Nations Developement Programm (UNDP) zeigen, dass hohe Levels von ökonomischem Output nicht notwendigerweise dazu führen, die grundlegenden Bedürfnisse der Bevölkerung befriedigen zu können. Manchen Ländern mit nur einem moderaten ökonomischen Output gelingt dies besser, als jenen mit einem hohen BNP. Die Alphabetisierungsrate von Saudi Arabien beispielsweise liegt unter jener von Sri Lanka, obwohl das Pro-Kopf-Einkommen 15-mal höher ist. Die Kindersterblichkeitsrate von Brasilien ist viermal so hoch wie in Jamaika, obwohl das Pro-Kopf-Einkommen doppelt so hoch ist (Korten (1995), S.41). Bereits im 18. und 19. Jahrhundert konnte zur Zeit der industriellen Revolution in England gezeigt werden, dass, obwohl sich zwischen den Jahren 1750 und 1850 das Pro-Kopf-Einkommen annähernd verdoppelt hatte, die Lebensqualität der Bevölkerung Englands kontinuierlich gesunken ist. (Korten (1995), S.46)
[3] Knoflacher in Aubauer (2010), S.199
[4] Ebenda.
[5] Ebenda.
[6] Knoflacher in Aubauer (2010), S.200

Zum Schutz der Ressourcen ist nach dem Vorschlag H.P. Aubauer[1][2] (eine dem Gesamtwert der Ressourcen entsprechende Besteuerung auf sämtliche Nutzungen dieser Ressourcen zu legen und das Einkommen nicht mehr zu besteuern. Die ökologischen Kosten der Produkte sind in die Bemessung der Produktsteuern einzubeziehen.[3]

Es ist unmöglich, gesunde, gerechte und demokratische Gesellschaften zu haben, wenn die politische und ökonomische Macht in den Händen weniger gigantischer Konzerne konzentriert ist.[4]

---

[1] Aubauer (2006) in Knoflacher (2006), S.268f.
[2] Aubauer (2008) in Knoflacher (2008), S.73f.
[3] Knoflacher in Aubauer (2010), S.109
[4] Korten (1995), S.181

23 Schlussfolgerungen

Das Wachstum und der „Erfolg" des derzeitigen Wirtschaftssystems basieren auf der Ausbeutung begrenzter natürlicher Ressourcen. Auch der Wandel der Industriegesellschaft hin zu einer Dienstleistungsgesellschaft hat auf Grund der fortschreitenden Technologisierung immer weiterer Lebensbereiche zu keiner Reduktion des Energie- und Rohstoffdurchsatzes geführt, sondern ganz im Gegenteil, deren Wachstum vorangetrieben. Scheinbare Steigerungen in der Ressourceneffizienz stabilisieren bestenfalls Prozesse auf einem hohen energetischen Level. Ein wesentlicher Bereich des derzeitigen Wirtschaftswachstums basiert auf dieser fortschreitenden Technologisierung. Dabei wird die immer weiter zunehmende Abhängigkeit weder hinterfragt noch bewertet, als sei die für das Funktionieren benötigte Energie unbegrenzt in diesem Ausmaß und unter Berücksichtigung globaler Verteilungsgerechtigkeit vorhanden.

So genannte oder in ihrer Wirkung ähnliche „Wachstumsbeschleunigungsgesetze" (wie sie in Deutschland unter diesem Namen auch von der Regierung beschlossen wurden) zielen einzig und allein auf das monetär bewertete Wachstum durch das BIP in Geldeinheiten ab. Die Strukturen, die davon am meisten profitieren, sind jene der Konzerne. Aufgrund ihrer Größe und des globalen Absatzmarktes sind sie vom Streben nach materiellen Wohlstand über alle Grenzen hinaus abhängig. Da ihr Wachstumsstreben wegen den inhärenten Gesetzmäßigkeiten unbegrenzt erwartet wird, bleiben Maßstäbe und Indikatoren jenseits des BIP für sie irrelevant. Von der fortschreitenden Monetarisierung aller Werte profitieren vor allem transnationale Konzernstrukturen. Sie sind es auch, die durch ihre Mittelsmänner in den politischen und wirtschaftspolitischen Gremien der weltweiten Organisationen versuchen, die gesetzlichen Rahmenbedingungen dafür zu schaffen (etwa durch die Privatisierungen von Allgemeingütern).

Die transnationalen Konzerne sind dabei von den globalen Infrastrukturnetzwerken abhängig. Die Beschaffung von Rohstoffen, die konzentrierte Produktion und die rasche Warenverteilung sind davon genauso abhängig wie die Möglichkeit, Länder zu erpressen, wenn beispielsweise versucht wird, den Beitrag der Konzerne an der Gesellschaft durch Steuern zu erhöhen und damit den Anteil der von ihnen externalisierten Kosten zu senken. Darauf wird von den Konzernen mit der Drohung von Produktionsverlagerung etc. reagiert.

Bei bösartigen Tumoren in lebenden Organismen können ähnliche Verhaltensmuster analog zu jenen der transnationalen Konzerne dargestellt werden. In der Medizin wird im Zuge der Krebsbehandlung vermehrt auf die Energieversorgung des Tumors geachtet, die der Tumor zur Versorgung seiner Metastasen „errichten lässt".

Eine Anwendung dieser Vorgehensweise auf die konzernrelevante Verkehrsinfrastruktur kann im Zusammenhang mit dem Indikator „Geschwindigkeit" erfolgen. Die Auswirkungen der wirtschaftlichen Konzentrationsprozesse werden in der Economy of Scale sichtbar.

Von Verkehrsinfrastrukturen, wie Fahrbahnen mit Projektierungsgeschwindigkeiten $\geq$ 50 km/h, profitieren bereits überwiegend Konzerne. Diese indirekte Subventionierung (bzw. Externalisierung von Kosten) erhöht sich mit steigender Projektierungsgeschwindigkeit. Fahrbahnen mit Geschwindigkeiten $\leq$ 30 km/h weisen dagegen einen sehr geringen Nutzen für Konzerne auf, da sie ihr benötigtes großes Absatzgebiet nicht in entsprechender Zeit erreichen.[1] Sie müssen als Konsequenz ihr Handelsnetz verdichten.

Technologische Verkehrssysteme für Informationen erhöhen die Freiheitsgrade der Konzerne weiter (z.B. hinsichtlich ihrer Standortwahl etc.) Dabei können hohe Kapitalsummen ohne Reibungsverluste transportiert werden und neue Absatzmärkte und Produkte beworben werden. Weltweit agierende, kleine Unternehmen können dabei nur Nischen besetzen oder Konzernen zuliefern.

Werden auf lokaler, regionaler oder nationalstaatlicher Ebene Entscheidung zum Bau konzernaffiner Verkehrsinfrastrukturen getroffen, werden diese Einheiten entsprechend geschwächt und langfristig von der nächst größeren Einheit abhängig. Die Schwächung erfolg dabei auf der Ebene der Bindungen, ähnlich wie bei den Strukturen der Zellen. Während die gesunde Zelle Teil als auch eigenständiges Ganzes ist, also Aufgaben im Zellverband übernimmt, löst sich die mutierte Krebszelle aus diesem Zellverband heraus. Im gesellschaftlichen Bereich sind diese zwischenmenschlichen Bindungen auf vielen Ebenen (wirtschaftlich, sozial etc.) sichtbar, jedoch nicht durch den Indikator BIP abbildbar. Erst die Symptome, sofern sie volkswirtschaftliche Kosten verursachen, werden monetär sichtbar. Auch hier werden die Auswirkungen der Externalisierungspolitik transnationaler Konzernstrukturen, denen die politischen Vertreter scheinbar hilflos gegenüberstehen, sichtbar.

---

[1] Frey (2005), S.55

24 Zusammenfassung

Die Anwendung sprachlicher Metaphern zur Verdeutlichung ähnlicher Entwicklungen oder Eigenschaften von Systemen reicht weit in die Vergangenheit zurück. Die Metapher des Krebswachstums kommt dabei zur Beschreibung von Prozessen oder Verhaltensweisen zur Anwendung, die Grenzen ignorieren und überschreiten.

Analogien finden in der Wissenschaft vermehrt Bedeutung, da sie auch auf Zusammenhänge und Relationen hinweisen. In der Biologie beschreibt die Analogie dabei auch die Ähnlichkeit von Verhaltensweisen unterschiedlicher Gruppen von Lebewesen.

In der Literatur finden sich zahlreiche Vergleiche des Wachstums von Konzernen mit dem eines bösartigen Tumors. Dabei wird vor allem auf die massive Ausbreitung transnationaler Konzernstrukturen auf der Welt Bezug genommen. Diese wird deutlich, wenn man die Entwicklung der Zahl an Filialen von großen Konzernen auf der Welt in den vergangenen 50 bis 60 Jahren betrachtet. Diese Entwicklung geht einher mit dem explosionsartigen Wachstum der Finanzmärkte nach dem 2. Weltkrieg. Zunehmend, auf Druck der Konzerne, wurden Handelsbarrieren abgebaut, Zölle unter Strafe gestellt und Normen geschaffen und vereinheitlicht. Sättigungstendenzen eines materiellen Wohlstandes wurden durch die ständig angetriebenen technologischen Entwicklungen und der permanenten Ausdehnung der Wirtschaftsräume besonders nach dem Fall des Eisernen Vorhanges und dem Zusammenbruch des Kommunismus in der ehemaligen Sowjetunion nicht erreicht.

Dabei basiert dieses materielle Wachstum einzig auf der Ausbeutung natürlicher und begrenzt vorhandener Ressourcen. Die Gesetzmäßigkeiten des Zinses haben die enorme Kapitalvermehrung der Aktiengesellschaften zusätzlich beschleunigt.

Diese beschleunigte Naturausbeutung durch die Konzernstrukturen führt gemeinsam mit den Voraussetzungen des Aktien- und Kapitalmarktes zu exponentiellem Wachstum. Bereits im 15. und 16. Jahrhundert wurden die Rahmenbedingungen für das einer Krebszelle ähnliche Verhalten der Konzerne gelegt. Die Prinzipien der beschränkten Haftung und der juristischen Person im 19.Jahrhundert trugen wesentlich dazu bei. Damit waren Konzerne nicht mehr wie ursprünglich dem Wohl der Gesellschaft verpflichtet, sondern einzig und allein den Shareholdern und ihrem Zweck der Erzielung höchst möglicher Gewinne. Diesem Endzweck wird alles andere untergeordnet. So wird Gesetzesbruch „in Kauf genommen", wenn die Strafzahlungen geringer sind, als der Gewinn, der durch die Handlung lukriert werden konnte.

Zwingendes Wachstum als Charaktereigenschaft der Konzerne findet sich analog bei bösartigen Tumoren im menschlichen Organismus. Krebszellen lösen sich dabei aus dem Zellverband mit ihren Nachbarzellen heraus und verfolgen nur mehr als Ziel unbegrenztem Wachstums. Dafür benötigen sie sowohl Raum als auch Energie für ihre Versorgung. Krebszellen metastasieren deshalb und bauen ein eigenes Versorgungssystem auf (Tumorangiogenese). Sie fallen somit auf ein evolutionär tieferes Niveau der Einzeller zurück und wachsen exponentiell.

Van Leeuwen et.al (2003) haben unter Anwendung der Dynamic Energy Budget Theory (DEB) von S.A.L.M. Kooijman (2000) ein Tumormodell entwickelt, welches speziell die Interaktion von Tumor und Wirt betrachtet. Dabei zeigt sich, dass der Tumor, ähnlich wie die Konzerne, sein Wachstum durch (im Vergleich zum Wirt) verringerte Wachstums- und Erhaltungskosten forciert. Es zeigen sich hier Externalisierungsprozesse, die auch den Konzernstrukturen zu ihrem Wachstum verhelfen.

Exemplarisch werden für drei Konzerne Beispiele für externalisierte Kosten dargestellt. Dabei kann davon ausgegangen werden, dass nur ein Teilbereich dieser Kosten bekannt ist. Für die anderen Indikatoren der externalisierten Konzernkosten wurden Abschätzungen getroffen.

Analog zum Tumormodell wurden diese Kosten den Kategorien von Wachstums- und Erhaltungskosten zugeordnet. Anschließend wurde das Tumormodell, das im Wesentlichen auf den Wachstumsgleichungen von Bertalanffy basiert, so modelliert, dass die Wachstumsverläufe des Gewinns, des Umsatzes und des Anlagevermögens der Konzerne abgebildet werden. Über die Abschätzungen zur Größenordnung der externalisierten Kosten (die der Konzern als Gewinn verbucht und die sich im Anlagevermögen wiederfinden) werden die Parameter für Wachstums- und Erhaltungskosten entsprechend verändert und dargestellt in wie hoch der monetäre Anteil externalisierter Kosten am Gewinn bzw. Anlagevermögen ist.

Es zeigt sich, dass die jährlich erwirtschaften Gewinne der untersuchten Konzerne von 68 bis über 110% auf externalisierten Kosten beruhen. Eine Internalisierung dieser Kosten bedeutet durchschnittlich eine Stagnation des Anlagevermögens auf dem Niveau der 1970er- bis 1980er-Jahre. Die 100 profitabelsten US-Konzerne haben 83% ihrer Wachstumskosten und 73% ihrer Erhaltungskosten nach der vorliegenden Abschätzung externalisiert. Unter Berücksichtigung der Wirksamkeit der Parameter ergibt sich, dass rund 130% ihrer jährlichen Gewinne externalisierte Kosten sind. Mit anderen Worten müssten diese Konzerne ihre jährlichen Gewinne und zusätzlich 30% an die Gemeinschaft abliefern. Kosteninternalisierung bewirkt eine Begrenzung der Vermögenswerte auf dem Wert des Jahres 1969.

Die transnationalen Konzerne sind bei ihrem Wachstum von den globalen Infrastrukturnetzwerken abhängig. Verkehrsinfrastrukturen für schnelle Reise- und Transportgeschwindigkeiten forcieren Konzentrationsprozesse und erhöhen den Radius der Erreichbarkeit sowohl für die Beschaffung von Rohstoffen als auch die Warenverteilung. Die Erhöhung der Transport- und Reisegeschwindigkeiten in den vergangenen Jahrzehnten hat zur Dominanz größerer Strukturen beigetragen. Kapital kann durch die weltweit elektronische Vernetzung ohne Reibungsverluste bewegt werden.

Die Lösung eines Problems muss sich an seinem Entstehungsweg orientieren. Es gilt die Freiheitsgrade zu reduzieren, die es den Konzernen ermöglicht, Kosten auf die Gemeinschaft zu übertragen. Neben der naheliegenden Internalisierung dieser Kosten durch Abgaben, Steuern etc. ist der Rückbau von Verkehrsinfrastruktur, die hauptsächlich den Konzernen dient, notwendig. Geld muss als reale Energie behandelt werden, und damit muss beim Geldtransfer zwangsläufig ein gewisser Substanzverlust entstehen, was der Einführung der so genannten „Tobin-Steuer" entsprechen würde. Der Markenschutz ist auf die Lebensdauer des Erfinders zu begrenzen, lokale Währungen sind flächendeckend einzuführen, das derzeitige Zinssystem mit seinen inhärenten Umschichtungsmechanismen zu hinterfragen und neue Indikatoren anstelle des BIP einzuführen. Verstößt eine Kapitalgesellschaft gegen Regeln und Gesetze muss sie rechtlich ausgelöscht werden. Bei allem ist zu berücksichtigen, dass die Freiheitsgrade demokratischer Einrichtungen immer größer sein müssen als der Freiheitsgrad der jeweiligen Kapitalgesellschaft, sofern diese von der Gesellschaft kontrolliert werden sollen. Die derzeitigen Skandale im Finanzsektor beweisen, dass die Kapitalgesellschaften und das Finanzsystem intransparent sind und nur sehr bedingt der öffentlichen Kontrolle unterliegen. Schließlich muss der Staat in der Lage sein, basierend auf nationalstaatlichen, demokratischen Prinzipien ein Einfuhrverbot über Produkte, die Sozial- oder Umweltstandards widersprechen, zu verhängen.

Es wurde dargelegt, dass zwischen dem Wachstum der Konzerne und jenem bösartiger Tumore eine nicht nur qualitativ-analytische, sondern auch empirisch belegbare Analogie existiert.

Strukturen und Systeme, die Grenzen und Zwänge nicht erkennen und akzeptieren sind zwangsläufig zum Scheitern verurteilt. Der Versuch permanentes

(Wirtschafts)-Wachstum mit allen Mitteln aufrecht zu erhalten, wird, wie beim Krebs, am Ende mit dem Tod des Organismus bezahlt, weil existierende Grenzen im System nicht außer Kraft gesetzt werden können.

25
Beiträge von Mitgliedern des Club of Vienna

25.1 „Unvergleichbares vergleichen?"

Markus Knoflacher

1 Einleitung

Für unvoreingenommene Leser stellt sich bei einem Vergleich von Tumoren mit Konzernen die Frage, ob hier nicht Unvergleichbares verglichen wird. Handelt es sich nicht um völlig unterschiedliche Systeme? Hier ein von genetischen Mechanismen gesteuertes System – bar jeder Vernunft. Dort ein, von höchst rationalen und logisch agierenden Akteuren entwickeltes System. Wenn schon Vergleiche mit biologischen Systemen – warum nicht mit Räuber-Beute-Systemen oder eventuell mit Parasiten-Wirt-Systemen? Ging es vielleicht nur um die Rechtfertigung einer schon feststehenden Werthaltung? Hier sollen Antworten zur Frage gesucht werden, ob und wie der gewählte Ansatz aus systemwissenschaftlicher Sicht nachvollziehbar ist.

2 Gemeinsamkeiten und Differenzen

Beide Systeme weisen eindeutige Merkmale von komplexen Systemen auf, sie verhalten sich weder deterministisch noch sind ihre Eigenschaften aus den Merkmalen ihrer Grundelemente ableitbar (Peitgen et al. 1992). Untersuchungsansätze auf der Ebene von Systemelementen, also von Zellen und Menschen, sind für solche Untersuchungen nicht geeignet. Vergleiche solcher Systeme können nur zwischen ihren Strukturen oder Prozesseigenschaften vorgenommen werden (Argyris et al. 2010). Damit kann überprüft werden, ob in den Systemen vergleichbare Phänomene beobachtbar sind. Die Feststellungen tragen aber wenig zur Beantwortung der Frage bei, ob zwischen den Systemen tiefergehende Gemeinsamkeiten bestehen.

Ein erster Analyseschritt zeigt, dass die operativen Elemente der Systeme gemeinsame – biologische – Wurzeln haben. Im Falle von Tumorzellen sind die biologischen Zusammenhänge evident. Ausführlichere Begründungen für diese Behauptung sind beim Beispiel der Konzerne erforderlich. Handelt es sich doch nach dem allgemeinen Verständnis um wirtschaftliche Organisationseinheiten und nicht um biologische Einheiten. Wirtschaftliche Organisationseinheiten sind jedoch keine eigenständigen Größen, sondern entwickeln sich aus dem sozialen

Handeln biologischer Einheiten – der Menschen (Sliwka 2007). Von anderen sozialen Systemen lassen sie sich durch ihre Strukturen und Kommunikationskodes unterscheiden (Luhmann 1984). Im evolutorischen Kontext lassen sie sich der ökonomischen Emergenzebene zuordnen, deren Existenz auf der Emergenzebene menschlicher sozialer Systeme beruht (Knoflacher in prep.). Ökonomische Systeme sind Subsysteme der menschlichen Gesellschaftssysteme. Sie unterstützen wesentlich die Verteilung von Ressourcen innerhalb der Gesellschaften, solange dies innerhalb der Rahmenbedingungen gesellschaftlicher Regeln geschieht. Unter Einhaltung dieser Rahmenbedingungen haben ökonomische Systeme – in Abstimmung mit anderen gesellschaftlichen Subsystemen – wesentlich die Entwicklung komplexer Gesellschaftssysteme aus den isolierten und einfachen Sozialsystemen der frühen Menschheitsgeschichte ermöglicht.

Hier tritt ein homodynamischer Bezug (Riedl 2000) zu den Zellen in vielzelligen Organismen zu Tage. Eigenschaften und Leistungen von komplexen Organismen haben sich im Laufe der Evolution durch den Zusammenschluss einzelner, unabhängig agierender Zellen entwickelt. Zugunsten der Leistungsfähigkeit des ganzen Organismus reduzieren die einzelnen Zellen ihr Leistungsspektrum auf die Erfüllung spezifischer Aufgaben innerhalb ihrer Zellverbände (Pollard & Earnshaw 2007). Dabei sind sie den Rahmenbedingungen und Regeln des Gesamtverbandes unterworfen. Ihre Zugänge zu Ressourcen werden von den Regeln der übergeordneten Systeme der Organe und des Organismus bestimmt. Diese Regeln sind keineswegs starr, sondern von den Entwicklungen des Gesamtsystems und den Bedingungen der Umwelt des Organismus beeinflusst.

Der homodynamische Zusammenhang bleibt auch erhalten, wenn die Entwicklungen von Tumoren und Konzernen betrachtet werden. Tumore entwickeln sich in systemischer Hinsicht durch das Ausscheren einzelner Zellen aus dem Regelsystem des Gesamtorganismus. Sie entfalten dabei Reaktionsmuster von isolierten Einzelzellen, der Gesamtorganismus wird dabei zur Umwelt mit leicht erreichbaren Ressourcen. Obwohl diese Reaktionsmuster an die frühen Evolutionsstufen der einzelligen Organismen erinnern, hängt die Existenz von Tumorzellen nach wie vor von den Funktionsleistungen des Gesamtorganismus ab. Für diesen stellen sie auch kein besonderes Problem dar, solange ihre Zahl klein bleibt und von ihnen auch keine Gewebsverbände mit den von ihnen determinierten Regeln gebildet werden. Kritisch wird die Situation für den Gesamtorganismus, wenn sich auch die Vermehrungsgeschwindigkeit von Tumorzellen jener von einzelligen Organismen nähert. Letztendlich führt dies zum Zusammenbruch des Gesamtorganismus – und mit ihm auch der Tumorzellen. Die letale Gesamtentwicklung kommt also nicht nur durch den Rückfall einzelner Zellen auf Reaktionsmuster früher Evolutionsstufen, sondern auch durch den Zusammenschluss vieler Zellen zu Zellverbänden unter modifizierten – nicht angepassten – Regeln zustande. Bis zum Tod des Gesamtorganismus sind solche Zellverbände allen anderen Zellverbänden bei der Akkumulation von Ressourcen überlegen. In thermodynamischer Hinsicht werden dabei die Exergieflüsse[1] im Gesamtorganismus durch die Regeln der Tumorgewebe versklavt. Vergleichbare systemische Entwicklungen sind bei Konzernen zu beobachten. Auch bei ihnen ist die Ausrichtung ihrer Handlungen nach eigenen, gesellschaftlich nicht angepassten Regeln zu beobachten. Noch deutlicher treten solche Regeln bei reinen Finanzgesellschaften zu Tage, die mit oft wesentlich höheren Wachstumsraten aufwarten. Zu beobachten ist auch die zunehmende Versklavung der Regeln aller gesellschaftlichen Bereiche durch die Regeln von Konzernen und Finanzgesellschaften. Diese Veränderungen durchdringen mittlerweile alle gesellschaftlichen Bereiche, ohne von der Gesellschaft wahrgenommen zu werden. In Anbetracht dieser tief greifenden Veränderungen erhebt sich aus systemwissenschaftlicher Sicht die Frage nach den möglichen Gesamtwirkungen der jüngsten so genannten Wirtschaftskrise. Wird sie letztendlich zum Zusammenbruch ganzer Gesellschaftssysteme führen?

Aus systemischer Perspektive handelt es sich bei dem gewählten Ansatz aus folgenden Gründen um einen homodynamischen Vergleich:

- In beiden Fällen brechen Systemelemente aus den Regeln des Gesamtsystems aus und operieren nach Regeln weit zurückliegender Entwicklungsstufen.
- Durch die Bildung nicht adaptiver Subsysteme werden – gegenüber adaptierten Subsystemen – deutliche Konkurrenzvorteile bei den Ressourcenverteilungen innerhalb des Systems erreicht.
- Die fehlende Anpassung der retrogradierten Subsysteme führt zu zunehmenden Versklavungen der Prozesse ihrer Gesamtsysteme, diese verlieren dadurch ihre Anpassungsfähigkeiten an Änderungen ihrer Umweltbedingungen.
- Die fehlende Anpassung der retrogradierten Subsysteme führt zu Überlastungen der Leistungsfähigkeit des Gesamtsystems und letztendlich zu dessen Zusammenbruch.
- Zusammenbrüche des Gesamtsystems führen auch zum Untergang der retrogradierten Subsysteme, da ihre Systemelemente von den Leistungen des Gesamtsystems abhängig sind.

---

[1] Exergie ist die maximale Arbeit, die aus den Differenzen zwischen einem System und seiner Umgebung gewonnen werden kann. Exergie wird bei der Nutzung in nicht nutzbare Entropie umgewandelt (Dewulf et al. 2007).

Im Gegensatz zu den Prozessen in Räuber-Beute-Systemen (R/B) oder Parasiten-Wirt-Systemen (P/W) sind bei den in den Vergleichen behandelten Systemen keine Vorteile für die evolutive Entwicklung erkennbar. Stattdessen beschleunigen die fehlenden Anpassungen der Subsysteme die Entropiezunahme in den betroffenen Systemen. Um Missverständnissen vorzubeugen sei hier darauf hingewiesen, dass auch in R/B oder P/W Systemen bei einer oder auch beiden beteiligten Organismengruppen Totalverluste bei einzelnen Populationen auftreten können (Fox et al. 2001; Poulin 2007). Durch Heterogenitäten in Ökosystemen sind die Wahrscheinlichkeiten für völlig deckungsgleiche Verteilungen der interagierenden Organismengruppen jedoch sehr niedrig. Dies erhöht aber die Wahrscheinlichkeiten der Anpassungen für die überlebenden Organismen.

4 Weiterführende Fragestellungen

Die untersuchten Aspekte liefern zahlreiche Ansätze für weiterführende Fragestellungen. Von besonderem Interesse ist hier die Frage nach Zusammenhängen zwischen Homogenitäten von Elementen und Fähigkeiten zur Selbstregulation (autopoetische Kapazitäten) von komplexen Systemen. Die untersuchten Beispiele zeigen die Auswirkungen von Regelverweigerungen durch homogene Elemente komplexer Systeme. Direkt daran schließt sich die Frage an, wie weit komplexe Systeme mit homogenen Elementen deren Verhalten kontrollieren können und wie weit sie auf die nicht überwachte Einhaltung gemeinsamer Regeln durch ihre Elemente angewiesen sind. Autoimmunerkrankungen zeigen im biologischen Bereich die kritischen Auswirkungen von überreagierenden Kontrollsystemen, während die Tumorgenese Beispiele für letale Auswirkungen von Regelmissachtungen durch Systemelemente liefert. Welche Rolle spielen dabei die jeweiligen Zustände des Gesamtsystems? Ähnliche Fragestellungen werfen Zusammenbrüche von komplexen sozialen Systemen auf (Tainter 1988), bei denen einfache Erklärungsversuche (Diamond 2005) keine überzeugenden Antworten liefern können.

Beispiele der Tumorentwicklungen lassen auch Zweifel an den zunehmenden Versuchen aufkommen, die Evolution allein auf der Basis von genetischen Prinzipien zu erklären (Dawkins 2007). Kurzfristig – bis zum Tod des Organismus – sind Tumor generierende Gene zweifellos erfolgreicher als konkurrierende Gene. Langfristig – für die Evolution des Phänotyps – sind sie hingegen von Nachteil. Welche Skalenniveaus – vor allem hinsichtlich der Organisationsgrade – sind für die Darstellung und Erfassung der Eigenschaften komplexer Systeme wirklich geeignet?

5 Referenzen

ARGYRIS J., FAUST G., HAASE M., FRIEDRICH R. (2010): Die Erforschung des Chaos. Springer, Berlin.

DAWKINS R. (2007): Das egoistische Gen. Elsevier, München.

DIAMOND J. (2005): Collapse. Penguin Books, London.

DEWULF J., VAN LANGENHOVE H., MUYS B., BRUERS S., BAKSHI B.E., GRUBB G.F, PAULUS D.M., SCIUBBA E. (2008): Exergy: Its Potential and Limitations in environmental Science and Technology. Env. Science & Technol. 42, 7:2221-2232.

FOX C.W., ROFF D.A. FAIRBAIRN D.J. (eds.), (2001): Evolutionary Ecology. Oxford University Press, Oxford.

KNOFLACHER M. (in prep.): Evolution und Nachhaltigkeit.

LUHMANN N. (1984): Soziale Systeme. Suhrkamp, Frankfurt am Main.

PEITGEN H.O., JÜRGENS H., SAUPE D. (1992): Chaos and Fractals. Springer, New York.

POLLARD T.D., EARNSHAW W. C. (2007): Cell Biology. Springer, Berlin.

POULIN R. (2007): Evolutionary Ecology of Parasites. Princeton University Press, Princeton.

RIEDL R. (2000): Strukturen der Komplexität. Springer, Berlin.

SLIWKA M. (2007): Evolutionäres Management. In: Patzelt W. J. (Hrsg.): Evolutorischer Institutionalismus. Ergon, Würzburg.

TAINTER J.A. (1988): The Collapse of Complex Systems. Cambridge University Press, Cambridge.

25.2 „Jeder Krebs hat Anlagen und Auslöser"

Hermann Knoflacher

Vorbemerkung

Die Forschungsarbeit von Harald Frey[1] geht von der Annahme aus, das Verhalten von Konzernen entspräche jenem von Krebs in lebenden Organismen. Falls diese Analogie zutrifft, ist anzunehmen, dass Dispositionen in der Gesellschaft vorhanden sein müssen, die auch in lebenden Organismen zu finden sind. Es ist daher sowohl nach den Anlagen für diese Entwicklungen zu suchen als auch nach den Auslösern, die zum Ausbruch dieser bedrohlichen Entwicklung geführt haben oder geführt haben könnten. Mindestens genauso wichtig ist es aber, der Frage nachzugehen, welche Mechanismen verhindert haben, dass es nicht schon früher zum Ausbruch dieser Entwicklung gekommen ist, weil damit auch Möglichkeiten zur Bewältigung dieser Gefahr ableitbar sind.

Grundsätzliche Anmerkungen / Strukturelemente

Die beobachtbare Entwicklung der Konzernmacht und die daraus resultierende Bedrohung sind nur erklärbar, wenn Prozesse einerseits den Anlagen des Menschen und der Gesellschaft entsprechen und andererseits die Entwicklung zeitlich oder räumlich so verläuft, dass die Gefährdung nicht wahrgenommen wird oder werden kann. Es müssen daher mehrere Faktoren wirksam sein, um dieses Ausmaß an Bedrohung entstehen zu lassen:

- Evolutionäre Ausstattung – Anlagen des Menschen – Problem des Großhirns
- Erwartung – Erfahrung als elementarer Prozess der Evolution
- Eingriffstiefe und -umfang versus Grenzen der Wahrnehmung
- Akkumulation in der Zeit
- Positive Rückkopplungen ohne stärkere negative Steuerung oder Kontrolle
- Strategien zum Aufbrechen von Ressourcen
- Mimikry – Strategien zur Täuschung

---

[1] Frey H. (2010): Analytisch-empirische Vergleichsuntersuchung der Wachstumsparameter von transnationalen Konzernstrukturen und Tumoren in lebenden Organismen unter besonderer Berücksichtigung des Verkehrssystems. Dissertation an der Technischen Universität Wien, Wien 2010

- Ausschaltung von Bürgerrechten und demokratischer Kontrolle
- Ersatz bewährter Moral und Ethik durch Konzernregeln

Evolutionäre Ausstattung – Anlagen des Menschen – Problem des Großhirns

Lineare Erwartungshaltung von innen und logarithmische Empfindung der Intensität der Reizungen von außen führen, wenn man die Macht hat, Erstere durchzusetzen, zwingend zu exponentiellen Eingriffen in die Außenwelt. Entscheidend in dem Zusammenhang ist aber die Ursache dieses Verhaltens, die, wie ich dargelegt habe [1], in der Verrechnung der Empfindungen über die Körperenergie des Individuums erfolgt. Bei Kenntnis der evolutionären Ausstattung des Menschen liegt daher die Ursache in den tiefsten Evolutionsschichten und daher im Genom und seinen lebenserhaltenden Funktionen, die allerdings auch zu einer kompromisslosen Rücksichtslosigkeit führen (müssen) und in der menschlichen Gesellschaft erst durch das schnell lernende Großhirn humanisiert und zivilisiert werden konnten.[2] Zahlreiche negative Regelkreise haben ihren Ausdruck in den Regeln des zivilisatorischen und kultivierten Umganges, in religiösen Vorschriften und schließlich in den Gesetzen der Gesellschaft ihren Ausdruck gefunden. Aufgrund der Eigenschaften der mathematischen Beziehung besteht diese fundamental gefährliche Anlage daher auch in dieser Form in der Gesellschaft. Seit es „Hochkulturen" gibt hat die Gesellschaft dieser Erwartungshaltung durch Zinsen auf Güter und Kapital Rechnung getragen, diese allerdings immer auch in Höhe und in zeitlicher Dauer begrenzt. Obwohl das Zinsverbot der Religionen umgangen oder gebrochen und der *causa efficiens* damit ein Freiraum gegenüber der *causa finalis* (Riedl (1985)[3]) eingeräumt wurde, behielt letztere immer noch gesellschaftliche Priorität. Das Kapital in verschiedenen Formen musste sich, bevor es schnelle und billige Verkehrssysteme gab und bedingt durch die begrenzte Reichweite und dem mit dieser enorm steigenden Verlustrisiko, vor Ort entfalten. Druck auf die handwerklichen und künstlerischen Fähigkeiten entstand – kulturelle und teilweise auch soziale Innovationen (Beispiel Fugger-Siedlungen) waren die Folge. Ein Prozess, der noch wenig von den Mechanismen natürlicher Evolution abweicht.

---

[1] Knoflacher, H. (1981a): Human Energy Expenditure in Different Modes: Implications for Town Planning. International Symposium on Surface Transportation System Performance. US Department of Transportation.
[2] Knoflacher H. (2009) Virus Auto. Verlag Überreuter
[3] Riedl, R. (1985): Die Spaltung des Weltbildes. Biologische Grundlagen des Erklärens und Verstehens. Verlag Paul Parey, Berlin und Hamburg.

Mit der Vergrößerung der Reichweite durch technische Verkehrsmittel über die Grenzen evolutionärer Wahrnehmung des Einzelnen und auch die Grenzen sozialer Kontrolle der Gesellschaft konnte man den systemerhaltenden negativen Rückkopplungen und zivilisatorischen Zwängen entkommen, was zur Ausbeutung der nun erreichbaren Ressourcen und Gesellschaften führte. Reitervölker zu Lande und Wikinger zur See schrieben diese Geschichte der Kapitalvermehrung von wenigen auf Kosten vieler. Legitimiert wurden diese Raubzüge durch die Kategorisierung der Menschen in Gläubige und Ungläubige oder „Zivilisierte" und „Wilde", auch durch die Kirchen der damaligen Zeit, die bereits Strukturen internationaler Konzerne erkennen ließen.

Voraussetzung für diese Vorgangsweise war die Entkoppelung von Handlung und Folgen in einer zivilisierten Gesellschaft durch räumliche Trennung von Nutzen und Schaden oder Gewinnern und Verlierern. Letztere wurden „marginalisiert" – beispielsweise bis hin zum Hungertod eines Sechstels der Bengalen zurzeit der Englischen Ostindien-Handelsgesellschaft.

Diese, am 31. Dezember 1600 durch einen Freibrief von Königin Elisabeth I. eingerichtete Gesellschaft für eine kleine Gruppe wohlhabender Kaufleute, zeigte bereits viele Eigenschaften heutiger Kapitalgesellschaften, auch wenn sie noch unter externer Kontrolle durch die Regierung stand. Privilegien, das Recht auf Ausbeutung unter Anwendung verschiedener Methoden, keine Begrenzung der Gewinne – wenngleich diese damals noch mit erheblichen Risiken verbunden waren –, staatliche Unterstützung bei der Eroberung neuer Gebiete, eine eigene Zivilgerichtsbarkeit, das Recht auf Gewaltanwendung durch eigenes Militär und darauf, Krieg gegen die „Ungläubigen" in Indien zu führen und Frieden zu schließen, charakterisierten schon damals die Ausschaltung der negativen Rückkopplungen, die das normale lokale Wirtschaftsleben kennzeichneten. Noch weiter gehende Privilegien hatte die Niederländische Ostindien-Kompagnie mit dem Recht zum Festungsbau, Militär auszuheben und eigene Münzen zu schlagen. Ein grundsätzlicher Unterschied zu den heutigen Rahmenbedingungen bestand aber darin, dass der Staat oder der Herrscher die absolute Kontrolle ausübte. Zwar wurde bereits damals erkannt, wie es Frey in seiner Arbeit ausführt, dass diese Strukturen krebsartigen Charakter haben, die Zerstörung fand aber zum Großteil in fernen Ländern statt, wenngleich auch die außerhalb dieser Privilegien agierenden lokalen Konkurrenten in den Heimatländern Niederlanden und in England unter der anschwellenden Macht und dem Reichtum der privilegierten Handelskompanien litten. Man kann diese Kompanien auch als Mitglieder in einem „Club" oder, wenn man sie an ihren Handlungen misst, als „staatlich sanktionierte Mafia" bezeichnen. Es handelte sich, betrachtet man die Geschichte der

Wirtschaft, um Vorläufer einer Entwicklung, die erst im 19. und 20. Jahrhundert voll zum Ausbruch kam – durchaus eine Analogie zum Krebs in Organismen.

Der (ideologische) Kerngedanke unbegrenzter Gier

Ethische, religiöse und teilweise auch soziale Randbedingungen sicherten bis zum 19. Jahrhundert jene systemstabilisierenden negativen Rückkopplungen, die den Ausbruch jener Entwicklung verhinderten, die Konzerne zum weltbedrohenden Krebsgeschwür anwachsen ließen. Adam Smith, der „Stammvater" der modernen Ökonomie, schuf in solider Unkenntnis der Systemwirkungen von Gesellschaft und sich entwickelnder Technik eine Ideologie der Rücksichtslosigkeit im wirtschaftlichen Handeln des Einzelnen, da die „unsichtbare Hand des Marktes" schon für das Gemeinwohl sorgen werde. Naivität und Mystik durchziehen seither die Theorien der modernen Ökonomie und schufen nahezu kriminelle Formen theoretischer Ansätze, die bis heute ausgebaut und tradiert werden, wie die „Theorie" der *Economy of Scale*, die Grundlage für unbegrenztes Größenwachstum unter Vernachlässigung der Realität oder die „Theorie der komparativen Kostenvorteile", die unverstandene Muster kooperativen Handelns im Individualbereich kritiklos beliebig extrapoliert. (Ökonomen, die ihr Unverständnis über die Wirkungen dieser Theorie mit dem Begriff „Alchemie" zum Ausdruck bringen, wie etwa Samuelson[1], werden mit dem von der Schwedischen Bank gestifteten „Wirtschaftsnobelpreis" ausgezeichnet, was die erschütternde Systemunkenntnis jener auszeichnet, die die Auswahl treffen.)[2] Aufbauend auf diesem unausgegorenen Gedankengut und beeinflusst davon, entwickelte man das, was man als moderne technische Verkehrssysteme bezeichnet und gibt vor, wie diese zu bauen, zu betreiben und zu finanzieren wären. Es entstand die Vorstellung einer von der Öffentlichkeit zu errichtenden Verkehrsinfrastruktur, die kostengünstig oder umsonst zu nutzen sein sollte. Diese sollte dann mehr oder weniger unkontrolliert von den Wirtschaftssubjekten zum eigenen Gewinn betrieben werden. Die Systemwirkungen, die weit über die evolutionären Grenzen der Individuen reichen, kannte man nicht und extrapolierte Individualerfahrungen auf diese. Bis heute haben Ökonomen die Wirkungen schneller, hoch subventionierter Ver-

---

[1] Samuelson; P. A. und Nordhaus; W. D. (1987): Volkswirtschaftslehre. Grundlagen der Makro- und Mikroökonomie. Achte, grundlegend überarbeitete deutsche Neuauflage. Bund-Verlag, Köln.

[2] Noch schlimmer sind die Verfehlungen dieses Gremiums im Fall der Verleihung des Wirtschaftsnobelpreises an Milton Friedmann, den Begründer des Neoliberalismus, einer Ideologie, die weltweit zu Verwüstungen und Elend geführt hat. (u.a. in Klein N.: Die Schock-Strategie: Der Aufstieg des Katastrophen-Kapitalismus)

kehrssysteme nicht verstanden, was in Einzelfällen zu geradezu absurden Begründungen für die Erklärung wissenschaftlich auflösbarer Phänomene führt. Zum Beispiel wenn Ökonomen einer im System nicht vorhandene Größe, wie der Zeiteinsparung durch Geschwindigkeitserhöhung, trotzdem einen Wert zuordnen und dabei die gleichzeitig verloren gehenden ausblenden[1].

Akkumulation und die „unsichtbare Hand"

Wenn jeder Einzelne sein Gewinnstreben maximiere, dann werde auch dem Gesamtwohl am besten gedient. Denn eine geheimnisvolle „unsichtbare Hand des Marktes" werde für den nötigen Ausgleich sorgen. In dieser „geistigen Falle" befindet sich, seit Adam Smith in naiver Unkenntnis der Systemwirkungen die Erscheinungsformen beginnender Industrialisierung beschrieben hat, die moderne Ökonomie. Sie wurde von der technischen Entwicklung sowohl räumlich als auch durch die Beschleunigung zeitlich überrollt. Immer noch werden, nicht nur in der Ökonomie, die durch die Summierung von harmlos scheinenden Einzelhandlungen entstehenden Qualitätsveränderungen, ja Qualitätssprünge als Folge der Quantität, nicht erkannt. Es treten qualitative Veränderung durch Quantitäten auf, so wie zum Beispiel die Summe der Bewegung einzelner Sandkörner Sandhaufen fließen lässt, während einzelne Sandkörner rollen oder eine bestimmte Summe von Schneeflocken zu einer Lawine führt Heute weiß man, dass es die „unsichtbare Hand des Marktes" natürlich nicht gibt, sondern Systemgesetze wirken, die über Rückkopplungen stabilisieren oder destabilisieren, je nach Vorzeichen. Die Übertragung der Individualethik auf größere, individuell nicht mehr fassbare und überschaubare Dimensionen, ist daher unzulässig. Will man größer Systeme beherrschen, sind die dort geltenden Gesetze zu beachten. Ein Kernproblem heutiger Politik.

Meinungsethik – Verantwortungsethik

Eine Handlung als „gut" zu bewerten, nur weil sie „gut gemeint" war, gilt bestenfalls für Kleinkinder mit eingeschränktem Bewusstsein, nicht aber für Erwachsene, die die Folgen ihrer Handlungen in der gesamten Tragweite zu verantworten haben (hätten). Dieser Klammerzusatz ist für alle jene Fälle von

---

[1] Vgl. den Diskurs von H. Frey und P .Nagl über Zeiteinsparung im Verkehrssystem und monetäre Zeitbewertung in Kosten-Nutzen-Analysen und deren Folgen in ÖZV (Österreichische Zeitschrift für Verkehrswissenschaft) 3-4/2009 und 1-2/2010.

grundlegender Bedeutung, in denen keine direkte sinnliche Rückkopplung der Handlungen mehr gegeben ist, was heute bei den meisten technischen Eingriffen unseres täglichen Tuns der Fall ist. Wie David Korten[1] darstellt, waren die Konzerne einst dazu gedacht, Maßnahmen der Gemeinschaft – unter der Kontrolle dieser – umzusetzen, die den Umfang und den Aufgabenbereich des Einzelnen überschritten. Damit ist aber die Versuchung verbunden, sich der Kontrolle der Gemeinschaft zu entziehen, um eigene Interessen zu verfolgen, vor allem jene der finanziellen Bereicherung in den Konzernen selbst, durch Manager, aber auch durch Konzerne und ihrer Aktionäre. Da dies in einer durch die Gemeinschaft streng kontrollierten Organisation nur sehr schwer oder gar nicht möglich war solange die Handlungen lokal beobachtbar waren, suchte man nach einem Ausweg, um dieses Kunstprodukt von den Zugriffen der Gesellschaft unabhängig zu machen. Wie dies in den USA durch gerissene Anwälte und korrupte Richter begann, zeigt Frey in Anlehnung an D. Korten auf. Bis heute stehen die Vertreter der Bürger – die Politiker – diesem Prozess entweder verständnislos gegenüber oder werden zu Handlangern der Konzerne, wenn sie die schrittweise Ausweitung der Rechte von Konzernen billigen, ja sich ihnen mitunter sogar unterwerfen. Viele von ihnen sind vermutlich der Meinung, damit der Gemeinschaft einen Dienst zu erweisen, was ihnen auch durch die von den Konzernen beherrschten Massenmedien zusätzlich noch suggeriert wird. Das Verhalten der internationalen Politiker nach der von den Bankkonzernen verursachten Finanzkrise bestätigt diese Hypothese. Anstatt die Verursacher im Finanzsystem zur Verantwortung zu ziehen, werden diese mit Geld belohnt, für das sich die Bürger bei eben jenen Banken verschulden müssen. Die Bürger hingegen werden in die Pflicht genommen, indem man die Steuern erhöht, die Sozialleistungen streicht und die Bildungsausgaben kürzt. Denn selbständig denkende, kritische Bürger sind unerwünscht. Konzerne brauchen folgsame Arbeiter und Angestellte. Die gewählten Vertreter der Staatsbürger verhalten sich, verursacht durch den Krebs der Konzerne, wie eine Autoimmunerkrankung, indem sie jede Verantwortungsethik beiseite schieben und sich aggressiv gegen ihre eigenen Wähler richten.

Aushebelung der Demokratie

In funktionierenden Rechtssystemen nationaler Demokratien wären den Konzernen enge Grenzen gesetzt. Nationale Grenzen zu durchbrechen, ist räumlich mit den schnellen technischen Verkehrssystemen leicht möglich, wenn diese nach den Wünschen der Konzerne von den Bürgern errichtet und betrieben werden – eine

---

[1] Korten, D. C. (1995): When Corporations Rule The World, Kumarian Press, Inc., Conneticut.

durch die Analysen von H. Frey aufgedeckte Analogie zwischen Krebs- und Konzernverhalten. Mit diesen physischen Voraussetzungen sind nur noch rechtliche und organisatorische Barrieren abzubauen. Zollsenkungen reduzieren den Ausbreitungswiderstand für die internationalen Konzerne praktisch auf null. Aber selbst damit war die uneingeschränkte Gier der Konzerne nicht zu befriedigen. Es gelang ihnen, in ihrem Interesse handelnde internationale Rechtsstrukturen jenseits der Demokratien einzurichten, wie die World Trade Organization (WTO), den International Monetary Fund (IMF) oder die Kommission der Europäischen Union (EU). Diese agieren nicht im Interesse der Bürger, sondern richten sich in ihren zentralen Entscheidungen nach jenen der Konzerne. Hinter den Schlagwörtern „schlanker Staat", „Privatisierung", „freier Wettbewerb" verbergen sich die brutalen Machtinteressen und Wachstumszwänge internationaler Konzerne. Das Ziel ist die absolute Kontrolle über alle Ressourcen, einschließlich der Menschen, die in „Humanressourcen" umbenannt wurden. So wie ein Krebs die Funktionen eines Organismus immer mehr in seine Gewalt bringt, agieren Konzerne, wenn sie sich selbst gegen die Staaten, in denen sie beheimatet sind (falls dies überhaupt noch der Fall ist), wenden und diese zu Objekten ihrer Ausbeutung machen. Hier ist es Frey gelungen, erstmals nachzuweisen, dass die Gewinne der großen internationalen Konzerne mit den Staatsdefiziten (Schulden der Bürger) in einem hohen Ausmaß korrelieren. Die Analogie der in der Medizin erkannten Mechanismen und Modelle um den Wettbewerb von Körperenergie – dieser Energie entspricht in Sinne der evolutionären Erkenntnisse das „Geld" in unserer Zivilisation – zu den Strategien der Konzerne ist meiner Ansicht nach eindrucksvoll gelungen. (Was bei Kenntnis der evolutionären Wirkungsmechanismen, die ja durch uns und unsere Gesellschaft „durchziehen", zu erwarten ist und nur durch die unglaubliche Vielfalt von Erscheinungsformen verschleiert wird).

Ein zentraler Treiber: Naturwissenschaft und Technik

Ethik ist keine Kategorie der Naturwissenschaft, die auf den bekannten von G. Fasching klar dargestellten Prinzipien aufbaut. Die Umsetzung dieser Erkenntnisse in technische Maßnahmen findet daher auch weitgehend ohne die in der Natur immer vorhandenen Rückkopplungen aus den Randbedingungen statt, die uneingeschränktes Wachstum, das zwar grundsätzlich angelegt ist, verhindern. Für die raschen Erweiterungen menschlicher Eingriffe – und Möglichkeiten –, weit über die sinnlich wahrnehmbaren Grenzen hinaus durch die rasante technische Entwicklung der letzten beiden Jahrhunderte, gibt es keine adäquaten Kontroll- und Regelungsmechanismen zur Vermeidung auch irreversibler Folgen. Die letzte Finanzkrise hat weiten Kreisen der Bevölkerung gezeigt, dass in diesem von den Konzernen (Banken) betriebenen System, nahezu nicht nur alle Kontrollmechanismen fehlen oder missachtet werden, sondern dass diese über die oben erwähnten internationalen, von den Konzernen beeinflussten oder kontrollierten Institutionen gezielt ausgeschaltet werden (z.B. Basel II). Die Entwicklung des Verkehrssystems spielt dabei eine zentrale Rolle (vermutlich auch beim Krebs). Dabei ist nicht nur an die physischen Transporte zu denken; die sind zwar wichtig, aber noch viel entscheidender ist der Nachrichtentransport. Und da ist es gelungen, Geld in weltweite virtuelle Informations- und Handelssysteme – ohne öffentliche Kontrolle – zu binden. Erst damit wurde die Monstrosität der Konzerne in einem (erschreckenden) Ausmaß möglich, das nur noch durch das Ausmaß an Ignoranz – oder Korruption – der Politik übertroffen wird.

Die Treiber in Naturwissenschaft und Technik sind in den vergangenen Jahrzehnten die Konzerne geworden, denen es gelungen ist, die Zentren unabhängiger Forschung aus der staatlichen Verantwortung herauszulösen und die Universitäten nach amerikanischem Muster zu privatisieren. Geforscht wird nicht mehr nach der „Erkenntnis" („Wahrheit"), sondern nach dem, was den Konzernen mehr Gewinn und mehr Kontrolle über die Ressourcen und die menschliche Gemeinschaft (Humanressource) bringt. Auch die Sozialwissenschaften wurden längst instrumentalisiert. Krebs im Endstadium sozusagen.

Zusammenfassung

Wie in natürlichen Organismen Krebs grundsätzlich in der Anlage der Zellen möglich ist, laufend entsteht und durch die Kontrollmechanismen des Organismus laufend eliminiert wird, liegt diese Anlage auch in unserem Genom (nach Wieser der „innere Schweinehund") auf der grundlegenden Ebene der Energieverrechnung. Nur durch die Aufgabe dieser selbstsüchtigen Mechanismen konnte überhaupt Leben, und insbesondere höheres Leben in seiner Vielfalt und Fülle, entstehen. Überall dort, wo sich Krebs gegen das Leben durchsetzen kann, geht dieser in seinem Wachstum, das gegen die Vielfalt der Ordnung gerichtet ist, auf, bis auch der Kollaps durch Mangel an verfügbarer Energie zwingend eintritt. Dieser Prozess hat sich weltweit in den vergangenen zweihundert Jahren am Verlust der Vielfalt menschlicher Kulturen, Sprachen und lokal angepasster Fähigkeiten ebenso bemerkbar gemacht wie am Artensterben in der Natur. Neben den immer vorhanden lokalen Versuchen von unkontrolliertem Wachstum ist aber eine neue Form eines Kunstgebildes geschaffen worden, das grundsätzlich keine physischen Grenzen räumlicher oder zeitlicher Art kennt, sondern nur grenzenloses Kapitalwachstum.

Die Anlage zu dieser Entwicklung liegt aber nicht nur in der evolutionären Ausstattung des Menschen, sondern auch in den unausgegorenen und naiven theoretischen Vorstellungen über das wirtschaftliche Handeln und den darauf aufbauenden Theorien. Diese haben eine Wirklichkeit entstehen lassen, die im Widerspruch zur Wirklichkeit der Evolution und daher zwangsläufig mit dieser in Konflikt steht. Dieser Konflikt wird derzeit durch den Einsatz billig verfügbarer fossiler Energie über technische Einrichtungen zum Vorteil der Konzerne und zum Nachteil der Natur gelöst. Dazu musste das Allgemeingut „fossile Energie" zur Ware, zur „commodity" umgewandelt werden. Diese „Ware" unterliegt aber nicht der Kontrolle der menschlichen demokratischen Gemeinschaft, sondern jener der Konzerne. Wer über die Energie verfügt, sei diese physisch, wie das Erdöl oder virtuell, wie das Geld, verfügt auch über die Macht. Dabei spielt das Verkehrssystem im Körper des Wirtes ebenso wie in der Welt der Menschen eine zentrale Rolle, die umso besser erkannt werden kann, wenn man weiß, dass der Informationsverkehr der wichtigste Teil jedes Verkehrswesens ist.

Soweit und in aller Kürze und Unvollständigkeit zu den Anlagen und den Auslösern.

Nun zur zentralen Frage nach der Lösung. An den menschlichen Anlagen wird man nichts ändern können, man kann nur aus ihnen lernen. Wie die Zellen in den Organismen gelernt haben, die vernichtende Sucht zum egoistischen Verhalten im Interesse einer Weiterentwicklung auf eine höhere Ebene – immer nur vorübergehend – zurückzustellen, indem negative Regelkreise das angelegte exponentielle Wachstum wirksam begrenzen, wird es auch in diesem Fall nicht anders möglich sein. Auch dafür zeigt uns die Geschichte Beispiele. Das Ende der Kolonien hat die nationalstaatlichen Ausbeutungen zwar beendet, dafür aber den Konzernkolonialismus auf die ganze Welt ausgedehnt, der in Europa die Sozialsysteme ebenso plündert, wie in Afrika die Bodenschätze. Hinzu kommt das gleiche Bestreben nach unumschränkter Macht, wie in den staatlichen Kolonien, indem man Regeln über die EU, WTO, IMF und andere einschlägige internationale Organisationen gegen die Autonomie der Demokratien und der lokalen Gemeinschaften durchsetzt oder durchzusetzen versucht.

Ebenso, wie man den Krebs erfolgreich bekämpft, indem man seinen Zugriff auf die Körperenergie unterbindet, muss man den Zugriff des Krebses „Konzern" auf Ressourcen jeglicher Art unterbinden. Dies kann auf folgende Arten erfolgen:

1. Durch geordnete Verhältnisse, indem man die Konzerne auf jene Größe reduziert, die nachhaltig von der jeweiligen Gemeinschaft leicht kontrolliert wer-

den kann. Räumliche und zeitliche Grenzen sind dabei einzuziehen. Dazu gehört aber auch eine grundlegende Korrektur der Fehler im Rechtssystem, das einem Kunstgebilde die Rechte physischer Personen zugebilligt hat. Kein Konzern darf daher als Konzern Rechte, wie sie menschlichen Individuen zustehen, erwerben. Internationalen Konzernen ist der Zugriff auf alle Formen der Daseinsvorsorge zu verbieten (das Projekt des Club of Vienna „Kapitalismus gezähmt" zeigt Beispiele dafür auf [1]). Dies setzt allerdings Persönlichkeiten in der Politik und in der Administration voraus, die man in den vergangenen Jahrzehnten vertrieben und durch konzernhörige Figuren ersetzt hat. Dieser Weg ist daher derzeit wenig wahrscheinlich.
2. Durch Widerstand der Opfer. Die Ostindischen Handelsgesellschaften Englands und der Niederlande sind schließlich an der Gegenwehr der betroffenen Bevölkerung gescheitert, die sich ihre Ausbeutung nicht mehr gefallen ließ. Der Widerstand wurde zu groß, um an die Ressourcen heranzukommen. Dazu musste aber die Not der Menschen groß genug sein, um zu physischer Gewalt zu greifen. Gelingt es, wie dies Einzelfälle zeigen, in immer größeren Gemeinschaften das Bewusstsein für das unglaubliche Geschehen des Raubes an der Zukunft zu wecken, dann besteht Aussicht auf das Zurückdrängen dieses Krebsgeschwürs. Paradoxerweise erweist sich dabei wieder das Verkehrssystem in Form des Internet als wichtiges Instrument – solange dieses nicht auch noch von den Konzernen lückenlos kontrolliert werden kann.
3. Erhöhung des Widerstandes gegen den Zugriff auf die lokalen Ressourcen. Hier spielt das Verkehrssystem eine entscheidende Rolle. Wenn die Informationen lokal schneller und sicherer fließen als zu den Steuer- und Handlungszentren der Konzerne, können diesen Informationen vorenthalten werden, die zum eigenen Vorteil genutzt werden können. Dazu gehört aber auch der Schutz des „lokalen Wissens" vor Konzernausbeutung durch Patente. Konzernen, als nicht physischen Personen, ist grundsätzlich jedes Patentrecht abzusprechen. Genauso wie der direkte räumliche Zugriff auf die Menschen und lokalen Betriebe, der durch das Auto als Konzernprodukt, mit dem Konzernprodukt Erdöl betrieben wird. Das Auto muss daher weiter entfernt von allen menschlichen Aktivitäten abgestellt werden, als die Haltestelle eines von der Gesellschaft kontrollierten öffentlichen Verkehrsmittels entfernt ist.

---

[1] Woltron, K., Knoflacher, H., Rosik-Kölbl, A. (Hrsg.) (2004): Wege in den Postkapitalismus. edition selene, Wien.
Knoflacher, H, Woltron, K., Rosik-Kölbl, A. (2006): Kapitalismus gezähmt? Weltreligionen und Kapitalismus. Echomedia Verlag, Wien.
Knoflacher, H., Rosik-Kölbl, A., Woltron, K. (2008): Kapitalismus gezähmt? Technologie und Kapitalismus. Peter Lang Verlag, Frankfurt, Berlin, Wien.

Allein durch diese räumliche Umorganisation schrumpfen die Zugriffsbereiche der Konzerne um eine Größenordnung.

Harald Frey hat in seiner Arbeit durch die empirische Analyse der Wirkungen der Konzerne auf die Energieflüsse unserer Gesellschaft (das Geld) nachgewiesen, dass die für die Krebsforschung am Menschen entwickelten Modelle eine weit über die Medizin hinausgehende Bedeutung für das Verständnis komplexer Vorgänge leisten können. Voraussetzung dafür war aber auch das Verständnis für die in der Evolution vorherrschenden Prinzipien, die sich in erstaunlicher Weise in mathematischen Beziehungen wiederfinden, die Allgemeingültigkeit zulassen.

Der Zauberlehrling
… … … …
O du Ausgeburt der Hölle!
Soll das ganze Haus ersaufen?
… … … … … …
Herr, die Not ist groß!
Die ich rief, die Geister werd ich nun nicht los.
… … … … …
Johann Wolfgang von Goethe (1749-1832)

25.3 „Kapitalgesellschaften sind keine Lebewesen. Von den Machtverhältnissen zwischen Management, demokratisch gewählten Regierungen und dem Individuum."

Christine Bauer-Jelinek

Folgt man der Analogie, die Kapitalgesellschaft als lebendigen Organismus zu betrachten, so läuft man auch als Kritiker Gefahr, in die Falle der neoliberalen Ideologie zu tappen: Die Schaffung einer Unternehmens- Gesellschaftsform als eigenständige Rechtspersönlichkeit bezweckte (oder bewirkte aus Unverständnis?) die gründliche Verschleierung der wahren Akteure. Wie von Frey[1] in der historischen Betrachtung sehr anschaulich dargestellt (Kapitel 9) drängen ideologische Gruppierungen die staatliche Kontrolle der Kapitalgesellschaften immer mehr zurück. Dieser Prozess begann langsam und beschleunigte sein Tempo in den letzten 20 Jahren (seit der neoliberalen Wende). Aber nicht nur die strukturelle Kontrolle wurde eingeschränkt, auch die Möglichkeiten von Einzelpersonen und Gemeinschaften auf Entscheidungen direkt Einfluss zu nehmen wurden nahezu ausgeschaltet: Der persönlich haftende Unternehmer wurde durch ein anonymes Management ersetzt.[2] Der Unternehmer alter Prägung war bis zur Zeit der industriellen Revolution an seine Region und die dort vorhandenen Ressourcen gebunden. Er war – auch wenn er seine Arbeiter und die Umwelt ausgebeutet haben mag – selbst von den Folgen seines Handelns betroffen. Umweltsünden

---

[1] Frey H. (2010): Analytisch-empirische Vergleichsuntersuchung der Wachstumsparameter von transnationalen Konzernstrukturen und Tumoren in lebenden Organismen unter besonderer Berücksichtigung des Verkehrssystems. Dissertation an der Technischen Universität Wien, Wien 2010
[2] Siehe Christine Bauer-Jelinek: Antrittsvortrag im Club of Vienna „Der ökosoziale Unternehmer", Wien 2007

und soziale Ächtung der Gemeinde wirkten sich auf ihn und seine Familie aus. Diese direkte Rückkoppelung fungierte neben den gesetzlichen Rahmenbedingungen als Korrektiv gegen Gier und Machtmissbrauch.

Mit der zunehmenden Liberalisierung der Gesetze und der größeren Mobilität in Produktion und Distribution verliert dieses Instrument seine Wirkung. In Kapitalgesellschaften ist die Haftung eingeschränkt, es gibt meist keinen Gründer (keine Seele) mehr, und die Eigentümer sind wir alle über unsere Sparbücher und Pensionsfonds, von denen wir (auch die Gegner des Neoliberalismus) möglichst hohe Zinsen und Gewinnbeteiligungen erwarten. Das Management moderner Kapitalgesellschaften ist nun ausschließlich dem Willen seiner Aktionäre verpflichtet, und deren oberstes Ziel ist die Maximierung der Gewinne. Da die Verträge von Geschäftsführern, Vorständen und Aufsichtsräten auf immer kürzere Zeit abgeschlossen werden und die Bewertung ihrer Performance nicht mehr nach Jahren sondern anhand von Vierteljahresbilanzen gemessen wird, können sie langfristige Perspektiven nicht mehr vertreten, ohne die eigene Karriere zu gefährden. Aber auch bei schlechten Ergebnissen ermöglichen die Rahmenbedingungen dem Management sich jederzeit – meist mit persönlichem Gewinn – aus der Verantwortung zu ziehen. Hingegen sind die vielen persönlich haftenden Unternehmer/innen der nach wie vor existierenden Klein- und Mittelbetriebe bei einem Scheitern mitsamt ihrer Familie finanziell und sozial ruiniert.

Diese Entwicklung beruht jedoch nicht auf Naturgesetzen oder ist als Krankheit ein ständig vorhandenes Phänomen des Lebens selbst. Vielmehr wurden Kapitalgesellschaften als eigene Rechtsperson von Menschen mit bestimmten Absichten geschaffen und werden alle Entscheidungen nach wie vor von Menschen getroffen. Sowie Computer oder Roboter nicht als selbst agierende Wesen zu betrachten sind (auch wenn dies im Science-Fiction-Genre ein beliebtes Szenario darstellt), sind auch Strukturen, Gesetze und Normen nicht in der Lage ein Eigenleben (wie eine Krebszelle) zu entwickeln. Vielmehr unterliegt jede Aktion der Willensbildung und dem Handeln von Personen innerhalb von Rahmenbedingungen, die über die Politik auch von Menschen beschlossen werden.

Bei den Auswirkungen der Kapitalgesellschaften auf die Gesellschaft, die Umwelt und das Individuum handelt es sich um einen Machtkampf zwischen ideologischen Gruppierungen. Dieser Interessenskonflikt wird mit den jeweils zur Verfügung stehenden Machtinstrumenten ausgetragen. Gehen wir von der Definition „ Macht ist das Vermögen, einen Willen gegen einen Widerstand durchzusetzen"[1] aus, so kann man trotz aller Verschleierungsversuche die wah-

---

1 Siehe Bauer-Jelinek, Christine: Die helle und die dunkle Seite der Macht, Salzburg 2009

ren Akteure und ihre Methoden erkennen. Wendet man das Instrument der cbj-Macht-Analyse[1] auf diese Situation an, so findet man folgende Details:

> Cbj-Macht-Analyse von Interessenskonflikten (Auszug aus der Checkliste)
> 1. Ziel und Widerstand der beteiligten Personen oder Gruppen: Was will A? Was will B?
> 2. Schauplätze: Auf welchem Gebiet der Gesellschaft spielt der Konflikt? (Haus/Markt/Burg/Tempel)
> 3. Hierarchie: Welche Position haben A und B im System?
> 4. Verantwortung: Wie sind A und B legitimiert? (gesetzlicher Rahmen/persönliche Werte)
> 5. Machtinstrumente: Welche Ressourcen stehen A und B zur Verfügung?
> 6. Eskalation: Welche Stufe haben A und B erreicht? (Friede oder Kampf)
> ......

1. Ziele und Widerstand:

Das Phänomen „Kapitalgesellschaft" ist nur eines der unzähligen Mittel, mit denen die neoliberale Bewegung ihre Ziele durchsetzt, nämlich Gewinne zu maximieren und auf eine kleine Gruppe der Gesellschaft zu beschränken, was Jean Ziegler treffend die „Refeudalisierung der Gesellschaft"[2] bezeichnet. Dieses Ziel wird zurzeit unter dem Begriff „Leistungsgerechtigkeit" vermarktet. (Wer nicht arbeitet, soll auch nicht essen – abgewandelt heißt das heute: Wer kein Geld hat, das er für sich „arbeiten" lassen kann, nimmt nicht am Wohlstand teil). Weitere Schlagworte dazu sind u. a.: Eigenverantwortung, Wettbewerb, Privatisierung, Individualisierung und Wohltätigkeit.

Auf der anderen Seite stehen Ideologien, die „soziale Gerechtigkeit" zu ihren Kernwerten zählen, wie die christlich-sozialen Flügel der konservativen Parteien, die Sozialdemokratie und der Kommunismus. Weitere Schlagworte aus diesem Umfeld sind u. a.: Solidarität, Chancengleichheit, Verstaatlichung von Produktionsmitteln, Gemeinschaft und Teilen.

---

[1] Siehe Bauer-Jelinek, Christine: Die helle und die dunkle Seite der Macht, Salzburg 2009
[2] Ziegler, Jean: Das Imperium der Schande. Der Kampf gegen Armut und Unterdrückung (München 2005)

2. Schauplätze der Gesellschaft: (Haus/Markt/Burg/Tempel)

Die Entscheidungsträger der Kapitalgesellschaften sind per Gesetz (siehe Frey (2010), S. 50) ausschließlich den Zielen des Marktes verpflichtet. Alle Appelle, die von Konzernen eine „Corporate Social Responsibility" (CSR) verlangen, sie zu moralischem oder menschlichem Verhalten verpflichten wollen, sind naiv. Es handelt sich bei den Schäden, die durch Konzerne in der Gesellschaft entstehen, nicht um ein zufälliges Fehlverhalten, auf das man nur aufmerksam machen müsste. Die Hintergründe des Konflikts sind von tief gehender ideologischer Natur (Tempel) – es geht um einen Kampf der Werte, eine Weiterführung der Reformationskämpfe mit den Mitteln der Wirtschaft[1]. Verkürzt gesagt: katholische versus calvinistische Ideologien, oder aus politischer Perspektive: Neoliberalismus (Marktfundamentalismus) gegen Neosozialismus oder geografisch gesehen: Europa gegen den angloamerikanischen Raum.

Politik und Verwaltung (Burg) haben ihre Gestaltungsmacht sowie die Kontrolle über die Rahmenbedingungen verloren und können sich nur noch mit unbedeutenden Bürokratismen verwirklichen. Ihre Vertreter agieren weitgehend als ausführende Organe der neoliberalen Forderungen, der Sozialstaat wie auch Kommunen und Institutionen unterliegen durch die Maastricht-Kriterien (die in der Folge als „Nulldefizit" propagiert wurden) einem ständigen Spardruck, der nach den Bankenhilfspaketen in der letzten Krise noch drastisch zugenommen hat. Das führt zu einer scheinbar paradoxen Situation: Heute zirkuliert das größte Geldvolumen pro Kopf seit Bestehen des Geldsystems, ja wir erleben eine richtige Geldschwemme – und zugleich besteht das Gefühl, dass nirgends Geld für die wesentlichen Dinge vorhanden ist: nicht beim Staat, nicht bei den Kommunen oder Institutionen, nicht bei den Unternehmen und nicht in den meisten Privathaushalten – alle müssen ständig sparen oder neue Schulden machen. Doch Leute, die nach einer gelockerten Schuldenpolitik rufen, übersehen, dass Schuldenmachen wieder zu einer Umverteilung nach oben führt, denn Schulden auf der einen Seite sind Gewinne auf der anderen.

Auch das Individuum gerät unter immer stärkeren Existenzdruck. Der Zwang zur Arbeit wird bei gleichzeitiger Reduktion von Arbeitsplätzen ständig verstärkt. Menschen ohne Arbeit oder Einkommen aus Kapitalerträgen werden stigmatisiert („Sozialschmarotzer"). Die Gehälter und Honorare im kleinen Dienstleistungsbereich sind seit der Krise um 15% in manchen Bereichen bis zu 30% gefallen. Konnte man davor bei einem Jobwechsel noch mit einem Aufstieg rechnen, so muss man nun reale Einbußen in Kauf nehmen, um überhaupt Arbeit

---

[1] Siehe: Bauer-Jelinek, Christine: Business-Krieger. Überleben in Zeiten der Globalisierung, Wien, München 2003

zu bekommen. Die Rate der psychischen Erkrankungen (Burnout, Depressionen, Schlafstörungen und ihre somatischen Folgen) nimmt jährlich zu – und zwar bei Menschen, die einen Job haben, weil sie unbezahlte Mehrarbeit leisten und ständig um ihre Sicherheit bangen müssen und bei jenen, die keinen Job haben, weil sie durch unzählige erfolglose Bewerbungen zermürbt werden. Auch der Mittelstand steht unter dem Druck: *up or out*. Wer es nicht schafft, aufzusteigen, verliert seine Position bei der nächsten Reorganisationswelle oder seine Stammkunden an den nächsten Billigbieter.

Diese Situation lähmt das politische Engagement der Bürger und Bürgerinnen. Die meisten sind mit dem „Überleben" zu beschäftigt, um sich nachhaltig für Veränderungen einzusetzen.

3. Hierarchie und Positionen im System

Die Vertreter der neoliberalen Ideologie sitzen in Entscheidungspositionen von fast allen Parteien (auch bei jenen, die von ihrer Geschichte her eigentlich dagegen sein müssten), sowie in Institutionen und Gremien, an der Spitze der Wissenschaft und des Gesundheitswesens. In den letzten 20 Jahren wurden nahezu alle entscheidenden Positionen der Gesellschaft mit neoliberal denkenden Personen besetzt. So werden z. B. in Deutschland immer mehr Vertreter des Adels und großer Unternehmerfamilien in entscheidende Positionen gewählt, während frühere Politiker vorwiegend aus dem Mittelstand oder dem Proletariat stammten (vgl. die deutsche Bundesregierung unter Helmut Schmidt und unter Angela Merkel). Auch wenn seit der Krise manche wieder eine Terminologie der Gerechtigkeit verwenden, so kann man an den Ergebnissen der Verhandlungen die Handschrift erkennen: Bankenhilfspakete ohne Auflagen, Länderhilfspakete zur Rettung der Eigner von Staatsanleihen, keine Besteuerung des Kapitals und seiner Transaktionen, Belastungen für die unteren Einkommensschichten etc..

Kritiker des neoliberalen Systems finden sich in weit abgeschlagenen Positionen wieder: an unbedeutenden Stellen in den Institutionen, wo sie durch kritische Wortmeldungen oft ihre eigene Karriere torpedieren, in Organisationen der Zivilgesellschaft, Bürgerinitiativen, Vereinen, in den Kirchen und Gewerkschaften, als Autoren von Publikationen und als Vortragende. Es herrscht keine Zensur in diesem System – jeder darf alles sagen und schreiben, nur hat es keinerlei Einfluss auf die wesentlichen Entscheidungen.

Das neoliberale System hat eindeutig und in der Überzahl die hierarchisch höheren Postionen erobert.

4. Verantwortung und Legitimation

Unter diesem Punkt legt die Machtanalyse eine schwer wiegende Schwachstelle offen: Das neoliberale System ist nicht demokratisch legitimiert, es ist nicht durch Wahlen an die Macht gekommen. Es ist nämlich keiner der großen politischen Partei zuzuordnen, sondern hat sich quer durch die Organisationen etabliert. (Zur Erinnerung: in England führte Tony Blair den harten Kurs von Margaret Thatcher weiter, zurzeit der blauschwarzen Regierung in Österreich führte eine rotgrüne Regierung in Deutschland Hartz IV ein, in den Ländern der EU fanden – unabhängig von der Farbe ihrer Regierungen – große Privatisierungswellen und Einschnitte in den Sozialstaat statt.) Die Machtübernahme des Systems verlief und verläuft über die Konstituierung der EU: Maastricht, Einführung des EURO, Lissabon, neue Verfassung etc.. Diese Verträge müssen zwar in den Ländern ratifiziert werden, jedoch selten durch Volksentscheide (und wo sie stattfinden, enden sie meist mit einem deutlichen Votum dagegen).

Das neoliberale System hat also für seine Machtübernahme die demokratischen Spielregeln umgangen und über den Weg der Etablierung der EU seine Ziele erreicht. Natürlich steht es jeder Gruppierung frei, ihre Ideologie durchzusetzen, doch welche Mittel in einer Demokratie legitim sind, ist zumindest eine Frage, die einer wesentlich stärkeren öffentlichen Diskussion bedürfte.

Die Gegner sind natürlich auch legitimiert, ihre Ansichten zu vertreten. Da sie sich aber (noch?) an die demokratischen Spielregeln halten, können sie nicht an Terrain gewinnen, denn egal, wen die Bürger wählen, über den Gang zur Urne ist das neoliberale System auch heute nicht abzuwählen.

5. Machtinstrumente und Ressourcen:

Von den acht Quellen der Macht (Materie, Herkunft, Mehrheit, Wissen, Gefühle, Funktion, Kontakte, Überzeugung) nutzt das neoliberale System vor allem die Materie (Geld), die Herkunft, die Kontakte und die Überzeugung. Da im Mittelpunkt seiner Werte das Kapital steht, hat es ausgefeilte Methoden zu seiner Vermehrung und Kanalisierung entwickelt (Spekulation auf den Finanzmärkten und Abkopplung von der sogenannten Realwirtschaft[1]). Mit den Mitteln der modernen Propaganda und des Lobbying wurden die neuen Paradigmen in einem nie da gewesenen Siegeszug in der Gesellschaft etabliert („Wir können uns die Pensionen nicht mehr leisten, wir müssen sparen, alle haben über ihre Verhältnisse gelebt" etc..). Auch Individuen, die durch die Maßnahmen des neoliberalen Sys-

---

[1] Siehe Stefan Schulmeister, diverse Fachartikel und Vorträge

tems deutliche Nachteile und Einschränkungen an ihrer gesellschaftlichen Teilhabe erfahren, geben mit voller Überzeugung die Leitsätze der Aggressoren wieder: Wir müssen uns alle einschränken, der Staat ist ein schlechter Unternehmer etc.. Die „natürlichen Feinde" des Systems haben zehn Jahre verschlafen, bevor sie realisiert haben, dass sich hier ein feindliches System etabliert. Die Sozialdemokratie hat jahrelang versucht, mit ihrem so genannten „Dritten Weg" an die Heilsversprechen des Wohlstands ohne Arbeit heranzukommen, die Grünen haben Liberalisierungstendenzen mitgetragen und die Kirchen und Gewerkschaften haben lange geschwiegen und wurden durch Skandale geschwächt. Einzig die Linke in Deutschland setzt auf die offene Konfrontation gegen die neoliberalen Prinzipien.

Zu Beginn der letzten Krise wurden kurz Stimmen laut, die von einer ökosozialen Wende und dem Zusammenbruch des herrschenden Systems sprachen, doch nach einer kleinen Irritation konnten die Vertreter des Neoliberalismus ihre Geldvermehrungsprinzipien nun auf Kosten Steuerzahler mit Staatsgeldern weiterführen, ohne Einbußen hinnehmen zu müssen (die österreichische *Erste Bank* machte im Krisenjahr 2009 den höchsten Gewinn seit ihrem Bestehen...)

Die Kritiker des Systems wurden sukzessive aus der veröffentlichten Meinung entfernt. Chefredaktionen aller großen Anstalten filtern kritische Beiträge, Andersdenkende dürfen im Status des Pausenclowns an Diskussionen teilnehmen und Leserbriefe veröffentlichen, um durch ihre „lächerliche Blauäugigkeit" und die „Sozialromantik der Gutmenschen"[1] das neoliberale System nur noch zu bestätigen. Ihnen fehlen die finanziellen, personellen und strukturellen Mittel, um ihre Überzeugung gegen die bestehende Übermacht zu einer Bewegung zu kanalisieren. Obwohl man davon ausgehen kann, dass eine qualifizierte Mehrheit der Bevölkerung die neoliberale Doktrin nicht teilen würde, wenn sie ihre Zusammenhänge erkennen könnte, gelingt noch immer keine Wende.

6. Eskalation – Friede oder Kampf

Das neoliberale System hat von Beginn an einen verdeckten Kampf geführt. Die Fähigkeit zur Kapitalbeschaffung, die Möglichkeiten der Distribution über die neuen Informationstechnologien, der perfekte Einsatz von Propagandatechnologien von den Medien über das Lobbying (siehe Frey (2010), S. 133) bis zu Gesetzen zur Deregulierung und Liberalisierung und der gezielten Nutzung von Ka-

---

[1] Siehe: Bauer-Jelinek, Christine: Die geheimen Spielregeln der Macht und die Illusionen der Gutmenschen, Salzburg 2007

tastrophen zum Schüren von Ängsten[1] haben zum vorläufigen Sieg des Systems geführt.

Da der Kampf nie offen geführt wurde, sondern eher den Charakter eine Infiltration hatte, haben seine Gegner bis heute keine geeignete Gegenstrategie gefunden. Sie werden vor allem von ihren eigenen Werten der Fairness und des Friedens sowie dem Einhalten von selbst auferlegten Spielregeln behindert. Sie forschen, denken, diskutieren, demonstrieren hin und wieder, doch ohne nennenswerte Wirkung. Daher setzen sich immer noch die neoliberalen Interessen gegen alle Widerstände von kritischen Organisationen und Stimmen der Zivilgesellschaft durch.

Fazit

Die Macht der Konzerne entspringt der Macht des zurzeit herrschenden neoliberalen Systems. Kapitalgesellschaften sind nur ein Mittel unter vielen anderen (Kapitalmarktgesetze, Steuersystem, Medien etc.), um seine ideologisch begründeten Ziele durchzusetzen. Sie weisen (trotz ihrer eigenständigen Rechtspersönlichkeit) keinerlei Eigenleben auf, sondern werden von Menschen geleitet, die sich systemkonform verhalten – aus Überzeugung oder aus Überlebenszwang („Businesskrieger und Businesssoldaten"[2]). Die Gründe für diese Entwicklung – aus der Sicht der Systemgegner Entartung genannt – sind meines Erachtens in psychologischen Bedingungen zu suchen: Als Begleiterscheinung des freien Willens des Menschen können Individuen und damit auch Unternehmen oder Gesellschaften „entarten", d. h. ein sich selbst oder die Gemeinschaft schädigendes Verhalten entwickeln. Die Religionen haben dafür Kataloge von „Sünden" entwickelt, die als Ursache hinter solchen Prozessen zu finden sind: Neid, Gier, Völlerei etc., Streben nach kurzfristigem Lustgewinn statt Orientieren an langfristigen Folgen führten in allen Epochen und Gesellschaftsformen zu Katastrophen. Ob Steinzeitsippen, Indianerstämme, Königreiche oder Kreuzzüge: Wenn Fehlentwicklungen nicht rechtzeitig erkannt werden und die Protagonisten nicht über entsprechende Machtkompetenz und Ressourcen verfügen, fordern (oft notwendige) Veränderungen große Opfer von allen Beteiligten. Die Flamme der Hoffnung der Aufklärung, dass die Vernunft siegen würde und der Hoffnung der Psychologie, dass die Erkenntnis helfen könnte, wie auch die Hoffnung der Spiritualität, dass das Bewusstsein wachsen würde, ist zurzeit zu einem kleinen Funken zusam-

---

[1] Siehe: Naomi Klein: Die Schock-Strategie: Der Aufstieg des Katastrophen-Kapitalismus, Frankfurt 2007
[2] Siehe: Bauer-Jelinek, Christine: Business-Krieger

mengeschrumpft. Stilistisch ist die Frage, ob eine Flamme schrumpfen kann... oder welches Zeitwort halt am besten passt ... Wer oder was wird diesen Funken wieder zum Brennen bringen und einem sozial gerechteren System zum Durchbruch verhelfen?

25.4 „Rahmenbedingungen, um die Naturressourcen gerecht zu verteilen."

Hans P. Aubauer

1 Einleitung

Die Natur und ihre Ressourcen sind neben dem Menschen und seiner Arbeit der wichtigste „primäre Produktionsfaktor" der Wirtschaft. Ohne natürliche Ressourcen oder ohne menschliche Arbeit kann kein Produktionsergebnis zustande kommen. Der „Output" der Wirtschaft entspringt dem „Input" von Natur und Mensch. Güter und Dienste und der von ihnen ausgehende „Wohlstand", aber auch der Gewinn, entstehen aus der Veredelung natürlicher Ressourcen durch menschliche Arbeit.

Solange aber mit genügend viel Geld unbegrenzt Ressourcen und Arbeit gekauft werden können, kann mit Geld auch uneingeschränkt die Möglichkeit erworben werden, Gewinne zu erzielen und die investierte Geldmenge zu vermehren, wobei ökologische und soziale Lasten zur Gänze auf die Gesellschaft abgewälzt werden. Ohne Berücksichtigung dieser Auslagerung selbst verursachter Kosten auf andere entsteht die Illusion, als ob „Geld arbeiten" könnte, sodass das „Kapital" in der Ökonomie als eigener Produktionsfaktor gesehen wird, der sogar den wirklichen Produktionsfaktor Natur bzw. Boden weitgehend verdrängt hat. Tatsächlich entspricht die Möglichkeit, mit Geld Gewinn kaufen zu können aber einer sich selbst verstärkenden (positiven) Rückkoppelung[1] des Finanzkapitalwachstums [Binswanger, 2006]. Wobei eine „positive" Rückkoppelung dadurch gekennzeichnet ist, dass eine Signalgröße (Geldmenge) sich verstärkend (Vermehrung der Geldmenge) bis zum Auslösen einer Selbsterregung[1] auf sich selbst zurückwirkt, die dann die Grundlage des positiven Regelkreises (eine intakte Gesellschaft, die genügend Ressourcen, Arbeit und Nachfrage nach Gütern und Diensten liefert) zerstört[2]. Zusammen mit der positiven Rückkoppelung des Bevölkerungswachstums treibt die des Finanzkapitalwachstums die Gesellschaften vor sich her in immer schlimmere Entartungen, deren erste Stadien Frey so treffend beschreibt [Frey, 2010]. Je größer das Kapital oder eine Bevölkerung ist,

---

[1] http://de.wikipedia.org/wiki/Positive_R%C3%BCckkopplung
[2] Besser bekannt ist der Regelkreis bzw. die Rückkoppelung einer Lawine, bei der die Bewegung kleiner Schneemengen die Bewegung immer größerer Schneemengen auslöst, bis aller bewegbarer Schnee im Tal angekommen ist, sodass keine Umwandlung potentieller in kinetische Energie mehr möglich ist.

umso größer ist ihr Zuwachs in absoluten Einheiten, bis dieses Wachstum alles andere dominiert und seine eigenen Grundlagen untergräbt, wie dies gegenwärtig der Fall ist und wie dies sorgfältig von Meadows u. a. (in Übereinstimmung mit der tatsächlichen Entwicklung) simuliert wurde [Meadows u. a., 2006].

Kennzeichnend für die Dynamik dieser lawinenartigen Regelkreise ist auch, dass diejenigen (wie Konzerne und Lobbyisten), die auf diese Weise die Produktionsfaktoren Ressourcen und Arbeit übermäßig ausbeuten, entgegen dem Verursacherprinzip nicht nur auf Kosten jener gewinnen, die dies nicht tun, sondern auch die öffentliche Meinung mit ihrer Finanzkraft so beherrschen, dass diese Ausbeutung allgemein als Gewinn für die gesamte Gesellschaft gesehen wird. In der Folge wird das verhängnisvolle Kapital- und Bevölkerungswachstum nicht nur nicht eingedämmt, sondern sogar angestrebt: Einerseits wird mikroökonomisch alles der Suche nach den gewinnbringendsten Investitionen und makroökonomisch nach den größtmöglichen Sozialprodukten unterworfen. Andererseits werden Vorschläge zu verantwortbaren Bevölkerungszuwächsen oder gar -abnahmen als Tabu aus der Diskussion ausgeklammert oder von vornherein als ideologisch motiviert diffamiert, dies alles ohne Rücksicht auf die ökologischen und sozialen Auswirkungen.

Eine Therapie der Gesellschaft, die krebsartig erkrankt ist [Frey, 2006], weil sie in die Abhängigkeit von Wachstumsgewinnern geraten ist, müsste daher zunächst aus Rahmenbedingungen bestehen, die den Produktionsfaktor Naturressourcen gerecht, d. h. unabhängig von der Kaufkraft des Geldes, verteilen. Diese Therapie der gerechten Ressourcenverteilung ist vor allem wegen des zu erwartenden heftigen Widerstandes der kleinen aber mächtigen Gruppe der Wachstumsgewinner schwer durchzusetzen; sie muss daher nicht nur die Rahmensetzungen selbst, sondern auch die Überwindung dieser Resistenz umfassen. Dabei steht erstens eine Demokratisierung dessen im Vordergrund, das gegenwärtig als „indirekte Demokratie" gelebt wird und zweitens der schrittweise Ersatz „indirekt demokratischer Entscheidungen" großer politischer Einheiten (von oben) durch „direkt demokratische Entscheidungen" der von den Entscheidungen betroffenen kleinen politischen Einheiten (von unten), die durch strikt chancengleiche und ausführliche Diskussionen ausreichend vorbereitet werden müssen.

Zum Ersten: Die Abgabe der Souveränität des Volkes an Volksvertreter in einer indirekten Demokratie ist zeitlich immer nur begrenzt und muss regelmäßig der Zustimmung des Volkes, etwa durch Wahlen oder Volksabstimmungen, unterworfen werden. Andernfalls schwindet das Interesse der Volksvertreter, die Interessen des Volkes zu vertreten. Wiederholte Verzichte nationaler Bevölkerungen auf ihre Souveränität – ohne Überprüfung und sogar ohne ihre Zustimmung in Volksabstimmungen –, wie sie in der Europäischen Union stattgefunden haben, sind dagegen nicht demokratisch. Sie müssen durch Volksentscheide revidierbar gemacht werden. Besonders undemokratisch sind dabei so genannte „Volksabstimmungen" (wie über den Beitritt Österreichs zur Europäischen Union) nach einseitigen Propagandakampagnen, in denen Befürworter und Gegner nicht dieselben Chancen hatten, ihre Argumente vorzubringen. Denn es existiert grundsätzlich keine demokratische Möglichkeit, die Demokratie einzuschränken oder gar abzuschaffen.

Zum Zweiten: Als Vorbilder für erste Schritte eines Übergangs von der indirekten zur direkten Demokratie können das in der Schweiz geltende Modell der direkten Demokratie mit ihren häufigen Volksabstimmungen (im Gegensatz zu den parlamentarischen Demokratien anderer Staaten) dienen, aber auch die von Bundeskanzler Bruno Kreisky im Jahr 1978 in Österreich initiierte Volksabstimmung über ein Kernkraftwerk, die durch eine ausführliche und chancengleiche öffentliche Diskussionen sachlich aufbereitet wurde[1].

Auch retten nur derart objektivierte Volksentscheide vor destruktiven Revolten gegen die Knebelung der Demokratie durch demokratisch nicht legitimierte Gruppen, die immer wahrscheinlicher werden, je offensichtlicher der Demokratieabbau wird.

2 Die Ziele der Rahmenbedingungen

Die Ziele einer „gesunden Gesellschaft" sind wie die eines „gesunden Körpers" durch intakte Selbstregelungsmechanismen (negative Rückkoppelungen) gekennzeichnet, die die zerstörerischen positiven Rückkoppelungen des Kapital- und Bevölkerungswachstums mittels des Verursacherprinzips stabilisieren, indem sie die begrenzten Naturressourcen unabhängig von der Kaufkraft des Geldes gerecht zwischen den Generationen (ökologisch), zwischen den Nationen (globalsolidarisch) und zwischen ihren Bürgern (sozial) verteilen. Wobei mit „gerecht" ein Recht auf Ressourcennutzung der (des) einen gemeint ist, das dort aufhört, wo dasselbe Recht der (des) anderen beginnt.

---

[1] Diese Volksabstimmung über die Inbetriebnahme des seit dem Jahr 1972 ohne Rücksicht auf die Bevölkerungsmeinung gebauten Kernkraftwerkes in Zwentendorf (NÖ) wurde in einem Diskussionszyklus von zehn öffentlichen Veranstaltungen der „Regierungskampagne Kernenergie" und in ausführlichen Diskussionen in den Medien vorbereitet, zu denen die Befürworter und Gegner der Wissenschaft, Interessengruppen und Bevölkerung weitgehend chancengleich beitragen konnten. Die auch damals massive Einwirkung verantwortungsloser Lobbyisten und Konzerne auf die Regierungsentscheidung konnte so ausgeschaltet werden. Heute ist Österreich frei von den Kernenergie-Altlasten radioaktiver Abfälle, die grundsätzlich nicht sicher endgelagert werden können.

2.1 Das ökologische Ziel

Der so angestrebte ökologische Zielzustand der Wirtschaft wird hier in vollständigem und dauerhaft aufrecht erhaltbarem dynamischen Gleichgewicht mit der sie tragenden Natur gesehen. Es gibt keine Degradation ihrer Fähigkeit, menschliches Leben zu tragen, seien es die Böden oder die Artenvielfalt. Alle vier Kriterien der Nachhaltigkeit werden erfüllt [Moser, 1993]:

1. Anthropogene Materialflüsse überschreiten nirgendwo die lokale Assimilationskapazität der Böden, Gewässer oder der Luft, und sie sind kleiner als die natürlichen Fluktuationen der geogenen Flüsse.
2. Diese Materialflüsse ändern nicht die Quantität und Qualität der globalen Materialkreisläufe und ihrer natürlichen Puffervorräte.
3. Erneuerbare Ressourcen werden nirgends mit einer Rate gewonnen, die den lokalen Ertrag überschreitet.
4. Die natürliche Vielfalt der Arten und Landschaften bleibt erhalten oder wird vergrößert.

Die Natur wird nicht auf Kosten künftiger Generationen genutzt und nirgendwo überlastet. Statt des Naturkapitals werden nur seine Zinsen verbraucht, d. h. es werden weder die Ressourcenvorräte noch der Ertrag von Ressourcenquellen abgebaut. Auch angesichts der Tatsache, dass sich die Natur und ihre Nutzungsarten dauernd ändern, überschreitet der als modifizierter „Ökologischer Fußabdruck" definierte Ressourcen-Flächenbedarf nicht das Flächenangebot [Aubauer, 2010a, Wiedmann u. a., 2010]. Die Menschheit gebraucht nicht mehr als die erneuerbaren Quellen der Oberfläche des einen Erdplaneten zur Ressourcenversorgung. Ein Wachstum der Wirtschaft ist nur durch eine Verlagerung vom Einsatz des einen primären Produktionsfaktors Natur (Naturressourcen) auf den des anderen primären Produktionsfaktors Mensch (Arbeit/Wissen/Verantwortung) möglich [Aubauer, 2006, 2010b].

Durch die intensive Ausbeutung des Vorrats der in der Lithosphäre in Fossilien gespeicherten Sonnenenergie – zusätzlich zur Nutzung der eingestrahlten Sonnenenergie – wurde der Ressourcenverbrauch seit der industriellen Revolution um einen zweistelligen Faktor über das dauernd aufrecht erhaltbare (nachhaltige) Verbrauchsniveau erneuerbarer Ressourcenquellen angehoben, und er steigt weiter. So werden derzeit jährlich rund sieben Gigatonnen fossiler Kohlenstoff der Lithosphäre entnommen, verbrannt und in die Biosphäre emittiert [Pacala, 2004], aber davon nur 0,2 Gigatonnen wieder dauerhaft von den Senken der Lithosphäre aufgenommen [IPCC, 2001; Aubauer, 2010a]. Dies bedeutet, dass der globale Ressourcenverbrauch um weit über 90 Prozent – anstatt der Ressourcen von 35 Erden sollten die einer Erde verbraucht werden – reduziert werden muss, um den ökologischen Zielzustand zu erreichen.

2.2 Das globalsolidarische Ziel

Diese starke Verbrauchsreduktion von Ressourcen erzwingt aber auch ihre gerechte Verteilung innerhalb der lebenden Generationen, u. a. zwischen den Nationen: Wenn die gesamte Menschheit mit den Ressourcen auskommen muss, die die Erdoberfläche liefert, dann bleiben den auf einer bestimmten Bodenfläche (und von den zugehörigen Gewässerflächen) oder den in Städten mit ihrem Umland lebenden Einwohnern auch nur die Ressourcen dieser Flächen. Diese „Ressourcenneutralität" verträgt sich mit einem verantwortbaren Handel: Falls über Importe die Flächen anderer Bürger genutzt werden, müssen diese jedoch gleichwertige heimische Flächen nutzen können.

Dies war in der Menschheitsgeschichte so lange der Fall, als Ressourcentransporte noch aufwändig waren. Seit der vollständigen Erschließung der Seewege im fünfzehnten Jahrhundert dominiert aber das „Prinzip der freien Meere" (*mare liberum*) [Grotius, 1609] und der diesem heute entsprechende grenzenlose Freihandel als Regel für die Ressourcenverteilung. Damit herrscht das Geld mit Hilfe der „Tragik der Allmende" (*Tragedy of the commons*), auf die Hardin aufmerksam gemacht hat[1] [Hardin, 1968]. In einem weltweiten Verteilungskampf versuchen Gruppen möglichst viele Naturressourcen an sich zu reißen, weil ih-

---

[1] Hardin zeigt, dass die „freie", ungeregelte Verteilung der Naturressourcen alle ruiniert [Hardin, 1968]: „.... The tragedy of the commons develops in this way. Picture a pasture open to all. It is expected that each herdsman will try to keep as many cattle as possible on the commons. ... As rational being, each herdsman seeks to maximize his gain. Explicitly or implicitly, more or less consciously, he asks, "What is the utility to *me* of adding one more animal to my herd?". This utility has one negative and one positive component.
  1) The positive component is a function of the increment of one animal. Since the herdsman receives all the proceeds from the sale of the additional animal, the positive utility is nearly +1.
  2) The negative component is a function of the additional overgrazing created by one more animal. Since, however, the effects of overgrazing are shared by all the herdsman, the negative utility for any particular decision making herdsman is only a fraction of -1.

Adding together the component partial utilities, the rational herdsman concludes that the only sensible course for him to pursue is to add another animal to his herd. And another; and another . . . But this is the conclusion reached by each and every rational herdsman sharing a commons. Therein is the tragedy. Each man is locked into a system that compels him to increase his herd without limit – in a world that is limited. Ruin is the destination toward which all men rush, each pursuing his own best interest in a society that believes in the freedom of the commons. Freedom in a commons brings ruin to all....".

nen dies Wohlstand und zusätzliche Überlegenheit in diesem Kampf bringt. So fließt ein Ressourcenstrom von den armen in die reichen Länder, ermöglicht dort den vermehrten Wohlstand und einen Ressourcenverbrauch, der pro Kopf über dem Viereinhalbfachen des Weltdurchschnittes liegt [Living Planet Report, 2008]. Als Rechtfertigung dient D. Ricardos von E. Heckscher und B. Ohlin weiterentwickelte Theorie der „Komparativen Vorteile" des Freihandels [Ricardo, 1821], derzufolge es von Vorteil für jedes von zwei Ländern sei, sich auf die Produktion jener Güter zu spezialisieren, die es relativ billiger herstellen könne als das andere, und die anderen Güter durch Handel zu erwerben. Dies sei auch dann der Fall, wenn ein Land alle Güter billiger oder teurer produziere als das andere. Dementsprechend würden die reichen Länder mehr Wertschöpfung aus den von den armen Ländern hereinfließenden Ressourcen gewinnen können, als diese selbst, was letztlich allen zugute käme. Tatsächlich fließt aber nur ein winziger Bruchteil dieser Wertschöpfung zurück. Das Realtauschverhältnis des Außenhandels (*terms of trade*) der armen Länder verschlechtert sich immer mehr. Aufgrund der Knappheit der Naturressourcen reduziert das Wachstum in den reichen Ländern jenes in den armen und vergrößert dadurch das Wohlstandsgefälle weiter [Goodland u. a., 1993, Daly u. a., 1994a]. Schon Ricardo unterstrich, dass komparative Vorteile für alle handelnden Länder nur bei völliger Immobilität der Produktionsfaktoren, insbesondere des Kapitals, entstehen [Ricardo, 1821]. Wegen der Mobilität des Kapitals entstehen hingegen keine komparativen Vorteile für alle Länder, sondern ausschließlich absolute Vorteile für einige [Daly, 1994b].

Auch die *Global Marshall Plan Initiative* greift nicht an dieser „Wurzel der Übel" an [Hafsat u. a., 2005]: Es genügt nicht, einen Teil des aus den Ressourcen der armen Länder gewonnenen Geldes wieder an diese zurückzuerstatten. Die armen Länder müssen die uneingeschränkte Freiheit haben, selbst Wohlstand aus den eigenen Ressourcen gewinnen zu können.

2.3 Das soziale Ziel

Die Absenkung des Ressourcenflächenbedarfs der Bürger eines Landes auf das Angebot der Landesfläche ist nur dann möglich, wenn die so extrem verknappten Ressourcen gerecht zwischen den Bürgern verteilt werden. Auch dies kann nicht durch einen finanziellen Ausgleich ersetzt werden. „Gerecht" meint in diesem Zusammenhang Chancengerechtigkeit, d. h. dass jeder von ihnen dieselben Ausgangschancen – also denselben Nutzungsrechtsanteil an der allen gemeinsamen Ressourcenmenge – hat. Jeder wird im gleichen Ausmaß mit dem einen primären

Produktionsfaktor Naturressourcen versorgt und es hängt von ihm ab, wie viel Nutzen und Wertschöpfung er mit dem Einsatz des anderen primären Produktionsfaktors, seiner Arbeit, daraus zieht. Es kann angesichts der notwendigen extremen Ressourcenreduzierung daher nur um Chancengerechtigkeit gehen und nicht – wie bisher üblich – um eine möglichst gerechte Verteilung der von allen erarbeiteten Ergebnisse der Verwirklichung dieser Chancen: Das eigene Wesen aller soll sich – zum allgemeinen Wohl – möglichst weitgehend entfalten können.

3 Das Erreichen der Ziele.

Ursache für die zunehmende Entfernung von den Zielzuständen ist vor allem die oben angesprochene „Tragik der Allmende"[3] [Hardin, 1968]. Denn sie belohnt jene, die die Natur auf Kosten der Allgemeinheit ausbeuten und bestraft jene, die sich dabei zurückhalten. Nur Rahmenbedingungen, die Ausnahmen vom Verursacherprinzip nicht zulassen, können diese Tragik durchbrechen. Sie sind die notwendigen Bedingungen einer gerechten Ressourcenverteilung in einer Welt, in der der gesamte Ressourcenflächenbedarf F begrenzt ist. Analog zur bekannten Beziehung von Ehrlich[1] $I = P \cdot A \cdot T$ [Ehrlich u. a., 1971] ergibt sich dieser Flächenbedarf F einer Bevölkerung P aus ihrem Produkt mit dem mittleren individuellen Flächenbedarf f: $F = P \cdot f$. Die Größe von f entscheidet sich beim Kauf am *point of sale* und die von P bei der Immigration und bei der Geburtenrate. Beide Entscheidungen müssen dem Verursacherprinzip folgen.

3.1 Kostengerechte Preise

Dementsprechend müssen die Preise alle Kosten enthalten [Aubauer, 2006, 2010b], denn sie entscheiden, wie viel und was gekauft wird. Das Verhältnis des Preis- zum Einkommensdurchschnitt bestimmt den Wohlstand oder wie viele Güter und Dienstleistungen am Markt gekauft werden. Ein hoher Wohlstand oder niedriges reales Preismittel kann auch in einer ökologischen, globalsolidarischen und sozialen Wirtschaft erreicht werden. Denn vom Verhältnis der Preise relativ zueinander hängt es ab, was gekauft wird [Samuelson u. a., 2005].

So ist es möglich, den Einsatz des einen primären Produktionsfaktors (natürliche Ressourcen) bei gleichem realen Preisdurchschnitt dadurch extrem zu verringern, dass er auf dem Faktormarkt verteuert wird und durch den Einsatz des ande-

---

[1] I (*impact*) symbolisiert dabei die Belastungswirkung einer Bevölkerung P (*population*) mit einem bestimmten Wohlstand A (*affluence*) auf die Umwelt.

ren primären Produktionsfaktors (menschliche Arbeit) ersetzt wird, der gleichzeitig billiger wird, wodurch die Umweltbelastung und Arbeitslosigkeit sinken [Aubauer, 2006, 2010b]. Der dritte Produktionsfaktor Kapital wird dabei als aus den beiden primären Faktoren abgeleitet und in diese zerlegbar betrachtet. Mit den Mitteln, die von einer Verteuerung der Ressourcen stammen, können die Löhne (Arbeitseinkommen) angehoben und die Lohnkosten (Arbeitskosten) bis hin zu negativen Werten gesenkt werden. In der Folge werden erwünschte Güter (mit niedrigem Ressourcenanteil und hohem Anteil an Arbeit bzw. Wissen) [Aubauer, 2010a, Wiedmann u. a., 2010] billiger und verdrängen so – und nur so – unerwünschte Produkte (mit hohem Ressourcenanteil und geringem Arbeitsanteil) vom Gütermarkt, die ohne Wirtschaftseinbuße bei unverändertem realem Preisdurchschnitt teurer werden [Samuelson u. a., 2005]. Erwünschte Techniken (die Ressourcen effizient nutzen), wie etwa Wärmepumpen oder Wärmedämmung, setzen sich am Markt durch, weil sie rentabel werden, da sie sich im Vergleich zu ihrer Lebensdauer ausreichend rasch amortisieren. Ressourceneffiziente Lebensstile - mit einem kleinen ökologischen Fußabdruck - werden vermehrt gewählt, weil sie hinreichend weniger kosten, als die ressourcenintensiven.

Zu dieser ersten Eigenschaft des Preissystems (den richtigen Preisunterschieden) muss sich aber eine zweite gesellen, um auch das soziale Ziel erreichen zu können und um zu verhindern, dass die Bezieher niedriger Einkommen einen größeren Anteil ihres Einkommens für Ressourcen ausgeben. Eine gerechte Verteilung natürlicher Ressourcen und damit von Lebenschancen setzt Preise voraus, die progressiv mit der individuellen Ressourcenmenge zunehmen, die jemand indirekt über seine Käufe verbraucht (die in den von ihm erworbenen Gütern und Diensten enthalten sind) [Aubauer, 2010a, Wiedmann u. a., 2010]. Preise, die aber auch mit abnehmendem Verbrauch bis zum Wert null sinken, sodass ein nicht zu hoher eigener Ressourcenverbrauch kostenfrei wird. Jeder zusätzlich gefahrene Kilometer muss teurer werden, als der vorherige.

Diese beiden zur Zielerreichung nötigen Eigenschaften kostengerechter Preise (richtige Preisunterschiede und deren Abhängigkeit vom individuellen Ressourcenverbrauch) können durch eine Änderung der Besteuerung oder durch Zertifikate erreicht werden [Aubauer, 2006, 2010b]. So kann mit einer stufenweise wachsenden Steuer auf einige wichtige Ressourcen – wie der Nutzung von Energie, von Materialien oder der verbauten Bodenfläche – begonnen werden, deren Aufkommen zu einer negativen Kopfsteuer oder zur Absenkung der vorhandenen Steuern jedes Bürgers um ein und denselben Betrag verwendet wird [Aubauer, 2010b]. Wenn diese aufkommensneutrale Ressourcenbesteuerung eine bestimmte Grenze überschreitet, muss sie durch handelbare Zertifikate ersetzt werden, die kostenfrei an jeden Bürger im gleichen Ausmaß ausgeteilt werden und zur Ressourcennutzung berechtigen [Aubauer, 2010b].

3.2 Ein dem Verursacherprinzip entsprechender Außenhandel

Es kann angestrebt und erhofft aber nicht erwartet werden, dass kostengerechte Preise sofort weltweit eingeführt werden. Bis es soweit ist, entstehen Grenzen zwischen Regionen, Ländern oder Ländergruppen mit bzw. ohne kostengerechte Preissysteme – zum Nachteil der Ersteren. Denn in einem System der unbeschränkten Handelsfreiheit, insbesondere des „Herkunftslandprinzips"[1] würden billig gebliebene, weil nicht kostengerecht kalkulierte, ressourcenintensive Importe heimische kostengerecht kalkulierte Produkte ersetzen. Unverändert würden sich am Weltmarkt jene Erzeugnisse durchsetzen, die konkurrenzlos billig sind, weil sie den Großteil ihrer Kosten auf die Allgemeinheit abwälzen – wie es auch Frey [Frey, 2010] in seiner Arbeit darstellt – und gemäß der „Allmende-Tragik" ihre Gewinne auf Kosten der Allgemeinheit erzielen [Hardin, 1968]. So würde es beispielsweise nicht helfen, wenn Konzerne, wie die *voestalpine AG* im oberösterreichischen Linz, ihren Stahl mit geringeren Schadstoffemissionen und daher kostenintensiver herstellten, weil sie auf einem Weltmarkt mit Anbietern emissionsintensiverer und daher billigerer Produkte unterliegen würden. Auch die Verlagerung der Produktion in Länder, die eine solche „schmutzigere" Produktion erlauben, um die Ware anschließend wieder nach Österreich einzuführen, wäre keine Lösung.

Eine weltweite Kostengerechtigkeit kann nur erreicht werden, wenn sie innerhalb eines oder mehrerer Länder so eingeführt wird, dass sie ihrem(n) Verursacher(n) nutzt, weil auch Importe aus nicht kostengerechten Ländern in die kostengerechte Preiskalkulation miteinbezogen werden. Nur so würden die erwünschten Nutzungsgewinne nachgeahmt und könnten schließlich weltweit zu kostengerechten Preise führen. Jedes Land müsste entsprechend dem „Bestimmungslandprinzip" die Standards und Normen für alle in ihm angebotenen Güter und Dienstleistungen festlegen können, auch für die importierten. Als Alternative könnten die nicht internalisierten Kosten als Ausgleichszahlungen pauschal am Ort des Kaufs bzw. an der Grenze bei der Einfuhr eingehoben werden. Nach dem

---

[1] Entsprechend dem Herkunftslandprinzip der Europäischen Union darf sich keines ihrer Mitgliedsstaaten gegen den Import von Waren oder Dienstleistungen wehren, die nach den Rechtsvorschriften eines anderen Mitgliedstaates ordnungsgemäß hergestellt und auf dessen Markt gebracht wurden. So durfte beispielsweise in Deutschland Bier auch dann verkauft werden, wenn es nicht dem deutschen Reinheitsgebot entsprach, wohl aber den Regelungen des Landes, in dem es hergestellt wurde.

„Inländergleichbehandlungsprinzip" der WTO (Artikel III GATT) sind auch ausländische Produkte nicht gegenüber heimischen Produkten zu bevorzugen. In Übereinstimmung mit der *Cassis-Formel* der *Cassis-de-Dijon-Entscheidung* [Cassis-de-Dijon, 1979] ist dies „...notwendig, um zwingenden Erfordernissen des Allgemeinwohls gerecht zu werden.".

3.3 Eine demokratische Bevölkerungspolitik

Wenn der Ressourcenflächenbedarf einer Anzahl von Bürgern entsprechend dem ökologischen und globalsolidarischen Ziel einen bestimmten Betrag nicht überschreiten soll, dann steht jedem von ihnen im Mittel nicht mehr als dieser Betrag geteilt durch die Anzahl zur Verfügung. Doppelt so viele Bürger können nur halb so viele begrenzt vorhandene Ressourcen nutzen. So kann es nur von der mehrheitlichen demokratischen Entscheidung der Bürger und von nichts anderem abhängen, welche Bevölkerungszahl in Zukunft und mit welchen Mitteln angestrebt wird. Andernfalls droht die „Tragik der Allmende", dass etwa auch aufgrund von Bevölkerungswachstum das soziale und globalsolidarische Ziel verfehlt werden [Daly, 2006]. Wegen des zwischenstaatlichen Wohlstandsgefälles versuchen beispielsweise Bürger aus armen Ländern ihren Wohlstand durch Einwanderung in reiche Länder anzuheben, zu Lasten der Allgemeinheit. Denn entweder steigert es den Ressourcenstrom und das Wohlstandsgefälle zwischen den Ländern, oder senkt die individuelle Ressourcenausstattung/Wohlstand im Zielland. Dagegen sucht das globalsolidarische Ziel das Wohlstandsgefälle zwischen und das globalsolidarische Ziel jenes innerhalb der Staaten abzubauen und so den Migrationsbewegungen von Süd nach Nord bzw. von Ost nach West die Motivation zu entziehen.

Hier wurden jene drei Voraussetzungen skizziert, die unverzichtbar notwendig, aber nicht hinreichend sind, um eine gerechte Verteilung der begrenzt vorhandenen natürlichen Ressourcen unter allen jenen zu erreichen, die sie nutzen könnten: kostengerechte Preise, ein verursachergerechter Außenhandel und eine demokratische Bevölkerungspolitik.

4 Therapieansätze

Diese Rahmenbedingungen zur Verteilungsgerechtigkeit stimmen weitgehend mit den von Frey in seinem Abschnitt 22.1 vorgeschlagenen Lösungsansätzen [Frey, 2010] überein:

Die Abwertung (Diskontierung) der Zukunft durch positive Zinsen nach der *Hotelling-Regel* [Siebert, 1983; Endres, 2000] wird vermieden. Diese Regel besagt, dass es auch für künftige Generationen ertragreicher sei, nicht erneuerbare Ressourcen durch die gegenwärtigen Generationen sofort auszubeuten zu lassen und den Gewinn daraus auf die Bank zu legen, wenn der daraus entstehende Zinsertrag höher ist, als das durch ihre Verknappung ausgelöste Preiswachstum der Ressourcen. Dem liegt die verantwortungslose Gleichsetzung von natürlichem und von Menschen gemachtem Kapital der „Schwachen Nachhaltigkeit" [Neymayer, 2003] zugrunde. Der zufolge spiele es bezüglich der Verantwortung gegenüber zukünftigen Generationen keine Rolle, das Naturkapital beliebig auszubeuten und es in von Menschen geschaffenes Finanz- oder Realkapital (etwa Infrastruktur, wie Straßen, Bauten) umzuwandeln, solange die ihnen übergebene Gesamtsumme aller Kapitalarten dadurch nicht gesenkt werde. In diesem Beitrag hingegen wird die Bewahrung des Naturkapitals entsprechend der „Harten Nachhaltigkeit" angestrebt. Jede Art der Naturausbeutung wird in ein und dieselbe Einheit – den Flächenbedarf (von Böden und Gewässern) – umgerechnet, quantifiziert, addiert und die Summe schrittweise auf das vorhandene Flächenangebot abgesenkt.

Die Abwälzung (Externalisierung) selbst verursachter Kosten (u. a. der Konzerne) auf die Gesellschaft wird unterbunden, wenn die Absenkung der Naturausbeutung mittels Zertifikaten auf das Recht auf diese Ausbeutung erfolgt, die kostenfrei in gleichem Ausmaß an jeden Bürger eines Landes (oder einer Region) ausgegeben und gehandelt werden [Aubauer, 2010a]. Dies bewirkt die Berücksichtigung externer Kosten in den Preisen (ihre Internalisierung), die sich als nicht nur positiv, sondern auch negativ und in der Summe als klein oder null herausstellen, sodass sich im Wesentlichen nur die Differenzen zwischen den Preisen, nicht aber ihr Durchschnitt verändert. Bisher stand vor allem die Sorge um Preissteigerungen dieser Internalisierung im Wege. Durch die Kosteninternalisierung mit Zertifikaten wird die Kaufkraft der vorhandenen Währungen in ökologisch und sozial verträglicher Weise gesteuert. Die produzierenden Konzerne können nur mehr mit ressourceneffizienten Gütern und Diensten Gewinne machen und nur mehr auf soziale Weise, denn die kostenlos verteilten Zertifikate erhalten durch ihre Nachfrage über den Handel einen Geldwert und können verkauft werden. Daraus entsteht ein Einkommen für die Leistung mit wenigen Naturressourcen auszukommen, die unabhängig von der Beschäftigung bei Konzernen ist. Es kommt sogar zu einer kostenfreien Grundversorgung mit Ressourcen, die von Wohlhabenden mit auch noch so viel Geld nicht weggekauft werden kann [Aubauer, 2006, 2010b].

Die Zertifikate entsprechen einer negativ verzinsten lokalen Zweitwährung, weil sie nach einer Periode ihre Kaufkraft verlieren. Da zu Käufen nicht nur Geld, sondern auch die an alle in gleichem Ausmaß ausgegebenen Zertifikate nötig sind, können auch mit beliebig viel Geld nicht mehr unbegrenzt Güter, Dienste, Ressourcen und Arbeit gekauft werden. Dies verringert die Folgen der Ungerechtigkeit zu großer Gehaltsunterschiede und des Geldsystems selbst.

Die schädliche Wirkung des Ziels „Wirtschaftswachstum" wird reduziert, denn innerhalb der hier vorgeschlagenen Rahmenbedingungen kann nach wie vor ein möglichst großes Sozialprodukt angestrebt werden. Erste Priorität ist die Absenkung und gerechte Verteilung der Naturressourcen. Soweit dies damit verträglich ist, kann das Sozialprodukt (etwa durch vermehrten menschlichen Einfallsreichtum, der mehr Wohlstand aus ein und derselben Naturressource gewinnen lässt) als nachrangige zweite Priorität angehoben werden.

Transporte und Mobilität sinken auf das notwendige Ausmaß: Da Beförderung sehr viele Naturressourcen benötigt, wird sie im Vergleich zu einer transportarmen Produktion aus lokalen Ressourcen für die lokale Nachfrage so teuer, dass sich statt des weiteren Ausbaus von Verkehrsinfrastruktur ihr Rückbau lohnt. Ausnahmen bleiben, wie in der Wirtschaftsgeschichte, besonders wertvolle Güter, deren Transport sich immer, auch über große Distanzen, lohnen wird.

Die hier vorgeschlagenen Rahmensetzungen erfassen nicht nur die inländische Produktion, sondern auch die ausländische, importierte, sodass nationalstaatliche, demokratische Prinzipien die WTO-Politik und die Konzernideologie der „Vier Grundfreiheiten" der Europäischen Union ersetzen, und die Einfuhr von Produkten verboten wird, wenn sie den nationalen Sozial- oder Umweltstandards widersprechen. Mit direkt demokratischen Entscheidungen über chancengleich ausdiskutierte Anliegen, die aus der Bevölkerung kommen, gewinnt die Mehrheit der Bürgerinnen und Bürger wieder jenen Freiraum (und jene Freiheitsgrade) aus dem Einfluss egozentrischer Interessengruppen zurück, den sie zur Gestaltung ihrer eigenen Zukunft braucht.

5 Literatur

AUBAUER, H. P., 2006: A just and efficient reduction of resource throughput to optimum. Ecological Economics; 58, 637– 649. http://dx.doi.org/10.1016/j.ecolecon.2005.08.012

AUBAUER H. P., 2010a: Development of Ecological Footprint to an essential economic and political tool, Special Issue „Ecological Footprint Indicator" of

Sustainability; http://www.mdpi.com/journal/sustainability/special_issues/footprint-indicator

AUBAUER H. P., 2010b: in Aubauer H. P., Knoflacher H., Woltron K. (Hrsg.), Kapitalismus gezähmt? Sozialer Wohlstand innerhalb der Naturgrenzen, Peter Lang, Frankfurt.

BINSWANGER H. Ch., 2006: *Die Wachstumsspirale Geld, Energie und Imagination in der Dynamik des Marktprozesses*; Metropolis, Marbug.

Cassis-de-Dijon, 1979: EuGH vom 20. Februar 1979; Entscheidung in der Rechtssache 120/78, Rewe-Zentral AG. Bundesmonopolverwaltung für Branntwein. http://eur-lex.europa.eu/LexUriServ/LexUriServ.do?uri=CELEX:61978J0120:DE:HTML

DALY E. H.; Goodland R., 1994a: An ecological-economic assessment of deregulation of international commerce under GATT, Ecological Economics, 9, 1, 73-92, http://dx.doi.org/10.1016/0921-8009(94)90017-5

DALY E. H., 1994b: Against Free Trade - Neoclassical and steady state perspectives, Conference on Trade and the Environment Pacific Basin Research Center John F. Kennedy School of Government Harvard University April 29-30 (im Internet unter dem Titel)

DALY E. H., 2006: Population, migration, and globalization; Ecological Economics, 59, 2, 187-190, http://www.worldwatch.org/node/559, http://dx.doi.org/10.1016/j.ecolecon.2006.01.005

EHRLICH P. R., HOLDREN J. P., 1971: Impact of population growth. Science. 171, 3977, 1212-1217, http://www.ncbi.nlm.nih.gov/pubmed/5545198?dopt=Abstract

ENDRES A., 2000: Umweltökonomie; Kohlhammer, Stuttgart.

FREY H., 2010: Analytisch-empirische Vergleichsuntersuchung der Wachstumsparameter von transnationalen Konzernstrukturen und Tumoren in lebenden Organismen unter besonderer Berücksichtigung des Verkehrssystems; Dissertation an der Fakultät für Bauingenieurwesen, Technische Universität Wien.

HAFSAT A., ADAM R., ALT F., ARLT M., BARLOW M., 2005: Global Marschall Plan Initiative (Hrsg.): Impulse für eine Welt in Balance, Global Marshall Plan Foundation, Hamburg, http://www.globalmarshallplan.org/e5095/e4190/e4321/index_ger.html

GOODLAND R., DALY H. E., 1993 : Why Northern income growth is not the solution to Southern poverty, Ecological Economics , **8**, 2 , 85-101, http://dx.doi.org/10.1016/0921-8009(93)90038-8

GROTIUS H., 1609: Mare Liberum, sive de jure quod Batavis competit ad Indicana commercia dissertation, http://oll.libertyfund.org/index.php?option=com_staticxt&staticfile=show.php%3Ftitle=552&Itemid=27

HARDIN G.,1968: The Tragedy of the Commons, Science. **162,** 3859, 1243-1248, http://dx.doi.org/10.1126/science.162.3859.1243

IPCC, 2001: Intergovernmental Panel on Climate Change (IPCC), 2001: Climate Change – The Scientific Basis, University Press, Cambridge, UK. http://www.grida.no/publications/other/ipcc_tar/?src=/climate/ipcc_tar/wg1/index.htm

Living Planet Report, 2008: Living Planet Report 2008; WWF, Zoological Society of London, Global Footprint Network and Twente Water Centre (2008) Living Planet Report 2008, World-Wide Fund for Nature International (WWF), Gland, Switzerland. http://www.panda.org/livingplanet

MEADOWS D., RANDERS J., 2006: *Grenzen des Wachstums – Das 30-Jahre-Update Signal zum Kurswechse*, Hirzel, Stuttgart.

MOSER A., 1993: Task Group Ecological Bioprocessing of the European Federation of Biotechnology: End Report, Österreichische Gesellschaft für Bioprozesstechnik (ÖGBPT). Schlögelgasse 9, A-8010, Graz, Austria

NEYMAYER E., 2003: Weak Versus Strong Sustainability, 2nd edition, Edward Elgar Publishing, Cheltenham.

PACALA S.; SOCOLOW R., 2004 : Stabilization wedges: solving the climate problem for the next 50 years with current technologies. Science. **305,** 5686, 968-972, http://dx.doi.org/10.1126/science.11

RICARDO D., 1821: On the principles of political economy, and taxation, http://www.econlib.org/library/Ricardo/ricPCover.html

SAMUELSON P. A., NORDHAUS W. D., 2005: Volkswirtschaftslehre, mi-Fachverlag, Redline GmbH, Landsberg am Lech.

SIEBERT H., 1983: [Ökonomische Theorie natürlicher Ressourcen Horst Siebert 1983 J. C. B. Mohr (Paul Siebeck), Tübingen.

WIEDMANN T., BARRETT J., 2010: A Review of the Ecological Footprint Indicator—Perceptions and Methods; Sustainability; 2(6), 1645-1693; http://dx.doi.org/10.3390/su2061645, http://www.mdpi.com/search/?s_journal=sustainability&s_special_issue=272

25.5 „Krebs und Konzernwachstum: Von Metaphern, Analogien und Erklärungen."

Elfriede Maria Bonet

In der Einleitung zur Dissertation wird darauf hingewiesen, dass „spätestens seit Mitte des 20. Jahrhunderts" die *Krebsmetapher* verwendet wird, um das Wachstum des Wirtschaftssystems als *tumorartig* zu charakterisieren. Als Kennzeichen werden angeführt: infiltratives, invasives Wachstum, destruierendes Wachstum und Metastasierung.

Auch wenn davon abgesehen wird, von *Homologie* zu sprechen, soll eine *Analogie* zwischen dem *natürlichen* Geschehen *Krebs* und der *kulturellen* Institution Konzern hergestellt werden. Um die(se) *Analogie* plausibel zu machen, werden neben d(ies)er *Beschreibung mathematische Modelle* in Form von *Wachstumskurven* zur Verfügung gestellt.

Der Anspruch aber ist größer: Die(se) *Analogie* soll als *Erklärung* für das Wachstum von Konzernen dienen. Nach Frey (2010) stellt „das Wirtschaftssystem als äußere künstlich geschaffene anthropomorphe Struktur nichts anderes als ein Abbild des Inneren dar ... Mit anderen Worten müssen die Gesetzmäßigkeiten, die in den äußeren Strukturen auftreten, bereits tiefer in der Evolution verankert sein".[1] Die *Entropiegesetze* als Grundlage genommen, zeigen sich dieselben Verhaltensweisen bereits „zwischen den Zellen". Einerseits als „grundlegend für den Aufbau des Lebens", anderseits ebenso als „zerstörerisch" in Form von Krebs.

Unter dem Titel „Voraussetzungen" bzw. „Bedingungen für reale Systeme"[2] wird auf ein Modell von Rupert Riedl rekurriert[3]; das in den Abbildungen 1 und 2 *in etwa* wiedergegeben wird.

Ausgegangen wird von einem so genannten *Schichtenmodell*, das alle interessierenden Phänomene und Phänomenbereiche auf Grundlage der *Evolutionstheorie* einteilt. Die einzelnen „Schichten" stehen dabei jeweils nicht nur für unterschiedlich benannte „Materialien" und „Formen"; wesentlich daran ist, dass mit jeder neuen „Schichte" auch neue *Gesetzmäßigkeiten* auftreten. Mit Hilfe von *vier Ursachen*, die die Verbindung zwischen den einzelnen *Schichten* bzw. dem

---

[1] Vgl. Frey (2010) S.8
[2] Vgl. Frey (2010) S.10
[3] Ausführlich in: Riedl, R.: *Die Spaltung des Weltbildes. Die biologischen Grundlagen des Erklärens und Verstehens.* Verlag Paul Parey, Berlin und Hamburg, 1985. S. 66ff.

Schichtenbau im Ganzen her- und darstellen, ergibt sich eine *Systematik* für jenen Prozess, den wir *Evolution* nennen.

Für die Bearbeitung des so umfangreichen Phänomen-Komplexes, der vom *naturhaft zellulär-organischen* Geschehen *Krebs* bis zum *kulturell institutionalisierten* Gebilde *Konzern* reicht, werden jedoch lediglich *zwei* dieser Ursachen – *causa efficiens* und *causa finalis* – herangezogen, und es wird vom einen „Ende" des Prozesses mittels *Analogie* auf das andere „Ende" geschlossen. Dieser *Analogie-Schluss* erweist sich so als *Kurz-Schluss*.

Die Modell-Vorstellungen ernst genommen, ist der Ansatz daher zu ergänzen. Die beiden anderen Ursachen, *causa materialis* und *causa formalis*, sind mit einzubeziehen. Erst dann ist ein weiterer Schritt möglich, die *Dynamik* von *komplexen Systemen* zu erschließen.

Wie von Riedl[1] ausgeführt, handelt es sich um einen „universellen Schraubenprozess". Dabei wird nicht nur das „Durchreichen" der *vier Ursachen*, sondern auch die *Dynamik jeder einzelnen Schichte* berücksichtigt.

Die Ein- und Beschränkung ergibt sich, weil es – und zwar *ausschließlich* – um den Parameter

Wachstum

geht. Darunter wird die Veränderung *einer* bestimmten Messgröße verstanden, die sich aus dem *Vergleich* zweier Zustände eines Systems ergibt; wobei zumeist alle anderen Parameter außer Betracht bleiben. Wachstum aber ist immer Wachstum von *etwas* – dieses *Etwas* aber bleibt außerhalb der Betrachtungen.

In Bezug auf *Konzerne* ist an dieser Stelle auch anzumerken, dass sie zwar *Wachstum intendieren*, aber, so die Vermutung, niemals *exponentielles Wachstum*. Das *passiert*, und stellt Beteiligte und Betroffene dann oftmals vor Rätsel. Eine *scheinbare* Lösung ergibt sich durch die Verwendung der Begriffe **Eigendynamik** und **Systemzwang**: den gemeinten *Systemen* wird gewissermaßen ein „Eigenleben" zugeschrieben, von Vorhersehbarkeit und Beeinflussbarkeit der gemeinten Systeme *im Ganzen* kann so *vermeintlich* abgesehen werden – weil sie nicht durchschaubar sind. Darauf soll das Zitat von Forrester aufmerksam machen:

„Die Evolution hat uns ... nicht mit den geistigen Möglichkeiten ausgestattet, die dynamischen Verhaltensweisen von komplexen Systemen, in denen wir uns heute befinden, richtig zu interpretieren.[2] Bei einfachen Systemzusammenhängen sind Ursache und Wirkung

---

[1] Riedl (1985), S. 55ff.
[2] Vgl. Kirkwood (1998)

nahe beieinander. ... [1] Bei komplexen dynamischen Zusammenhängen jedoch sind die Ursachen sowohl in Zeit als auch im Raum weit von den Wirkungen entfernt. Die wahren Ursachen liegen womöglich viele Jahre zurück und treten an einer ganz anderen Stelle im System wieder auf." [2]

Die Folge ist, dass dazu übergegangen wird „die Hände in den Schoß" zu legen, zu meinen, sich mit *Einzelmaßnahmen* begnügen zu können bzw. zu müssen, um einer unerwünschten Entwicklung gegenzusteuern.

Um die *Dynamik* von Sozialsystemen verstehen zu können, empfiehlt sich eine Unterscheidung in

Regulative und Steuerungen.

Unter *Regulativ* ist dabei jeweils ein *systemimmanenter* Mechanismus zu verstehen, unter *Steuerung* einer, der von *außen* an ein System herangetragen bzw. in es hineingetragen wird.

Während es sich bei **Regulativen** um **(system)erhaltende – negative – Regelkreise** handelt, werden unter **Steuerungen** Eingriffe durch den Menschen verstanden, die dazu dienen, Systeme zu *verändern*. Ziel und Zweck solcher Eingriffe ist, ein *Mehr* an Nutzen, an Ertrag, letztlich „Gewinn" aus einem System zu schöpfen; sei es *quantitativ* oder *qualitativ*.

Natürliche und *soziale Systeme* unterscheiden sich vor diesem Hintergrund in spezifischer Weise: Überwiegen in *natürlichen Systemen* die *negativen Regelkreise* und wird „Wachstum" nach kurzer Zeit eingebremst, verhält es sich in sozialen Systemen genau umgekehrt: Sie sind, und zwar überwiegend in der „zivilisierten" Welt, darauf angelegt, zu *wachsen*, zu *expandieren*. Das wird erreicht, indem *Anpassung*, d. h. Begrenzung im Sinne der Herstellung eines *negativen* Regelkreises, *verhindert wird*: Im Verlauf dieser Entwicklung haben die *Steuerungen* auf Kosten und zu Lasten der *Regulative* zugenommen.

Um – aus welchen Gründen immer – zu erreichen, dass ein System in eine Richtung „wächst", die ihm nicht „vorgegeben" ist, müssen an der Stelle, an der *Wachstum* erwünscht – *intendiert* – ist (als Veränderung einer bestimmten *Messgröße*), *Regulative* „geöffnet", ein *negativer Regelkreis* „aufgebrochen" werden. Welche anderen *Regulative* dadurch verändert werden, wird in den allermeisten Fällen nicht berücksichtigt; was sich, im Laufe der Zeit, zur derzeitigen – *ökologischen* und *ökonomischen* – *globalen Krise* aufsummiert (hat).

---

[1] Ibesich (2005), S.98
[2] Vgl. Forrester (1995)

Um das Gemeinte zu verdeutlichen, soll von einem „idealen" System ausgegangen werden, in dem es nur *Regulative* gibt. Das entspricht dem, was wir – in unserem heutigen Verständnis – ein *natürliches* System nennen. Das wäre z. B. ein „Wildtier", dessen Leben – und Sterben – durch diese *Regulative* bestimmt wird, durch seine Artzugehörigkeit, die individuelle *Fitness* und das *Milieu*.

Soll ein solches „Wildtier" gezähmt, aus ihm ein Haus- bzw. Nutztier (gemacht) werden, müssen einige seiner Regelkreise „aufgebrochen" werden: Der Mensch greift *steuernd* ein, begrenzt den Lebensraum (Stall, Koppel, Weide etc.), beeinflusst die Fortpflanzung durch *Züchtung*, die Nahrungsaufnahme – durch *Futter* etc. Am Ende steht die Massentierhaltung.

Analoges geschieht bei der *Kultivierung* von Wild- zu Nutzpflanzen; an deren Ende die Monokultur steht.

Diese Überlegungen sind in die Sprache des Modells zu übersetzen. Und dem Modell von Riedl ist ein weiteres *Prinzip* zu entnehmen, das den Prozess *Evolution* kennzeichnet: Eine neue „Schichte" entsteht immer dann, wenn sich – *gleich* oder *ungleich geartete* – Systeme zusammenschließen. Der Vorgang ist hierbei, folgt man der Modellvorstellung, immer derselbe: Die beteiligten Systeme müssen „Verzicht" leisten – auf eine oder mehrere *Eigenschaften* oder *Funktionen*. Das beginnt beim Zusammenschluss von Atomen zu Molekülen – Elektronen werden abgegeben, damit eine chemische Bindung entstehen kann – und setzt sich im Organischen fort.

Bestehen bleiben aber können neu gebildete Systeme nur, wenn es (ihnen) gelingt, sich zu *regulieren*, d. h. eine neue *Gesetzmäßigkeit* zu schaffen; die für alle – und auch alle darauf folgenden – Entitäten bindend ist. In Summe wird das durch die beiden *causae* – *efficiens* und *finalis* – wiedergegeben.

Das gilt auch für Zellen. Der Zusammenschluss zum *Zellverband* erfordert von jeder einzelnen Zelle den Verzicht auf *Autonomie*: Ein Einzeller besitzt keinen Mechanismus, der ihn daran hindert, sich zu reproduzieren. Ohne Begrenzung durch das Milieu kommt es zu exponentiellem Wachstum – darüber geben Zellkulturen Aufschluss.

Und setzt sich bei Sozialsystemen fort. Diese „wachsen", indem bereits vorhandene Einheiten zu „größeren" zusammengeschlossen werden; wodurch diese „komplexer" werden. In aller Kürze, geht der Weg vom *Tauschhandel* zum *Handel* und über den *Markt* zum *Weltmarkt*. Die Weise ist immer dieselbe: *Regulative* der zusammenzuschließenden Einheiten werden – durch *Steuerungen* – „geöffnet". So ist zu verstehen, dass mit jedem neuen System *neue Gesetzmäßigkeiten* entstehen (müssen). Und je „größer" bzw. „komplexer" ein System ist/wird, desto *abstrakter* sind die *Gesetzmäßigkeiten*.

Dieser Vorgang lässt sich an der *Geschichte des Geldes* ablesen und nachvollziehen[1], die zu dieser Entwicklung parallel verläuft. Diese ist in zweifacher Weise zu lesen, einerseits an ihrer *Praxis*, anderseits an den zugehörigen *Theorien*, die sich mit den jeweiligen *Gesetzmäßigkeiten* beschäftigen.

Es beginnt als

Nutz- bzw. Naturalgeld: Das sind Nahrungs- und Genussmittel, aber auch Felle, Werkzeuge etc., *die außer dem symbolischen auch noch einen Verbrauchswert hatten und auch für andere, außerzirkulatorische Zwecke* geeignet waren.

Die zugehörige Theorie ist der **Metallismus**, der beispielsweise von David Ricardo und Karl Marx vertreten wurde.

Auf das Nutz- bzw. Naturalgeld folgt das

Zeichengeld, z. B. Schnecken, Muscheln, Federn, seltene Steine, das *nur (mehr) ein abstraktes Wertsymbol* darstellt. Es diente weniger wirtschaftlichen Zwecken als z. B. dem Brautkauf, der Erhöhung des sozialen Ansehens oder als Körperschmuck (daher auch **Schmuckgeld**); alles Bereiche, die im Dienste der sozialen Steuerung stehen.

Beschrieben wird das von der **Konventionstheorie**, die beispielsweise von John Locke vertreten wurde. Das Geld wird als Instrument betrachtet, das *nur* (nur mehr) *für zirkulatorische Zwecke* Verwendung findet und seine Geltung aus Vereinbarung oder rechtlicher Satzung herleitet.

Bereits im Lyder- und Perserreich beginnt die **Münzprägung**. Indem das Wertverhältnis zwischen Silber und Gold im spätrömischen Reich in ein festes Verhältnis gebracht wird, erfolgt ein weiterer Abstraktionsschritt.

Hier ist die **Funktionswerttheorie** einzuordnen, die den Wert des Geldes aus seiner Kaufkraft, d. h. der *Wertschätzung der zu erwerbenden Güter* ableitet.

Papiergeld diente *zunächst lediglich als Ersatz für hinterlegtes Metallgeld*. Als Währungsmetalle standen Gold und Silber lange Zeit gleichberechtigt nebeneinander, um die Wende zum 19. Jahrhundert ging zuerst England zur **Goldwährung** über, die im Lauf des 19. Jahrhunderts als Goldumlaufwährung zur international anerkannten Währungsform der freien Weltwirtschaft wurde. Schon im 19. Jahrhundert wurden jedoch die Deckungsvorschriften gelockert, und mit dem Zusammenbruch der Goldwährungen nach dem Ersten Weltkrieg wurden die Bindungen des Papiergeldes an das Gold aufgegeben und **Papierwährungen** geschaffen.

---

[1] Kursiv gesetzt sind jeweils die Funktionen, auf die „verzichtet" wird.

Die **Liquiditätstheorie** beschreibt diesen weiteren Abstraktionsschritt: Die Geldqualität wird in der Eigenschaft *Tauschbereitschaft zu sichern* gesehen.

Damit allerdings nicht genug, ist ein weiterer Mechanismus zu bedenken, der ebenfalls eine, wenn nicht *die* entscheidende Rolle spielt.

Von der Steuerung zum Regulativ.

Soziale Systeme *ent*stehen durch Steuerung, indem **Regulative** „aufgebrochen" werden: Vordem *autonome soziale Einheiten* werden zu *Elementen* eines neuen Systems, indem sie auf einen Teil ihrer *Autonomie* verzichten.

Das aber ist noch keine Garantie, dass sie auch *be*stehen bleiben, denn „sich selbst überlassen", neigen *Regulative* dazu, wieder in ihren Ausgangszustand zurückzukehren. Um zu erreichen, dass sie auch „geöffnet" bleiben, müssen umfassende(re) Einheiten gebildet werden, deren Aufgabe es ist, dass das geschieht. In der nächst höheren, abstrakteren Systemebene werden die *Steuerungen* zu *Regulativen*, d. h. es kann nicht mehr auf sie verzichtet werden, andernfalls wird die Systemebene korrumpiert; was sich immer auch auf darunter liegende Ebenen des Systems auswirkt.

So muss bekanntlich *Leben* permanent seine Ordnung gegen die *Entropie* „verteidigen". Der „evolutionäre Trick" besteht darin, sukzessive übergreifende Systeme auszubilden, wie beispielsweise das Blut- und Lymphsystem. Und wer auf dieser evolutionären Systemebene „angekommen" ist, ist ohne diese Systeme nicht lebensfähig.

In sozialen Systemen spricht man von *Institutionalisierung*.

Die Schlagworte

Eigendynamik und Systemzwang

können an dieser Stelle wieder aufgenommen und bis zu einem gewissen Grad auch geklärt werden.

Betrachtet man auf die oben beschriebene Weise entstandene Systeme – und es ist davon auszugehen, dass *alle* komplexen Systeme, von den *natürlichen* bis zu den *kulturellen*, diesen Parametern unterliegen – „von innen", spricht man von *Eigendynamik*; die darin besteht, dass geöffnete *Regulative* – permant – offen gehalten werden müssen.

Was dazu getan werden muss, erscheint, von „außen" betrachtet, als „Systemzwang".

Was bis hierher erläutert wurde, war die *Diagnose*. Jede Diagnose aber ist nur soviel wert wie die Therapie, die daraus abgeleitet wird. In Bezug auf den Zusammenhang von *Ökonomie* und *Ökologie* läuft das unter dem Titel

Nachhaltigkeit;

eine Vorgangsweise, die darin besteht, zu untersuchen, an welchen Stellen welche *Regulative* geöffnet wurden. Sie wieder *ganz* zu „schließen", wird zwar – wie sich aus dem oben Ausgeführten ergibt – in den allermeisten Fällen nicht mehr möglich sein. Denn was gesetzt werden kann, sind – *post factum* – wieder, und nur mehr *Steuerungen*; die aber, in Form von Einzelmaßnahmen, korrigierend wirken können.

Damit das effizient geschehen kann, ist eine Kenntnis der *Systemzusammenhänge* von großem Vorteil. Diese können nur durch *Modelle* dargestellt und plausibel gemacht werden. Je komplexer die zu untersuchenden und zu behandelnden Systeme sind, desto komplexer muss auch das Modell sein.

26 Autoren

Harald Frey studierte Bauingenieurwesen an der Technischen Universität Wien und spezialisierte sich auf den Bereich Verkehrs- und Infrastrukturplanung. Er arbeitet seit dem Jahr 2006 als Assistent am Institut für Verkehrsplanung und Verkehrstechnik an der TU Wien und promovierte im Jahr 2010 zum Doktor der technischen Wissenschaften. Seine Tätigkeiten bei der Lehre, Forschung und Praxis belegen Beiträge und Präsentationen zum Thema Verkehrsplanung und Mobilitätsmanagement. Er leitet seit dem Jahr 2008 auch das Sekretariat des Club of Vienna.

Hans Peter Aubauer studierte Experimentalphysik an der Technischen Universität Wien und Theoretische Physik an der Universität Chicago/USA. Er forschte auch am Max-Planck-Institut für Metallforschung in Stuttgart und habilitierte sich mit Arbeiten über Festkörperphysik. Sein besonderes Interesse gilt der Volkswirtschaft und der Bewahrung der Umwelt. Zu diesen Themen hat er auch zahlreiche Publikationen veröffentlicht.

Christine Bauer-Jelinek ist Wirtschaftscoach und Psychotherapeutin, Geschäftsführerin der cbj-coaching GmbH, Leiterin des Instituts für Macht-Kompetenz in Wien und Mitglied des wissenschaftlichen Beirats der Leopold Kohr Akademie in Salzburg. Sie ist Gastreferentin an der Wirtschaftsuniversität Wien und der Donauuniversität Krems sowie Autorin zahlreicher Sachbücher, u.a.: „Strategie.Macht.Erfolg" (e-learning Book by create.at, 2009), „Die helle und die dunkle Seite der Macht" (ecowin 2009), „Die geheimen Spielregeln der Macht" (ecowin, 2007), „Business-Krieger. Überleben in Zeiten der Globalisierung" (Manz/Ch. Beck, 2003).

Elfriede Maria Bonet studierte Wirtschaftswissenschaften, Philosophie und Biologie und sponsierte in Philosophie. Sie arbeitete an Studien in „Cognitive Sciences" USA, Publikationen über biologisch–erkenntnistheoretische Themen und war Mitherausgeberin der Serie „Wiener Beiträge zur Wissenschaftstheorie." Sie lehrte an der Universität Wien. Erfahrungen sammelte sie aus ihren Begegnungen mit Karl Popper und der Zusammenarbeit mit Rupert Riedl über die strukturellen Grundlagen der Evolutionären Erkenntnistheorie und über Kulturgeschichte.

Hermann Knoflacher studierte Bauingenieurwesen, Mathematik und Geodäsie. Nach der Leitung der Abteilung „Verkehrstechnik" des Kuratoriums für Verkehrssicherheit und eines Ingenieurbüros wurde er Professor und Vorstand des Instituts für Verkehrsplanung und Verkehrstechnik an der Technischen Universität Wien. Neben seinen Tätigkeiten bei zahlreichen internationalen Organisationen veröffentlichte er über 500 Artikel und mehrere Fachbücher. Obmann des Club of Vienna.

Markus Knoflacher absolvierte eine Ausbildung als Bautechniker und studierte Biologie. Seine berufliche Laufbahn führte von Forschungsarbeiten über Ökosysteme und Forschungsprojekten über Infrastrukturen zu systemanalytischen Arbeiten über die Wechselwirkungen menschlicher Aktivitäten mit der Umwelt. Er arbeitet gegenwärtig als Senior Scientist in einem außeruniversitären Forschungsinstitut.

27 Literatur

ABRAM, D. (1991): The Mechanical and the Organic: On the Impact of Metaphor in Science. In St.H.Schneider/P.J.Bosten (Hrsg.): Scientists on Gaia. Cambridge, Mass., London, MIT Press, S.66-74.

ALARCÓN, T., BYRNE, H.M., MAINI, P.K. (2003): A cellular automaton model for tumour growth in inhomogeneous environment. Journal of Theoretical Biology, Nr.225 S.257–274

ARBEITERKAMMER Wien (2008): Große Unternehmen und Banken fahren Rekordgewinne ein, zahlen aber immer weniger Steuern; Studie zu Unternehmenssteuern. (http://wien.arbeiterkammer.at/bilder/d73/Steuerstudie2008.pdf)

ATTAC (2003): Das GATS, GATS und Bildung sowie GATS & Verkehr in Folienpräsentationen. Vorträge zum GATS vom 15.05.2003. (http://www.wto-runde.de/publcations/bildungsmaterialien/34926.html)

AUBAUER, H.P., KNOFLACHER, H., WOLTRON K. (2010): Sozialer Wohlstand innerhalb der Naturgrenzen, Peter Lang Verlag, Frankfurt-Wien, (in Druck).

BAKAN, J. (2005): Das Ende der Konzerne. Die selbstzerstörerische Kraft der Unternehmen, Europa Verlag, Leipzig.

BALANYÀ, B., DOHERTY, A., HOEDEMAN, O., MA'ANIT, A., WESSELIUS, E. (2001): Konzern Europa – Die unkontrollierte Macht der Unternehmen. 1. Auflage, Rotpunktverlag, Zürich.

BARNES, N.G., et.al. (1996): Regional Differences In The Economic Impact Of Wal-Mart, Business Horizons, July-August 1996.

BARTH, R. (2007): Den Tumor aushungern. In „People – Menschen und Medizin am Wiener AKH, 2/2007, S.13.

BECKER, J., FUEST, C., SPENGEL, Ch. (2006): Konzernsteuerquote und Investitionsverhalten, Schmalenbachs Zeitschrift für betriebswirtschaftliche Forschung, Nr.58, S.730-742

BERTALANFFY, L.v. (1951): Metabolic types and growth types. The American Naturalist, Nr. 85 (821), S.111–117.

BERTALANFFY, L.v. (1949): Vom Molekül zur Organismenwelt. Akademische Verlagsgesellschaft Athenaion, Potsdam.

BERTALANFFY, L.v. (1957): Quantitative laws in metabolism and growth. The Quarterly Review of Biology, Nr. 32, S.217–231.

BRU, A., ALBERTOS, S., SUBIZA, J.L., GARCIA-ASENJO, J.L., BRU, I. (2003): The Universal Dynamics of Tumor Growth, Biophysical Journal Nr. 85 November 2003, S.2948–2961

BÖCKER, W., DENK, H., HEITZ, U. Ph.(2001): Pathologie. Urban&Fischer Verlag, München.

CHOMSKY, N. (2002): Profit over People. Neoliberalismus und globale Weltordnung. 7.Auflage, Europa Verlag, Hamburg.

CHOMSKY, N. (2007): Wirtschaft und Gewalt. Vom Kolonialismus zur neuen Weltordnung. 4. Auflage, zu Klampen Verlag, Lüneburg.

COSTANZA, R., et .al. (2007): Sustainability or Collapse: What Can We Learn from Integrating the History of Humans and the Rest of Nature?, Ambio Vol. 36, Nr. 7, Royal Swedish Academy of Sciences, S.522-527.

CREUTZ, H. (1997): Das Geldsyndrom, 4. Auflage, Ullstein Verlag, München.

DAHLKE, R. (2003): Woran krankt die Welt? Moderne Mythen gefährden unsere Zukunft. 3. Auflage, Goldmann Verlag, München.

DEUTSCHER BUNDESTAG (2002): Schlussbericht der Enquete-Kommission Globalisierung der Weltwirtschaft . Herausforderungen und Antworten. Bundestagsdrucksache 14/9200. Deutscher Bundestag, Berlin. (http://dip.bundes tag.de/btd/14/092/1409200.pdf)

DGB (1998): Kleidung aus der Weltfabrik. DGB Bildungswerkstatt e.V. Nord-Süd-Netz.

DUBE, A., JACOBS, K. (2004): Hidden Cost of Wal-Mart Jobs. Use of Safety Net Programs by Wal-Mart Workers in California, US-Berkeley Labour Center.

DUBE, A. (2005): Impact of Wal-Mart Growth on Earnings throughout the Retail Sector in Urban and Rural Counties. UC Berkeley Labor Center. (http:// repositories.cdlib.org/iir/iirwps/iirwps-126-05)

DUBE, A., LESTER, W.T., EIDLIN, B. (2007): Firm Entry and Wages: Impact of Wal-Mart Growth on Earnings Throughout the Retail Sector, Institute for Research on Labor and Employment. Working Paper Series (University of California, Berkeley), (http://repositories.cdlib.org/iir/iirwps/iirwps-126-05)

DÜRR, H.P. (2007): Die Grenzen unseres Ökosystems. Vortrag am 9.11.2007 beim Symposium „Peak Oil, Klimawandel, Lebensstile – welche Alternativen für welche Zukunft?, Hochschule München, Selbach-Umwelt-Stiftung, Global Challenges Network GCN. (http://www.gcn.de/download/Muen chen071109.pdf)

ESTES, R. (1996): Tyranny oft he Bottom Line, Berrett-Koehler Verlag.

EU (2001): Grünbuch Europäische Rahmenbedingungen für die soziale Verantwortung der Unternehmen. Brüssel.
FASCHING, G. (2005): Objektive Illusionen. Ein Essay über das Wesen der naturwissenschaftlichen Wirklichkeit. Eigenverlag Fasching, Wien.
FASCHING, G. (2003): Illusion der Wirklichkeit. Wie ein Vorurteil die Realität erfindet. Springer Verlag. Wien, New York.
FASCHING, G.(2009): Vortrag im Rahmen der Ringvorlesung „Ethik& Technik" an der TU-Wien, am 16.11.2009.
FELBER, C., STARITZ C., et al. (2002): GATS: Das Dienstleistungsabkommen der WTO. Die geheimen Spielregeln des Welthandels WTO – GATS – TRIPS – MAI. Promedia Verlag, Wien.
FOLKMAN, J. (1996): Fighting cancer by attacking its blood supply. Scientific American 1996, S. 116-119. (www.cancerprotocol.com/links/sciam_folkman.html)
FORRESTER, J. W. (1995): Counterintuitive Behavior Of Social Systems. Technology Review, Vol. 73, Nr. 3, Januar 1971, S. 52-68. Portland.
FREY, H. (2005): Argumentationsüberprüfung zu Verkehrswegeinvestitionen bei Berücksichtigung von verkehrs- und gesellschaftspolitischen Zielsetzungen sowie ökonomischen und ökologischen Randbedingungen und deren Entwicklung. Diplomarbeit am Institut für Verkehrsplanung und Verkehrstechnik, Technische Universität Wien.
FRIBERG, S., MATTESON, S. (1997): On the growth rates of human malignant tumors:implications for medical decision making. Journal of Surgical Oncology Vol. 65, S.284–297
GATENBY, R. A., MAINI, Ph.K. (2003): Mathematical oncology: Cancer summed up. Nature, Nr.421, S.321.
GREAVES, M. E.(2003): Krebs - Der blinde Passagier der Evolution, Springer Verlag, Berlin-Heidelberg.
GOODWIN, R. (1978): Wicksell and the Malthusian Catastrophe. The Scandinavian Journal of Economics, Vol. 80, S.190-198.
HANAHAN, D., WEINBERG, R. A.(2000): The Hallmarks of Cancer. Cell, Nr. 100, S.57–70.
HARROLD, J. M. (2005): Model-based design of cancer chemotherapy treatment schedules. Dissertation, University of Pittsburgh.
HARVEY, D. (2007): Kleine Geschichte des Neoliberalismus, Rotpunktverlag, Zürich.
HEINZ, V. G.(2004): Englische Limited und Deutsche GmbH – eine vergleichende Darstellung, vorgetragen am 21. Mai 2004 auf dem 55. Deutschen Anwaltstag in Hamburg. (http://www.bccg.de/services/Ltd.V.Heinz.pdf)

HENRICH, K. (2002): Gaia und ihr Parasit: Basismetaphern der Interaktion zwischen Anthroposphäre und Natursphäre. ISOE-Materialien Soziale Ökologie, Nr. 18. Frankfurt am Main.

HENRICH, K. (2004): Globale Einkommensdisparitäten und –polaritäten. Wirtschaftshistorische Schätzungen der langfristigen Entwicklung und theoretische Erklärungsversuche. Universität Kassel, Fachbereich Wirtschaftswissenschaften, Volkswirtschaftliche Diskussionsbeiträge Nr.60/04.

HERCHEN, O.(2007): Corporate Social Responsibility. Wie Unternehmen mit ihrer ethischen Verantwortung umgehen, Norderstedt.

HIDDEMANN, W., HUBER, H., BARTRAM, C. R. (2004): Die Onkologie, Springer Verlag, Berlin-Heidelberg.

HINKLEY, R. (2002): How Corporate Law Inhibits Social Responsibility. A Corporate Attorney Proposes a 'Code for Corporate Citizenship' in State Law. Business Ethics Ausgabe Jänner/Februar 2002: Corporate Social Responsibility Report. (http://www.commondreams.org/views02/0119-04.htm)

HU, R., RUAN, X. (2002): A Logistic Cellular Automaton for Stimulating Tumor Growth. Proceedings of the 4th World Congress on Intelligent Control and Automation, Vol. 1, S.693-696.

HUCKENBECK, K. (2007): Chinas neues Arbeitsrecht – Von der Lohnsklaverei zu „doppelt freien" Verträgen. (www.labournet.de/internationales/cn/huckenbeck.html)

HUMAN RIGHTS WATCH (2007): Discounting Rights: Wal-Mart's Violation of US Workers' Rights to Freedom of Association. Human Rights Watch Report, Vol. 19 (1).

HUTZENSCHREUTER, T. (2009): Allgemeine Betriebswirtschaftslehre. Grundlagen mit zahlreichen Praxisbeispielen. Gabler Verlag, Wiesbaden.

HÖFERL, A., HAUNSCHILD, B. (2006): Wichtige Kennzahlen börsenotierter Unternehmen in Österreich 2001-2005. Österreichische Gesellschaft für Politikberatung und Politikentwicklung ÖGPP.

HÖFERL, A., HAUNSCHILD, B. (2008): Wichtige Kennzahlen börsenotierter Unternehmen in Österreich 2003-2007. Österreichische Gesellschaft für Politikberatung und Politikentwicklung ÖGPP.

IBESICH, N. (2005): Transnationale Konzerne vs. Lokale Betriebe. Der Einfluss der Verkehrsplanung auf unsere Lebensqualität. Diplomarbeit am Institut für Verkehrsplanung und Verkehrstechnik, Technische Universität Wien.

KARKACH, A.S. (2006): Trajectories and models of individual growth. Demographic Research, Volume 15, Article 12, S.347-400.

KAUFMANN, L., et.al. (2005): Die niedrigen Löhne locken, io new management, Nr.11, 2005.

KENTOR, J. (2000): Capital and Coercion: The Economic and Military Processes that Have Shaped the World Economy 1800-1990. New York, London, Garland.

KIRCHNER, J. W. (1991): The Gaia Hypotheses – Are they testable? Are they useful? in Schneider, S. H. and Boston, P. J. (Hrsg.), Scientists on Gaia, MIT Press, Cambridge, Massachusetts, S. 38–46.

KIRKWOOD, C.W. (1998): System Dynamics Methods: A Quick Introduction. College of Business. Arizona, Arizona State University. (http://www.public.asu.edu/~kirkwood/sysdyn/SDIntro/SDIntro.htm)

KIRSCH, M. (1999): Strumawachstum – Größenentwicklung und funktionelle Relevanz von autonomen Schilddrüsenknoten. Inaugural-Dissertation a.d. Medizinischen Fakultät der Ernst-Moritz-Arndt-Universität, Greifswald.

KLEIN, N. (2007): Die Schock Strategie. Der Aufstieg des Katastrophen-Kapitalismus. S. Fischer Verlag, Frankfurt am Main.

KLETZER, C. (2003): WTO: Wie entstand das neoliberale Juwel? Die geheimen Spielregeln des Welthandels WTO - GATS - TRIPS - MAI. Promedia, Wien.

KLUGE, G. (2003): Trickle Down Trash, Squeeze Up Wealth. (http://poorcity.richcity.org)

KNOFLACHER, H. (1995). Econnomy of Scale – Die Transportkosten und das Ökosystem. In: GAIA 2/95.

KNOFLACHER, H. (1997): Landschaft ohne Autobahnen. Für eine zukunftsorientierte Verkehrsplanung. Böhlau Verlag Wien.

KNOFLACHER, H, WOLTRON, K., ROSIK-KÖLBL, A. (2006): Kapitalismus gezähmt? Weltreligionen und Kapitalismus. Echomedia Verlag, Wien.

KNOFLACHER, H. (2007): Grundlagen der Verkehrs- und Siedlungsplanung: Verkehrsplanung. Böhlau Verlag Wien.

KNOFLACHER, H., ROSIK-KÖLBL, A., WOLTRON, K. (2008): Kapitalismus gezähmt? Technologie und Kapitalismus. Peter Lang Verlag, Frankfurt, Berlin, Wien.

KOOIJMAN, S.A.L.M. (2000): Dynamic Energy and Mass Budgets in Biological Systems, 2. Auflage, The Cambridge Press

KORTEN, D. C. (1995): When Corporations Rule The World, Kumarian Press, Inc., Connecticut.

KORTEN, D.C. (2000): The Post Corporate World: Life After Capitalism, Mcgraw-Hill Professional.

LAIRD, A.K. (1969): Dynamics of growth in tumors and in normal organisms. National Cancer Institut, Monograph 30, S.15-27.

LAZP, P.A. (1985): Tumour–host metabolic interaction and cachexia. Federation of European Biochemical Societies, Volume 187, Nr. 2, S.189– 192

LEEUWEN, v.I.M.M., KELPIN, F.D.L., KOOIJMAN, S.A.L.M. (2002): A mathematical model that accounts for the effects of caloric restriction on body weight and longevity. Biogerontology, Volume 3, S.373–381.

LEEUWEN, v.I.M.M., ZONNEVELD, C., KOOIJMAN, S.A.L.M. (2003): The embedded tumour: host physiology is important for the evaluation of tumour growth, British Journal of Cancer Nr. 89, S. 2254 – 2263

LE GOFF, J. (2008): Wucherzins und Höllenqualen. Ökonomie und Religion im Mittelalter. 2. Auflage, C.G. Cotta'sche Buchhandlung GmbH, Stuttgart.

LE MONDE DIPLOMATIQUE (2006): Atlas der Globalisierung. Le monde diplomatique, Berlin.

LIETAER, B. A. (1999): Das Geld der Zukunft. Über die destruktive Wirkung des Geldsystems und die Entwicklung von Komplementärwährungen. Riemann Verlag, Mönchengladbach.

LEITSMÜLLER, H. (2003): Konzerne wirtschaftlich betrachtet. VÖGB, AKplus, Wien.

LEUTZBACH, W. (1989): Beitrag zur Frage der Prognosen in der Bundesrepublik Deutschland. In: Straßen- und Schienenverkehr in Stadt und Land. Tagungsband zur 20. Budapester internationalen wissenschaftlichen Beratung für Verkehrsplanung und Verkehrstechnik vom 25. bis 27. April 1989. Herausgegeben vom Verkehrswissenschaftlichen Verein Budapest.

LORENZ, K. (1973): Die Rückseite des Spiegels. Versuch einer Naturgeschichte menschlichen Erkennens. Piper Verlag, München.

LOVELOCK, J. (1991): Das Gaia-Prinzip – Die Biographie unseres Planeten. Artemis Verlag Zürich & München.

LOVELOCK, J. (1992): Die Erde ist ein Lebewesen, 2. Auflage, Gaia Books Limited, London.

LUDWIG, K.H. (2006): Eine kurze Geschichte des Klimas. Von der Entstehung der Erde bis heute. Beck Verlag.

MADDISON, A. (2001): The World Economy: A Millenial Perspective. Development Centre of the Organisation for Economic Cooperation and Development, Paris.

MANDER, J. (1996): The Rules of Corporate Behavior. The case against the global economy and for a turn toward the local. Sierra Club Books, San Francisco.

MARUŠIĆ, M. (1996): Mathematical models of tumor growth. Vorlesung präsentiert am Mathematical Colloquium in Osijek, organisiert von der Croatian Mathematical Society – Division Osijek, 7.Juni 1996. (http://hcrak/srce.hr/file/2874)

MASSARRAT, M. (2001): Nachhaltigkeit durch Kosteninternalisierung, Theorie zur Analyse und Reform globaler Strukturen, in: Reinold E. Thiel (Hg.): Neue Ansätze zur Entwicklungstheorie. Deutsche Stiftung für internationale Entwicklung (DSE). Informationszentrum Entwicklungspolitik (IZEP). Bonn: DSE/IZEP 2. Aufl. 2001. S. 285-299.

MATTERA, P., PURINTON, A. (2004): Shopping for Subsidies: How Wal-Mart Uses Taxpayer Money to Finance Its Never-Ending Growth. (www.goodjobs first.org)

MATUSCHAK, B. (2004): Der lange Weg des T-Shirts in den Laden, Haus & Garten 05.05.2004. (http://www.ktipp.ch/themen/beitrag/1019902/Der_lange_Weg_des_T-Shirts_in_den_Laden)

MAYNEORD, M.V. (1932): On a law of growth of Jensen's rat sarcoma. American Journal of Cancer, Nr. 16, S.841–846.

MCMURTRY, J. (1999): The Cancer Stage of Capitalism. Pluto Press, London.

MEADOWS, D. et al. (1973): Die Grenzen des Wachstums. Bericht des Club of Rome zur Lage der Menschheit; Rowohlt Verlag, Hamburg.

MEADOWS, D., MEADOWS, D., RANDERS, J. (2001): Die neuen Grenzen des Wachstums; 5. Auflage, rororo Verlag, Stuttgart.

MEFFERT, H.; MÜNSTERMANN, M.(2005): Corporate Social Responsibility in Wissenschaft und Praxis: eine Bestandsaufnahme. Arbeitspapier Nr. 186, Wissenschaftliche Gesellschaft für Marketing und Unternehmensführung e.V. Münster.

MEYERS KONVERSATIONSLEXIKON (http://www.retrobibliothek.de/retro bib/seite.html?id=100464)

MILBORN, C. (2003): Zehn Thesen, warum die WTO zur Umweltzerstörung beiträgt. Die geheimen Spielregeln des Welthandels WTO - GATS - TRIPS - MAI. Promedia, Wien.

MITCHELL, E. L. (2002): Der parasitäre Konzern – Shareholder Value und der Abschied von gesellschaftlicher Verantwortung, Riemann Verlag, München.

MITCHELL, S. (2006): Big-Box Swindle - The true Cost of Mega-Retailers and the Fight for America's Independent Businesses. Beacon Press, Boston.

MOUSTIER, P. et al. (2005): The Participation of the Poor in Supermarkets and other Distribution Value Chains. Case Study in Vietnam.

MURRAY, C.D. (1926): The physiological principle of minimum work. In: The vascular system and the cost of blood volume. Proceedings of the National Academy of Sciences of the United States of America, Nr.12, S.207-214.

NADER, R., WALLACH, L. (1996): GATT, NAFTA, and the subversion of the democratic process. The case against the global economy: and for a turn toward the local.Sierra Club Books, San Francisco.

NARR, W.-D., SCHUBERT, A. (1994): Weltökonomie: Die Misere der Politik. Suhrkamp, Frankfurt am Main,

NEOCLEOUS, M.(2003): Heads of cabbage and mouths full of water. (http://www.radicalphilosophy.com/default.asp?channel_id=2187&editorial_id=14329)

OBERMAYER, B. (2003): Freihandel und was dahinter steckt. Die geheimen Spielregeln des Welthandels WTO - GATS - TRIPS - MAI. Promedia, Wien.

PEACOCK, K. A. (1995): Sustainability as symbiosis: why we can't be the forehead mites of Gaia. Alternatives Nr. 21, 4 (Oktober/November), S.16–22.

PEOPLE (2007): Menschen und Medizin am Wiener AKH. Ausgabe 2/2007.

PERRATON, J., GOLDBLATT, D., HELD, D., MCGREW, A. (1998): Die Globalisierung der Wirtschaft, S.143, (zit. in: A.G. Scherer: Multinationale Unternehmen und Globalisierung, Physica Verlag, 2003, S.76)

PROBST, J. (1997): Fehlentwicklungen einer Zinswirtschaft, Ein Ausflug durch das Ausgeblendete. Selbstverlag, Hannover, Erste Auflage Mai 1998. (www.inwo.de)

PÜTTER, A. (1920): Studien über physiologische Ähnlichkeit. VI. Wachstumsähnlichkeiten. Pflüglers Archiv für die gesamte. Physiologie, 180. Jg., Nr.1, S.298-340.

QUARANTA, V., WEAVERA, A. M., CUMMINGS, P.T., ANDERSON, A.R.A. (2005): Mathematical modeling of cancer: The future of prognosis and treatment. Clinica Chimica Acta, Nr. 357, S.173–179.

RAMMERT W. (1999): Technik. Stichwort für eine Enzyklopädie. Technical University Technology Studies, TU Berlin, Institute for Social Sciences. (http://www.ssoar.info/ssoar/files/2008/202/tuts_wp_1_1999.pdf)

RASTINEJAD, F., BOUCK, N.(1997): Oncogenes and tumour suppressor genes in the regulation of angiogenesis. In Bicknell, R., et.al.: Tumour Angiogeneses. Oxford University Press, Oxford – New York – Tokyo.

REES, W. E. (1998): How should a parasite value its host? Ecological Economics, Vol. 25, Nr. 1, S. 49–52.

RETSKY, D., SWARTZENDRUBER, B., et al. (1990): Is Gompertzian kinetics a valid description of individual tumor growth? Medical Hypothesis Vol. 33, S.95-106.

RETSKY, D., SWARTZENDRUBER, B., et al. (1997): Computer simulation of a breast cancer metastasis model. Breast Cancer Research and Treatment, Vol. 45, S.193-202.

RETSKY, M. (1998): Cancer Growth – Implications for Medicine & Malpractice. (http://www.lectlaw.com/filesh/tabtumo.htm)

RIEDL, R., DELPOS, M. (Hrsg.) (1996): Ursachen des Wachstums. Verlag Kremayr & Scheriau, Wien.

RIEDL, R. (2000): Strukturen der Komplexität – Eine Morphologie des Erkennens und Erklärens, Springer Verlag, Berlin.
RMI (2006): Wal-Mart's Truck Fleet; Rocky Mountain Institut- RMI move, mobility+vehicle efficency. (http://move.rmi.org/markets-in-motion/case-studies/trucking/wal-mart-s-truck-fleet.html)
SCHAEFER, M., TISCHLER, W. (1983): Wörterbuch der Biologie: Ökologie. 2. Auflage, Fischer Verlag, Stuttgart.
SCHALKWIJK, v..D. (2001): A Gentle Introduction to Dynamic Energy Budget Theory. (www.bio.vu.nl/thb/deb/essays/Scha2001.pdf)
SCHNEEGANS, T. (2003): Umlaufgesicherte Komplementärwährungen. Gelingen und Scheitern in der Praxis. Diplomarbeit an der Technischen Fachhochschule Wildau. (http://userpage.fu-berlin.de/~roehrigw/diplomarbeiten/Freigeldpraxis.pdf)
SCHNEIDER, E., KAY, J. (1994): Life as a manifestation of the second law of thermodynamics. Preprint from Advances in Mathematics and Computers in Medicine. (Waterloo, OT, University of Waterloo Faculty of Environmental Studies Working Paper Series).
SCHRÖDINGER, E. (1948): What is Life? – The Physical Aspect of the Living Cell. Cambridge University Press, London.
SLIWKA, M., et .al. (2007): Kapitalismus gezähmt? Globale Spielregelsysteme in Wirtschaft und Politik. Fußball als Vorbild? echomedia Verlag, Wien.
STEEL, G.G.(1977): Growth kinetics of tumours. Clarendon Press, Oxford.
STONE, K.E. (1997): Impact of the Wal-Mart Phenomenon on Rural Communities. Department of Economics, Iowa State University.
STONE, K.E. (1988): The Effect of Wal-Mart Stores on Businesses in Host Towns and Surrounding Towns in Iowa, Iowa State University.
STROBL, L. (2003): Der selbständige Lebensmitteleinzelhändler als Nahversorger in der Steiermark – historische Entwicklung und Ansätze zur Erhaltung der Zukunft. Dissertation a.d. Karl-Franzens-Universität Graz.
TANNOCK, I.,F. (1970): Population kinetics of carcinoma cells, capillary endothelial cells, and fibroblasts in a transplanted mouse mammary tumor. Cancer Research, Vol. 30, S.2470.
TROST, W.J.S. (2005): Aspekte der mathematischen Modellierung in der Biologie, Diplomarbeit an der Universität Kassel, Fachbereich 17 – Mathematik. (www.mathematik.uni-kassel.de/~koepf/Diplome/Trost.pdf)
TURNER, G.(2008): A Comparison of the Limits to Growth with thirty years of reality; Socio-Economics and the Environment in Discussion, Csiro Working Paper Series 2008-09.

UFZ (2008): UFZ-Spezial „Biodiversität", Helmholtzzentrum für Umweltforschung, April 2008. (www.ufz.de/)
UNCTAD (1991-2007): United Nations Conference on Trade and Development, World Investment Reports 1991-2007, (www.unctad.org/WIR)
UNDP (1992): United Nations Development Programme. Human Development Report 1992. Oxford University Press, New York & Oxford.
URGEWALD (2009): Deutsche Bank: Ein fragwürdiges Markenzeichen. (www.bank-geheimnisse.de)
VON WERLHOF, C. (2007): Alternativen zur neoliberalen Globalisierung oder Die Globalisierung des Neoliberalismus und seine Folgen. Picus Verlag, Wien.
WAGENER, Ch. (1999): Molekulare Onkologie. Entstehung und Progression maligner Tumore. Georg Thieme Verlag, Stuttgart.
WEBER, H.Ch. (1993): Parasitismus bei Blütenpflanzen. Wissenschaftliche Buchgesellschaft, Darmstadt.
Weltwirtschaft, Ökologie & Entwicklung WEED (2001): Kapital braucht Kontrolle. Die internationalen Finanzmärkte: Funktionsweise – Hintergründe – Alternativen. Bonn. (www.weed-online.org/)
WEISS, H., SCHMIEDERER, E. (2004): Asoziale Marktwirtschaft, 1. Auflage, Verlag Kiepenheuer & Witsch, Köln.
WICHTERICH, Ch. (2008): Lackmustest für Pekings Glaubwürdigkeit: Chinas neues Arbeitsrecht. Informationsbrief Weltwirtschaft & Entwicklung (W&E), aus W&E 01/Januar 2008, Luxemburg. (www.weltwirtschaft-und-entwicklung.org)
WIGGERTHALE, M. (2007): Supermärkte auf dem Vormarsch im Süden-Bedrohung für Kleinbauern? Forum Umwelt und Entwicklung, Evangelischer Entwicklungsdienst, Bonn, Berlin.
WILBER, K. (2004): Eine kurze Geschichte des Kosmos. 7. Auflage, Fischer Verlag, Frankfurt am Main.
WINSOR, P.C. (1932): The Gompertz curve as a growth curve. Proceedings of the National Academy of Sciences of the United States of America, Nr.18: S.1–8
WOLTRON, K., KNOFLACHER, H., ROSIK-KÖLBL, A. (Hrsg.) (2004): Wege in den Postkapitalismus. edition selene, Wien.
WWF (2008): Living Planet Report 2008. (http://www.panda.org/about_our_earth/all_publications/living_planet_report/lpr_2008/)
ZHENG, X., et.al.(2005): Nonlinear simulation of tumor necrosis, neo-vascularization and tissue invasion via an adaptive finite-element/level-set method. Bulletin of Mathematical Biology Vol. 67, Nr. 2, S.211-259